중세 유럽의 무술

by Ryuta Osada

The Martial Arts of Medieval Europe

들어가며

중세 유럽의 무기와 방어구를 소개하는 책은 여러 가지가 있지만, 그것들을 어떤 식으로 사용했는지 설명해 주는 책은 거의 없습니다. 간혹 있다고 해도 대부분 사족을 덧붙이는 수준이며 내용도 추상적입니다. 이는 서양에서도 마찬가지로, 중세 유럽의 무술은 그저 무기를 힘껏 휘두르기만 할 뿐이라 일본이나 중국의 무술에 비해 훨씬 열등하다는 오해가 오랜 시간 퍼져 있었습니다.

하지만 유럽의 무기와 방어구, 그리고 전술에서 엿보이는 당시 사람들의 발상은 매우 독창적인 것이었습니다. 그런 사람들이 자신의 생사와 밀접한 관련이 있는 무술에 대해서만 완전히 무능하여 아무런 상상력도 발휘하지 못했다는 것이 과연 있을 수 있는 일일까요? 그 대답은 "절대로 그렇지 않다!!"입니다. 당시의 유럽 무술은 철저하게 논리적으로 짜여진 고도의 기술 체계였으며, 그 이론과 완성도는 일본이나 중국 등의 무술과 비교해도 결코 뒤떨어지지 않았습니다.

이 책은 지금까지의 오해를 불식시키기 위해 중세 · 르네상스 시대의 유럽 무술을 그림과 함께 설명하는 (아마도) 일본 최초의 책입니다.

※편집자 : 더불어 한국 최초의 책이기도 하다.

이 책의 내용

중세 · 르네상스 시대 유럽 무술의 이론과 실제 기술을 그림과 함께 설명하는 책입니다. 현재까지 기록으로 남아 있는 4개 유파의 무술을 중심으로 21종류의 각종 무기술(武器術)을 소개하는데, 그중에는 갑옷을 입거나 말을 탔을 때의 전투법, 더 나아가 다른 무기끼리 싸울 때의 전투법도 존재합니다.

또한 다루는 무기에 관해서도 전문적인 무기 · 방어구 사전 이상의 퀄리티를 추구하고 있습니다. 특히 현존하는 실제 무기를 실측 데이터와 함께 소개하는 것도 이 책의 장점입니다.

이 책에서 다루는 시간 축

이 책은 중세 · 르네상스 시대의 무술에 대해 설명하고 있지만, 막연히 「중세」라고 해도 서양사를 전문적으로 공부한 사람이 아니면 정확하게 어떤 시기인지 알기 힘들 것입니다.

일반적으로 말하는 「중세」란, 서로마 제국 최후의 황제 로물루스 아우구스툴루스가 퇴위한 서기 476년부터, 나라에 따라 다르지만 대략 1500년경까지의 약 1000년간을 가리킵니다. 그리고 「르네상스」라고 불리는 시대는 중세와 「근세」의 전환기에 걸쳐 있습니다.

이 책에서 다루는 것은 중세 말기인 1400년경부터 1650년경까지의 약 200년간으로, 그중에서도 1450년대를 중심으로 하고 있습니다. 이 시기는 우리가 「중세」라는 말을 들었을 때 가장 먼저 떠올리는 이미지의 근간이 되는 시기이기도 합니다.

목차

제1부 개론

제1장 중세에서 근세에 걸친 전투양식의 변천 8
제2장 페히트부흐란? 15
제3장 유럽 무술의 기본이념 19
제4장 자세란? 23
제5장 공격선이란? 24
제6장 방어에 대해서 27
제7장 칼날을 잡는 법 32
제8장 공격의 기본 33
제9장 보법 34
제10장 유파 소개 37

제2부 기술 해설

기술 설명에 앞서서 52
제1장 롱소드 55
제2장 레슬링 169
제3장 대거 261
제4장 하프 소드 315
제5장 살격 347
제6장 무장격투술 359
제7장 창 379
제8장 폴액스 389
제9장 펄션 407
제10장 한손검과 버클러 431
제11장 기승전투 459
제12장 쇼트스태프 479
제13장 롱스태프 497
제14장 쿼터스태프 509

제15장 웰시 훅 ········· 525
제16장 백소드 ········· 535
제17장 할버드 ········· 547
제18장 레이피어 ········· 565
제19장 몬탄테 ········· 591
제20장 낫과 대낫 ········· 599
제21장 곤봉과 플레일 ········· 607
제22장 이종무기전투 ········· 617

부록

페히트부흐의 저자 ········· 642
문헌 약칭 일람 ········· 645
페히트부흐 서평 ········· 650
참고문헌 ········· 658
어구 해설 ········· 662

칼럼

아동용 무기 ——— 61
검의 제작연대 ——— 67
중세 이전의 검 ——— 87
중세 시대 검의 무게 ——— 164
결투의 종류 ——— 173
연습용 도구 ——— 233
패링 대거 ——— 303
중세의 결투 ——— 346
검술에 대한 오해 ——— 349
갑옷의 명칭에 대해서 ——— 360
갑옷의 가격 ——— 361
신무기 발명 ——— 419
랜스 레스트 ——— 475
페히트부흐에 나와 있지 않은 무기 534
리히테나워 18걸 ——— 546
몬테의 갑옷 ——— 579
갑옷의 두께와 강도 ——— 598
몬테의 조언 ——— 629

제1부 개론

General Information

제1장 중세에서 근세에 걸친 전투양식의 변천

싸움이라는 것이 존재하는 이상, 자신의 몸을 지키고 승리를 얻기 위한 기술이 생겨나는 것은 동서고금을 막론하고 필연적인 일입니다. 하지만 일찍이 번성했던 유럽의 무술은 안타깝게도 흔적도 없이 사라지고 말았습니다. 현재를 살아가는 우리는 당시의 그림과 문학, 그리고 후세에 남겨진 기술 등을 보고 미루어 짐작할 수밖에 없습니다. 여기에서는 그런 유추를 통해 도출한 결론도 포함하여 중세부터 근세에 걸친 유럽 전투양식의 변천에 대해 간단히 설명하겠습니다.

 바이킹 시대

서로마 제국이 붕괴한 뒤 유럽에서는 게르만과 켈트 계통의 무기가 사용되었습니다. 그것을 통해 로마식 전투법은 쇠퇴하고, 대신 이들 부족의 전투법이 확산되었다는 사실을 알 수 있습니다.

바이킹의 전투법은 스피드와 풋워크에 중점을 둔 것으로, 거대한 방패 뒤에 숨어 별로 움직이지 않던 로마 시대의 전투법과는 큰 차이가 있습니다. 방패도 적의 공격을 차단한다기보다 적의 공격을 받아넘기거나 상대의 움직임을 봉쇄하기 위해 사용한 것으로 추측됩니다. 그 때문인지 바이킹 시대의 방패는 가볍고, 스피드를 중시한 구조로 되어 있습니다. 또한 이 시대의 검은 날밑이 매우 작아서 상대의 검을 자신의 검으로 막을 경우, 미끄러져 내려온 상대의 검을 날밑으로 막아내기가 불가능해 보입니다. 따라서 당시의 검은 순수한 공격용이었으며, 적의 공격은 피하거나 방패를 사용해 방어했다고 생각하는 것이 타당할 것입니다.

바이킹 시대가 끝날 무렵 날밑이 길어지면서 우리에게도 익숙한 검의 형태가 완성됩니다. 날밑이 길어졌다는 사실은 전투기술에 어떤 혁신이 일어나, 검이 순수한 공격용으로서뿐만 아니라 방어에 있어서도 무언가 역할을 담당하게 되었다는 것을 의미합니다. 또한 방패의 형태가 원형에서 물방울 모양(카이트 실드라고 불리는 것)으로 바뀌었으며, 그에 따라 방패를 드는 방법도 손잡이를 잡는 타입에서 스트랩으로 팔을 동여매는 타입으로 변화합니다. 이 시기는 중장비 기병이 주력으로 활약하기 시작하는 무렵이므로 검과 방패의 변화는 아마도 그것과 관계가 있을 것입니다.

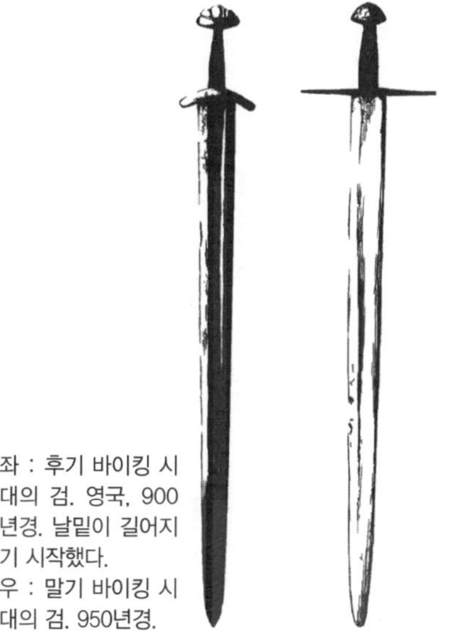

좌 : 후기 바이킹 시대의 검. 영국, 900년경. 날밑이 길어지기 시작했다.
우 : 말기 바이킹 시대의 검. 950년경.

2 중세 중기

중세는 정체의 시대이며 사람들도 저능했다는 뿌리 깊은 편견이 아직까지 남아 있습니다. 전투기술도 마찬가지로, 중세의 전투는 거대한 인간이 거대한 검을 마구 휘두를 뿐이었다고 생각하는 경향이 많습니다. 하지만 이 시기의 전투기술에도 충분한 이론적 계통이 확립되어 있었습니다. 검술교실에 대한 최초의 기록은, 「소드와 버클러를 가르치는 학교」를 런던 시내에 두는 것을 치안상의 이유로 금지한다고 제정했던 1180년의 법률에서 찾아볼 수 있습니다. 교실(또는 도장)이 있었다는 것은 당연히 그 기술을 가르치는 (아마

세계 최고(最古)의 페히트부흐, I.33. 독일. 현 런던탑 소장.

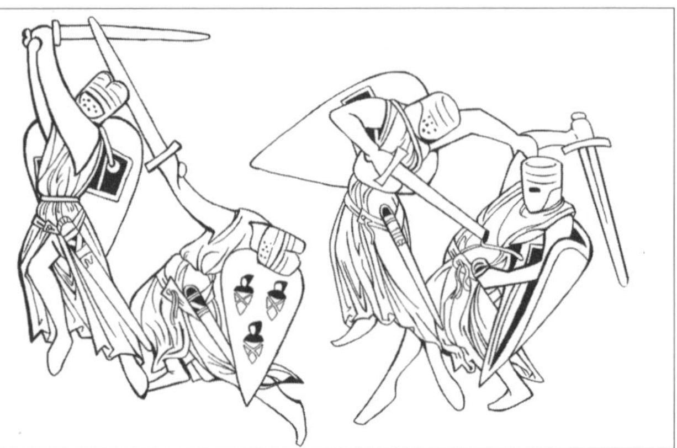
『거만하게 무찌르는 미학』. 12세기의 세밀화. 필자가 아는 범위 내에서 가장 정확하고 약동적으로 전투의 기법을 묘사한 그림 중 하나.

도 전업의) 교사도 존재했다는 이야기이며, 효율적으로 기술을 습득하기 위한 커리큘럼과 이론 또한 정리되어 있었다고 보는 것이 자연스러울 것입니다. 참고로 이 학교는 평민을 대상으로 하는 곳으로, 기사 계급보다 높은 계급에 속하는 사람들은 다른 기사 밑에서 수행하며 전투법을 배웠습니다. 그리고 한 사람 몫을 할 수 있게 되면 토너먼트나 전쟁에 참가하여, 거기 모인 동료들에게 정보교환 형식으로 기술을 배우기도 했습니다.

이 시대 전투법의 특색은, 검을 쥔 오른손을 높이 들고 있는 당시의 그림을 통해 미루어 짐작할 수 있습니다. 이것은 방패의 움직임에 방해가 될 소지를 미연에 막고, 검을 내리치거나 찌를 때 무게를 최대한 이용하며, 또한 전장 등 많은 사람이 한데 모여 있는 곳에서 주변 사람들과의 밀착된 간격으로 인해 검을 든 손의 움직임이 봉쇄당하지 않도록 하기 위한 것이라고 해석할 수 있습니다. 덧붙여 말하자면 들고 있는 검의 칼끝이 뒤를 향한 것과 앞을 향한 것 두 가지 버전이 있는데, 독일식 무술에서 전자는 『분노』 자세, 후자는 『황소』 자세라고 합니다.

이 시대의 검은 대체적으로 칼날이 평행하고 후세의 검에 비해 칼끝이 무거워 스피드가 떨어지는 경향이 있습니다. 이는 베기에 적합한 형태로, 바이킹 시대와 마찬가지로 검을 휘둘러 베는 것이 기본적인 전투법이었을 것입니다. 하지만 이 시대의 검이라고 찌르기에 전혀 쓸모없었던 것은 아니며, 경무장한 적에게는 충분한 위력을 발휘했을 것으로 추측됩니다.

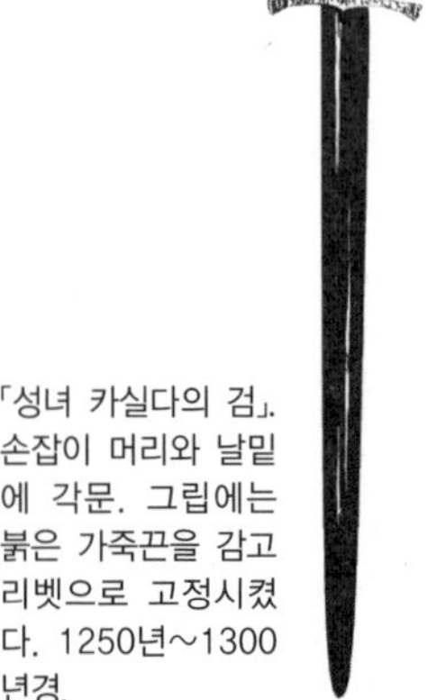
「성녀 카실다의 검」. 손잡이 머리와 날밑에 각문. 그립에는 붉은 가죽끈을 감고 리벳으로 고정시켰다. 1250년~1300년경.

무장(武裝) 혁명

14세기 들어 무장에 커다란 변화가 나타납니다. 그때까지는 패드가 들어간 옷 위에 메일(사슬 갑옷)을 착용하는 것이 무장의 주된 형태였으나(기름에 삶아 단단하게 만든 가죽제 장갑을 추가로 덧댄 예도 있습니다), 이 시기부터 금속판을 사용한 갑옷이 일반적으로 사용됩니다. 초기의 것은 튼튼한 천 안쪽에 리벳으로 철판을 고정시킨 코트 오브 플레이트라는 갑옷이었습니다. 구조가 매우 간단하면서도 방어력은 이전 것들을 크게 웃돌았기 때문에, 그에 대응하여 무기와 무술은 일대 변혁을 맞이하게 됩니다.

간단히 말해 갑옷만으로도 충분한 방어력을 얻게 되었으므로,

1. 방패가 그 중요성을 잃어가다가 끝내는 거의 사용하지 않게 된 것.
2. 갑옷을 파괴하기 위한 양손용 무기가 개발되면서, 메이스 등 타격무기가 널리 쓰이게 된 것.

등의 변화가 찾아왔습니다. 14세기가 끝날 무렵 기사의 몸은 문자 그대로 머리부터 발끝까지 플레이트로 뒤덮여, 그때까지 사용하던 검으로는 긁힌 상처조차 낼 수 없었기 때문에, 새로운 전투법의 확립과 새로운 무기의 개발이 급히 필요해진 것입니다.

이후의 무술에서 중요한 위치를 차지하게 되는 폴액스와 롱소드 같은 무기는 이 시대에 등장합니다. 14세기 중반에 확립된 독일식 무술에서 롱소드 검술은 모든 기술의 기본으로 자리잡았으며, 폴액스는 전장에 나가는 기사들의 필수품이었습니다. 검 자체의 형태도 변하여 날 부분이 삼각형에 가까운 모양이 되었으며, 베는 힘을 어느 정도 희생해서 찌르는 힘을 높였고, 풀러(칼날에 파인 홈)를 없애 유연성을 저하시킴으로써 찌르기를 할 때 잘 휘지 않도록 하였습니다.

전투기술 면에서는 검으로 갑옷을 파괴하기 위해 하프 소드와 살격이라는 기법이 개발되었습니다. 하프 소드는 검의 손잡이를 오른손으로, 날을 왼손으로 잡고 싸우는 기술을 말하는데 갑옷의 빈틈을 정확하게 찌르기 위한 목적으로 1350년경 고안되었습니다. 살격은 칼날을 양손으로 쥐고 가격하거나, 날밑을 갈고리처럼 상대의 무기나 몸에 걸어 쓰러뜨리는 기술입니다.

또한 특기할 만한 사항으로는 이 시기에 마침내 페히

「몬차의 검」 또는 「아스토레 비스콘티의 검」. 이탈리아. 1413년 1월 이전. 칼집 장식은 은제. 손잡이에 금도금한 구리줄이 감겨 있니. 손잡이 머리에는 밀라노 시와 비스콘티 가문의 문장이 각문.

트부흐(무술교본)가 등장하여, 당시 사람들이 사용하던 언어로 무술의 기법과 이론의 실제에 대해 알 수 있게 되었다는 점을 들 수 있습니다.

그리고 이 시대에는 요하네스 리히테나워가 독일식 무술을 창시하였으며, 피오레 데이 리베리가 매우 유명한 페히트부흐를 남겼습니다.

여기서 한 가지 주의해야 할 점은, 이들 페히트부흐는 일반적으로 결투, 호신(護身), 스포츠를 위해 쓰여진 것이라 (특히 후대에 갈수록) 전장에서의 기술과는 차이가 날 가능성이 있다는 사실입니다. 기술 자체가 극단적으로 다르지는 않을 테지만, 페히트부흐에 수록된 전투법과 전장에서의 실제 전투법이 과연 같았는지, 만약 다르다면 얼마나 달랐는지에 대해서는 명확하게 알 수 없습니다.

④ 르네상스와 레이피어

르네상스 정신은 예술과 건축뿐만 아니라 무술에도 영향을 미쳐 이 시기의 무술은 새로운 전기를 맞이하게 됩니다. 그것은 바로 「과학」의 도입입니다. 다만 과학이라고 해도 우리가 흔히 생각하는 이과계열을 의미하는 것은 아닙니다. 당시의 「과학」이란 객관적인 관찰을 통해 얻은 정보를 토대로 논리적인 결론을 이끌어내는 방법을 말합니다. 이 「과학」에 반대되는 것이 「예술」이며, 주관에 입각해 얻은 정보를 토대로 감각적인 결론을 이끌어내는 방법입니다.

15세기 이탈리아의 무술가 필리포 바디는 무술이란 「예술」이 아니라 「과학」이며, 그중에서도 기하학과 가장 관련이 있다고 주장했습니다. 즉 기하학의 원리를 이용하여 자신과 적 사이의 위치관계 · 거리 · 무기의 길이와 궤도 등 여러 가지 요소로부터 자신의 몸을 지키는 동시에 상대에게 상처를 입힐 수 있는 최적해를 이끌어 내려는 자세가 르네상스 무술의 근간을 이루는 원리라고 할 수 있습니다. 이러한 생각 자체는 이전부터 존재했지만 그것을 이렇게까지 확실한 형태로 확립할 수 있었던 것은 르네상스라는 특수한 시대의 산물이라고 볼 수 있겠지요. 그런 점에서

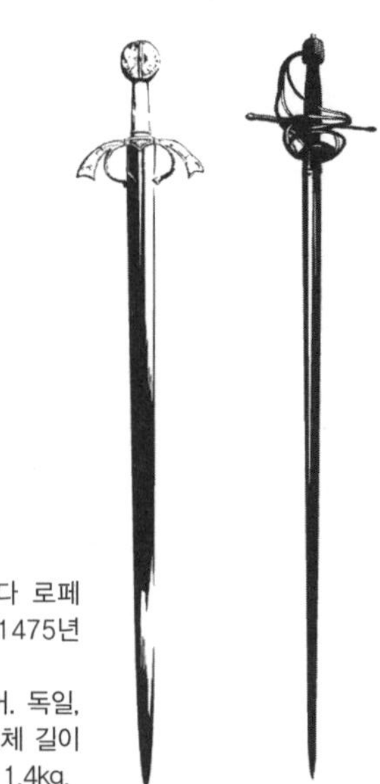

좌 : 에스파다 로페라. 스페인. 1475년~1500년.
우 : 레이피어. 독일. 1590년경. 전체 길이 124cm, 무게 1.4kg.

이탈리아식 볼로냐파 무술의 창시자인 필리포 디 바르톨로메오 다르디가 볼로냐 대학의 수학자이기도 했던 것은 무척 자연스러운 일이라고 할 수 있습니다. 또한 이 원리를 더욱 발전시킨 것이 카밀로 아그리파이며, 그의 영향으로 후에 유럽 최강의 검술로서 두려움을 사게 되는 스페인식 검술이 탄생합니다.

이 시대를 대표하는 무기라고 하면 역시 레이피어일 것입니다. 레이피어는 본래 스페인에서 발전한 무기로, 전쟁에서의 사용을 고려하지 않은 이른바 「평시의 검」이었습니다. 레이피어는 르네상스 문화의 확산과 함께 유행의 최첨단으로서 유럽 전체에 급속히 퍼졌는데, 이 레이피어라는 평시의 검과 그 전용기술의 등장은 그만큼 전장의 무술과 평시의 무술 사이에 괴리가 진행되어 왔다는 증거이기도 합니다. 레이피어와 레이피어 검술이 폭발적인 인기를 얻어가는 과정에서 그때까지의 무술은 점차 쇠퇴하다가 끝내는 소멸하고 맙니다.

이 시기의 전쟁에서는 총화기의 발달로 교전 시 거리가 넓어졌고, 그 결과 근접전의 기회는 줄어들었습니다. 또한 개인의 전투기술보다 부대의 포메이션이 중요시되기 시작합니다. 이러한 변화는 무술, 특히 검술에 영향을 주었으며, 무술은 전시의 전투술이 아닌 평시 결투용 기술로서의 성격이 더욱 강해지게 됩니다.

⑤ 무술의 소멸

총기의 중요성이 증가함에 따라 무술의 중요성은 감소하였습니다. 그리고 일상생활에서도 예전처럼 검을 가지고 다닐 기회가 줄어들면서 검은 패션의 일부로서 장식품처럼 취급되기 시작합니다. 일찍이 융성하던 레이피어도 새롭게 등장한 스몰소드에 밀려 그 기술과 함께 소멸됩니다. 스몰소드는 레이피어를 작고 가볍게 만든 검으로, 길이가 긴 레이피어에 비해 거추장스럽지 않고, 빠르고 정확한 공격과 방어가 가능하였으며, 무엇보다 레이피어보다 우아하여 당시의 미의식에 어울렸습니다.

스몰소드 검술. 1765년.

또한 과거의 무술과 스몰소드 검술의 차이 중 하나로 「리포스트」라는 기술의 도입을 들 수 있습니다. 리포스트란 상대의 공격을 받아넘긴 뒤 곧바로 공격하는 기술로, 그때까지는 실용적이지 않다고 평가받던 것이었습니다(리포스트 자체는 방어 후에 행하는 공격을 가리키는 말이지만 여기서는 편의상 「리포스트」라는 명칭을 사용합니다). 리포스트는 방어와 공격이라는 두 가지 움직임으로 성립하는데, (레이피어나 롱소드 같은) 종래의 무기는 속도가 느려 효과적인 리포스트가 불가능했습니다. 이 기술은 스몰소드라는 속도가 빠른 무기를 사용함으로써 비로소 실용성을 획득한 것입니다. 이러한 스몰소드와 그 기술은 총기가 발달함에 따라 결투용 기술로서의 역할을 마치고 스포츠화하여 현대의 펜싱으로 이어지게 됩니다.

⑥ 왜 전통적인 무술이 남지 않았는가

지금까지 간략하게 소개한 유럽 전투기술의 추이를 보면 알 수 있듯이 유럽에서는 시대의 흐름과 함께 다양한 무술이 나타나고 사라져갔습니다. 실체를 잃어버린 그 기술들은, 기록으로만 전해지고 있으며, 심지어 기록조차 남기지 못한 채 사라진 무술도 무수히 많습니다. 일본이나 중국에서는 무술의 전통이 끊이지 않고 현재까지 이어져 내려왔는데, 왜 유럽에서는 소멸하고 말았을까요. 아래에 그 원인이라고 생각되는 요소를 정리해 보았습니다.

1. 유럽은 지속적으로 전쟁이 벌어지는 지역으로, 전쟁의 기술도 멈추지 않고 발전 · 개량되어 왔습니다. 그런 상황에서는 시대에 뒤처진 기술을 보존해둘 의미도 여유도 없었을 것이라 추측할 수 있습니다. 일본이나 중국에서는 한 차례 동란의 시기가 지나면 비교적 평화로운 시대가 오래 지속되어 군사적 기술의 발달이 정체되었기 때문에 무술이 실용적인 기술로서 그대로 계승됩니다. 만약 일본에서 전국시대가 끝나지 않고 계속되었다면 일본 무술의 양상도 상당히 달라졌을 것입니다.

2. 많은 무기는 패션의 일부이기도 했기 때문에, 패션의 변천과 함께 쓰이지 않게 된 무기는 그 사용법 또한 쇠퇴하고 말았습니다. 앞에서 중세의 검은 레이피어로, 레이피어는 스몰소드로 교체되었다고 했는데, 교체의 주된 원인은 실용성보다도 패션성에 있었던 것으로 추측됩니다. 지금 사회에서 「실용성과 안전성을 위해 샐러리맨들은 정장을 입지 말고 작업복에 안전모를 착용하자.」라고 주장해봐야 아무도 동의하지 않는 것처럼 「레이피어보다 실용적인 사이드 소드를 가지고 다니자.」라고 말해봤자 당시의 사람들은 아무도 동의하지 않았던 것입니다.

페히트부흐는 독일어로 「싸움의 책」이라는 뜻이며, 일반적으로 중세에서 근세에 걸쳐 전투기술의 해설과 참조를 목적으로 쓰여진 서적을 가리킵니다. 현존하는 가장 오래된 페히트부흐는 런던탑에 소장되어 있는 『I.33』입니다. 이 책은 14세기 초 독일에서 쓰여진 것으로 『타워 원고』 또는 『발푸르기스 원고』라고도 불리는데, 한손검과 버클러의 사용법이 묘사되어 있습니다(그보다 더 오래된 것으로는 2세기의 그리스식 레슬링 무술서와 기원전 2000년경의 이집트 무덤 벽화가 있습니다).

이러한 책이 쓰여졌다는 것은 무술을 둘러싼 환경의 변화를 의미합니다. 식자율이 높아지고 기술이 다양화 · 세분화되었으며, 귀족을 포함한 부유층이 무술 사범을 고용하여 배움을 청하는 기회가 늘어난 것도 페히트부흐의 성립과 관련이 있습니다.

한 가지 주의해야 할 점이 있는데, 초기의 페히트부흐는 현대의 우리가 생각하는 「해설서」가 아니었다는 사실입니다. 페히트부흐가 나타나기 시작하던 초기는 아직 활판인쇄가 발명되기 전이라서 책의 가격이 매우 비쌌습니다. 지금처럼 출판을 통해 저자가 이익을 얻을 수 있는 환경이 아니었던(반대로 저자가 돈을 들여 책을 만들었습니다) 시대에 굳이 많은 비용과 노력을 들여가며 책을 만들었던 이유는 무엇이었을까요.

 페히트부흐의 종류

1. 참조 · 복습용

초기의 페히트부흐 중 가장 일반적인 타입입니다. 「후원자」에게 고용된 검사가 일종의 선물로서 「후원자」에게 증여하는 것이 가장 기본적인 형태였습니다. 또한 복잡한 기술을 복습하기 위해 쓰여진 책도 있습니다. 이 타입의 페히트부흐는 「이런 고명한 검사에게 무술을 배웠다.」라며 손님들에게 자랑하거나, 때때로 꺼내 보면서 「맞아, 이런 기술도 있었지.」 하고 기억을 되새기기 위한 것이었습니다.

2. 기술의 소실 · 왜곡을 막기 위해

동서를 막론하고 시조와 창시자들은 자신의 이론을 서적으로 남기지 않는 법입니다. 필요한 것은 전부 자신의 머릿속에 들어 있으므로 책 같은 것을 쓸 필요가 없기 때문이지만, 그들이 죽은 뒤 제자들은 스승의 사상을 어떻게 하면 정확히 남길 수 있을까 고뇌하게 됩니다. 성서와 논어, 여러 가지 불경 등은 모두 「창시자의 생각을 어떤 방법으로 정확하게 후세에 남겨야 하는가.」라는 과제를 해결하기 위해 쓰여진 것이며, 그것은 무술에서도 마찬가지입니다.

위와 같이 페히트부흐 중 몇 가지는 스승의 무술을 정확히 전파함으로써, 진짜와 가짜를 구분하기 위한 목적으로 쓰여졌습니다.

3. 교본

시간이 흘러 활판인쇄가 등장하면서 책은 훨씬 저렴한 가격으로 대중에 보급됩니다. 그리고 그런 상황 속에서 우리가 상상하는 「교본」이라 할 만한 매뉴얼이 등장하기 시작합니다. 후세의 페히트부흐는 주로 이 타입이 일반적입니다.

4. 스케치북

이것은 매우 특수한 예로서, 화가들이 인체 연습용 포즈, 페히트부흐의 삽화 및 밑그림 스케치를 모아놓은 책이 있습니다. 이 타입의 페히트부흐는 인물의 자세와 위치 등이 무척 정확하게 그려져 있는 것이 특징입니다.

페히트부흐의 내용

우선 주의해야 할 사항은 책에 모든 기술이 나와 있지 않다는 점입니다. 현대의 책도 마찬가지입니다만, 책 한 권에 모든 기술을 담는 것은 불가능하며 실용적이지도 않습니다. 독일식 무술이 현재 가장 널리 연구되고 있는 이유는, 남아 있는 문서가 제일 많아 다양한 각도에서 검증할 수 있기 때문입니다. 또한 앞에서 설명한 것처럼 대부분의 페히트부흐는 소위 말하는 「해설서」가 아니었습니다. 페히트부흐는 기본적으로 어느 정도의 기술을 습득한 사람을 대상으로 하는 책이기 때문에, 기본 기술은 이미 알고 있는 것을 전제로 생략되는 경우가 매우 많습니다.

그리고 대부분의 무술이 그런 것처럼 유럽 무술에서도 가능한 한 자신의 실력을 감출 필요가 있었습니다. 입이 무거운 사람을 제자로 삼으라고 충고하는 페히트부흐도 있을 정도입니다. 그러한 사정을 생각하면 불특정 다수의 인간이 볼 수 있는 책이라는 매체는, 은닉성을 유지한다는 측면에서 볼 때 가장 적합하지 않다고 할 수 있습니다. 그럼에도 불구하고 피치 못할 사정으로 인해 자신의 기술을 종이에 남겨둘 필요가 생겼을 때 일반적으로 취하는 방법은 암호화를 하는 것입니다. 이것은 우리에게도 익숙한 방법인데, 예비지식이 없는 사람에게는 의미불명으로 보이지만 기본적인 소양이 있는 사람이 보면 숨겨진 의미를 알 수 있는 어려운 문장을 사용하는 것입니다. 이 기법의 유일한 단점은 한번 전통이 끊기고 나면 책에 수록된 기술을 다시 복원하기가 불가능하다는 것입니다. 그러한 실례로 15세기경에 쓰여진 영국의 페히트부흐 두 권(양손검에 대한 내용으로 추정됩니다)은 모두 해독이 불가능한 상태입니다.

또한 설령 문장을 읽을 수 있다고 해도 해석이 문제가 됩니다. 삽화가 없는 페히트부흐가 혼란을 불러오는 것은 흔히 있는 일이며, 삽화가 실려 있는 경우라도 추상적인 삽화를 어떻게 해석하느냐에 따라 결론이 달라집니다. 지금에야 일반적으로 쓰이는 방식이지만, 중세 · 근세 시대에는 화살표로 움직임을 나타내거나 한 단계씩 순서대로 동작을 표현한다는 발상이 없었습니다. 그러므로 「이 그림은 어떤 동작의 결과를 나타낸 것인가.」「이 그림은 기술을 사용하기 전인가, 사용하고 있는 도중인가, 아니면 완료하고 난 다음인가.」 혹은 「어느 쪽 인간이 기술을 걸고 있는 것인가.」 등에 각별히 주의할 필요가 있습니다.

게다가 오자 · 오기 · 잘못된 삽화도 문제입니다. 필사본 시대에 필사자나 삽화가가 실수로 좌우를 바꿔버리거나 손의 방향 같은 세세한 부분을 틀리는 일은 꽤 빈번하게 있었습니다. 당시의 독자들은 기초지식이 있었기 때문에 그런 작은 잘못이 문제가 되지는 않았습니다. 하지만 예비지식이 없는 현대인에게 있어 이 「사소한」 실수는 엄청난 오해의 발단이 됩니다.

책이 귀하고 식자율도 낮았던 중세 시대에 지식을 계승하는 가장 보편적인 방법은 머릿속에 어떻게든 넣어 기억하는 것이었습니다. 특히 문장을 시나 운문으로 만들어 노래 부르듯 외우는 것이 동서고금을 막론하고 가장 일반적인 방법으로, 무술에 있어서도 이것은 마찬가지였습니다.

아래에 간단한 운문의 예를 원문과 함께 소개합니다.

1. 피오레 데이 리베리의 운문

Io son posta de dona soprano e altera
Per far deffesa in zaschaduna mainera
E chi contra de mi uole contrastare
Piu longa spada de mi conuen trouare

(번역)
나는 그 무엇보다 긍지 높은 귀부인 자세
모든 공격을 깨트리는 자
또한 나의 방어는 그대를 쳐부수네
그대가 해야 할 일은 단 하나, 나보다 긴 검으로 싸우는 것뿐

2. 리히테나워의 운문

Vier leger allain
da von halt vntt fleüch die gmain
ochß pflug alber
vom tag sy dir nitt vnmer

(번역)
여기 네 가지 자세가 있어
평민을 꺼리네
황소, 쟁기, 바보
천장을 모를 수는 없는 일

무술에 있어서 기술이란 단순한 동작의 집합체가 아닙니다. 기술에는 문화와 역사적 배경 위에 성립한 기본이념이 담겨 있는 것입니다. 그러나 대부분의 페히트부흐는 그러한 기본이념을 설명하고 있지 않거나, 있다고 해도 매우 간결하게 언급할 뿐입니다.

이 기본이념에 대해서는 16세기와 17세기에 걸쳐 영국인 조지 실버가 남긴 『방어의 역설(Paradoxes of Defence)』과 『방어의 역설에 대한 간략한 안내(Brief Instructions upon my Paradoxes of Defence)』에 (간혹 모순된 부분이 있지만) 가장 상세하게 서술되어 있습니다.

이 책은 당시 영국 전체에 확산되고 있던 레이피어를 중심으로 한 이탈리아식 무술에 비해 영국의 전통무술이 이론적으로 얼마나 뛰어난지 논하는 책으로, 유럽 무술 전체의 기본이념을 이해하는 데 도움이 됩니다. 왜냐하면 영국인은 시대를 불문하고 언제나 "자신의 길을 가는" 국민성을 가지고 있지만, 그 바탕에는 다른 유럽 국가들과 같은 문화적 토대가 존재하기 때문입니다.

 실버의 「네 가지 근본원리」

그러면 구체적으로 살펴보도록 하겠습니다. 실버는 자신의 저서에서 27개의 원칙을 들고 있으며, 그중에서도 4개의 원칙을 "네 가지 근본원리"로 정의하고 있습니다. 그 네 가지 원리란 "판단", "거리", "시간" 그리고 "위치"입니다. 실버의 말에 따르면 네 가지 원칙은 서로에게 지대한 영향을 미치는데, 이를 정확하게 이해하는 것이 승리로 이어지는 지름길이라고 합니다. 실버 자신의 말을 빌리자면 「"판단"에 의해 "거리"를 유지하고, "거리"가 "시간"을 결정하며, "시간"을 파악함으로써 안전하게 적과의 "위치"를 잴 수 있다.」는 것입니다. 결과적으로 "위치"와 "시간"을 통해 자신이 의도한 바를 달성하면서 동시에 상대의 의도를 방해할 수 있게 됩니다.

1. 판단(Judgement)

"판단"이란 상황을 파악하여 최선의 행동을 이끌어내는 것으로 「전투기술 · 전술 · 전략에 대한 깊은 지식」, 「다양한 무기의 장점과 단점에 관한 이해」, 「판단을 내리는 데 필요한 충분한 시간」 등 세 요소로 성립합니다.

2. 거리(Distance)

"거리"란 '자신과 적 사이의 거리'에 '자신과 적, 각자의 간격'을 더한 개념입니다. 여기서 말하는 "간격"은 자신(또는 상대)이 가지고 있는 무기가 도달할 수 있는 최대거리를 말하는 것으로, 신장과 무기의 길이 등에 따라 달라지게 됩니다.

당연한 말이지만 거리가 너무 가까우면 상대의 행동에 대응할 시간적 여유가 없어지고, 거리가 너무 멀면 상대에게 자신의 행동에 대응할 시간을 주고 맙니다. 실버의 말에 따르면 가장 좋은 "거리"는 자신을 공격하기 위해 적이 한 발짝 내디딜 필요가 있는 거리로, 간단히 말해 「상대의 간격+상대의 한 걸음」이라고 합니다.

3. 시간(Time)

여기서 말하는 "시간"이란 어떤 행동을 취하는 데 필요한 시간으로서 유럽 무술을 이해하는 과정에서 매우 중요한 개념입니다. 다음 항목에서 자세히 설명하도록 하겠습니다.

4. 위치(Place, True Place)

"위치"란 「팔 이외의 부분을 움직이지 않고 공격을 명중시킬 수 있는 지점」을 가리키는 말로 "간격"과 거의 같은 개념입니다. 실버의 정의에 따르면 자신이 움직여 상대를 이쪽의 "위치"에 들이는 것을 「위치를 차지한다」고 하며, 상대가 자신의 "위치"로 들어오는 것을 「위치를 획득한다」고 합니다.

유럽 무술의 이론에서는 아무리 경험과 재능이 풍부한 사람이라도 일단 상대의 "위치"에 들어가버리면 상대의 공격으로부터 확실하게 자신의 몸을 지키는 것이 불가능하다고 간주합니다. 왜냐하면 이때 상대는 「손의 시간」이라는 "시간"을 사용하여, 인간의 반사신경으로는 반응할 수 없는 이론상 가장 빠른 속도로 공격해오기 때문입니다. 설사 반응한다고 해도 방어에 필요한 "시간"은 아무리 빨라야 상대의 「손의 시간」과 같기 때문에, 방어태세가 갖추어지기 전에 이미 먼저 움직이기 시작한 상대의 공격이 완료되어 버리는(즉 방어가 늦어지는) 것입니다(이 「손의 시간」에 대해서도 나중에 설명하겠습니다).

위의 내용을 바탕으로 도출할 수 있는 최선의 전략은, 상대의 "거리" 밖에 서서 상대의 행동에 반응하기 위한 충분한 시간적 여유를 확보하는 동시에 상대를 자신의 "위치"에 두는 것이라고 할 수 있습니다.

"시간"이란?

"시간"에 대해 설명하기 전에 먼저 중세 · 르네상스 시대의 시간에 대한 개념이 현재와는 달랐다는 것을 말해두고 싶습니다. 뉴턴이 정의한 이래 우리에게 익숙한 오늘날의 시간감각을 「절대시간」이라고 한다면, 당시의 시간감각은 아리스토텔레스가 확립해 놓았던 「상대시간」이라고 부를 만한 것이었습니다. 「상대시간」이란 간단히 말해 「시간=동작」이라는 것으로 "시간"의 길이는 여러 동작의 상대적인 관계에 의해서만 측정할 수 있다는 개념입니다. 실버는 무술에서 사용하는 구체적인 "시간"을 다음과 같은 4종류로 설정하고 있습니다.

1. 「손의 시간」(Time of Hand : 손 · 팔이 하나의 동작을 하는 데 필요한 시간)
2. 「몸의 시간」(Time of Body : 동체가 하나의 동작을 하는 데 필요한 시간)
3. 「발의 시간」(Time of Foot : 발을 한 걸음 내딛는 데 필요한 시간)
4. 「걸음의 시간」(Time of Feet : 발을 여러 걸음 내딛는 데 필요한 시간)

이상의 네 가지 "시간"은 위에 있는 것이 가장 빠르고 아래로 내려갈수록 느려지지만, 현실에서의 실제 동작은 몸의 여러 부분이 함께 움직여 성립하는 것이며, 그것은 무도에서도 마찬가지입니다. 실버는 이들 4개의 "시간"을 조합하여 「진짜 시간(True Time)」과 「가짜 시간(False Time)」이라는 개념을 만들었습니다.

「진짜 시간」이란 전투에서 가장 효과적이고 효율적인 일련의 세트 동작으로, 앞에서 말한 4개의 「시간」을 짜맞춘 것입니다. 위에서부터 차례대로 느려집니다.

1. 「손의 시간」
2. 「손과 몸의 시간」
3. 「손 · 몸 · 발의 시간」
4. 「손 · 몸 · 걸음의 시간」

이것들은 각각 「손을 움직여서 공격 · 방어한다.」, 「동체를 움직이면서 공격 · 방어한다.」, 「한 걸음 내디디면서 동체를 틀어 공격 · 방어한다.」, 「여러 걸음 내딛는 동시에 동체도 움직이며 공격한다.」는 동작을 나타냅니다. 그리고 각각의 동작에 필요한 시간은 이들 세트를 구성하는 동작 중에서 가장 긴 「시간」과 같은 길이가 됩니다.

예를 들어 어떤 검사가 발을 내디디면서 공격한다고 가정합시다. 이때의 동작은 세 번째 「손 · 몸 · 발의 시간」으로 분류되며, 공격에 걸리는 시간은 "시간"을 구성하는 「손의 시간」, 「몸의 시간」, 「발의 시간」 중 가징 느린 「발의 시간」과 길이가 같습니다. 즉 그가 한 걸음 내딛는 데 필요한 시간만큼 공격에도 같은 시간이 걸린다는 뜻입니다. 그러므로 상대가 그의 공격을 방어하기 위해서는 그의 "시간"보다 빨리 끝나는 "시간" 세트를 선택할 필요가 있습니다. 손을 움직이거나(1번) 동체와 손을 움직여(2번) 공격을 막아내야 한다는 것입니다. 그 이외의 행동을 할 경우「방어에 실패」하게 됩니다.

한편「가짜 시간」은「진짜 시간」과는 반대로 싸움에서 절대 행해서는 안 되는, 가장 느리고 비효율적이며 비효과적인 세트입니다.「진짜 시간」과 달리「가짜 시간」의 세트 동작은 동시가 아니라 개별적으로 행해집니다.

1.「발의 시간」 한 걸음 내디딘 뒤 아무것도 하지 않습니다.
2.「발과 몸의 시간」 한 걸음 내디딘 뒤 동체를 움직입니다.
3.「발 · 몸 · 손의 시간」 한 걸음 나아가서 동체를 움직인 뒤 손을 움직입니다.
4.「걸음 · 몸 · 손의 시간」 한 걸음 이상 나아가서 동체를 움직인 뒤 손을 움직입니다.

결론적으로 실버의 이론에서 전투의 기본이란 상대의 "시간"보다 짧은 "시간" 안에 행동하는 것, 그리고 상대의 "시간"은 가장 길어지면서 자신의 "시간"은 가장 짧아지도록 움직이는 것이라고 할 수 있습니다.

몸의 움직임에 맞추다

앞에서「진짜 시간」에 대해 언급했는데, 개중에는「손의 시간」이 가장 빠르니까 공격하지 않고 가만히 상대가 오는 것을 기다리고 있으면, 공격하러 다가오는 상대의 행동은「발의 시간」의 속도가 되기 때문에 안전하다고 생각하는 사람이 있을지도 모릅니다. 하지만 그것이 항상 옳다면 독일식 무술 같은 선제(先制)지상주의 무술은 도태되고 말았을 것입니다. 그렇다면 독일식 무술은 이에 어떻게 대처했을까요.

독일 무술 연구가인 나이트의 말에 따르면 그 방법은「몸의 움직임에 맞추는 것」이라고 합니다. 간단히 말해「한 걸음 내딛는 순간, 또는 직전에 검을 휘두르기 시작하여 내디딘 발이 착지하는 순간, 또는 직전에 공격이 명중하도록 한다.」는 것입니다.

여기서 주의해야 할 점이 있는데,「검을 휘두르는」 행동은 가장 빠른「손의 시간」으로 이것을「발의 시간」에 맞춘다는 것은 검을 휘두르는 스피드를 떨어트린다는 말입니다. 검을 휘두르는 스피드가 떨어지면 위력도 줄어들지만, 나이트가 말하길「검을 빨리 휘두르는 것보다 안전한 것이 중요」하며, 비록 검 자체의 속도는 느려도 발을 내딛는 동시에 검이 움직이기 시작하므로 상대는 우선 검에 대한 대응을 강요받게 된다는 것입니다. 또한 이 원리는 가라테(空手) 등 다른 무술과 스포츠에서도 일반적으로 사용하고 있는 방법이라고 합니다.

다만 한 가지 주의해야 할 점이 있습니다. 나이트가 이론의 근거로 삼고 있는 15세기 링엑(Ringeck)의 글은 풋워크에 대해서만 서술하고 있다고 생각하는 편이 타당하다는 것입니다. 하지만 나이트와 같은 해석도 전혀 불가능하지는 않습니다.

제4장 자세란?

모든 무술에는 자세라는 것이 존재하며, 그것은 유럽 무술에서도 다르지 않습니다. 하지만 자세라는 것이 대체 무엇인지 분명하게 정의할 수 있는 사람은 많지 않을 것입니다.

자세는 결코 대충 적당한 모양을 잡고 서 있는 것이 아닙니다. 각각의 자세는 일련의 행동을 가장 빠르고 정확하며 효율적으로 실행하기 위해 설정된 것입니다.

유럽 무술에는 자세에 대한 어떤 중요한 개념이 있습니다. 그것은 모든 행동(공격이든 방어든)을 자세에서 자세로의 이행이라고 정의하는 것입니다. 예를 들어 독일식 무술의 Oberhaw(내리치기)는『천장』자세에서 시작해『바보』자세 또는『찌르기』자세에서 끝나게 됩니다.

또한 어떤 자세도 자신의 몸을 완벽하게 보호해 주지는 않습니다. 오히려 자세를 취함으로써 상대가 자신의 움직임을 어느 정도 예측해버리는 단점이 있습니다(당연히 그 반대도 마찬가지입니다). 유럽 무술은 이 딜레마를 해결하기 위해 아래의 두 가지 방법을 제시합니다.

첫 번째는 일단 자세를 취하면 가만히 있지 말고 빠르게 공격하라는 것이며, 두 번째는 계속해서 자세를 바꿔 상대가 자신의 의도를 파악하지 못하도록 하라는 것입니다. 다만 두 번째 방법은 사람에 따라 의견이 분분하여, 메이어나 아그리파 같은 과거의 검사들은 이 방법을 권하지만 현대의 연구자 대부분은 거기에 동의하지 않습니다. 왜냐하면 다른 자세로 전환하는 동안은 몸이 가장 무방비해지는 순간으로, 그때 빈틈을 공격당하면 어떻게 대처할 방도가 없기 때문입니다. 두 가지 의견 모두 오랜 경험에서 우러나온 답이므로 어느 한쪽이 옳다고 단정지을 수는 없을 것입니다.

공격선(攻擊線)이란 「상대를 상처입히기 위해 무기(공격)가 지나가게 될 궤적」을 가리키는 말로, 유럽 무술의 근간을 이루는 가장 중요한 개념 중 하나입니다. 각각 정도의 차이는 있지만 독일식 · 이탈리아식 · 영국식 · 스페인식 등 유럽에서 기원한 모든 무술에는 공격선이 기본개념으로 포함되어 있습니다.

1. 기본공격선

이것은 일반적으로 「공격선」이라 불리는 것으로, 대치하고 있는 두 사람을 똑바로 연결한 직선을 말합니다. 이 선은 두 사람 사이의 최단거리이자 공격 시에 무기가 지나가게 될 길이기도 합니다.

2. 무기공격선

이것은 필자의 조어로, 무기가 실제로 이동하는 궤적을 말합니다. 이 선은 기본공격선과 같은 경우가 많지만 다를 때도 있습니다.

공격은 모두 이 공격선을 따라 이루어지기 때문에, 방어하는 쪽이 취해야 할 전략은 간단히 말해 「공격선을 닫거나 봉쇄하는 것」이라고 할 수 있습니다. 그리고 반대로 공격하는 쪽에서 보면 「방해를 받지 않고 상대의 몸까지 공격선이 도달할 수 있는 빈틈을 찾아내는 것」이 대전제입니다. 이러한 사실을 바탕으로 유럽 무술의 기술과 사고방식을 생각하면 아래와 같은 원칙을 도출할 수 있습니다.

공격

1. 공격은 무기와 목표물을 연결한 직선, 즉 최단거리로 이동하여 행하는 것이 이상적. 최단거리 · 최소시간에 이루어지는 공격이므로 상대는 대응할 시간적 여유가 없어진다.

2. 페인트를 사용해 상대의 방어에 빈틈을 만든다(크고 무거운 무기일수록 페인트를 하기 힘들어집니다. 그 이유는 공격속도가 느려서 효과적인 페인트가 불가능하기 때문입니다).
3. 보법이나 공격각도 등을 이용해 자신의 몸을 상대의 공격선 밖에 위치시킴으로써 상대의 카운터를 봉쇄한다.
4. 만약 상대가 공격을 방어하면, 다시 자신의 공격선을 상대에게 겨냥하여 잇따라 공격하면서 상대를 수세에 몰아 반격하지 못하게 한다.
5. 상대의 검을 옆으로 쳐낸 다음 공격함으로써 상대의 공격선을 무너뜨린다. 또는 자신의 무기로 상대의 공격선을 차단하면서 공격한다.

방어

1. 무기를 상대의 공격선상에 놓거나 공격선에 되도록 가까이 위치시킴으로써 상대의 공격을 방어하기 위해 자신의 무기가 이동하는 시간을 가능한 한 줄인다("시간" 항목에서 실버가 주장한 것입니다).
2. 상대의 공격선이 자신의 몸에서 벗어나도록 방어하여 상대가 곧바로 재공격하지 못하게 한다.
3. 방어할 때 자신의 무기공격선으로 계속 상대를 겨냥하여 바로 카운터가 가능하게 함으로써 상대를 견제한다.
4. 방어에 일부러 빈틈을 만들어 상대의 공격선을 그곳으로 유인한다.

 공격선의 실례

아래의 그림은 이탈리아식 레이피어 검술을 나타낸 것입니다. B의 찌르기에 대항해

A는 왼쪽 대각선 앞으로 발을 내디디면서 손의 위치를 『세 번째』에서 『두 번째』로 바꿔(P573 참조) B의 공격을 받아넘기고, 동시에 B의 얼굴에 찌르기를 합니다. 이러한 A의 움직임은 공격의 원칙 5번 「상대의 공격선을 무너뜨리거나, 자신의 무기로 상대의 공격선을 차단하면서 공격한다.」와 방어의 원칙 2번 「상대의 공격선이 자신의 몸에서 벗어나도록 방어한다.」에 해당합니다.

아래의 그림은 B가 공격하는 순간입니다. 두 사람은 일직선상에 서 있으며, A와 B의 공격선은 똑바로 상대를 겨누고 있습니다.

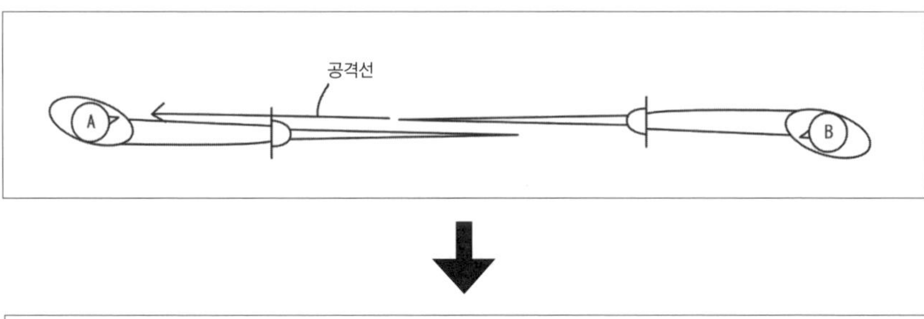

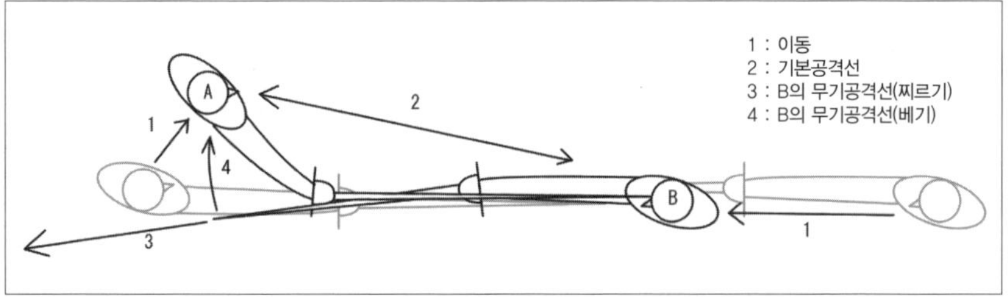

A가 카운터 공격을 하는 순간입니다. A는 왼쪽으로 이동함으로써 B의 공격선 밖으로 빠져나왔습니다. 그리고 동시에 B의 검을 옆으로 받아넘겨 공격이 확실히 빗나가도록 만든 다음 B의 얼굴에 찌르기를 하고 있습니다.

다음으로 B의 공격선을 보기 바랍니다. 그림에서 3이라는 번호가 붙어 있는 무기공격선은 B가 현재 상태에서 찌르기를 할 경우 그 공격이 지나가는 길입니다. 여기서 A의 몸은 B의 찌르기 공격선에서 벗어났으므로 이대로라면 B는 A를 찌를 수 없습니다.

그럼 B가 베기로 공격하면 어떻게 될까요. B의 검이 4번 무기공격선을 그대로 따라간다면 A에게 명중하겠지만, 그림을 보면 알 수 있듯이 A의 검이 이 공격선을 가로막고 있기 때문에 만약 B가 베기 공격을 한다 해도 A에게는 닿지 않습니다.

이 상태에서 B가 A를 공격하자면 검을 비틀거나 일단 검을 뒤로 뺀 다음 다시 공격하는 수밖에 없는데, 그런 행동을 하는 사이 A에게 반격이나 방어에 필요한 충분한 시간을 허용하고 마는 것입니다.

제6장 방어에 대해서

방어에 대한 유럽 무술의 기본적인 개념은 그저 몸을 지킬 뿐인 방어는 되도록 피하고, 바로 공격으로 이행할 수 있는 태세로 방어를 행하는 것이었습니다. 일단 방어한 뒤에 반격 준비를 할 경우, 상대에게 충분한 시간을 허용하여 잇따라 공격받을 것이 불 보듯 뻔합니다. 그러므로 유럽 무술에서 방어법의 기본은 가능한 한 반격까지 걸리는 시간을 단축하는 것입니다. 그리고 당시 유럽의 시간감각으로는 「시간=동작」이었기 때문에 결과적으로 「시간을 단축한다=동작을 줄인다」가 됩니다.

방어의 유형

유럽 무술에 있어 최상의 방어법이란 공격과 방어를 동시에 하는 것입니다. 이것을 일반적으로 카운터어택, 이탈리아식 무술에서는 콘트라템포라고 부릅니다. 16세기 독일식 무술의 검사인 메이어는 『진정한 검사는 방어를 하지 않는다. 적이 베면 함께 베고, 적이 다가오면 함께 다가서며, 적이 찌르면 함께 찌른다.』라는 문장을 소개하고 있습니다. 또한 15세기의 링엑도 『상대가 베기 공격을 하면 되받아치고, 찌르기 공격을 하면 되찔러라.』라는 말을 남겼습니다. 이 최상의 방어법은 두 가지 타입으로 구분할 수 있습니다.

1. 공방 일체기

독일식 무술은 이 타입의 방이법에 중점을 두고 있는데, 이에 대한 좋은 예로 독일식 무술의 대명사로 불리는 다섯 가지 「비기」(롱소드 기술 6, 15, 22, 25)가 있습니다.

2. 회피 · 공격 일체기

이탈리아식 레이피어 검술, 특히 아그리파 스타일에서 두드러지는 기술로, 옆 또는 대각선 앞으로 이동해 상대의 공격을 피하면서 공격하는 방법입니다.

다음으로 좋은 방어법은 「피하는」 것, 즉 상대의 공격이 오지 않는 위치로 이동하는 것입니다. 다만 상대의 공격을 피한 다음에는 상대가 태세를 바로잡기 전에 공격해야 합니다. 독일식 무술의 「나흐라이젠(반박자공격)」은 이 이론을 따르고 있습니다. 이것에 성공하기 위해서는 "거리"를 정확하게 파악하여 상대의 공격에 대해 필요 최소한의 거리를 둘 필요가 있습니다.

세 번째로 좋은 방어법은 「받아넘기기」입니다. 「받아넘기기」란 상대의 공격을 쳐내거나 특정한 곳으로 유도하여 상대의 공격이 자신의 몸에 명중하지 않도록 하는 것입니다. 이때 앞에서 말한 것처럼 그저 공격을 받아넘기는 것뿐만 아니라 바로 반격할 수 있는 태세를 갖추는 것이 중요합니다. 참고로 이 「받아넘기기」로부터 검과 검이 맞붙는 「바인드」가 발생합니다.

네 번째 방법은 상대의 무기를 「받아내는」 것입니다. 많은 무술에서 이 방법은 가능한 한 피해야 한다고 가르칩니다. 왜냐하면 전력으로 상대의 힘을 받아내야 하기 때문에 다른 방법에 비해 쉽게 피로해지기 때문입니다. 게다가 이것은 자신은 움직이지 않으면서 상대의 공격을 기다리는 방법이라 상대에게 방어의 빈틈을 노릴 수 있는 시간적 여유를 허용하고 맙니다.

최악의 방어법은 「방어를 위한 방어」로서, 단순하게 상대의 공격으로부터 몸을 지키는 데에만 전념하여 반격의 기회를 전혀 이끌어내지 못하는 방어입니다.

「받아넘기기」의 방법

가장 기본적인 「받아넘기기」 원칙은 자기 무기의 「강한」 부분으로 상대 무기의 「약한」 부분을 막는 것입니다. 검의 칼날 부분을 위아래로 나누어 칼끝 쪽을 「약한」 부분, 날밑 쪽을 「강한」 부분이라고 하는데, 이는 봉 모양의 물체를 잡고 있을 때, 쥐고 있는 손에서 가까운 부분으로 대상을 밀수록 미는 힘이 강해진다는 지렛대의 원리에서 유래한 것입니다.

즉 손에서 가까워 강한 힘으로 밀 수 있으나 스피드가 느린 「강한」 부분은 방어에 사용하고, 반대로 손에서 멀어 강한 힘으로 밀 수 없으나 스피드가 빠른 「약한」 부분은 공격에 사용한다는 역할분담이 이루어지는 것입니다.

이러한 구분은 시대가 흐르면서 더욱 세분화되어 이탈리아식 무술에서는 Forte(「강한」

부분), Terzo(「중간」 부분), Foible(「약한」 부분)의 세 부분으로 나누게 됩니다. 「중간」 부분은 공격과 방어 모두에 사용합니다.

또한 스페인식 무술에서는 구분이 한층 더 세세해집니다. 칼날을 최대 12개 부분으로 나누고 각각에 역할을 부여하는 것인데, 이쯤 되면 이미 실용성과는 거리가 멀다고 봐야겠지요. 당시 레이피어의 칼날 길이는 대략 1m 전후이므로 12분할하면 한 부분이 8cm 정도. 고속으로 이루어지는 전투 중에 이를 정확하게 구분해서 사용할 만큼의 반사신경과 판단속도가 과연 인간에게 있는 것인지 의문을 갖지 않을 수 없습니다.

A와 V

스티븐 픽은 그의 저서 『초심자의 롱소드』를 통해 받아넘기기에는 「A」와 「V」의 두 가지 타입이 있다고 말합니다. 여기서 A와 V는 방어할 때 검의 움직임을 나타낸 것입니다.

「V」 타입은 칼끝을 옆으로 휘둘러 상대의 공격을 쳐내는 방법으로, 픽의 말에 따르면 이것이 인간의 본능적인 행동이라고 합니다. 하지만 이 방법으로 방어하면, 만약 상대의 검이 손잡이 쪽으로 미끄러져 내려왔을 때 자신의 몸에 닿게 됩니다. 또한 칼끝이 옆으로 빠지기 때문에 바로 반격하기가 불가능합니다. 때문에 그는 이 타입으로 움직이는 것은 피해야 한다는 결론을 내렸습니다.

「A」 타입은 칼끝이 아니라 손잡이 부분을 움직이는 것으로, 상대의 공격을 쳐내지 않

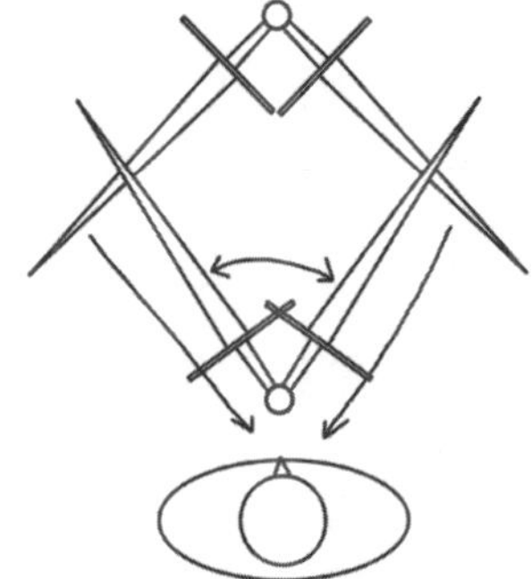

검이 미끄러져 내려와 공격이 명중한다.

「A」 타입의 방어

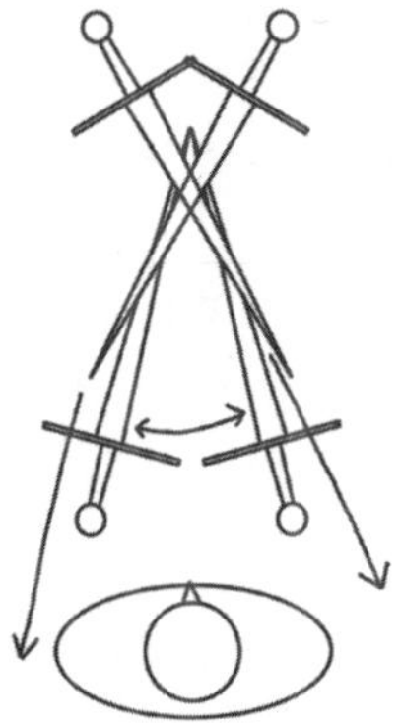

검이 미끄러져 내려와도 몸에 닿지 않는다.

고 흘리듯 받아내는 방법입니다. 이렇게 하면 상대의 검이 미끄러져 내려와도 자신에게 명중하지 않으며, 칼끝이 항상 상대를 향하고 있기 때문에 바로 공격이 가능합니다.

 칼날과 옆면, 어느 쪽으로 막는가?

마지막으로 현재 연구자들 사이에서 가장 의견이 분분한 문제에 대해 설명하겠습니다. 그것은 검으로 공격을 막을 때 상대 검의 날(edge)을 자기 검의 날(edge)로 막을 것인가, 아니면 넓은 면(Flat)으로 막을 것인가 하는 문제입니다. 안타깝게도 과거의 검사들은 그에 대한 확실한 해답을 남겨놓지 않았습니다. 그들 입장에서 보면 그런 것은 지극히 당연한 상식이었으므로 일일이 적어놓을 필요가 없었기 때문이겠지요.

「상대의 검을 옆면으로 막아라.」라는 그럴듯한 문장도 있지만 「일부러 이렇게 적어놨다는 것은 이것이 특이한 방법이기 때문이며 실제로는 칼날로 막는다.」라는 느낌이라, 결국 어느 쪽으로도 해석이 가능해져 버립니다. 아래에 각각의 주장을 몇 가지 정리해보았습니다.

「칼날로 막는다」 파의 주장

1. 검은 얇기 때문에 옆면으로 막으면 부러지고 만다.
2. 검은 충분히 강하기 때문에 칼날로 막아도 이가 빠지지 않는다.
3. 설사 이가 빠진다 해도 그것은 공격에 사용하지 않는 「강한」 부분이므로 상관없다.
4. 「상대의 검을 옆면으로 막는다.」라는 기술을 일부러 남긴 것을 보면, 옆면으로 막는 방식은 특수한 것이라고 추측할 수 있다.
5. 칼날로 막는 것이 손목에 부담이 가지 않고 힘껏 받아낼 수 있기 때문에.
6. 싸운 뒤에 검의 날이 너덜너덜해졌다는 당시의 기록이 있기 때문에.

「옆면으로 막는다」 파의 주장

1. 검은 충분히 강하기 때문에 웬만큼 품질이 떨어지지 않는 한 옆면으로 막아도 문제없다.
2. 칼날 부분은 검의 여러 부분 중에서도 가장 얇기 때문에 공격을 막으면 이가 빠지게 된다.
3. 이가 빠지면 검의 성능이 떨어질 뿐만 아니라 부러질 위험성도 있다.
4. 「상대의 검을 옆면으로 막는다.」라는 기술이 남아 있기 때문에.
5. 한손검 검술에 손목을 돌려 공격을 막는 방법도 있는 것으로 보아, 손목의 부담은 그다지 중시되지 않았다고 추측할 수 있다.

위와 같이 이 문제는 양쪽의 주장이 평행선을 달리기에 좀처럼 결론이 나지 않는다는 사실을 알 수 있습니다. 굳이 사족을 보태자면「칼날로 막는다」파의 6번 의견은 칼날로 방어를 했기 때문이 아니라 격전을 치른 탓에 그렇게 되었다고 보는 것이 타당할 것입니다. 실제로 갑옷이나 투구 등에 부딪쳐도 날은 상처를 입습니다.

결론부터 말하자면 이것은「취향의 문제」가 아닐까 싶네요. 양쪽의 주장 모두 공들인 조사와 오랜 경험을 통해 도출한 결론이므로 전혀 근거가 없는 말은 아닐 것입니다.

'당시의 검사들은 가능하면 옆면으로 막는 것을 선호했지만, 기본적으로 칼날로 막든 옆면으로 막든 그렇게 예민하게 신경 쓰지는 않았을 것이다.'라는 것이 필자의 개인적인 생각입니다. 적어도 만약 첨예하게 대립하는 두 가지 의견이 있었다면 집필 과정에서 반드시 자신의 주장을 넣었을 것이 틀림없기 때문입니다. 그것이 전혀 없다는 것은 모든 사람이 동의하는 의견이 있었거나, 아니면 아무래도 좋았거나, 둘 중 하나였을 것이라고 추측할 수 있습니다.

제7장 칼날을 잡는 법

유럽 무술의 여러 가지 특징 중 현대인의 눈에 가장 이상하게 비치는 것은 아마도 「칼날을 잡는다」는 점일 것입니다. 잡는 것은 자기 무기의 칼날뿐만 아니라 상대 무기의 칼날도 포함됩니다.

당시의 삽화 등에는 장갑도 끼지 않은 맨손으로 칼날을 쥐고 있는 모습이 그려져 있는데, 이것은 본능적으로 있을 수 없는 일이라고 해석하는 사람도 많아서 「당시의 대거는 날이 없어서 잡을 수 있었다.」라는 식으로 「설명」을 덧붙이곤 합니다.

하지만 단지 칼날을 조금 더 날카롭게 만드는 것만으로도 파훼될 만한 기술이 유럽 전역에서 몇 세기에 걸쳐 효과적인 기술로 전해져 내려왔다는 것은 있을 수 없는 일입니다. 지금까지 전해지는 검과 대거 등 많은 무기는 현재의 나이프와 마찬가지로 날카로운 날을 가지고 있었습니다. 현대의 연구자들 가운데는 실제로 맨손으로 진검을 쥐어 보인 사람도 있으며, 상해사건 등에서 「피해자가 가해자의 칼을 맨손으로 잡고 빼앗는」 경우도 흔히 있는 일이라고 합니다.

그러나 상대의 칼날을 오랫동안 잡고 있지 못하는 것 또한 사실입니다. 그렇다고 자기 무기의 날을 잡는다 해서 항상 안전했느냐, 분명 그것도 아니었을 것입니다. 그런데 왜 그렇게까지 해서 날을 잡았던 것일까요. 그것은 「죽는 것보다 손을 베이는 편이 낫다.」라고 생각했기 때문입니다.

당시의 문헌에는 칼날을 어떻게 잡아야 하는지 서술되어 있지 않습니다. 아마도 상식 수준의 지식이었기에 일부러 적어놓을 필요가 없었던 것이라 생각합니다. 여러 가지로 실험해본 결과, 손가락의 지문 부분과 손바닥에 옆면이 닿도록 날을 끼워 넣고 움직이지 않도록 단단히 붙잡는 것이 가장 안전하면서 확실한 방법이라고 합니다.

제8장 공격의 기본

방어에 이어 이번에는 공격에 대해 설명하겠습니다. 독일식 검술의 「드라이 분더(세 가지 상해)」를 인용하여 공격법에 대해 알아보도록 하겠습니다.

1. 베기(Hau) : 검을 강하게 휘둘러 베는 것으로 가장 자연스러운 공격법입니다.
2. 찌르기(Stiche) : 검을 앞으로 쑥 내밀어 상대에게 칼끝을 찔러 넣는 방법입니다.
3. 자르기(Schnitt) : 칼날이 상대의 몸에 닿아 있는 상태에서 검을 앞뒤로 밀고 당겨 상처입히는 방법입니다.

여기서 자르기는 마치 부엌칼이나 나이프로 무언가를 썰 때처럼 검을 사용하여 적을 상처입히는 것뿐만 아니라, 칼날을 밀어붙여 상대의 행동을 제한하거나 봉쇄하는 데에도 사용합니다.

미국에서 Die Schlachtschule라는 단체를 운영하고 있는 나이트는 위의 세 가지 공격법에 대해 다음과 같이 설명합니다. "베기는 거의 모든 상황에서 효과적이며, 상대가 방어하려면 상당한 힘이 필요하다. 그에 비해 찌르기는 빠른 공격이 가능하고 대부분의 경우 치명상을 줄 수 있지만, 상대가 거의 힘을 들이지 않고 방어할 수 있다. 자르기는 기본적으로 상대에게 주는 대미지가 적지만, 상대와의 거리가 너무 가까워 다른 2개의 공격을 사용할 수 없을 때 위력을 발휘한다."

이 같은 특성을 근거로 당시의 일반적인 공격의 흐름은 「처음에는 베기로 공격하고 이어서 찌르기로 공격하다가 상대와 거리가 가까워지면 자르기를 사용」하는 것이었다고 추측할 수 있습니다.

보법(步法)이란 모든 무술의 기초라고도 할 수 있는 기술입니다. 유럽 무술에서는 일반적으로 오래된 것일수록 보법이 단순해지는 경향이 있습니다. 아래 그림은 유럽 무술에서 사용하던 보법의 일부를 나타낸 것으로, 명칭은 특별한 설명이 없는 경우 필자가 독자적으로 붙인 것입니다.

기본적으로 발의 배치는 다음과 같습니다. 왼쪽의 중세식은 좌우의 발이 90도 이하의 각도를 이루고 있고, 오른쪽은 레이피어 검술로 좌우의 발이 직각을 이루고 있습니다.

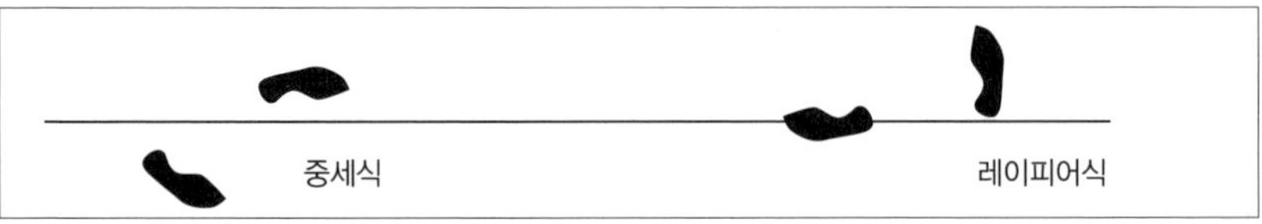

 보법의 종류

1. 런지(Lunge)

흰색 발 모양이 앞발의 위치입니다.

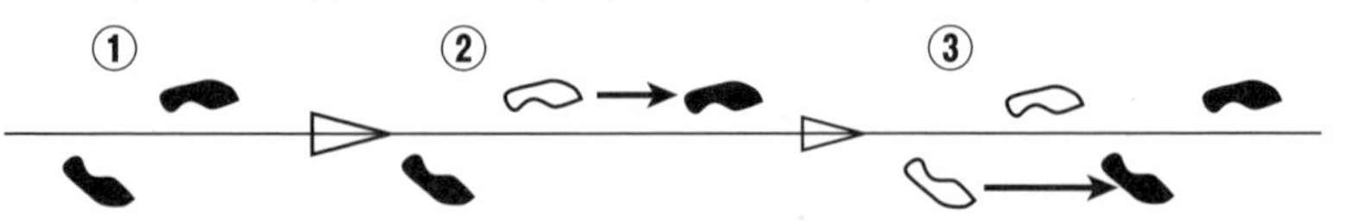

먼저 앞발을 내디딘 다음 뒷발이 따라갑니다. 런지란 레이피어 공격법 중 하나로 크게 한 걸음 내디디면서 찌르는 공격을 말합니다. 다만 실제 런지는 뒷발을 갖다 붙이지 않으니 주의하기 바랍니다.

2. 패싱 스텝(Passing step)

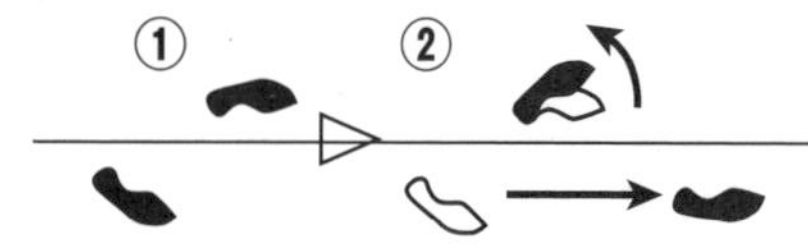

뒷발을 앞발보다 앞에 가져가는 보법으로, 가장 기본적이며 많이 쓰이는 보법입니다. 뒷발이 앞발을 「통과(Pass)」한다는 데서 기인해 붙여진 이름입니다.

3. 개더링 스텝(Gathering step)

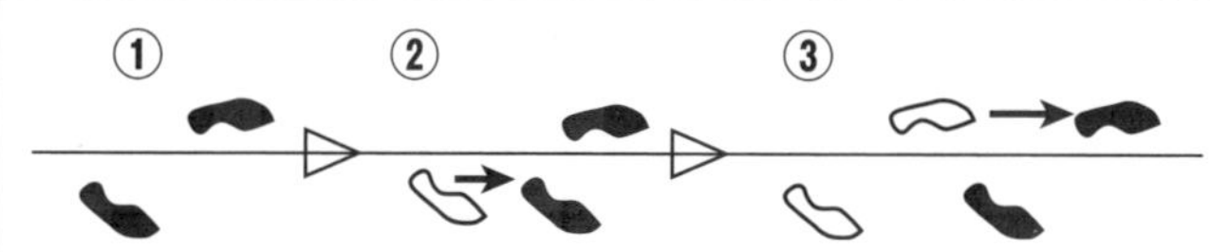

「히든 스텝」(Hidden step)이라고도 불리는 보법으로, 우선 뒷발이 앞발을 따라간 다음 앞발이 전진합니다. 상대방 몰래 파고들 준비를 할 수 있다는 데서 유래한 이름입니다.

4. 슬로프 스텝(Slope step)

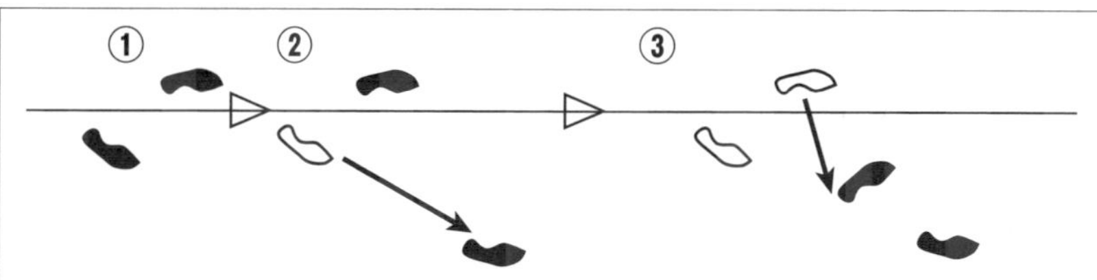

독일식과 이탈리아식 무술에서 많이 쓰이는 보법으로 상대의 공격을 피하면서 공격할 때 사용합니다.

5. 피오레식 슬로프 스텝(Fiore's slope step)

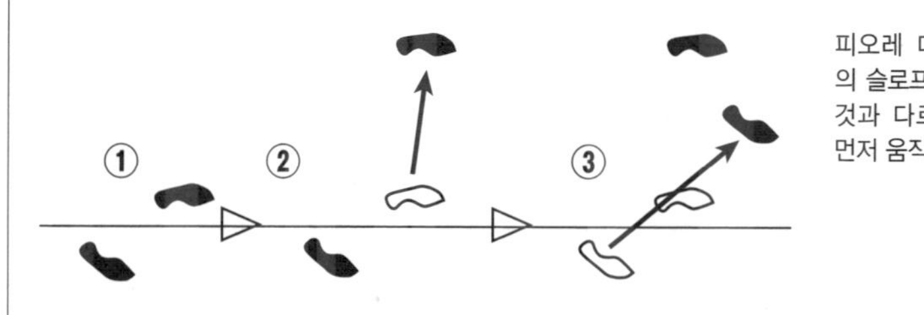

피오레 데이 리베리의 슬로프 스텝. 위의 것과 다르게 앞발을 먼저 움직입니다.

6. 트라이앵글 스텝, 더블(Triangle Step, double)

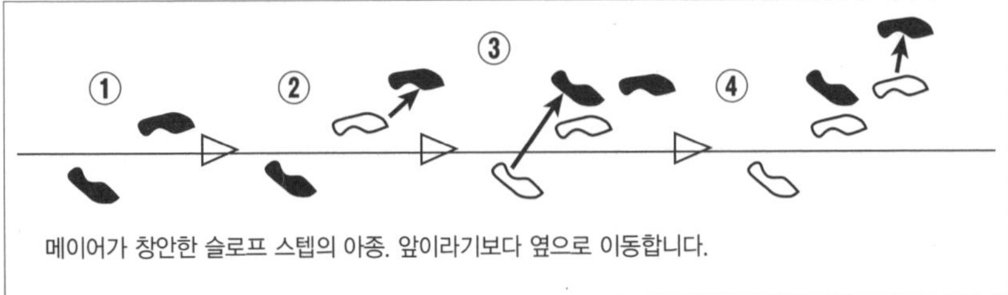

메이어가 창안한 슬로프 스텝의 아종. 앞이라기보다 옆으로 이동합니다.

7. 볼타 스테빌(Volta Stabile)

피오레의 3종류 턴 중 하나로 발의 위치를 바꾸지 않고 반대쪽을 향합니다.

8. 메자 볼타(Mezza Volta)

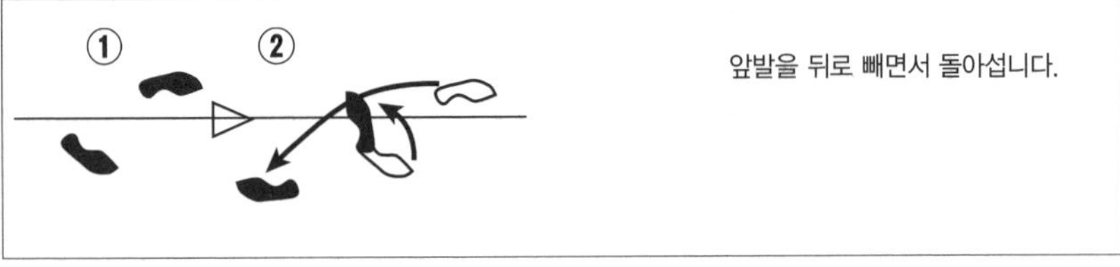

앞발을 뒤로 빼면서 돌아섭니다.

9. 투타 볼타(Tutta Volta)

앞발을 크게 한 바퀴 돌리면서 뒤를 향해 섭니다.

독일식 무술(리히테나워식)

■일반명칭 : 「전투법」(Kunst des Fechtens)
■창시자 : 요하네스 리히테나워(Johannes Liechtenauer)
■기간 : 14세기 중반~17세기 말(?)

독일식 무술은 14세기 중반에 설립된 무술 일파로, 현재 가장 많이 연구되고 있는 유럽의 전통무술 중 하나입니다. 리히테나워는 독일 남부 프랑켄 지방 출신의 하급기사로 알려져 있는데, 독일과 동유럽을 여행하며 배운 각지의 무술을 종합하여 새로운 유파를 세웠습니다. 여기서 주의할 점은, 그의 유파를 「독일식 무술」이라고 부르는 것은 단지 「리히테나워식」이라고 부르는 것보다 어감이 좋기 때문으로, 당시 독일에는 이외에도 여러 가지 유파가 존재하고 있었습니다. 그러나 그 유파들에 대한 기록은 거의 남아 있지 않아 도저히 실태를 파악할 수 없는 실정입니다. 독일식 무술은 당시 아직 새로운 무기였던 롱소드의 기술을 모든 무기술의 기본으로 삼고 있습니다. 롱소드 검술에는 독일식 무술의 기본기술이 전부 포함되어 있기 때문에 롱소드 검술을 배우면 다른 무기의 사용법도 비교적 간단히 배울 수 있게 됩니다.

독일식 무술은 전투의 형태를 아래의 3종류로 분류하고 있습니다.

1. 맨몸전투(Bloßfechten) : 갑옷을 입지 않은 상태에서의 전투, 또는 갑옷을 입지 않은

상대와의 전투.

2. 갑옷전투(Harnischfechten) : 갑옷을 입은 상태에서의 전투, 또는 갑옷을 입은 상대와의 전투.
3. 마상전투(Roßfechten) : 말을 타고 하는 전투.

형태의 차이는 있으나 이제부터 설명할 기본적인 이념은 이들 세 가지 전투에 공통으로 적용되는 것입니다.

주도권

독일식 무술의 근본이념, 또는 극의(極意)는 한마디로 「주도권의 쟁취와 유지」라고 할 수 있습니다.

독일식 무술의 모든 기술과 이론은 어떻게 주도권을 얻고 그것을 유지하느냐를 목적으로 설계되었습니다. 주도권을 쥐고 상대의 의도를 봉쇄하여 상대를 수세에 몰아넣고, 자신의 몸은 안전권에 둔 채 잇따라 상대를 공격합니다. 그리고 마침내 상대가 이쪽의 공격에 더 이상 반응할 수 없게 되면 그때가 바로 상대의 최후가 되는 것입니다. 그러므로 만약 상대에게 주도권을 빼앗겼다면 가능한 한 빨리 되찾아오는 것이 지상과제입니다.

흔히 이 개념을 선제지상주의(先制至上主義)라고 하는데, 그것은 어떻게든 상대를 공격하는 것이 아니라 「자신의 행동에 상대가 반응하게 만드는 것」이라고 할 수 있습니다. 예를 들어 빈틈을 만들어 상대의 공격을 유도하는 행위는 언뜻 보면 상대가 선제공격을 하는 것처럼 보이지만 실제로는 빈틈을 만든다는 이쪽의 행동에 상대가 반응한 것입니다. 간단히 말해 「상대를 자신의 손바닥 위에 올려놓고 조종하는 것」을 뜻합니다.

독일식 무술에서는 이 개념을 「선」과 「후」라고 부릅니다. 「선」은 「먼저 행동하는 것」으로 공격적 성질을 가지고 주도권을 쥔 상태, 「후」는 「상대의 행동에 대처하는 것」으로 방어적 성질을 가지며 주도권을 빼앗긴 상태를 나타냅니다.

동시(Indes)

Indes란 「즉시(Immediately)」, 「동시에(While)」, 「~동안(During)」이라는 뜻을 가진 단어로(우리말만 가지고는 어감이 잘 전해지지 않으므로 영어도 첨부합니다), 독일식 무술에서는 두 가지 의미를 갖습니다.

Indes의 첫 번째 의미는 주도권을 얻기(또는 되찾기) 위해 어떤 기술이 가장 적절할지 재빨리 판단하는 것이고, 두 번째 의미는 상대의 행동에 즉시 반응하여 반격하는 것입니다.

그 밖에 어느 쪽이 주도권을 쥐고 있는지 확실하지 않은 상태……양쪽이 거의 동시에 공격한 경우나 「바인드」(P54 참조/검과 검이 크로스된 교착상태) 상태……를 가리키기도 하지만, 기본적으로 어떠한 상태보다는 판단과 행동을 나타내는 단어입니다.

감지(Führen)

「감지(感知)」란 바인드 상태일 때 상대의 의도를 파악하기 위한 기본적인 기술입니다. 리히테나워는 바인드 상태라 할지라도 결코 수동적인 자세를 취해서는 안 된다고 말합니다. 상대의 의도를 적극적으로 「감지」하여 주도권을 얻을 필요가 있기 때문입니다.

이 기술은 접촉한 상대의 무기에서 전해지는 압력을 통해 상대의 의도가 무엇인지, 또는 상대의 저항이 「강한」(아래 항목 참조)지 「부드러운」지 판단하는 데 사용합니다. 이 개념을 독일식 무술에서는 「감지」라고 하며, 이것을 활용한 기술로 「슈프레히펜스터(대화의 창)」라는 것이 있습니다.

부드러움과 강함

위에서 상대의 무기를 「감지」하여 저항의 강약을 판단한다고 설명했는데, 그러한 강약을 독일식 무술에서는 「강함」과 「부드러움」이라고 합니다.

검과 검이 맞붙어 바인드 상태가 되었을 때, 상대의 저항이 강해서 밀 수 없거나 오히려 상대에게 밀리면 이것을 「강하다」고 말합니다. 반대로 상대의 저항이 없거나 약하면 이것을 「부드럽다」고 말합니다.

리히테나워의 말에 따르면 「강함」에는 「부드러움」으로 대항하고, 「부드러움」에는 「강함」으로 대항해야 한다고 합니다. 일본에도 「부드러움이 강함을 제압하고, 강함이 부드러움을 이긴다.」라는 말이 있는데, 그야말로 일맥상통한다고 볼 수 있습니다.

상대가 「강하게」 밀어붙일 때는 저항하지 말고 받아넘긴 다음 카운터를 해야 하며, 상대가 「부드러울」 때는 단숨에 공격하여 상대의 방어를 격파하는 것입니다.

4개의 「오프닝」

「오프닝」이란 여러 가지 의미를 포함하는 개념입니다. 일반적으로는 방어의 빈틈을 가리키지만, 독일식 무술에서는 공격의 대상이 되는 타깃 지역을 나타냅니다. 또한 타깃 지역은 몸의 중심선과 허리선으로 나눠지는 4개의 부위를 뜻합니다.

독일식 무술의 이론에서 보면 인간은 4개의 부위를 동시에 방어할 수 없으며, 반드시 어딘가에 방어하지 못하는「빈틈」이 생긴다고 합니다. 리히테나워가 제창한 이 타깃 지역은 근대 펜싱으로까지 이어져오고 있습니다.

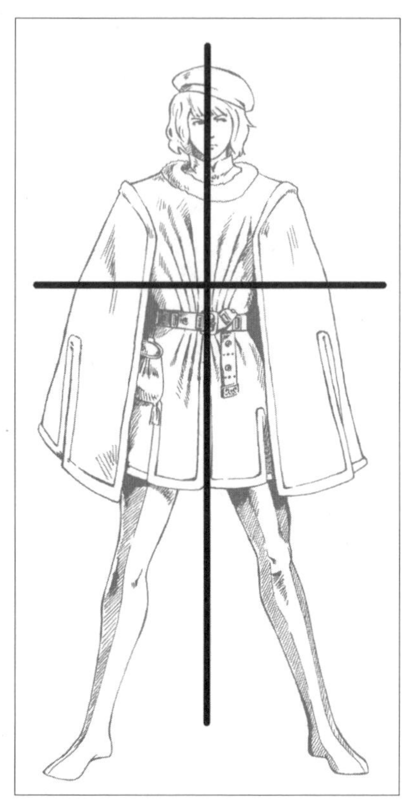

지금까지 살펴본 바와 같이 현재 그 용법을 확인할 수 있는 무술 중에서도 가장 오래된 것이 독일식 무술이지만 당시에 이미 고도로 발달한 이론과 개념을 가지고 있었습니다. 15세기에 절정기를 맞이한 독일식 무술은 레이피어가 보급되고 전장에서 사용하는 무기가 변화함에 따라 서서히 쇠퇴하다가 이윽고 이탈리아식 무술에 자리를 넘겨주게 됩니다.

이탈리아식 무술

■일반명칭 :「이탈리아식 무술」(Italian Style)
■창시자 : 불명
■기간 : 불명~19세기

이탈리아식 무술이란 어떤 하나의 무술이 아니라 다종다양한 무술 유파의 집합체를 가리키는 말입니다. 왜냐하면 이탈리아식 무술은 지금까지 자료가 전해지는 가장 오래된 무술 중 하나이며, 또한 매우 긴 수명을 자랑했던 무술이기도 하기 때문입니다. "이탈리아식 무술"이라고 한데 묶어 지칭하고 있으나, 시대와 장소에 따라 기술과 이념이 전혀 다른 유파도 존재합니다(얼마나 다르냐 하면 고류 검술과 스포츠 펜싱만큼이나 다릅니다). 따라서 앞으로 소개할 특징도 모든 유파에 동일하게 적용된다고 볼 수는 없습니다.

로마 제국이 붕괴한 이래 이탈리아 반도는 여러 독립세력이 격렬하게 대립하며 항쟁을 되풀이하는 전장이었습니다. 그런 상황 속에서 각 세력과 도시는 독자적인 무술체계를 발전시켰던 것입니다. 하지만 현존하는 것은 일부에 불과하며 대부분은 흔적도 없이 사라지고 말았기 때문에 우리는 그 무술들이 대체 어떤 것이었는지 알 방법이 없습니다.

그러한 옛 이탈리아식 무술의 특징을 오늘날 이렇게 살펴볼 수 있게 된 것은 14세기 후반의 검사 피오레 데이 리베리, 그리고 16세기에 번성한 볼로냐 파의 여러 검사들 덕분입니다. 또한 16세기의 카밀로 아그리파와 17세기 초반의 살바토르 파브리스도 빼놓을 수 없는 유명한 검사입니다.

 과학적 접근

15세기의 필리포 바디는 무술이란 「과학」이며, 과학 중에서도 가장 중요한 것은 기하학이라고 주장했습니다. 과학을 이용한 이론적 접근, 다시 말해 「관찰을 통해 얻은 객관적 정보로부터 이론적 결론을 얻어내는」 방법 자체는 다른 유파에서도 찾아볼 수 있지만, 그것을 의식적으로 무술에 도입했다는 점에서 이탈리아식 무술의 의의가 있다고 할 수 있습니다.

볼로냐 파의 창설자로 알려진 필리포 다르디(1464년경 사망)는 볼로냐 대학의 산술 · 기하학 교수였고, 현대 펜싱으로까지 이어지는 혁명적인 레이피어 검술을 완성시킨 아그리파의 본업은 기술자였습니다(그의 말에 따르면 미켈란젤로와 함께 로마의 산 피에트로 앞에 오벨리스크를 운반하는 계획에도 참가했던 적이 있다고 합니다. 다만 계획 자체는 실제로 실행되지 않았습니다).

그들은 기본적으로 일관된 사상을 가지고 있었습니다. 그것은 기하학의 원리를 응용한 가장 효율적인 공격 · 방어법의 확립, 그리고 「템포」 개념을 이용한 시간과 행동 간의 상관관계 파악으로 집약된다고 할 수 있습니다.

 템포란

「템포」라는 말을 들으면 흔히 「리듬」을 연상하게 되지만, 여기에서의 「템포」는 「시간」을 가리키는 말입니다. 그리고 이탈리아식 무술에는 두 가지 「템포」가 있습니다.

첫 번째 「템포」는 공격 · 방어 · 카운터를 하기에 적절한 때를 말합니다. 한마디로 「지금이다!」라는 순간을 의미하는 것입니다.

이「템포」는 상대의 행동과 관계되어 발생합니다. 예를 들어 상대가 어떤 행동(한 걸음 다가와서 자세를 바꾸거나 공격하는 등)을 하고 있는 도중에「지금이다!」하고 공격하는 것을「템포를 따라」공격한다고 말하며, 이렇게 하면 비교적 안전하게 공격할 수 있다고 합니다. 반대로 상대가 움직이지 않고 가만히 기다리고 있을 때「지금이다!」하고 공격하는 것을「템포를 벗어나」공격한다고 말하며, 이 경우에는 상대에게 카운터를 당할 가능성이 매우 높아 위험하다고 합니다.

두 번째「템포」는 앞에서 언급한「시간」을 뜻합니다. 앞에서 설명한 바와 같이 당시의 개념에서 보면 시간이란 행동과의 관계에 의해서만 인식할 수 있는 것이었습니다. 그래서 어떤 행동을 하는 데 필요한 시간을「템포」(또는「시간」)라고 불렀던 것입니다. 예를 들어 재채기를 하는「템포」와 책을 한 권 읽는「템포」는 스톱워치상에서는 길이가 다르지만, 같은「1템포」입니다. 이탈리아식 무술에서 이「템포」는「행동=템포」의 원칙에 따라 일반적으로 다음과 같이 나눌 수 있습니다.

1.「싱글 템포」(Stesso Tempo) : 어떤 행동을 하는 데 필요한 시간으로, 실버의「진짜 시간」과 거의 동일한 의미를 가진 말입니다. 지금은「카운터 템포」의 별명으로서도 사용됩니다.
2.「카운터 템포」(Contratempo) : 상대가 공격해오면 동시에 받아치는 것으로, 독일식 무술의「비기」등도 여기에 해당합니다.
3.「하프 템포」(Mezzo Tempo) :「1템포」보다 작은 움직임으로 공격하는 것입니다.
4.「더블 템포」(Dui Tempi) : 현대 펜싱의「리포스트」처럼 두 개의 동작으로 이루어지는 행동입니다. 동작이 완료될 때까지 시간이 오래 걸려서 문자 그대로「한 박자」늦어버리기 때문에 비효율적이라 인식되고 있습니다.

이탈리아식 무술이 가장 번성한 것은 르네상스 시대로, 그중에서도 레이피어의 등장과 시기를 같이합니다. 이탈리아에서 꽃핀 르네상스 문화의 확산과 함께 이탈리아의 패션과 이탈리아식 무술 또한 각지로 전파되었습니다. 그러나 그 후 프랑스 등을 중심으로 스몰소드 검술이 대두하면서 이탈리아식 무술은 이탈리아 반도 이외의 지역에서 점점 잊혀지게 됩니다. 하지만 이탈리아에서는 그들만의 독자적인 스몰소드 검술을 발전시켰으며, 최종적으로는 이탈리아식 클래식 펜싱으로서 지금까지 명맥을 유지하게 되는 것입니다.

영국식 무술

■일반명칭 : 「방어술」(Art of Defence, Science of Defence)
■창시자 : 불명
■기간 : 불명~18세기(?)

기원전 1세기 율리우스 카이사르가 당시 브리튼 섬이라 불리던 영국을 침공했을 때, 그는 브리튼 섬에는 대륙과 기원은 같지만 전혀 다른 문화가 번영하고 있다는 글을 남겼습니다. 그것은 21세기인 현대에도 마찬가지로, 영국은 유럽 대륙의 문화를 기반으로 하면서도 그 위에 독자적인 문화를 구축하고 있습니다. 중세 · 르네상스 시대 영국은 대륙과 "같으면서도 다른" 특수한 나라였습니다.

그럼 무술은 어떨까요. 현재 해독 가능한 잉글랜드 무술에 관한 문헌 중 가장 오래된 것은 16세기 말에 조지 실버가 쓴 『방어의 역설(Paradoxes of Defence)』입니다. 그 이전에도 양손검(또는 롱소드) 검술에 대해 서술한 페히트부흐는 있었으나 안타깝게도 해독할 수 없는 상태입니다. 하지만 예로부터 영국에 무술이 존재하고 있었다는 증거로서, 무술을 가르치는 학교(혹은 도장)를 금지한 12세기의 법률이 있습니다.

이 금지령을 통해 추측할 수 있는 것은 그때 이미 꽤 많은 수의 무술학교가 있었으며, 당시의 권력자는 그런 무술학교들이 치안을 불안정하게 만드는 원인이라고 인식했다는 사실입니다. 또한 상류계급의 무술과 하급계급의 무술은 서로 계통이 다르지 않았을까 하는 추측도 가능합니다. 그러나 두 가지 무술이 실제로 어떤 것이었는지 비교할 수 있는 자료는 현재 남아 있지 않기 때문에 아마 확인하는 것은 영원히 불가능한 일이라 생각됩니다.

마지막으로 영국의 독자적인 무기에 대해서도 언급해둘 필요가 있습니다. 영국의 독자적인 무기라고 하면 많은 사람들이 롱보우를 떠올리겠지만, 그 밖에 미늘창, 쿼터스태프, 웰시 훅 같은 특수한 무기들도 영국 무술의 범주에 들어갑니다. 특히 쿼터스태프는 영국의 「국기(國技)」와도 같은 대접을 받았고, 스포츠 혹은 무술로서 많은 영국인들에게 애용되었습니다.

 안전제일

영국식 무술의 특징을 살펴보면 「안전」에 주안점을 두고 있다는 사실을 알 수 있습니다. 앞에서 설명했듯이 펜싱이라는 단어의 어원은 「받아넘기다」, 「막다」라는 뜻을 가진 동사(to fence)로, 「몸을 보호한다」는 의미를 가지고 있습니다. 이름은 그것의 본질을 나타낸다는 말처럼 영국의「펜싱」은 다분히 방어적인 성격을 띠고 있다고 할 수 있습니다. 참고로「방어술」이라는 명칭은 중세 · 르네상스 시대에「무술」을 가리키는 말로서 사용되던 것입니다.

실버는 자신이 상대의 반격으로부터 확실하게 안전하다고 확신했을 때에만 공격해야 한다고 주장했습니다. 또한 그는 다른 무술에서는 기본 중의 기본이라고 할 수 있는 카운터 공격을 부정했습니다. 그의 말에 따르면 카운터가 효과적인 것은 사실이지만 그 자체는 일종의 도박과도 같은 것이라 혹시라도 예상이 틀렸을 경우 돌이킬 수 없게 된다는 점이 문제라고 합니다. 유일하게 카운터를 해도 좋은 상황은 뒤로 물러나면서 할 때로, 그렇게 해야 만에 하나 상대의 움직임을 잘못 예측하더라도 피해를 최소화할 수 있기 때문입니다. 하지만「절대적으로 안전한 때」만 기다리다가는 눈앞에서 절호의 기회를 놓쳐버릴 것이 뻔하므로, 어떻게 둘 사이의 균형을 맞출 것인가 하는 점은 철저하게 검사의 실력에 달려 있다고 할 수 있습니다.

또한 뒤로 물러서는 일이 많다는 것도 영국식 무술의 특징 중 하나입니다. 16세기 말 영국에서 이탈리아식 레이피어 검술을 가르치던 빈센티오 사비올로가 잉글랜드인은 지나치게 뒷걸음질하는 경향이 있는데 그것은 매우 부끄러운 일이라고 언급한 것으로 보아, 영국식 무술을 익힌 검사는 다른 유파의 검사에 비해 빈번하게 후퇴했을 것이라고 추측할 수 있습니다.

영국식 무술에서 외형적으로 가장 눈에 띄는 것은「가던트」라고 불리는 자세입니다. 이 자세에는「진짜 가던트」와「가짜 가던트」 두 종류가 있습니다. 가던트란『매달기』 자세의 일종으로 검을 머리 위로 들고 칼끝은 아래로 늘어뜨린 자세를 말하는데, 그중에서도 영국식은 검을 몸에 가까이 붙이고 칼끝으로 왼쪽 무릎을 겨냥하는 형태를 취하는 점이 특징입니다.『매달기』 자세도 그렇지만 영국의 가던트는 높은 방어력을 가지는 반면 공격으로 전환하기가 어렵기 때문에 당시에도 사람에 따라 평가는 천양지차였습니다.

 스토핑 파워

실버는 자신의 저서에서「머리에 대한 내리치기 공격」을 꾸준히 강조합니다. 그가 이러한 이론을 전개한 것은 찌르기 중심인 레이피어 검술에 대한 반발적 측면도 있지만, 그렇다고 그의 주장이 이탈리아식 무술에 대한 단순한 반론에만 머무르는 것은 아닙니다.

「스토핑 파워(Stopping Power)」라는 말이 있습니다. 원래는 총의 성능을 나타내는 개념 중 하나로, 얼마나 확실하게 상대를 전투불능 상태로 만들 수 있는가 하는 지표를 의미합니다. 가령 미국이나 영국에서는 유럽과 달리 대구경 총을 선호하는 경향이 있는데, 그것은 원주민들과의 전투를 경험하면서 장탄수나 명중률보다도 총알 한 발로 확실하게 적을 제압할 수 있는 위력을 중시하게 되었기 때문입니다.

실버도 이 「스토핑 파워」를 중시했습니다. 레이피어의 찌르기는 살상력이 높은 반면 상대를 일격에 전투불능으로 만드는 능력은 떨어집니다. 반대로 검에 의한 베기 공격은 살상력이 떨어지지만 상대의 전투력을 크게 빼앗을 수 있습니다. 그렇게 적을 제압하여 몸의 안전을 확보한 다음 여유 있게 마지막 일격을 가하거나 그 자리에서 벗어나는 것입니다. 이러한 안전제일 정신이야말로 영국식 무술의 근저에 흐르는 사상이라고 할 수 있습니다.

 실버의 원칙

바그너는 실버의 전투원칙을 아래와 같이 요약하였습니다. 이 중 몇 가지는 영국식 고유의 것이고, 어떤 것은 유럽 무술 공통의 것입니다.

1. 확실한 방어는 효과적인 공격보다 중요하다.
2. 상대를 위협하여 반응하게 함으로써 이쪽이 공격하다가 빈틈을 보여도 상대가 그것을 공략하지 못하게 한다.
3. 항상 온 힘을 다한 강력한 공격을 한다.
4. 상대의 전투력을 빼앗는 공격만을 한다.
5. 상대가 이쪽을 공격할 수 없는 위치에서 공격한다.
6. 상대의 가장 취약한 부분을 공격한다.
7. 만약 공격이 막히면 계속 공격하지 말고 즉시 후퇴하여 상대의 간격에서 벗어난다.
8. 상대의 공격을 방어할 때는 공격에 힘이 붙기 전에 방어한다.
9. 방어에는 항상 보험을 들어둔다.
10. 공격이나 방어를 할 때 만약 실패하더라도 자신의 몸이 무방비하게 노출되지 않도록 한다.
11. 항상 적당한 거리를 유지하여 상대가 빈틈을 보이지 않고는 이쪽을 공격할 수 없게 한다.
12. 지형 · 상황 · 날씨 · 무기 등 모든 것을 활용하여 살아남는다.

실버가 활동하던 시대, 영국에는 검사들의 조합이 설립되어서 전통무술 사범을 양성하는 등의 활동을 하고 있었습니다. 하지만 실버가 저서 안에서 한탄한 것처럼 그 무렵 영국 무술은 이미 쇠퇴기에 접어들었고, 전장에서 사용하는 기술이 아닌 스포츠로서의 요소를 강화하게 됩니다.

그런 과정 속에서 본래 무술 검정시험이었던 프라이즈는 오락 목적의 흥행시합으로 바뀌었고, 시간이 흘러 현대 복싱으로까지 발전한 것입니다.

스페인식 무술

■일반명칭 : 「지고의 기술」(La Verdadera Destreza)
■창시자 : 헤로니모 산체스 데 카란사(Jerónimo Sanchez de Carraza)
■기간 : 16세기 중반~19세기 중반(?)

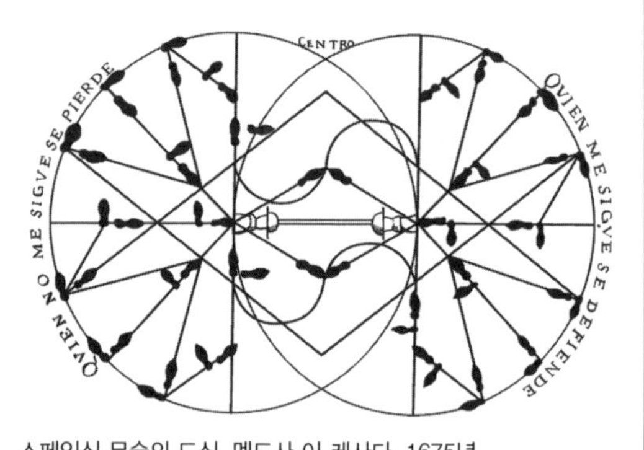

스페인식 무술의 도식. 멘도사 이 케사다, 1675년.

지면에 그린 기묘한 도형과 수학적이고 고상한 의논. 그런 것들은 실전에서 아무런 쓸모도 없다는, 스페인식 무술에 대한 편견과 오해는 예전부터 존재하고 있었습니다.

하지만 스페인 검사들에 대한 당시 검사들의 평가는 매우 높았습니다. 그리고 스페인식 무술은 유럽 최강(즉 그들에게 있어서는 세계 최강)의 무술 중 하나로 여겨졌습니다. 이탈리아식 검술을 그렇게까지 폄하하고 전통적 영국식 무술이 제일이라고 믿던 조지 실버조차 스페인식 무술은 최강의 유파 중 하나로 인정할 정도였습니다.

스페인식 무술은 이탈리아식, 그것도 카밀로 아그리파의 영향을 강하게 받았습니다. 앞에서 아그리파의 검술은 기하학적 분석에 무게를 두고 있다고 설명했는데, 스페인식은 그것을 더욱 발전시킨 것입니다. 스페인식 무술의 교본은 기하학적 도형이 빼곡하게 차 있고 본문도 이론적인 기술에 편중되어 있어서 예비지식 없이는 도저히 이해할 수 없습니다. 그래서인지 스페인식 무술은 무척이나 오해를 받기가 쉬우며, 연구 또한 거의 이루어지지 않은 실정입니다. 필자 자신도 스페인식 무술에 대해서는 이해가 부족한 탓에 핵심내용을 중심으로 단순화하여 소개한다는 사실을 미리 밝혀두겠습니다. 실제 스페인식 무술은 훨씬 더 복잡합니다.

스페인식 검술은 16세기 중반 헤로니모 데 카란사가 창시하였습니다. 그리고 이후 이런저런 우여곡절을 겪으면서도 신속하게 스페인에서의 주도적 지위를 확립하게 됩니다. 그 이전의 무술은 「고무술(古武術)」(Esgrima Antigua)이라 불리는데, 안타깝게도 지금은 극히 단편적인 자료밖에 남아 있지 않습니다. 스페인과 포르투갈이 위치한 이베리아 반도는 과거 이슬람 세력의 지배를 받았으므로, 그 지역의 「고무술」은 이슬람에서 기원한 무술의 영향을 받지 않았을까 추측됩니다. 이 「고무술」에 대한 전승이 완전히 끊긴 점은 매우 아쉬운 일입니다.

실버가 본 스페인식 무술

실버가 남긴 증언을 통해 스페인식 무술에 대해 알아보도록 하겠습니다. 그의 말에 따르면 스페인식 무술은 자세가 1개고 방어법이 2개로, 그것을 여러 가지 상황에서 사용하도록 연습하기 때문에 단기간에 숙련될 수 있는 것이 특징이라고 합니다. 그러면 그것을 실제로 사용할 때는 어떤 모습일까요. 그의 말을 빌리자면 다음과 같습니다.

스페인 검술의 전투법은 다음과 같다. 우선 그들은 가능한 한 용감하게, 발을 모으고 등은 곧게 편 자세로 선다. 그들의 발은 결코 멈추지 않아서 마치 춤을 추고 있는 것 같다. 그리고 레이피어와 팔을 일직선으로 뻗어 상대의 얼굴이나 팔을 겨냥한다.

스페인식 무술 고유의 이 독특한 자세야말로 강함의 비결이라고 해도 과언이 아닙니

■스페인식 레이피어 검술의 자세

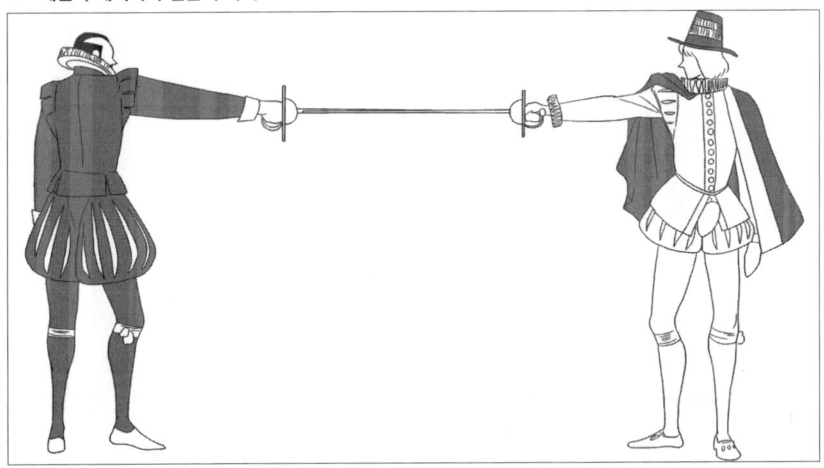

다. 오른발을 앞에, 왼발을 뒤에 놓는데 오른발은 발끝이 상대에게 향하도록 똑바로 딛고, 왼발은 그 뒤에 90도 기울입니다. 그리고 오른팔과 레이피어를 똑바로 뻗고 왼팔을 자연스럽게 내린 것이 스페인식 레이피어 검술의 자세입니다.

이것은 다른 무술의 자세와는 달리 곧게 선 자세이기 때문에 과연 얼마나 효과가 있을지 흔히들 의문으로 여깁니다. 하지만 두 발을 모은 자세는 아그리파의 이론에서도 찾아볼 수 있으며, 빠르게 한 걸음 내딛기에 효과적이라고 알려져 있습니다.

또한 똑바로 뻗은 팔도 꼭 상대를 견제하기 위한 것만은 아닙니다. 레이피어는 무척 길기 때문에 아무 생각 없이 공격하면 상대의 레이피어에 자신이 먼저 찔리게 되고, 반대로 이쪽의 레이피어는 스페인식 완형(椀型) 날밑에 막히고 마는 것입니다. 바깥쪽으로 돌아들어가 상대의 팔을 찌르려 해도 상대가 레이피어로 이쪽을 겨냥하고 있는 한 상대의 간격이 더 길어지기 때문에 상대의 레이피어가 먼저 명중하게 됩니다. 그러면 어떻게 해야 하는가. 실버는 그에 대한 해답을 간결하게 제시하고 있습니다. 그것은 「상대의 레이피어를 쳐내는 것」입니다. 상대의 레이피어를 어떻게든 자신 앞에서 치워버리기만 하면 스페인식 검술은 간단히 격파됩니다. 다만 그것 또한 상대의 예측 범위 안에 있는 일입니다. 왜냐하면 스페인식 무술에서는 자신의 레이피어를 상대의 행동을 제한하기 위한 방패로 사용하기 때문입니다.

지금까지 살펴본 바와 같이 스페인식 자세를 무너뜨리는 방법은 두 가지로, 상대의 레이피어를 쳐내고 공격하거나 옆으로 이동하여 상대의 레이피어를 피하면서 공격하는 수밖에 없습니다. 따라서 스페인식 무술의 검사는 상대의 다음 행동을 쉽게 예측할 수 있으며, 당연히 그에 대한 대책을 마련하는 훈련도 충분히 반복하고 있으므로 어중간한 생각으로 행동하면 상대에게 당하고 마는 것입니다.

그리고 실버는 발을 결코 멈추지 않아서 마치 춤을 추는 것 같다고 서술하였는데, 다른 유파의 무술과 마찬가지로 스페인식 무술 또한 계속해서 움직임으로써 상대의 빈틈을 노리는 동시에 상대가 이쪽의 빈틈을 공략하기 어렵도록 하는 것입니다.

신비한 원

스페인식 무술에는 또 어떤 특징이 있을까요. 스페인식 무술에서는 쉬지 않고 이동함으로써 우위를 차지하려 한다고 앞에서 설명했습니다. 또한 자세의 성질상 항상 상대에게 검을 겨누고 있을 필요가 있습니다. 이를 종합하면 스페인식 검사는 상대를 중심으로 원운동을 하게 된다는 사실을 알 수 있습니다. 마찬가지로 상대도 원운동을 하기 때문에 스페인식 무술의 검사끼리 싸울 때는 양자가 마주 서서 빙글빙글 돌게 되는 것입니다.

그리고 상대 레이피어의 「공격선」에서 벗어난 순간 공격을 합니다. 이러한 원운동(이라기보다 대각선 이동)이 스페인식 검술의 특징이며, 비교적 똑바로 이동하는 이탈리아식 검술과의 차이점입니다. 흔히 스페인식 무술교본에 그려진 기묘한 원에 빗대어 스페인식 무술을 「신비한 원의 검술」이라고 부르는 사람이 있는데, 특징을 잘 표현한 말이라고 할 수 있습니다.

또한 스페인식 무술에서는, 의외로 베기도 중요한 공격법 중 하나입니다. 레이피어는 분명 찌르기에 적합한 형태의 날을 가지고 있지만, 자르는 힘이 없는 것은 결코 아닙니다. 머리에 무거운 일격을 가하면 치명상을 입힐 수 있고, 팔을 베어 전투능력을 크게 빼앗을 수도 있습니다.

스페인식 무술은 창시된 후 약 300년 동안 거의 그 모습을 바꾸지 않고 이어졌다고 합니다. 그러나 검술의 필요성이 사라지고 현대적 펜싱이 나타나기 시작했을 때, 원운동을 기조로 하는 스페인식 검술은 직선이동만이 가능한 현대 펜싱에 적응하지 못하고 소멸하게 됩니다.

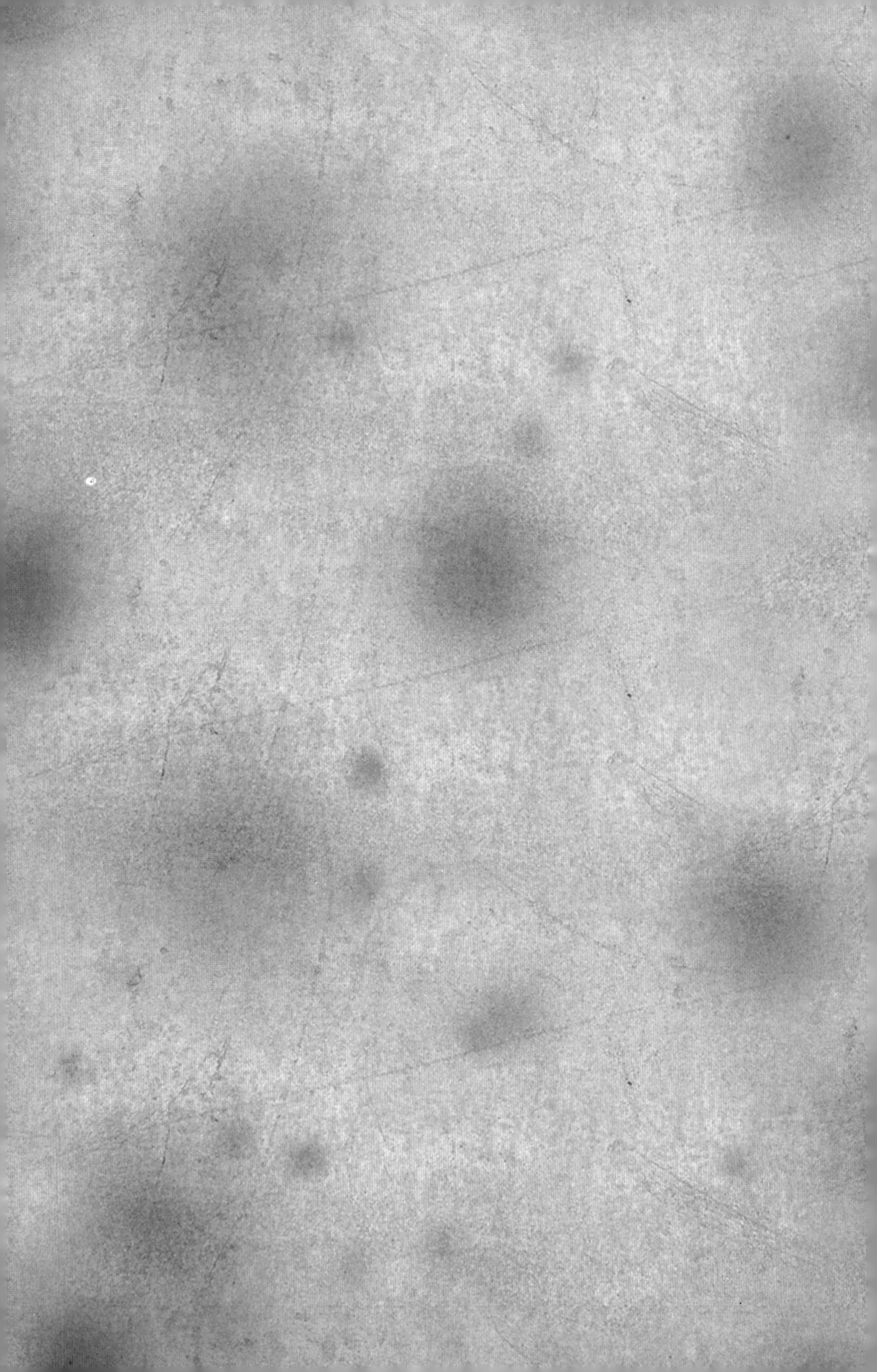

제2부 기술 해설

Graphic Illustration

기술 설명에 앞서서

유럽 무술에 대한 개설과 이론을 마치고 드디어 기술 파트에 들어갑니다. 하지만 그 전에 여러분이 앞으로 읽어나가는 데 혼란을 겪지 않도록 몇 가지 설명을 하려고 합니다.

해석의 기본자세

기술의 해석에 있어서는「가능한 한 원문에 충실하게」하는 것을 목표로 하고 있습니다. 개중에는 도중에 중단된 원문을 보충하여 독자적인「결론」을 내리는 책도 있지만, 이 책에서는 그런 부분을 삭제하였습니다(다만 문장으로 덧붙이는 경우는 있습니다). 원문을 확인할 수 없는 것도 삭제하였습니다. 인용처를 표기하지 않은 기술과 인용처는 있으나 원저에서 확인할 수 없었던 기술도 마찬가지입니다.

이 책의 해석 중에는 의심스러운 부분, 혹은 틀린 부분이 있을 것입니다(굳이 선언하자면 반드시 있을 것입니다). 또한 수 세기나 전에 맥이 끊긴 기술이므로 앞으로의 연구에 따라서는 모든 기술이 수정될 가능성이 있다는 것을 다시 한 번 지적해 두겠습니다.

인용처에 대해서

인용처에 대해서는 권말의「문헌 약칭 일람」에 기재되어 있는 약칭과 페이지 수의 조합을 참조하기 바랍니다. 예를 들어 Fiore(Getty), 23r이라고 기재되어 있다면 피오레 데이 리베리 저, 톰 레오니 역『피오레 데이 리베리의 전장의 꽃, M.S.Getty Lugwig XV 13』에서 인용했다는 뜻입니다.

또한 페이지 수를 가리키는「23r」이라는 숫자는 사본의 페이지 수를 나타내는 문헌학 용어입니다. 책을 펼친 상태에서 오른쪽 페이지를 Recto(앞), 왼쪽 페이지를 Verso(뒤)라고 부릅니다. 그리고 숫자는 몇 쪽째인지가 아니라「몇 장째」인지를 나타내는 것이므로 주의하기 바랍니다. 따라서「23r」은「본문 23장째 종이의 앞면」이라는 의미이며, 현대의 페이지 수라면 45페이지가 되는 것입니다.

외국어 기술명에 대해서

중세 시대에는 현대와 같은 정식 맞춤법이라는 것이 존재하지 않아서 자신의 발음을 소리 나는 대로 적당히 적었습니다. 그래서 현대어와는 전혀 다른 철자를 가지고 있는 단어도 드물지 않습니다. 예를 들어 Iszny Porttt라는 단어는 Eisenport의 중세 시대 독일 남부 지방의 방언을 그대로 적은 것입니다. 다른 저서 중에는 현대 맞춤법에 맞게 고친 것도 있으나, 이 책에서는 가능한 한 원어의 철자를 남겨놓아 독자 여러분이 중세의 분위기를 느낄 수 있도록 하였습니다. 또한 당연하지만 모든 기술명이 원어로 남아 있는 것은 아닙니다. 몇 가지 기술명은 현대의 연구자, 혹은 필자가 명명한 것입니다.

등장인물

이 책에서는 그림을 가능한 한 명료화하였고, 혼란을 막기 위해 세 명의 등장인물을 설정하였습니다. 또한 그림을 해독할 때 기호로서 기능하도록 각각의 등장인물에게 명확한 특성을 부여하였습니다.

의복은 마이어의 페히트부흐(16세기)에 등장하는 구두 장인의 옷에서.

스승

「검은 머리」의 스승은 「검은 옷」을 입고 있는데, 나이 탓인지 이마가 벗겨진 모습입니다. 갑옷도 검은 것을 걸치고 있으므로 바로 구분할 수 있을 것입니다. 기술 그림에서는 원칙적으로 왼쪽에 위치합니다. 「검은색=스승」이라고 생각하기 바랍니다.

제자

머리 색이 밝은 제자는 하얀 계통의 옷을 입고 있습니다. 그림에서는 하얀색으로 표시됩니다. 거의 대부분의 기술에서 스승과 짝을 이루며, 원칙적으로 오른쪽에 위치합니다.

의복은 발러슈타인 사본의 것을 기본으로 당시의 소품을 추가한 것.

여제자

밝은 색 곱슬머리를 가진 여성입니다. 「상대의 힘이 압도적으로 강할(또는 약할) 경우」와 「상대의 키가 작을(또는 클) 경우」에 사용하는 기술에 대해 설명할 때 등장합니다(스승과 제자가 약 180cm, 여제자가 약 155cm라는 설정입니다).

여담이지만 여성 검사(병사)는 결코 판타지에만 존재하는 것이 아닙니다. 현존하는, 유럽에서 가장 오래된 페히트부흐 I.33에는 발푸르기스라는 이름의 여성 검사가 등장합니다.

15세기의 수렵용 의복. 참고로 남성의 것.

「바인드」에 대해서

이 책에는 「바인드」라는 말이 자주 등장합니다. 바인드란 「자신과 상대의 무기가 접촉한 상태」를 가리키는 것으로 「검과 검이 크로스된 교착상태」를 의미합니다.

주의사항

이 책은 오른손잡이를 기준으로 기술을 설명합니다. 일본의 무도와 달리 유럽의 무술에서는 쓰는 손을 교정하지는 않습니다. 왼손잡이인 독자는 좌우를 바꿔서 생각해 주시기 바랍니다.

또한 당시에는 코드피스라는 장식으로 남성의 고간 부분을 강조하는 것이 유행이었습니다. 현대의 감각으로 보면 이상할지도 모르겠지만, 당시의 패션을 최대한 재현하자는 취지에서 굳이 묘사하였습니다.

제1장
롱소드

나는 검이다. 나는 모든 무기를 쳐부수는 자. 창, 도끼, 대거 모두 내 앞에서는 무력해진다.
……나는 고귀한 검. 정의를 관철하고 선행을 베풀며 악을 타파하는 자.
나를 성스러운 십자가로 숭상하라. 그리하면 무의 명성과 영예는 그대의 것이 되리라.

(Fiore di Battaglia 25r)

 롱소드의 역사

롱소드는 13세기~14세기에 한손검으로부터 발전한 무기로, 지금은 일반적으로 바스타드 소드나 핸드 앤드 하프 소드라는 명칭으로 불리고 있습니다. 높은 범용성 덕분에 14세기~15세기에 걸쳐 기사와 병사의 보조용 무기로 널리 쓰였습니다. 하지만 길이 때문인지 평상시에는 그다지 사용하지 않았던 것 같습니다.

당시 독일 사람들은 「장검」을 의미하는 Langen Schwert, 이탈리아에서는 Spadona 또는 「양손검」을 의미하는 Spada a duo mano, 잉글랜드에서는 Twahandswerd나 Grete swerde라고 불렀는데, 한손검, 양손검, 바스타드 소드를 엄격하게 구분하지 않고 때때로 혼동하기도 했던 모양입니다.

롱소드의 등장은 갑옷의 급속한 발달과 시기를 같이합니다. 당시의 기사는 강철판으로 몸을 감싸기 시작하여 최종적으로는 방패의 필요성이 거의 없어질 정도로 압도적인 방어력을 손에 넣습니다. 또한 이 시기의 기사는 도보와 기승 등 다양한 환경에서 전투를 하게 되는데, 롱소드는 이러한 상황에 대응하기 위해 양손으로 사용하는 것을 기본으로 하면서도 경우에 따라서는 한 손으로도 사용할 수 있도록 설계되었습니다. 적이 갑옷으로 중무장하고 있다면 갑옷 틈에 날카롭고 뾰족한 칼끝을 찔러 넣어 공격하고, 적이 가벼운 장비를 한 일반병이라면 양손을 사용한 강력한 베기로 쓰러뜨리는 것입니다.

이처럼 다양한 상황과 용법에 통용되는 롱소드의 특성에 주목한 것은 독일식 무술의 창시자인 리히테나워였습니다. 독일식 무술은 롱소드 검술을 모든 무기술의 근본으로 삼고 있습니다.

하지만 롱소드는 15세기를 정점으로 쇠퇴의 길을 걷게 됩니다. 1570년 메이어가 활동할 무렵에는 본고장 독일에서조차 이미 실용성을 잃고 스포츠화되어 있었던 것 같습니다. 최종적으로 언제 롱소드가 사라졌는지 정확한 시기는 알 수 없으나 대략 17세기경이라고 추정됩니다. 다만 한 가지 확실한 것은 롱소드 검술이 실용성을 잃어버렸을 때, 롱소드 검술을 근간으로 성립한 독일식 무술 또한 그 운명이 다했다는 사실입니다.

스펙

롱소드의 무게는 평균 1.3~1.5kg 정도로 이는 중량급 한손검과 비슷합니다. 길이는 다양하지만 전체 길이 1~1.3m, 칼날 길이 90~110cm 정도가 일반적입니다.

롱소드의 스펙에 대한 과거 검사들의 의견은 어땠을까요. 이탈리아의 필리포 바디(1470년)는 전체 길이는 지면에서 사용자의 겨드랑이 아래까지, 손잡이 길이는 1스팬(손을 쫙 폈을 때 새끼손가락과 엄지손가락 사이의 길이, 또는 9인치, 약 22.8cm), 날밑 길이는 손잡이 길이와 같은 것이 가장 좋다고 주장했습니다. 한편 영국의 실버는 양손검의 칼날 길이는 한손검과 같은 것이 좋다고 서술하고 있습니다(1599년). 「한손검」이라고 하면 무척 짧은 것처럼 느껴지지만, 실버가 말하는 한손검은 칼날 길이가 1m에 가까운 물건이므로 평균적인 롱소드의 사이즈에 포함됩니다.

롱소드 도안a **롱소드 도안b**

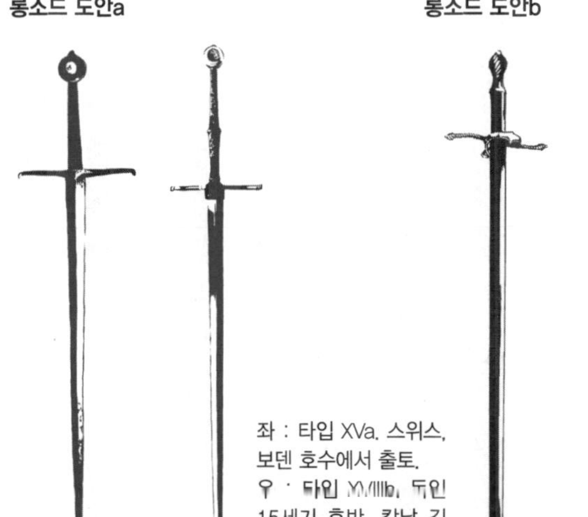

좌 : 타입 XVa. 스위스, 보덴 호수에서 출토.
우 : 타입 XVIIIb. 독일 15세기 후반. 칼날 길이 91.4cm. 날밑에 붙어 있는 사각형은 가죽제 장식.

좌 : 독일 16세기. 전체 길이 115cm, 칼날 길이 97cm, 무게 1.2kg, 무게중심은 날밑에서 16cm.
우 : 희귀한 외날 롱소드(또는 양손용 세이버). 스위스 1530년경. 칼날 길이 101.5cm, 칼날 폭 3.8cm, 무게 1.62kg. 칼끝에서 3분의 1 정도까지는 양날(월레스 컬렉션 소장).

롱소드의 칼날 형태는 오크셧 분류법(권말 어구 해설 참조)의 타입 XV나 XVIII로 분류되는 삼각형에 가까운 형태가 일반적입니다. 풀러가 사라져 날의 단면이 마름모꼴이 되었고 두께는 두꺼워졌습니다. 이에 따라 검이 잘 휘지 않게 되면서 찌르는 힘이 강화된 반면, 벨 때 밀어내야 하는 물질의 양이 증가했기 때문에 자르는 힘은 저하되었습니다. 또한 무게중심이 그립 가까이에 위치하는 삼각형 검신의 특성상 원심력을 발생시키기 어려워지게 된 것도 자르는 힘의 저하에 영향을 주었습니다.

날밑은 한손검과 마찬가지로 매우 많은 타입이 있습니다. 일반적으로 15세기까지 심플한 직선형이 일반적이다가 16세기 들어 S자형 날밑이 많이 나타났고, 손을 보호하기 위한 링 등의 부속품도 달리게 되었습니다.

손잡이 형태는 손잡이 머리로 갈수록 점점 가늘어지는 타입(롱소드 도안a의 좌)과 그립 중간 부분이 돌출되어 있는 타입(롱소드 도안a, b의 우)의 두 가지가 일반적입니다. 후자의 그립에 있는 돌출부는 양손 사이에 간격을 두고 잡기에 적합한 모양을 하고 있습니다. 그립은 대부분 가죽으로 감싸지만, 돌출부가 있는 타입의 경우 날밑에 가까운 윗부분은 가죽으로, 손잡이 머리에 가까운 아랫부분은 강철선으로 나눠서 감기도 합니다.

손잡이 머리의 모양은 다양한데, 향수병 스토퍼 모양과 서양배 모양은 손잡이 머리를 잡고 싸우는 스타일의 그립법에 대응하기 위한 것이라고 합니다.

 잡는 법

롱소드를 잡을 때는 기본적으로 오른손을 앞에, 왼손을 뒤에 둡니다. 오른손과 왼손 사이는 떼는 방식과 붙이는 방식 두 가지가 있는데, 양손 사이를 떼고 잡을 때는 왼손으로 손잡이 머리를 쥐는 것이 일반적입니다(다만 손잡이 머리를 쥐어서는 안 된다고 주장하는 사람도 있습니다). 또한 일본의 검술에는 없는 방식으로 섬 그립(Thumb Grip)이라는 것이 있습니다. 이 방식을 사용할 때는 검을 90도 회전시켜 엄지손가락으로 칼날의 옆면을 누르며 잡습니다.

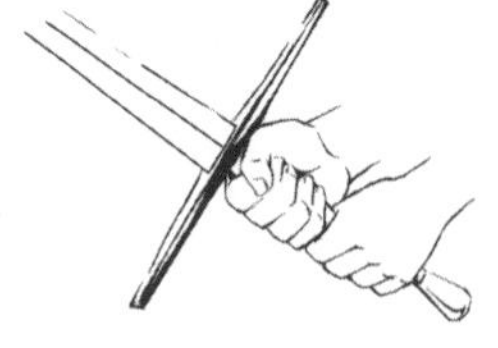
일반적인 방법

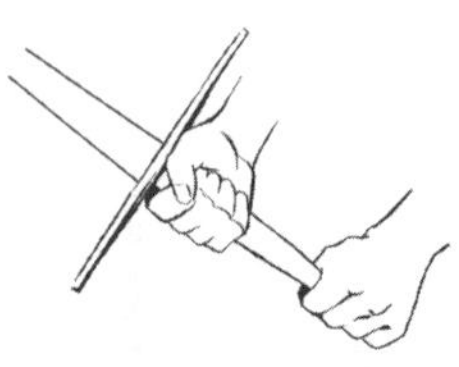
손잡이 머리를 쥐는 방법

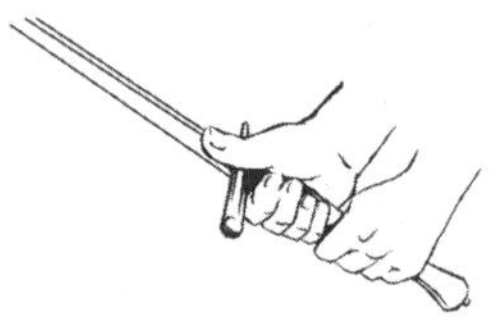
섬 그립

롱소드의 구조

독일식 무술의 페히트부흐를 보면 「검에 쓸데없는 부분은 없다.」라는 말이 나오는데, 그 말대로 검의 모든 부위는 공격과 방어에 사용됩니다. 이 항목에서는 앞으로의 내용을 이해하기 쉽도록 조금 자세히 설명하겠습니다.

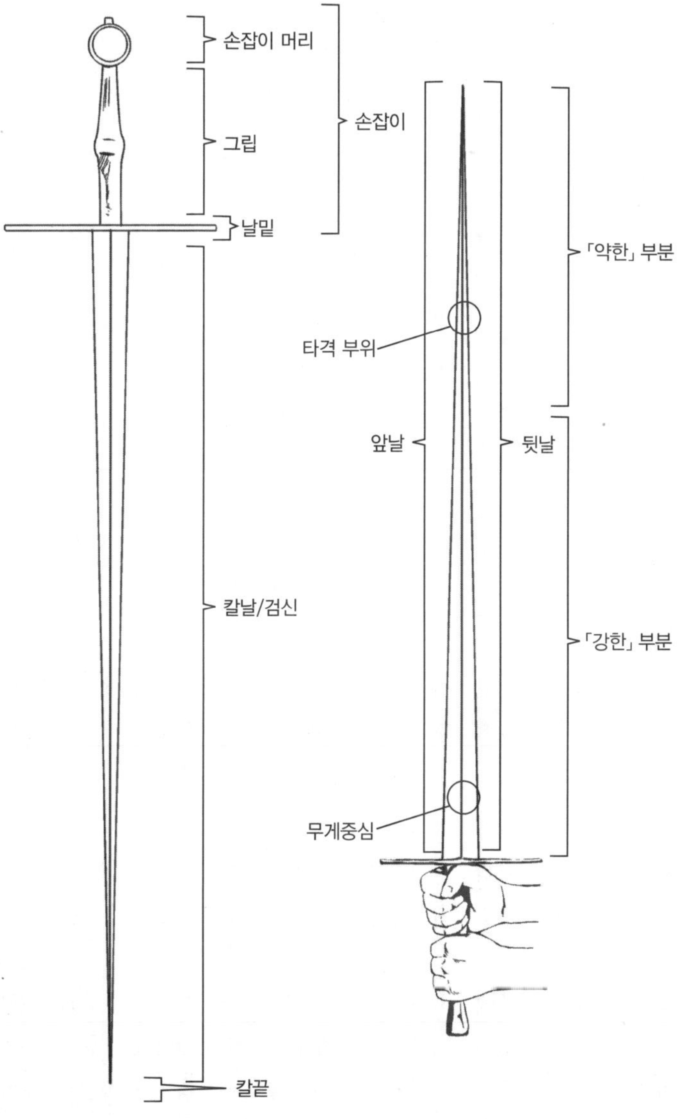

손잡이 머리
그립
손잡이
날밑
칼날/검신
칼끝
「약한」 부분
타격 부위
앞날
뒷날
「강한」 부분
무게중심

손잡이 머리

퍼멀(Pommel)이라고도 합니다. 무게균형을 유지하며, 검이 손에서 빠져나가는 것을 막고 자루를 고정시키며, 상대를 가격하거나 갈고리처럼 걸고 끌어당길 때 사용합니다.

그립

손으로 잡는 부분. 목제 심을 리넨 · 가죽 · 강철선 등으로 감싸서 제작합니다.

날밑

가드(Guard)라고도 합니다. 상대의 검이 자신의 손으로 미끄러져 내려오는 것을 막아 줍니다. 그 밖에 상대를 끌어당기거나 가격할 때도 사용하며, 그립 대신 잡을 수도 있습니다.

손잡이

손잡이 머리 · 그립 · 날밑을 합친 부분입니다.

칼날/검신

상대를 베거나 공격을 방어하며, 그립 대신 잡기도 하는 부분입니다.

칼끝

검의 끝 부분입니다. 상대를 찌를 때 사용합니다.

「약한」 부분, 「강한」 부분

앞에서 설명했듯이 검의 역할과 관련된 부위로 「약한」 부분은 공격에, 「강한」 부분은 방어에 사용합니다.

「앞날」, 「뒷날」

칼날의 방향과 관련이 있는 부위입니다. 칼끝이 위로 가게 검을 잡았을 때 상대 쪽의 날을 「앞날」, 자기 쪽의 날을 「뒷날」이라고 합니다. 독일식 검술에는 「뒷날」을 사용한 기술이 많은 것이 특징입니다.

「타격 부위」

베기에 가장 적합한 부위입니다. 실제 중세 시대에는 발견하지 못했을 가능성이 있으나, 현대의 일반 대상 해설서에 때때로 등장하며 일본 무도에서도 잘 알려진 부위이기에 설명하겠습니다.

검은 목표에 명중했을 때 진동하는데, 이때 진동의 파도와 파도가 포개지는 지점이 단 두 곳 존재합니다. 그 첫 번째는 그립이며, 두 번째가 바로 검신에 있는 「타격 부위」입니다. 이 「타격 부위」로 무언가를 베면 검이 진동하지 않기 때문에 피로하지 않고, 또한 검이 가지는 운동에너지가 낭비되지 않으므로 100%에 가까운 효율을 기대할 수 있습니다. 흔히 「깨끗하게 베면 손에 느낌이 없다.」고 하는데 그것은 「타격 부위」에 명중하여 쓸데없는 충격이 발생하지 않았기 때문입니다. 야구 배트에 비유하자면 「심」에 해당하는 부분입니다. 서양의 검에서 이 「타격 부위」는 칼끝으로부터 약 20~30cm 떨어진 곳입니다. 정확한 위치를 가늠하기 위해서는 검을 수직으로 세우고 손잡이 머리를 두드려 진동을 느끼거나, 칼날로 목재 등 단단한 물체를 살짝 두드려 손에 전해지는 진동의 유무를 판정하는 방법 등이 있습니다.

무게중심

검의 조작성과 위력의 척도가 되는 부위입니다. 검을 손가락 위에 올려놓았을 때 균형이 잡히는 지점입니다. 이것이 그립에 가까울수록 검의 반응속도가 빠른 반면, 안정성이 떨어지고 베기와 찌르기의 위력이 감소합니다(실제로는 이 외에도 여러 가지 요소가 작용하지만, 무게중심이 가장 간단히 알 수 있는 척도입니다). 날밑에서 약 10~15cm 되는 곳에 있는 것이 일반적입니다.

아동용 무기

근대적인 가치관이 성립하기 전, 어린이는 「몸집이 작은 어른」 정도로 취급되었습니다. 간단한 예로 당시에는 아동복이라는 개념이 없어서 아이들도 어른들의 것과 거의 같은 디자인의 옷을 입었습니다. 마찬가지 이유로 아동용 무기와 갑옷도 제작되었는데, 그것들은 결코 장난감 수준이 아니었으며 어른용과 비교해도 손색없을 정도의 품질을 가지고 있었습니다.

글래스고 박물관 · 미술관에 소장되어 있는 검으로, 강에서 인양된 것일 가능성이 큽니다. 14세기 중반에 제작된 7~8세 아이용의 검으로 추정되며, 날밑 위에 리캇소라고 불리는, 날이 없는 부분이 있는 것이 특징입니다. 칼날 길이 40.8cm.

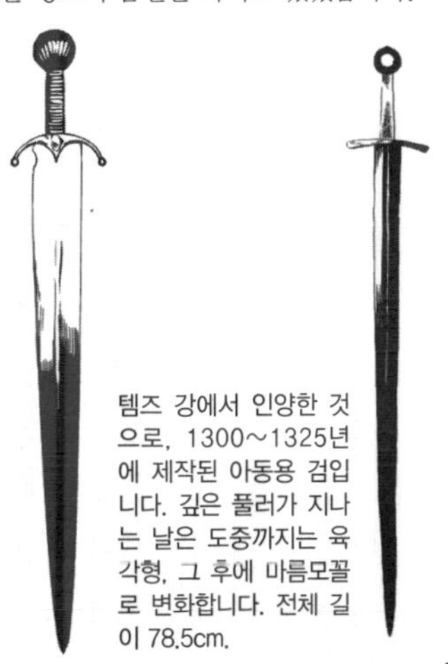

정교하게 제작된 검으로, 개인이 소장하고 있습니다. 칼날이 매우 독특하여 중심부에 센트럴 리지라고 불리는 볼록한 부분(검의 강도를 높이기 위한 것)이 있으며, 이것은 날밑에서 15cm 정도 지점부터 얕은 홈으로 바뀝니다. 또한 검의 날밑 부근에 날이 깎여나간 흔적이 있는데, 아마도 사용하던 아이가 어른이 된 후에 날밑에 집게손가락을 걸고 사용할 수 있도록 개조한 것으로 보입니다. 칼날 길이 55.9cm.

템즈 강에서 인양한 것으로, 1300~1325년에 제작된 아동용 검입니다. 깊은 풀러가 지나는 날은 도중까지는 육각형, 그 후에 마름모꼴로 변화합니다. 전체 길이 78.5cm.

롱소드 자세

 『천장』 자세(Vom Tag : 독일)

『천장』 자세는 독일식 검술의 네 가지 기본자세 중 하나로 공격과 방어 양면에 뛰어나 가장 많이 사용됩니다. 검을 머리 위로 들어올린 것과 얼굴 높이로 들어올린 것 두 가지 버전이 있는데, 각각 일본 검술의 「상단자세」와 「팔상자세」에 해당합니다. 자세가 두 가지 있는 이유는 갑옷 때문에 팔의 움직임이 제한받는 경우를 보완하기 위한 것으로 추측됩니다. Vom Tag를 정확히 번역하면 『천장으로부터』가 되는데, 그 유래는 머리 위로 들어올린 검을 천장에 비유한 것이라는 설과 천장에서 떨어지듯이 공격하기 때문이라는 설이 있습니다.

 『황소』 자세(Ochs : 독일)/ 『창문』 자세(Posta de Finestra : 피오레)

독일식 검술의 네 가지 기본자세 중 하나입니다. 검을 얼굴 높이로 들고 칼끝으로 상대의 얼굴을 겨냥하는 자세로, 좌우 두 가지 버전이 있습니다. 한눈에 봐도 상단찌르기에 적합하다는 것을 알 수 있으며, 이 자세로 이행하면서 상대의 공격을 방어한 다음 찌르기를 하는 것이 일반적인 용법입니다. 이 자세를 취하면 마치 뿔을 곤두세운 황소 같다고 하여 『황소』 자세라는 이름이 붙었습니다. 이탈리아의 피오레는 『창문』 자세라고 부르고 있습니다.

오른쪽 『황소』 자세

왼쪽 『황소』 자세

③ 『쟁기』 자세(Pflug : 독일)

검을 허리 위치에 당겨 잡고 칼끝으로 상대의 얼굴을 겨냥하는 자세입니다. 『황소』 자세와 마찬가지로 좌우 두 가지 버전이 있으며 찌르기에 적합합니다. 『쟁기』 자세라는 것은 자세를 취한 모습이 소 쟁기질을 할 때의 모습과 닮았다고 하여 붙은 이름입니다.

쟁기와 『쟁기』 자세.
Knight, p.37. Stiftsbibliothek cod. Duc.94, I: fol. 153r.

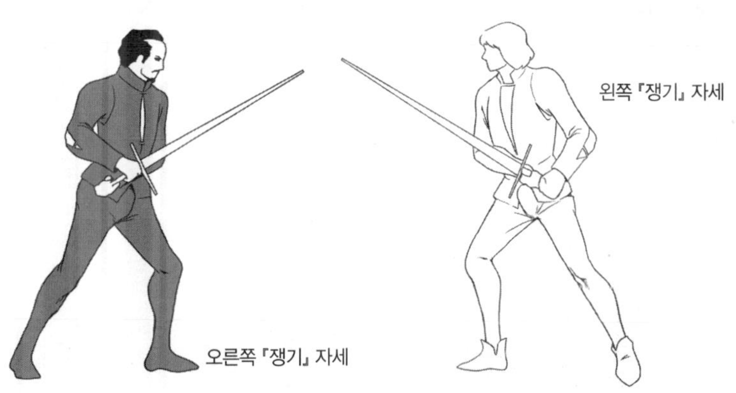

왼쪽 『쟁기』 자세

오른쪽 『쟁기』 자세

『바보』 자세(Alber : 독일)/ 『중단 강철문』 자세(Meçana Porta de Fero : 피오레)

독일식 검술의 네 가지 기본자세 중 하나입니다. 독일식 무술에서는 가장 사용 빈도가 낮지만, 피오레의 이탈리아식 검술 등에서는 방어력이 뛰어난 자세로 평가받으며 자주 쓰입니다(이탈리아식은 독일식보다 검을 몸 가까이에 가져다 댑니다). 일본식 검술의 하단자세와 마찬가지로 칼끝을 내려 머리 위를 노출함으로써, 상대의 공격을 유도하여 카운터를 하는 것이 주된 용법입니다.

독일식 검술에서의 명칭은 「머리 위를 비우고 있어 언뜻 어리석은 행동처럼 보이지만, 그 모습에 속아 공격하면 어리석은 자는 오히려 자기 자신이었다는 사실을 깨닫는다.」라는 의미에서 온 것이며, 이탈리아식 검술의 명칭인 『강철문』에는 「언뜻 보면 아무렇지 않게 지나갈 수 있을 것 같지만, 실은 난공불락의 강철문이다.」라는 의미가 있습니다. 탈호퍼는 이탈리아식과 동일하게 『강철문』 자세라고 불렀습니다.

『찌르기』 자세(Langort, Langenort : 독일)/ 『찌르기』 자세(Posta Longa : 피오레)

기본자세에는 포함되지 않지만 매우 강력한 자세로, 독일식 검술의 「슈프레히펜스터」라는 기술에 사용됩니다. 검을 앞으로 내밀고 칼끝으로 상대의 얼굴을 겨냥함으로써 상대와의 거리를 유지할 수 있습니다. 또한 이쪽의 검이 짧다는 착각을 불러일으켜 상대를 혼란스럽게 만드는 효과도 있습니다.

 『왕관』 자세(Posta Frontalle o Corona : 피오레)

칼끝이 위로 가게 똑바로 드는 자세로, 칼날이 아닌 옆면이 상대 쪽을 향해 있습니다. 상대의 상단공격을 날밑으로 막아내기 위해 사용하며, 이 자세에서는 재빠른 카운터 공격이 가능하다고 합니다. 독일식에서도 「왕관」이라는 기술에 사용되지만 정식 자세로는 분류되지 않는 것 같습니다. 「왕관」이라는 뜻의 단어 Corona에는 「정수리」라는 의미도 있는데, 이 부분을 방어하는 것이 본래의 목적이라고 할 수 있을 것입니다.

 『진 강철문』 자세(Tuta Porta de Fero : 피오레)

『중단 강철문』 자세와 마찬가지로 검을 아래로 내리고 있지만, 칼끝은 앞이 아니라 뒤를 향합니다. 피오레는 이것을 가장 기본적인 자세로 보고 있습니다.

 『분노』 자세(Zornhut : 독일)/ 『귀부인』 자세(Posta de Dona : 피오레)

상대의 방어를 돌파하는 높은 공격력을 자랑하는 자세로, 검을 어깨에 멘 상태에서 다양한 공격을 반복합니다. 또한 공격뿐 아니라 방어에도 뛰어나다는 평가를 받고 있습니다. 독일어 명칭은 격노한 사람이 본능적으로 검을 치켜든 모습과 같다는 데서 유래했고, 이탈리아어 명칭은 당시 그림 등에서 조신한 여성의 모습을 표현하기 위해 사용하던 구도와 닮았다고 하여 붙여졌습니다.

『열쇠』 자세(Schlüssel : 메이어)

『황소』 자세에서 검을 오른쪽 어깨에 갖다 붙인 자세로, 모든 기술에 대항할 수 있다고 합니다. 자세의 이름은 열쇠로 문을 열듯이 손쉽게 상대의 방어를 열 수 있다는 데서 유래했습니다.

『쌍각』 자세(Posta de Bicornio : 피오레)

원본의 삽화를 보면 상당히 이상하다고 느껴지는 자세입니다. 칼끝으로 상대를 겨냥하고, 손잡이는 양손으로 감싸 쥐면서 가슴 쪽에 끌어당기고 있습니다. 이 자세는 방어에 뛰어나며 다양한 자세로 재빨리 전환할 수 있다고 합니다. 필자의 추측으로는 감싸 쥔 손을 어떻게 푸느냐에 따라 여러 가지 자세로 전환할 수 있는 것으로 보이며, 그렇게 함으로써 상대가 이쪽의 의도를 눈치채지 못하도록 하는 것이 이 자세의 목적이 아닐까 합니다.

검의 제작연대

이 책에서도 검의 제작지와 제작연대에 대해 언급하고 있지만, 그것들이 반드시 정확한 것은 아닙니다. 왜냐하면 당시에는 한 자루의 검을 부모와 자식이 대대로 사용하는 것이 일반적이었기 때문입니다. 그래서 실제로 검신의 추정 제작연대가 손잡이의 추정 제작연대를 수 세기나 거슬러 올라가는 검도 존재합니다.

제작지 또한 마찬가지로 만들어진 다음 수출되거나, 전리품 또는 약탈품이 되어 소유자가 바뀌거나, 증답품과 봉납품으로서 다른 지역에 보내지는 것은 드문 일이 아니었습니다. 이런 상황에서 특정한 검 한 자루의 제작지를 정확히 판단해낸다는 것은 무척 어려운 일입니다.

그렇다면 검의 제작연대와 제작지는 대체 어떤 방법으로 추정하는 것일까요.

우선 형식을 이용한 연대식별법이 있습니다. 이 방법은 연대에 따라 유행하는 디자인이 다르다는 점을 이용합니다. 예를 들어 자동차는 100년 전과 50년 전, 그리고 현대의 디자인이 전혀 다른데, 마찬가지로 검도 시대에 따라 모양에 큰 차이가 있습니다. 지역과 문화, 전투기술과 양식, 적의 장비 등을 근거로 형태와 장식의 변화를 그룹화하고 각각의 그룹에 순서를 매겨 연대를 판별하는 것입니다.

다른 연대결정법으로는, 회화나 묘비와 같이 제작연대를 특정할 수 있는 자료에 등장하는 검과 디자인을 비교하여 연대를 산출하는 방법이 있습니다.

또한 일부 지역에서는 다른 지역에 없는 특수한 디자인이 선호되는 경향이 있는데, 그것을 통해서도 제작지를 알아낼 수 있습니다. 예를 들어 일본도는 전체적으로 매우 독특한 형태이기 때문에 일본도(또는 그 부품)를 보면 일본에서 만들어졌다는 사실을 한눈에 알 수 있습니다. 그 밖에도 스코틀랜드에서는 특수한 형태의 손잡이가 유행했고, 아일랜드에서는 링 모양의 손잡이 머리가 사용되었으며, 덴마크 사람들은 그립이 무척 긴 양손검을 선호하였습니다.

그리고 칼날의 모양이나 검에 새겨진 글자와 문양 등을 통해서도 그것이 제작된 지역 · 연대 · 공방 등을 특정할 수 있습니다. 실제로 영국 요크 근교에서 발굴된 검도 그 각인을 통해 노르웨이에서 출토된 검과 같은 직인(혹은 공방)이 제작한 것이라고 판명되었습니다. 참고로 노르웨이의 검에 새겨진 룬 문자에 따르면 검의 제작자는 오스문트라는 인물이라고 합니다.

스코틀랜드의 검. 1400년경.

롱소드 기술 1

한손찌르기

Single Thrust, Gayszlen

출전 : Knight/Longsword, pp.54-58. Talhoffer(1467), pl.10.

찌르기는 『황소』 자세에서 시작하여 위에서 아래로 찌르는 것과 『쟁기』 자세에서 시작하여 아래에서 위로 찌르는 것 두 가지가 있는데, 이 기술은 그 두 가지에 포함되지 않는 제3의 찌르기입니다.

한손찌르기는 영국식 검술에서는 일반적인 기술이지만 독일식 검술에서는 유일하게 탈호퍼의 저서에만 등장합니다. 쿼터스태프 기술에서 전용된 것으로 추측되는 이 기술이 독일에서는 어쩌면 이단으로 취급받았던 것인지도 모릅니다.

이 기술은 독일식 무술에서 상대의 발에 대한 찌르기로 해석되는데, 그것은 유일한 삽화가 발을 노리고 찌르는 것처럼 보이기 때문입니다. 하지만 나이트의 말에 따르면 이것은 발을 찌르고 있는 것이 아니라 「한손찌르기」가 빗나가서 카운터를 당하는 그림으로, 검을 아래로 떨어뜨린 자세를 발을 찌르고 있는 자세로 오해한 것이라고 합니다. 여기에서는 나이트의 설을 채용하여 발에 대한 찌르기가 아닌 일반적인 찌르기로 해석하겠습니다.

1

한 발 내디디면서 한쪽 손(일반적으로 오른손)을 손잡이에서 떼고 찌릅니다.

2

원본의 묘사입니다. 어느 쪽의 주장이 옳은지 독자 여러분의 눈으로 확인해보시기 바랍니다. 왼쪽 사람의 바지가 내려간 듯 보이지만, 당시의 호즈(타이츠 같은 것)는 몸에 꼭 맞는 사이즈로, 뒤쪽을 느슨하게 묶지 않으면(아예 안 묶기도 했습니다) 몸을 조금 굽히는 것만으로도 엉덩이 부분이 찢어져버렸기 때문에 저런 식으로 입을 수밖에 없었습니다.

롱소드 기술 2

「존하우(사선베기)」
Zornhau

출전 : Meyer, p.57, 1.11r. Ringeck/Tobler, pp.21–37. Knight, pp.62–64, 174–185.

「존하우」는 「비기」 중 첫 번째로 가장 간단하고 단순한 기술입니다. 위에서 사선으로 내리치는 이 기술은 「아버지베기」, 「강격」이라는 이명으로도 불리며, 칼날을 이용한 공격 중에 가장 강력한 것으로 평가받고 있습니다. Zorn이란 독일어로 분노라는 뜻인데, 격노한 사람이 본능적으로 칼을 내리치는 모습에서 유래했다고도 하고 강력한 위력을 분노에 빗댄 것이라고도 합니다.

1

앞 또는 대각선 앞으로 한 발 내디디면서 사선으로 내리칩니다.

롱소드 기술 3

「존하우」를 이용한 카운터
The Zornhau as a counter

출전 : Ringeck/Tobler, pp.22–23. Fiore(Getty), 25r, 25v.

모든 공격은 방어를 겸하고, 모든 방어는 공격을 겸한다. 이것이 유럽 무술의 일반적인 이념입니다. 이 기술은 공격기인 「존하우」를 방어에 적용하여 카운터하는 기술입니다. 앞에서 설명한 「강함」과 「부드러움」의 개념이 등장하는 것도 포인트입니다(Tobler의 해석에 따름).

1

스타트 포지션. 두 사람 모두 『천장』 자세를 취하고 있습니다.

2

오른쪽의 제자가 한 발 내디디면서 검을 내리칩니다. 동시에 스승은 「존하우」로 받아칩니다. 이때 스승은 검의 각도를 조절하여 제자의 검이 자신에게 닿지 않도록 합니다. 이렇게 바인드가 발생한 순간 스승은 자신의 검에 전해지는 압력을 통해 상대가 「강한」지 「부드러운」지 판단하고, 앞으로 어떻게 행동할 것인지 결정합니다. 독일식 무술의 「감지」·「동시」 기법을 활용하는 것입니다.

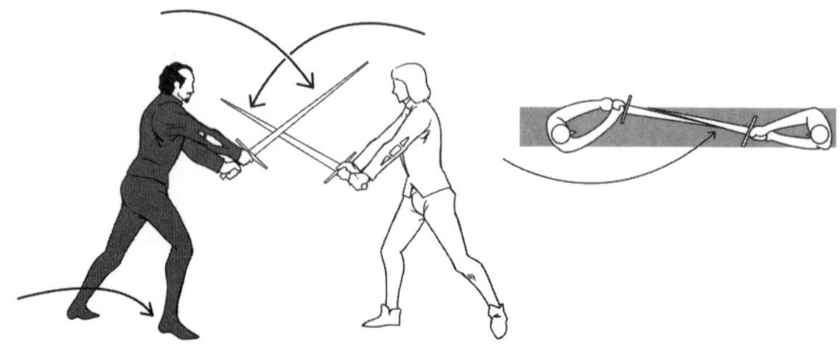

3 상대가 「부드러울」 때

상대가 「부드럽다」고 판단한 스승은 즉시 검을 들이밀어 제자의 검을 쳐내는 동시에 자신의 공격이 지나갈 길을 엽니다(앞에서 설명한 「공격선」 이론입니다). 그리고 얼굴을(일러스트는 목이지만) 찌릅니다.

4 상대가 「강할」 때

상대가 「강할」 때는 위와 같이 힘 있는 기술로는 대항할 수 없습니다. 게다가 이 경우 스승의 검은 옆으로 빗나가고 말았습니다.

5

「강한」 힘을 제압하는 것은 「부드러운」 기술입니다. 이 말대로 스승은 상대의 힘에 억지로 대항하지 않고 바인드 상태에서 벗어난 뒤 검을 반대편으로 가져갑니다.

6

왼발을 왼쪽 대각선 앞으로 내디디면서 제자의 머리를 내리칩니다. 이때 대각선으로 발을 내딛는 것은 적의 카운터를 피하기 위해서입니다. 상대가 몸의 오른쪽에 오도록 파고들어 감으로써 자신의 검으로 상대의 카운터를 방어할 수 있게 됩니다. 이처럼 일단 검을 떼어냈다가 반대편 목표를 공격하는 것을 독일식 무술에서는 「츠켄(연속치기)」이라고 부릅니다.

롱소드 기술 4

검을 감아서 「강한」 부분과 「약한」 부분을 이용하기

Exploiting Weak and Strong with the Winding

출전 : Ringeck/Tobler, pp.26, 27. Wallerstein, pl.6, pl.8. Talhoffer(1467), pl.6.

여기에서는 「빈덴(감아치기)」이라는 기술이 등장합니다. 「빈덴」이란 검을 비틀거나 돌려서 상대의 방어를 깨트리는 기술로, 독일식 무술의 근본을 이루는 기술입니다. 칼끝을 회전시켜 자신의 「공격선」이 다시 상대를 향하게 만들고 동시에 상대의 「공격선」은 봉쇄하는 것입니다.

또한 검을 무턱대고 감는 것만이 아니라, 자기 검의 「강한」 부분을 상대 검의 「약한」 부분으로 가져가 지렛대의 원리를 이용함으로써 상대의 검을 확실하게 쳐낸다는 점에도 주목하기 바랍니다(Tobler의 해석에 따름).

1

제자의 공격을 스승이 「존하우」로 방어하여 바인드 상태가 되었습니다.

2

제자가 「강하게」 바인딩하고 있는 것을 본 스승은 검을 위쪽으로 감으면서 자신의 검의 「강한」 부분을 제자의 검의 「약한」 부분으로 가져다 댑니다. 이렇게 하면 지렛대의 원리를 이용하여 제자의 검을 손쉽게 밀어낼 수 있습니다. 스승은 제자의 방어를 깨트린 다음 얼굴을 찌릅니다.

3 카운터

스승의 공격에 대항하여 제자도 검을 감아올립니다. 그리고 자신의 검의 「강한」 부분을 스승의 검의 「약한」 부분으로 가져가 찌르기를 회피합니다.

4 카운터

찌르기가 빗나갔을 뿐만 아니라 제자의 검이 스승의 검보다 안쪽으로 들어와버렸습니다. 제자가 칼끝을 이쪽으로 겨누고 찌르기 전에 반격할 필요가 있습니다. 그래서 스승은 한층 더 검을 감아올려 제자의 검보다 위에서 가슴을 공격합니다.

롱소드 기술 5

근접전

Krieg

출전 : Ringeck/Tobler, pp.30, 31.

한번 파고든 상태보다 더욱 접근한 거리에서 싸우는 것을 근접전이라고 부르는데, 일반적으로 바인드 상태나 그보다 더 가까이 맞붙어 싸우는 상태를 가리킵니다.

여기서 설명할 것은 독일식 검술의 극의인 「주도권의 유지」를 구현한 기술로, 빠르고 철저한 연속공격으로 상대를 수세에 몰아넣어 반격할 여유를 빼앗습니다(Tobler의 해석에 따름).

1

「존하우」에서 바인드 상태가 되었습니다.

2

스승이 검을 감아올려 제자를 찌릅니다.

3

제자가 스승의 공격을 왼쪽으로 받아 넘깁니다. 원래대로라면 여기서 제자가 카운터 공격을 하겠지만…….

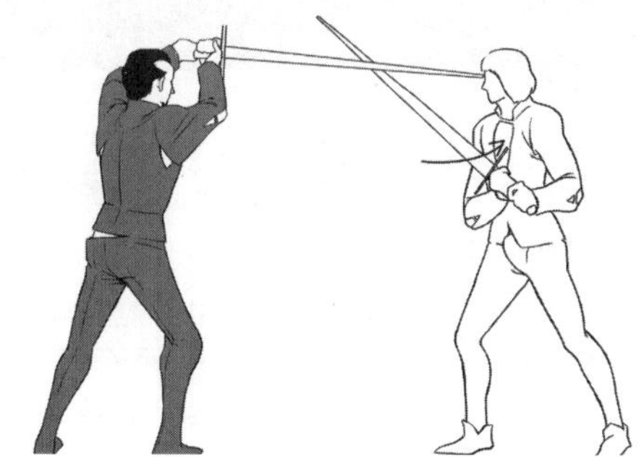

4

스승은 즉시 칼끝을 아래로 내려 다시 제자를 공격합니다. 제자는 검을 더욱 왼쪽으로 밀어붙여 스승의 찌르기를 막아냅니다. 제자는 방어에 성공했다고 생각하겠지만, 실제로는 자신도 모르는 사이에 계속 선수를 빼앗겨 공격할 여유를 잃고 말았습니다.

5

스승의 공격을 막아내는 데에만 신경 쓰는 사이 제자의 검은 지나치게 왼쪽으로 치우쳐 정면에 커다란 틈이 생겼습니다. 스승은 그 기회를 놓치지 않고 자신의 검을 반대편으로 가져가 찌르기를 합니다. 이 기술을 「통과하기」라고 합니다. 만약 제자가 찌르기를 방어한다 해도 다시 같은 작업을 되풀이하여 반격의 기회를 주지 않고 쓰러뜨립니다.

롱소드 기술 6

「듀플리에렌(감아들어가기)」
Duplieren

출전 : Ringeck/Tobler, pp.36, 37. Talhoffer(1467), pl.18.

「듀플리에렌」은 「빈덴」의 일종으로 바인드 상태일 때 검을 급회전시켜 상대의 방어를 뚫고 들어가 공격하는 기술입니다. 링엑의 말에 따르면 이 기술은 다음에 설명할 「뮤티에렌(감아넘기기)」과 세트가 되는 기술로, 두 기술 모두 상대의 방어를 깨트리는 데 사용한다고 합니다. 자신의 검이 상대의 방어 안쪽으로 들어가기 때문에 상대는 이쪽의 공격을 막아내기가 불가능하다는 특성을 가지고 있습니다(Tobler의 해석에 따름).

1

익숙한 자세입니다. 이때 제자는 「강하게」 바인딩하고 있습니다.

2

검을 접촉시킨 상태에서 스승은 자신의 검을 매끄럽게 밀어 올립니다.

3

재빨리 검을 감아 제자의 얼굴을 노립니다.

롱소드 기술 7

「뮤티에렌(감아넘기기)」
Mutieren

출전 : Ringeck/Tobler, pp.36, 37.

「뮤티에렌」이란 「빈덴」의 일종으로, 상대의 무기와 자신의 무기가 접촉해 있을 때 상대의 무기를 뛰어넘어 반대편으로 자신의 무기를 가져가는 기술입니다. 앞에서 설명한 「듀플리에렌」과 세트가 되는 기술로 「빈덴」을 이용하여 상대의 방어 안쪽으로 들어간다는 공통된 목적을 가지고 있습니다(Tobler의 해석에 따름). 「듀플리에렌」과는 감는 방향이 반대입니다.

1

이전과 마찬가지로 바인드 상태에서 시작합니다.

2

스승이 검을 위로 감아올립니다. 이때 스승은 검의 「뒷날」을 제자의 검에 접촉시키고 있습니다.

3

「뮤티에렌」의 완성입니다. 스승이 검을 감는 과정에서 스승의 검은 제자의 검 위를 뛰어넘어, 반대편으로 이동한 다음 제자의 방어 안쪽까지 들어갔습니다. 이제 스승은 그대로 공격하기만 하면 됩니다.

롱소드 기술 8

「크룸프하우(꺾어베기)」

Krumphau

출전 : Ringeck/Tobler, pp.39-41. Meyer, p.57, 1.12v. Knight/Longsword, pp.65-67, 187-196.

「크룸프하우」는 독일식 검술의 「비기」 중 하나입니다. 이 기술은 오른쪽 대각선 앞으로 발을 내디디면서 상대의 좌측면(이상적으로는 손 또는 검)을 겨냥하여 상단공격을 하는 기술입니다. 손을 교차시켜 공격하는 것이 최대의 특징으로, 기술의 이름도 거기서 유래하였습니다. 「뒷날」로 베는 것이 일반적이지만 「앞날」을 사용하는 버전도 있습니다.

토블러는 「크룸프하우」를 카운터로 사용할 경우, 다음과 같은 세 가지 결과를 얻을 수 있다고 말합니다.

1. 이상적인 형태 : 상대의 손에 공격을 명중시켜 싸움을 끝낸다.
2. 자신이 더 빨랐을 때 : 자신의 검이 상대의 검 아래로 내려가면서 상대의 공격도 빗나간다.
3. 상대가 더 빨랐을 때 : 두 사람의 검이 맞부딪쳐 바인드 상태가 된다.

1

두 사람 모두 「천장」 자세를 취하고 있습니다.

2

제자가 먼저 움직이기 시작합니다.

3

제자가 내리치려는 것을 보고 스승은 즉시 오른발을 오른쪽 대각선 앞으로 내디디며 검을 휘두르기 시작합니다.

4

스승은 제자의 「공격선」 밖으로 벗어나 제자의 공격을 봉쇄하고, 동시에 팔을 교차시키며 제자의 검 위쪽을 따라 내려가 제자의 손을 노립니다.

5

팔을 완전히 교차시켜 제자의 손을 「뒷날」로 내리칩니다. 앞에서도 말했듯이 상황에 따라서는 「앞날」로 공격해도 상관없습니다. 동시에 왼발을 오른발 쪽으로 잡아끕니다.

롱소드 기술 9

「크룸프하우」를 이용한 받아넘기기

Using the Krumphau to Set Aside a Blow

출전 : Ringeck/Tobler, pp.42, 43.

이 기술은 앞장에서 언급한 토블러의 세 가지 가설 중 두 번째 결과인 「자신의 크룸프하우가 더 빨랐을 경우」에 사용하는 것으로, 상대의 검 아래로 내려가버린 자신의 검을 이용해 상대의 검을 옆으로 받아넘기는 기술입니다.

이 기술은 메이어의 「슬라이드」라는 기법과 매우 유사한데, 어쩌면 약 200년이라는 시차를 두고 개별적으로 성립한 것인지도 모릅니다(Tobler의 해석에 따름).

1

「천장」 자세에서 시작합니다.

2

지난번과 마찬가지로 제자의 공격에 「크룸프하우」로 대항합니다. 다만 이번에는 자신의 검이 제자의 검 아래에 들어가도록 합니다.

3

「크룸프하우」로 들어간 이 자세를 『방벽』 자세라고 합니다. 스승은 이 『방벽』 자세에서 검을 들어올려 옆면으로 제자의 공격을 받아넘깁니다.

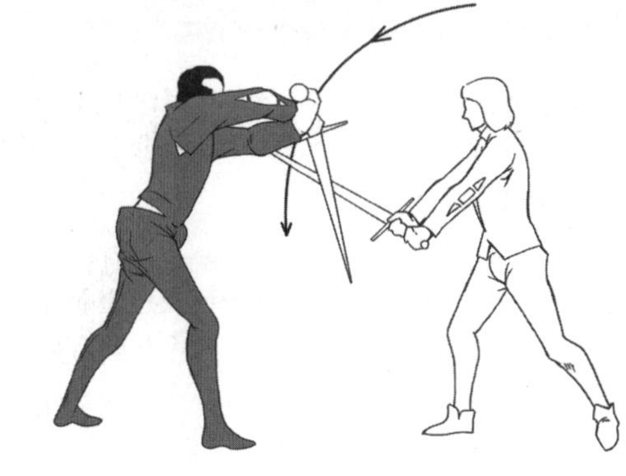

4

그런 다음 왼발을 내디디면서 제자의 머리를 공격합니다.

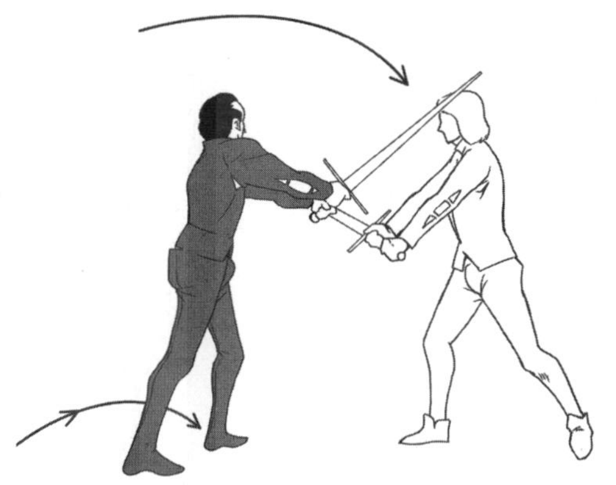

롱소드 기술 10

「즈베히하우(상단수평베기)」

Zwerchhau

출전 : Meyer, pp.57, 58, 1.12v. Ringeck/Tobler, pp.50–51. Knight/Longsword, pp.68, 69, 198–217.

이 기술은 대각선으로 나아가면서 검을 머리 위에서 수평 회전시켜 「뒷날」로 상대의 머리 · 어깨 · 위팔을 공격한 다음 『황소』 자세에서 끝나는 기술입니다. 머리 위에 높이 든 검으로 상대의 내리치기를 막아낼 수 있어 『천장』 자세를 파훼하는 기술로 평가받고 있습니다.

연속된 공격으로 빠르게 치고 들어갈 수 있으며 방어에도 뛰어납니다. 게다가 기술이 종료된 상태가 『황소』 자세이기 때문에 예비동작 없이 연이어 찌르기를 할 수 있다는 매우 강력하고 편리한 장점도 가지고 있습니다. 다만 유일한 단점은 검을 머리 위로 들고 있기 때문에 간격이 짧아진다는 것입니다. 좌우 두 가지 버전이 있으며 왼쪽 버전에서는 「뒷날」이 아닌 「앞날」을 사용합니다.

1

두 사람 모두 『천장』 자세를 취하고 있습니다.

2

제자가 돌진하며 공격합니다. 스승은 오른발을 오른쪽 대각선 앞에 내디딘 다음 검을 「섬 그립」으로 고쳐잡고 휘두르기 시작합니다.

3

제자의 검을 왼쪽으로 쳐내는 동시에 날밑으로 베기를 봉쇄하고 머리를 겨냥해 공격합니다. 설사 공격이 명중하지 않는다 해도 그대로 『황소』 자세를 취하면 됩니다. 제자의 검은 스승의 검 왼쪽에 바인딩되어 공격선이 막혀 있는 반면 이쪽은 공격 준비를 갖추고 있으므로 반격당할 염려 없이 안전하게 찌르기 공격을 할 수 있습니다.

롱소드 기술 11

「즈베히하우」 대 「즈베히하우」

The Zwerchhau against the Zwerchhau

출전 : Ringeck/Tobler, p.56.

「즈베히하우」에 가장 효과적으로 대항할 수 있는 기술은 같은 「즈베히하우」입니다. 수평으로 움직이는 상대의 검 아래로 파고들어 목이나 팔을 노리는데, 이때 자기 검의 각도가 상대의 검을 봉쇄하는 형태가 되도록 합니다(Tobler의 해석에 따름).

1

두 사람은 바인드 상태입니다.

2

제자가 검을 뒤로 빼서 스승의 우측면을 「즈베히하우」로 공격하려 합니다.

3

제자의 의도를 눈치챈 스승은 재빨리 제자의 검 아래로 파고 들어 「즈베히하우」로 공격합니다. 이때 스승은 손잡이를 높이 들어 제자의 공격을 차단합니다.

4 카운터

Ringeck/Tobler, p. 180.

조금 시간을 되돌려 제자의 「즈베히하우」에 스승이 「즈베히하우」로 대항했을 때, 제자가 어떻게 대처할 수 있는지 설명하겠습니다.

스승이 제자의 검 아래로 파고 들어 옵니다.

5

스승의 반격에 반응한 제자는 즉시 스승의 검을 밀어 내립니다. 부자연스러운 자세가 된 스승의 검을 바인딩으로 제압한 채 적당한 틈을 봐서 찌르기 공격을 합니다.

롱소드 기술 12

「즈베히하우」를 이용한 페인트
A Feint with the Zwerchhau

출전 : Ringeck/Tobler, p.59.

링엑은 「공격에 소극적인 검사는 페인트에 당한다.」고 서술하고 있습니다. 상대의 공격을 지나치게 경계한 나머지 작은 움직임에도 과민하게 반응하기 때문인데, 이 항목에서는 「즈베히하우」를 이용한 페인트 기술을 소개합니다. 한편 토블러는 상대가 공격을 막아냈을 때 「즈베히하우」를 이용해 재공격하는 기술이라고 해석합니다.

1

제자가 스승의 공격을 방어하려고 합니다.

2

하지만 스승은 제자와 검을 맞대지 않고 「즈베히하우」로 가까이 있는 빈틈을 노려 공격합니다. 이처럼 검의 궤도를 급격하게 바꾸기 위해서는 가능한 한 가볍고 조작하기 편한 검을 사용할 필요가 있습니다. 이 기술을 보면 알 수 있듯이 서양의 검이 무겁고 둔하다는 통념은 잘못된 것입니다.

중세 이전의 검 1

중세 시대의 검은 어느 날 갑자기 무에서 창조된 것이 아니라 그 이전 시대부터 전해지던 전통 위에 성립한 것입니다. 여기에서는 중세 이전의 검에 대해 간단히 살펴보겠습니다.

1. 청동검

인류 최초의 검은 청동으로 만들어졌습니다. 청동검은 거푸집을 사용해 제작하였으며, 이 시대에 이미 담금질 등의 기술이 나타났습니다. 당시의 검은 리벳으로 그립을 고정시켰는데, 이 리벳 부분이 파손된 경우가 많은 것으로 보아 구조적으로 약했던 것 같습니다.

옆의 그림은 아일랜드의 검으로, 곡선을 이룬 검신과 리벳으로 마감된 그립 등 전체적인 디자인이 대륙의 것과 같지만 날밑과 그립의 모양은 독자적입니다.

■아일랜드에서 출토된 청동검

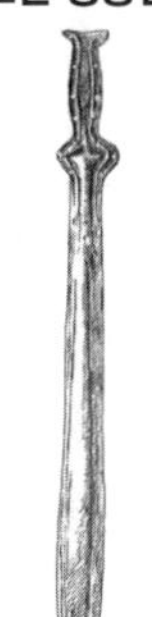

전체 길이 : 65.7cm
무게 : 878.8
제작연대 : 기원전 1000년~기원전 500년

2. 철검

철기가 실용화된 후에도 무기로 사용할 수 있는 품질의 철을 얻기까지는 어느 정도 시간이 걸렸습니다. 철검은 늦어도 기원전 11세기에는 제조가 시작된 것으로 보이지만, 지역에 따라 차이가 매우 커서 한 시대에 발전된 기술과 원시적인 기술이 공존하기도 하였습니다.

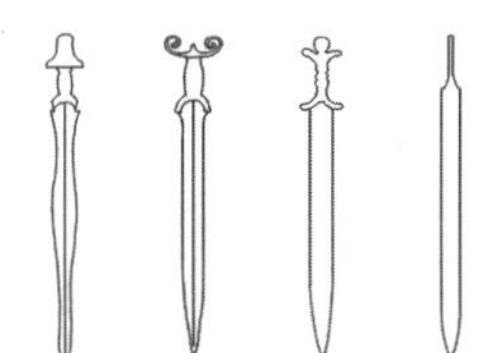

철검의 종류. 왼쪽부터 할슈타트형, 안테나형, 인체형, 마르니아형.

3. 켈트의 검

그 후 유럽 대륙에는 라텐Ⅱ(La Tène Ⅱ) 문화가 개화했습니다. 라텐Ⅱ라는 것은 간단히 말해 로마 제국과 싸우던 무렵의 켈트 문명(기원전 450년~기원전 100년)을 가리키는데, 이 시기의 검을 중세 시대 검의 선조로 보는 견해가 많습니다.

기본적으로 켈트의 검은 길고 탄력이 좋았습니다. 그중에서도 스페인의 것은 특히 품질이 높아 손잡이와 칼끝이 서로 닿을 정도로 구부릴 수 있었고, 손을 떼면 금세 원래 모양으로 되돌아갔다고 합니다.

(P109에 계속)

롱소드 기술 13

「쉴하우(곁눈치기)」

Schielhau

출전 : Ringeck/Tobler, pp.64-66. Knight/Longsword, pp.68-73.

「쉴하우」는 독일식 검술의 「비기」 중 하나이면서 가장 설명하기 어려운 기술입니다. 전체적인 움직임은 앞에서 다룬 「즈베히하우」와 같지만, 「즈베히하우」가 검을 옆으로 휘두르는 데 비해 「쉴하우」는 위에서 아래로 내리친다는 점이 다릅니다. 자신의 오른쪽 어깨에서 시작된 공격으로 상대의 오른쪽 어깨를 노리는 것도 이 기술의 특징입니다. 「즈베히하우」와 마찬가지로 상대의 공격에 대응하여 사용하는 공방 일체기지만, 나이트의 말에 따르면 상대의 검을 먼저 받아낸 다음 공격하는 것이 아니라 공격하는 과정에서 상대의 검이 자연스럽게 자신의 검에 부딪히도록 하는 것이 올바른 용법이라고 합니다.

이 기술은 경험이 부족하여 힘으로만 밀어붙이는 저돌적인 검사(중세 독일의 속어로는 Buffel)를 상대할 때 매우 효과적입니다. 또한 상대의 검이 날아오는 방향과 자신이 공격하는 방향이 동일하므로 상대의 힘을 역이용하는 것도 가능합니다.

1

「천장」 자세에서 시작합니다. 다른 기술도 그렇지만 반드시 「천장」 자세에서 시작해야 한다는 규정은 없으니 참고하시기 바랍니다.

2

제자가 돌진해오는 것을 보고 오른쪽 발을 내디디며 검을 비틉니다.

3

스승은 왼쪽으로 검을 휘두르는 과정에서 제자의 검을 막습니다. 이때 검을 한층 왼쪽으로 밀어붙여 상대의 검으로부터 몸을 지킵니다.

4

재빠르게 손만을 움직여 「뒷날」로 제자의 어깨를 공격합니다. 위에서 본 그림을 통해 알 수 있듯이 스승은 가능한 한 팔을 길게 뻗어 제자의 검을 자신에게서 멀리 떼어놓는 동시에 제자의 힘을 역이용하여 공격하는 것입니다. 공격자가 옆으로 완전히 돌아선 채 곁눈질로 상대를 바라본다는 데서 「쉘하우」라는 이름이 유래하였습니다.

롱소드 기술 14

「쉴하우」를 이용해 『찌르기』 자세를 격파하기

Using the Schielhau to break the Langort

출전 : Ringeck/Tobler, p.68.

『찌르기』 자세는 독일식 검술의 기본자세는 아니지만, 상대의 접근을 허용하지 않으면서 다양한 기술로 연계가 가능한 유연성 있는 자세입니다. 이 항목에서는 「쉴하우」를 이용하여 『찌르기』 자세를 공략하는 방법에 대해 설명하겠습니다(Tobler의 해석에 따름).

1

제자가 『찌르기』 자세를 취함으로써 스승과의 간격을 유지하려고 합니다. 스승은 왼발을 앞에 딛고 서서 제자의 칼끝을 바라봅니다.

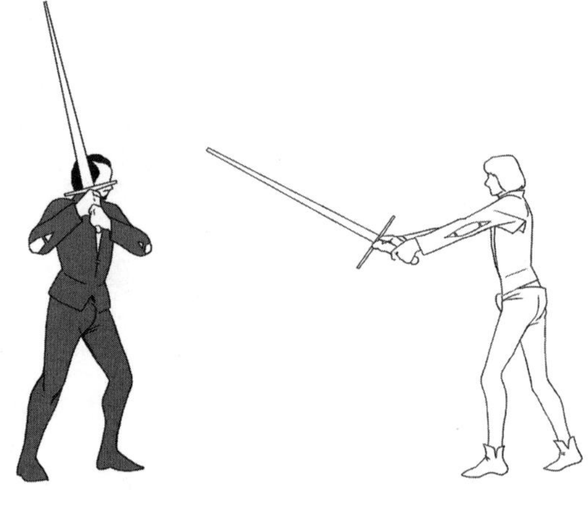

2

발을 떼지 않고 마치 제자의 머리를 노리듯 공격합니다. 하지만 스승이 실제로 내리친 것은 제자의 머리가 아닌 검이었습니다.

3

스승은 바로 오른발을 내디디면서 내리치기를 「쉴하우」로 전환하여 「뒷날」로 제자의 검을 눌러 제압한 다음 그대로 『황소』 자세를 취합니다.

4

움직임을 멈추지 않고 바로 제자의 목을 찔러 단숨에 승패를 결정짓습니다.

롱소드 기술 15

「샤이틀하우(정수리베기)」
Scheitelhau

출전 : Ringeck/Tobler, p.72. Knight/Longsword, pp.74, 75, 237–244.

마지막 「비기」는 「샤이틀하우」라고 불리는 기술입니다. 비기 중에 가장 사용빈도가 낮아 16세기 메이어가 활동하던 무렵에는 내리치기와 동의어가 되어버렸으나, 독일식 검술에서는 유일하게 다리를 노린 공격에 대항할 수 있는 기술이기도 합니다.

이 기술은 매우 단순한 기하학의 원리를 이용하고 있습니다. 서로 마주보고 서 있는 두 사람을 상상해보시기 바랍니다. 두 사람은 검으로 상대를 공격합니다. 당연하지만 팔은 어깨에 달려 있기 때문에 어깨 높이에서 검을 똑바로 뻗었을 때 검이 미치는 곳이, 공격 가능한 최대의 범위입니다. 따라서 검과 팔의 길이에 압도적인 차이가 없는 한 다리를 노리는 공격은 어깨 높이에서의 공격보다 리치가 짧아지게 됩니다. 「샤이틀하우」는 이 원리를 이용하여 『바보』 자세를 취하고 있는 상대나 다리를 노리고 덤벼오는 상대를 간격 밖에서 공격하는 기술입니다.

참고로 올려베기로 「샤이틀하우」를 방어하기는 불가능합니다. 두 사람의 검이 멀리 떨어져 있기 때문에 아래에 있던 검을 들어올려 위에서 떨어지는 상대의 공격을 막아내기까지 시간이 너무 많이 걸리기 때문입니다. 과감하게 찌르기를 한다는 선택지도 있지만, 머리를 향해 날아오는 시퍼런 서슬을 무시하고 공격할 수 있는 인간은 아마도 없을 것입니다(Tobler의 해석에 따름).

1

제자가 『바보』 자세로 스승의 공격에 대비합니다.

2

스승은 오른발을 오른쪽 대각선 앞으로 디디며 상대의 머리를 노리고 공격합니다.

3

검을 가능한 한 멀리 뻗어 제자의 머리(또는 팔)를 칼끝 부분으로 내리칩니다. 위에서 말한 것처럼 스승은 간격을 이용하여 상대의 공격범위 밖에서 공격하고 있습니다.

롱소드 기술 16

「베케러(되치기)」
Verkehrer

출전 : Ringeck/Tobler, p.73.

「베케러」는 「빈덴」의 일종으로 바인드 상태를 유지한 채 검을 반전시켜 찌르는 기술입니다. 여기에서는 「샤이틀하우」가 막혔을 때 「베케러」를 이용하여 재공격하는 방법에 대해 설명하겠습니다(Tobler의 해석에 따름).

1

제자가 스승의 「샤이틀하우」를 막았습니다.

2

스승은 바인드 상태를 유지함으로써 제자의 움직임을 봉쇄하고, 검을 감아 칼끝으로 제자의 가슴을 찌릅니다.

롱소드 기술 17

『왕관』 자세를 이용한 카운터

Kron against the Scheitelhau, and the Hende Trucken

출전 : Ringeck/Tobler, p.74.

『왕관』 자세는 「샤이틀하우」처럼 위에서 내리치는 기술을 막을 때 매우 효과적인 수단입니다. 여기에서는 『왕관』 자세를 이용한 카운터는 물론 그 카운터를 다시 카운터하는 방법도 소개합니다(Tobler의 해석에 따름).

1

스승의 「샤이틀하우」에 대항해 제자는 『왕관』 자세를 취합니다. 검을 수직으로 세우고 날밑으로 공격을 막아냅니다.

2

스승이 검을 뒤로 빼기 전에 제자는 재빨리 스승의 검을 날밑에 걸어 옆으로 치우고 앞으로 한 발 내디뎌 몸싸움을 벌입니다. 여기서 제자는 팔꿈치보다 약간 윗부분을 잡고 밀어내는 유럽 무술의 일반적인 기술을 사용하고 있습니다.

3 카운터

『왕관』 자세에 공격이 막힌 스승은 제자가 자신의 검을 옆으로 치우기 전에 왼발을 대각선 왼쪽으로 한 발 디디면서 칼날을 제자의 팔에 바싹 가져다 댑니다. 이렇게 함으로써 제자의 움직임을 봉쇄할 수 있습니다.

4

스승은 검으로 제자의 팔을 강하게 눌러 꼼짝 못하게 만든 다음 자릅니다. 이처럼 자르기와 「빈덴」을 조합하여 상대의 팔을 공략하는 기술을 「손 누르기」라고 합니다.

롱소드 기술 18

상대의 방어에 대한 카운터
Counter against Displacement

출전 : Ringeck/Tobler, p.86.

상대가 이쪽의 공격을 방어했을 때는 가능한 한 빨리 대응책을 마련할 필요가 있습니다. 여기에서는 상대의 방어를 뚫고 공격하는 방법에 대해 설명하겠습니다(Tobler의 해석에 따름).

1

스승의 내리치기를 제자가 방어합니다.

2

스승은 검을 접촉시킨 상태에서 재빨리 손잡이를 상대의 손 위로 가져갑니다. 그리고 동시에 왼발을 왼쪽 대각선 앞으로 내딛습니다.

3

단숨에 제자의 머리를 공격합니다. 이때 스승은 공격과 동시에 자기 검의 손잡이 머리로 제자의 손을 세게 때립니다. 이는 제자의 반격을 봉쇄하기 위한 것으로, 검을 놓치거나 손가락이 부러져 전투력을 상실할 수도 있습니다.

롱소드 기술 19

상대의 방어에 대한 카운터 2
Counter against Displacement 2

출전 : Ringeck/Tobler, p.87.

이 항목에서는 상단공격이 아닌 아래에서 올려베기가 막혔을 때 대처하는 방법을 소개합니다(Tobler의 해석에 따름).

1 **오른쪽에서의 바인드**

스승의 올려베기를 제자가 위에서 내리쳐 막았습니다.

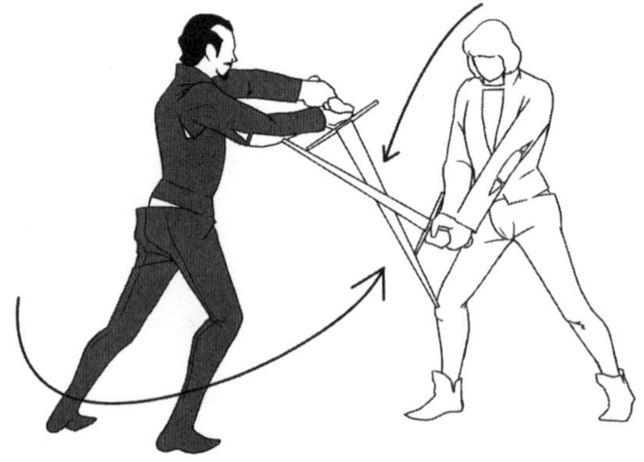

2

왼발을 디디며 손잡이를 제자 쪽으로 가져갑니다.

3

스승은 검을 회전시켜서 제자의 검 아래쪽의 칼날을 위쪽으로 빼내 머리를 공격합니다.

4 다른 버전

제자의 올려베기를 스승이 막았습니다.

5

오른발을 내딛는 동시에 위에서 설명한 대로 검을 회전시켜 스승을 공격합니다. 이때 제자는 「앞날」이 아닌 「뒷날」을 사용하여 내리칩니다.

롱소드 기술 20

바인드 상태에서의 하프 소드

Halfsword from Bind

출전 : Ringeck/Tobler, p.89. Fiore(Getty), 27v. Talhoffer(1467), pl.36.

여기에서는 유럽식 무술 특유의 기술인 「하프 소드」가 처음으로 등장합니다. 이 기술은 바인드 상태에서 반대편으로 검을 옮긴 다음 한쪽 손으로 날을 잡고 찌르기 공격을 하는 것으로, 앞에서 언급한 「츠켄」의 응용기술입니다.

피오레 버전도 이것과 매우 비슷하여 베기 공격이 막혔을 때 재빨리 반대편으로 검을 옮겨 하프 소드 자세에서 찌르는 기술로 소개하고 있는데, 그의 말에 따르면 갑옷을 입지 않은 상태에서 구사하기가 더 쉽다고 합니다.

1

두 사람은 바인드 상태에 들어가 있습니다.

2

스승은 왼발을 대각선 왼쪽으로 내디디면서 자신의 검을 제자의 검 건너편으로 가져갑니다.

3

검을 이동시킨 다음 왼손을 그립에서 떼고 날을 잡아 하프 소드 자세를 취합니다.
여기서 하프 소딩을 하는 것은 제자가 찌르기를 피하려고 선수를 쳐서 들어오는 것을 막기 위해서입니다.

4

그대로 제자의 검을 밀어내면서 찌르기를 합니다.

5 **카운터 : Fiore(Getty), 27v.**

조금 시간을 되돌리겠습니다. 스승이 검을 움직여 하프 소딩을 하려는 장면입니다.

6

여기서 제자가 스승의 검을 힘으로 제압하려고 해도 이미 하프 소드 자세에 들어간 검을 밀어내기란 거의 불가능합니다. 그래서 제자는 왼발을 디디면서 스승이 했던 것처럼 자신의 검을 반대편으로 옮깁니다.

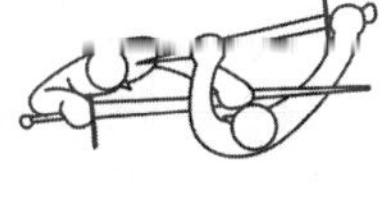

7

하프 소드 자세로 스승의 얼굴을 찌릅니다.

롱소드 기술 21

하프 소드 자세에서 손잡이 머리를 이용한 타격과 메치기
Pommel Strike and Throw from Halfswording

출전 : Ringeck/Tobler, p.90. Talhoffer(1467), pl.148. Knight/Longsword, p.105.

이 항목에서 소개하는 기술은 앞에서 설명한 하프 소드를 응용한 것입니다. 하나는 손잡이 머리로 상대를 가격하는 기술이며, 다른 하나는 손잡이를 상대의 목에 걸고 끌어당겨 쓰러뜨리는 기술입니다.

1

스승의 하프 소드 찌르기를 제자가 옆으로 흘려보냅니다.

2

스승은 그대로 한 발 내디디며 검을 회전시켜 손잡이 머리로 제자의 얼굴을 공격합니다.

3

아니면 오른발을 제자의 왼발 뒤로 내디디며 살짝 다리를 걸은 상태에서 손잡이를 끌어당겨 제자를 뒤로 넘어뜨립니다. 이때 스승의 검은 제자의 검과 스승 사이에 끼어 있으므로 제자의 반격에도 대비할 수 있습니다.

롱소드 기술 22

하프 소드 자세에서 메치기
Halfsword Throw

출전 : Wallerstein, pl.19(Description pl.18). Knight/Longsword, p.106.

여기서 소개하는 메치기는 앞장의 것과 거의 비슷하지만, 손잡이가 아닌 칼날을 사용한다는 점과 쓰러뜨리기 직전에 손잡이 머리로 상대의 손을 가격하여 저항을 봉쇄한다는 점이 다릅니다. 또한 원본에 명시되어 있지는 않으나 첫 단계에서 바로 상대의 얼굴을 베어버리는 것도 가능합니다.

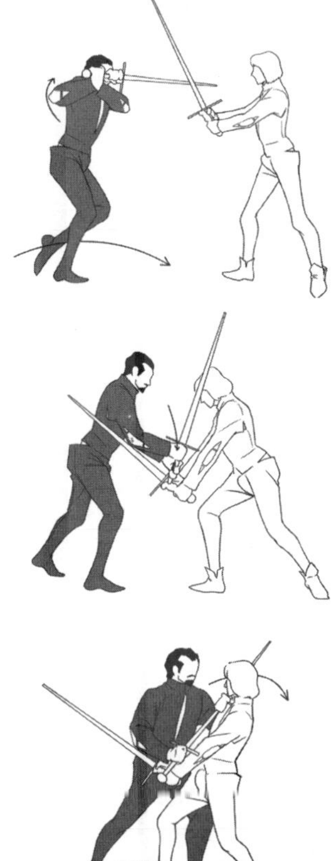

1

스승은 바인드 상태에서 검을 감아 「뒷날」로 제자의 얼굴을 겨냥하면서 왼발을 내딛습니다. 위에서 말했듯 여기서 그대로 얼굴을 공격할 수도 있습니다.

2

손잡이 머리로 제자의 손을 가격합니다.

3

왼발을 제자의 오른발 뒤로 내디디면서 다리를 거는 동시에 왼손으로 날을 잡아 하프 소드 자세에 들어갑니다. 그리고 칼날을 제자의 목덜미에 밀어붙여 뒤로 넘어뜨립니다. 그림에서는 원본에 충실하게 스승의 검이 제자의 오른쪽 목덜미를 [illegible]고 있지만, 필자의 생각으로는 앞장의 기술처럼 칼날을 목에 걸어서 넘어뜨리는 편이 더 효과적이지 않을까 싶습니다.

롱소드 기술 23

「나흐라이젠(반박자공격)」
Nachreisen

출전 : Ringeck/Tobler, pp.92, 93. Knight/Longsword, pp.141-142.

「나흐라이젠」이란 상대의 움직임을 포착하여 자신의 검을 휘두르는 기술입니다. 이 기술에는 상대가 공격 준비를 하고 있을 때를 노리는 방법과 상대가 공격에 실패하고 태세를 바로잡으려 할 때를 노리는 방법의 두 가지 타입이 있는데, 여기서는 그중 첫 번째 타입에 대해 설명하겠습니다. 상대가 공격하기 위해 자세를 전환하는 틈을 타 파고드는 것으로 「자세를 전환하는 순간이 가장 무방비」하다는 연구자들의 주장을 뒷받침하는 기술이기도 합니다(Tobler의 해석에 따름).

1

스승은 『천장』 자세, 제자는 『황소』 자세로 시작합니다. 제자가 취하고 있는 『황소』 자세는 찌르기를 목적으로 한 자세이므로, 본래대로라면 여기서 스승을 겨냥해 찌르기를 해야 합니다.

2

하지만 제자는 베기 공격에 적합한 자세로 전환합니다. 제자가 자세를 전환하고 있는 동안에는 제자의 공격을 받을 위험이 없으므로, 스승은 안심하고 제자를 공격할 수 있습니다.

3 다른 버전

이 버전에서는 바로 제자를 베지 않고 검으로 제자의 팔을 눌러 움직임을 봉쇄합니다. 그런 다음 제자를 밀쳐내거나 팔을 자릅니다.

4 만약 제자가 찌르기를 선택한다면

제자가 찌르기를 하려고 일단 검을 뒤로 뺀 사이 스승이 「나 흐라이젠」으로 찌르기를 하고 있습니다. 원본에는 나와 있지 않으나 이후 스승은 가능한 한 빨리 제자와 거리를 두어 다음 순간에 날아올 제자의 찌르기를 피해야 합니다.

롱소드 기술 24

「압셋젠(받아넘기기)」

Absetzen

출전 : Ringeck/Tobler, p.104.　Fiore(Getty), 26v.　Knight/Longsword, pp.91, 92.

방어의 일종인 「압셋젠」은 주로 『황소』나 『쟁기』 자세로 이행하면서 상대의 공격을 막아낸 뒤 예비동작 없이 곧바로 찌르기를 하는 것으로, 기본적이면서도 매우 중요한 기술입니다. 피오레는 이 기술을 「찌르기의 응수(應酬)」라고 표현했습니다.

1

두 사람 모두 『쟁기』 자세를 취하고 있습니다.

2

스승이 찌르기를 하자 제자는 오른발을 앞으로 내디디면서 검을 왼쪽 『쟁기』 자세의 위치로 가져가 스승의 검을 받아넘긴 다음 재빨리 스승을 찌릅니다.

3 카운터
Fiore(Getty), 26v.

제자는 「압셋젠」에 성공했지만 찌르기 공격을 주저하고 있습니다.

4

스승은 제자가 망설이는 사이 왼쪽으로 한 발 파고듭니다. 왼손으로 제자의 검의 그립을 잡아 움직임을 봉쇄하고 공격합니다.

롱소드 기술 25

「압셋젠」 2

The Absetzen against an Oberhau

출전 : Ringeck/Tobler, p.105. Knight/Longsword, p.94.

여기에서는 상대의 내리치기를 「압셋젠」으로 막아낸 다음 공격하는 방법에 대해 설명하겠습니다(Tobler의 해석에 따름).

1

스승이 「천장」 자세, 제자가 「쟁기」 자세를 취하고 있습니다.

2

스승의 내리치기에 대항해 제자는 오른발을 앞으로 디디며 「황소」 자세로 전환합니다. 그 과정에서 스승의 공격을 막는 동시에 스승의 얼굴을 겨냥해 찌르기를 합니다.

중세 이전의 검 2

오른쪽 그림의 검은 조금 특수한 것으로 칼끝이 없는 베기 전용 검입니다. 린드홀름 언덕 유적의 늪에서 출토되었으며, 기원전 3세기에 제작된 것으로 추정됩니다. 신에게 바치는 봉납품으로 늪에 던져져 결과적으로 산소의 공급이 차단되었기 때문에, 목제(혹은 각제) 그립 외에는 완벽한 상태로 보존되어 있었습니다. 품질과 설계 양면 모두 중세의 검에 뒤지지 않는 기술로 제작되었다고 합니다.

코펜하겐 국립박물관에 소장되어 있는 라텐II 시대의 검. 기원전 3세기. 칼날 길이 : 67.3cm.

4. 로마의 검

한편 건국 당시부터 켈트 문명과는 악연 같은 관계였던 로마에서는 상황이 조금 달랐습니다. 로마라고 하면 글라디우스가 유명하지만, 2세기경에는 본래 기병용이었던 스파타를 전군이 장비하게 됩니다. 로마에서는 나라(또는 강력한 개인) 주도의 공장에서 무기를 포함한 지급품을 대량으로 생산했기 때문에 다양한 원인과 수단으로 비용이 삭감되었습니다. 그리고 그것은 곧 품질에 커다란 영향을 미쳤습니다. 현존하는 검을 분석한 결과 아무래도 로마군의 군사공창(파브리카라는 공장이 제국 전체에 분포되어 있었으며, 하나의 공창은 하나의 장비품 제작에 특화되어 있었습니다)에서는 품질검사가 철저하게 이루어지지 않았던 것으로 보입니다. 유복한 사관 또는 장군용으로 특별 제작된 검은 품질이 무척 좋았고 개중에는 「문양단련법」을 사용한 것까지 있었으나, 일반병사용 지급품은 나름대로 쓸 만한 검부터 모양만 검인 쇠막대기에 이르기까지 품질의 편차가 매우 컸습니다.

병사용 검의 제작자와 사관용 특주품의 제작자는 같은 군사공창의 기술자였으므로, 이러한 품질의 차이는 실력의 문제가 아니라 원가절감 전략에 기인한 날림작업 때문이라고 봐야 할 것입니다.

오른쪽 그림의 검은 덴마크의 니담 늪에서 출토된 스파타입니다. 손잡이까지 완전하게 남아 있지만 이 손잡이는 로마식이라기보다 게르만 계통의 것에 더 가깝기 때문에, 손잡이 부분을 현지의 취향에 맞게 바꾼 뒤 봉납품으로 늪에 넣었을 가능성이 높습니다.

(P168에 계속)

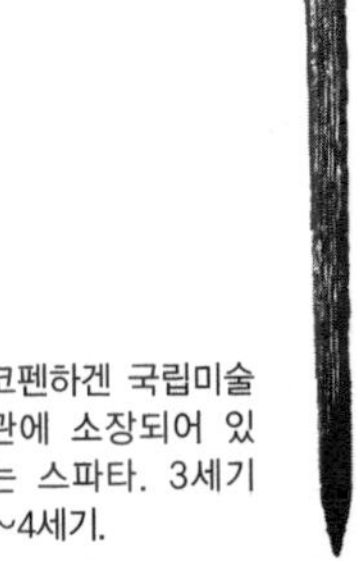

코펜하겐 국립미술관에 소장되어 있는 스파타. 3세기~4세기.

롱소드 기술 26

「츠켄(연속치기)」
Zucken

출전 : Ringeck/Tobler, pp.112, 113.

앞에서도 언급한 적이 있는 이 기술은 바인드 상태에서 검을 떼어내 목표의 반대편을 공격하는 기술입니다. 작은 움직임으로 빠르게 행하는 것이 이상적이며, 원어 Zucken 또는 영역 Twitching의 「움찔하다」는 의미만 보아도 작고 민첩한 움직임을 통해 이루어지는 기술이라는 사실을 잘 알 수 있을 것입니다. 「통과하기」와 마찬가지로 이 기술도 상대가 「강하게」 바인딩하고 있을 때만 사용하는 것이 좋습니다(Tobler의 해석에 따름).

1

제자가 「강하게」 바인딩하고 있습니다.

2

스승은 빠르게 검을 들어올려 바인드 상태에서 벗어나는 동시에 왼발을 내딛습니다.

3

파고들면서 원래 목표의 반대편, 이 경우에는 제자의 우상단을 공격합니다. 하지만 제자는 간신히 스승의 공격을 막아내고 다시 「강하게」 바인딩합니다.

4

그것을 본 스승은 다시 「츠켄」으로 제자의 좌측면을 공격합니다.

5

그러나 제자는 또다시 스승의 공격을 막아냈습니다.

6

스승은 즉시 다음 공격에 들어갑니다. 다만 이번에는 「츠켄」이 아니라 「듀플리에렌」을 사용해 제자의 목 또는 얼굴에 자르기 공격을 시도합니다.

롱소드 기술 27

「두히라우펜(파고들기)」

Durchlaufen

출전 : Ringeck/Tobler, pp.116, 117. Knight/Longsword, pp.271-274.

「두히라우펜」은 상대의 검을 피해 품속으로 파고들어 격투를 유도하는 것으로, 기술이라기보다 일종의 개념이라고 보는 편이 좋을지도 모릅니다. 링엑(그리고 토블러)의 말에 따르면 이 기술은 힘이 강한 상대, 또는 힘으로 이쪽을 압도하려는 상대에게 효과적이라고 합니다(Tobler의 해석에 따름).

1

두 사람 모두 『천장』 자세에서 시작합니다. 제자는 강력한 베기 공격으로 스승을 쓰러뜨리려 하고 있습니다.

2

제자가 검을 내리칩니다. 스승은 앞으로 나아가면서 그립에서 오른손을 놓고 검을 등 뒤에 늘어뜨림으로써, 제자의 공격이 자신의 검신 위를 미끄러져 내려가도록 합니다.

3

제자의 검과 자신의 검이 교차하는 타이밍에 맞춰 스승은 오른발로 제자의 오른발을 거는 동시에 오른팔로 제자의 몸을 안아서 뒤로 넘겨버립니다.

4 다른 버전

여기서는 뒤가 아닌 앞에서 제자의 발을 걸고, 팔을 제자의 등 뒤로 감아 앞으로 쓰러뜨립니다.

롱소드 기술 28

검 빼앗기

Schwert Nehmen

출전 : Ringeck/Tobler, p.123.　Knight/Longsword, pp.283, 284.

일반적으로 알려진 유럽 무술의 이미지에서는 상대의 무기를 빼앗는 기술이 잘 연상되지 않지만, 사실 유럽 무술에는 온갖 종류의 무기에 대한 여러 가지 빼앗기 기술이 있습니다. 이 항목에서는 상대의 검을 빼앗는 기술 외에도, 자신의 것이 아닌 상대의 칼날을 잡는 유럽 무술 특유의 기법이 처음으로 등장합니다(Tobler의 해석에 따름).

1

두 사람은 바인드 상태에 들어가 있습니다.

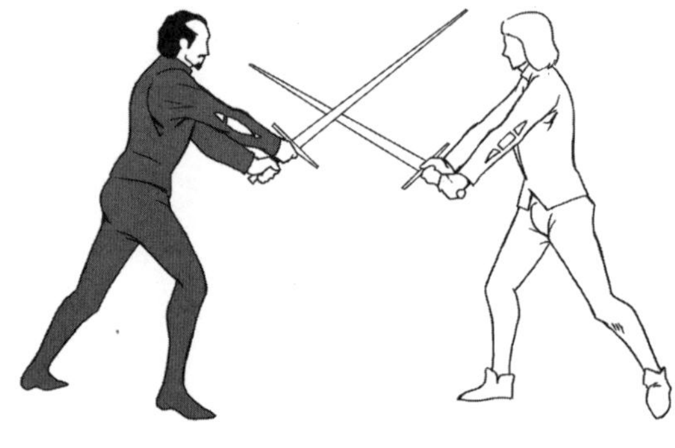

2

스승이 왼손을 그립에서 떼고 2개의 검이 교차한 부분을 붙잡습니다. 자신과 상대의 칼날을 동시에 잡는 것입니다.

3

손잡이를 쥔 오른손을 재빨리 제자의 손 반대편으로 가져갑니다. 그리고 손잡이 머리를 위로부터 제자의 양손 사이로 집어넣습니다. (그림의 화살표는 과장된 것으로 실제 움직임은 좀 더 작습니다)

4

손잡이 머리를 오른쪽 위로 잡아당기듯 들어올려 검을 빼앗습니다. 이 과정에서 손잡이 머리가 제자의 왼쪽 손목과 왼손 엄지손가락에 파고들어 제자는 그립을 놓치게 됩니다.

롱소드 기술 29

「압슈나이덴(잘라내기)」

Abschneiden

출전 : Ringeck/Tobler, pp.126, 127. Knight/Longsword, pp.153, 154.

「압슈나이덴」은 자르기를 이용한 공격을 가리키는 것으로, 상대의 팔에 칼날을 들이대고 썰면서 뒤로 밀치거나 행동을 제한하는 기술입니다. 자르기는 베기나 찌르기로 공격하기에 서로 간의 거리가 너무 가까울 때 유용하게 사용할 수 있습니다(Tobler의 해석에 따름).

1

스승이 오른쪽 『쟁기』 자세를 취하고 있는데, 제자가 『천장』 자세로 내리치려 합니다.

2

제자의 내리치기에 대항하여 스승은 재빨리 오른쪽 대각선 앞으로 발을 내디디면서 제자의 팔에 칼날을 들이댑니다. 그리고 앞뒤로 자르면서 제자의 팔을 머리 뒤로 밀쳐냅니다.

3 다른 버전

이 버전은 반대방향에서 들어오는 베기에 대한 「압슈나이덴」입니다. 스승은 아까와 같은 『쟁기』 자세, 제자는 왼쪽 『천장』 자세입니다.

4

제자가 내리치는 타이밍에 맞춰 오른발을 내디디면서 칼날로 제자의 팔을 밀어 올린 다음, 아까처럼 뒤로 밀쳐냅니다.

롱소드 기술 30

「손 누르기」
Hende Trucken

출전 : Ringeck/Tobler, p.132. Knight/Longsword, p.158.

앞에서도 언급한 적이 있는 이 「손 누르기」는 자르기와 「빈덴」을 조합한 기술입니다. 상대의 팔에 칼날을 들이댄 상태로 검을 감아서 상대의 손을 자신이 원하는 위치로 유도할 때 사용하는데, 여기에서는 「손 누르기」에 앞장의 「압슈나이덴」을 섞은 기법을 소개합니다(Tobler의 해석에 따름).

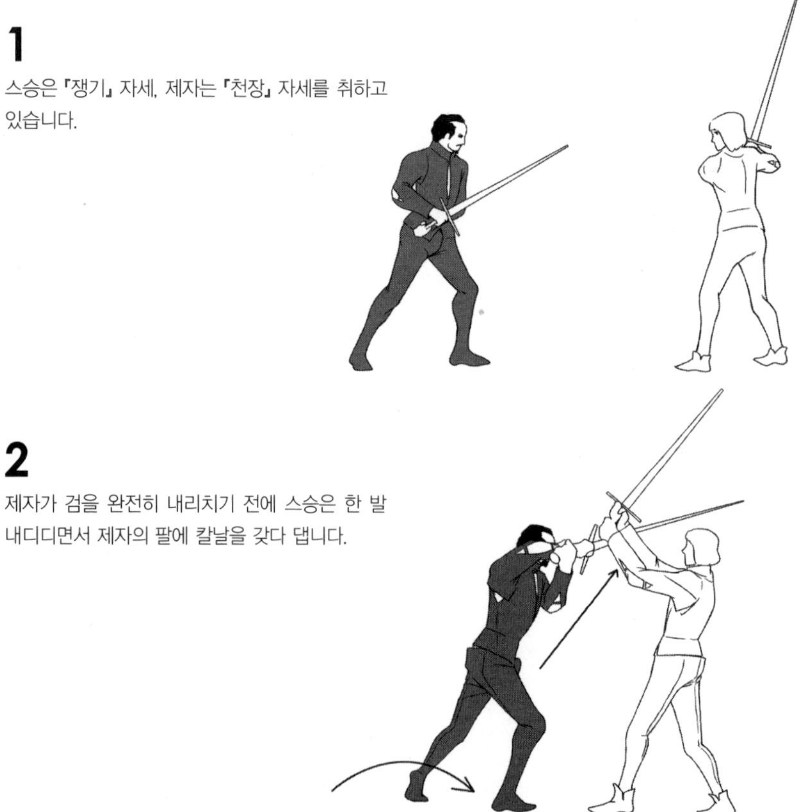

1

스승은 『쟁기』 자세, 제자는 『천장』 자세를 취하고 있습니다.

2

제자가 검을 완전히 내리치기 전에 스승은 한 발 내디디면서 제자의 팔에 칼날을 갖다 댑니다.

3

왼발을 대각선 왼쪽으로 뻗으면서 제자의 손을 아래로 밀어냅니다.

4

제자의 손이 공격 불가능한 지점까지 이동한 것을 확인한 뒤 위에서 힘껏 누르면 제자의 공격은 빗나가 지면에 부딪치게 됩니다.

롱소드 기술 31

「쯔바이 행엔(동시 매달기)」
Twei Hengen

출전 : Ringeck/Tobler, p.136. Knight/Longsword, pp.42, 43.

「쯔바이 행엔」은 두 가지 기술에서 성립한 것으로, 상대의 검을 내리누르거나 자신의 검을 감아올려서 방어를 깨트리는 기술입니다(Tobler의 해석에 따름).

1

두 사람은 바인드 상태입니다. 제자는 하단 「압셋젠」 자세지만 칼끝이 너무 높아 상대를 찌를 수 없습니다.

2

그래서 제자는 손잡이를 아래로 내린 다음 찌르려 합니다. 이때 검의 손잡이가 아래로 매달린 듯한 모양이 되기 때문에 「행엔(매달다)」이라고 부릅니다.

3

하지만 스승이 검을 감아올려서 찌르기를 막아냅니다.

4

그러자 제자도 재빨리 검을 감아올려서 칼끝이 아래를 겨냥한 『황소』 자세로 전환한 다음 재차 찌르기를 합니다. 이때의 자세를 『매달기』 자세라고 부르며, 기술명도 여기에서 유래한 것입니다.

롱소드 기술 32

「슈프레히펜스터(대화의 창)」

Sprechfenster

출전 : Ringeck/Tobler, p.137. Knight/Longsword, p.166.

「슈프레히펜스터」는 『찌르기』 자세와 밀접한 관계가 있습니다. 검을 앞으로 쑥 내민 바인드 상태에서 상대의 의도를 파악하여 대응하는 기술로, 독일식 무술의 「감지」 기법을 응용한 것이라고 할 수 있습니다(Tobler의 해석에 따름).

1

스승이 『찌르기』 자세로 제자와 바인딩하고 있습니다. 스승은 이 상태에서 검의 압력을 통해 제자가 바인딩을 풀 것인지, 그대로 밀어붙일 것인지, 이쪽의 검을 쳐낼 것인지, 아니면 계속 바인드 상태로 있을 것인지 판단합니다.

2

제자는 바인딩을 풀고 목표의 반대편을 공격하기로 했습니다. 그것을 눈치챈 스승은 빠르게 대응합니다.

3

스승은 재빨리 왼쪽 대각선 앞으로 발을 내디디며 제자의 머리를 공격합니다. 이때 검을 최대한 몸에서 떨어뜨려 휘두름으로써 제자의 검이 자신에게 명중하지 못하도록 합니다.

롱소드 기술 33

「빈덴(감아치기)」 첫 번째 · 두 번째

Winden ; 1st and 2nd

출전 : Ringeck/Tobler, p.149. Knight/Longsword, pp.116–118.

지금까지 여러 차례 언급한 「빈덴」은 독일식 무술의 근간을 이루는 기술로, 근접전투에서 필수적인 위치를 차지하고 있습니다. 근접전투의 기술은 기본적으로 모두 「빈덴」이라고 일컬어지는 것만 보아도 그 중요성을 알 수 있을 것입니다.

이제부터 설명할 「빈덴」이라는 것은 「검을 접촉시킨 상태에서 칼끝이나 손잡이를 비틀어 상대의 빈틈을 찾으며, 이상적으로는 동시에 상대의 공격선을 봉쇄하는 기술」을 말합니다.

독일식 검술의 「빈덴」은 전부 8종류로, 4개의 목표 부위를 각각 좌우 어느 쪽으로 바인딩하느냐에 따라 구분됩니다. 또한 그 8종류의 「빈덴」에 베기 · 찌르기 · 자르기의 「드라이 분더」를 조합하여 총 24기법으로 세분화할 수도 있습니다.

여기에서는 첫 번째(상대의 검 왼쪽에 접촉한 상태로 좌상단 공격)와 두 번째(상대의 검 왼쪽에 접촉한 상태로 우상단 공격)에 대해 설명하겠습니다(Tobler의 해석에 따름).

1

두 사람은 바인드 상태입니다.

2

스승은 손잡이를 왼쪽으로 감아올려서 제자의 검을 피한 뒤 얼굴을 찌릅니다. 이것이 「첫 번째」 입니다.

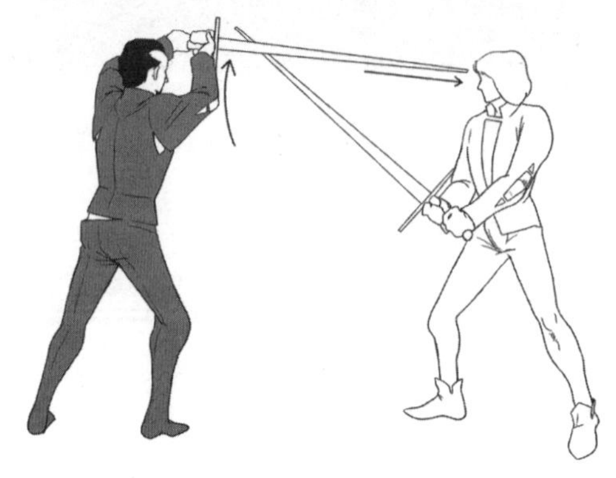

3

제자가 스승의 찌르기를 재빨리 왼쪽(스승 쪽에서는 오른쪽)으로 받아넘깁니다.

4

스승은 왼발을 앞으로 내디디며 검을 오른쪽으로 감아서 제자의 좌상단을 공격합니다. 이것이 「두 번째」입니다.

롱소드 기술 34

「빈덴」 세 번째 · 네 번째
Winden ; 3rd and 4th

출전 : Ringeck/Tobler, p.150. Knight/Longsword, pp.118-120.

세 번째(상대의 검 오른쪽에 접촉한 상태로 우상단 공격)와 네 번째(상대의 검 오른쪽에 접촉한 상태로 좌상단 공격)에 대해 설명하겠습니다(Tobler의 해석에 따름).

1

다시 바인드 상태에서 시작합니다.

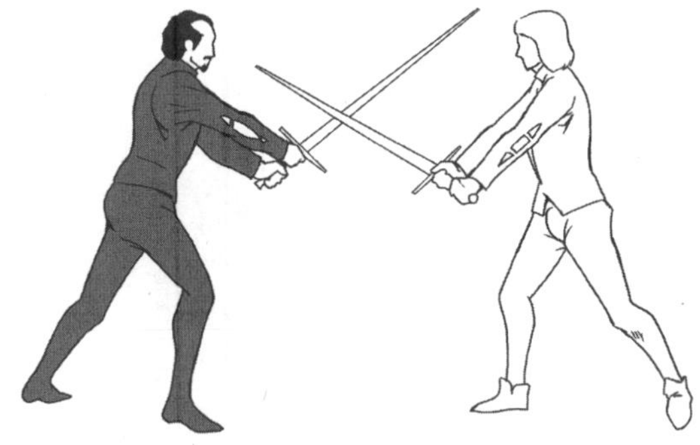

2

제자는 검을 감아서 스승의 검을 옆으로 밀어내며 얼굴을 찌릅니다. 이것이 「세 번째」입니다.

3

스승이 제자의 찌르기를 오른쪽으로 받아넘깁니다.

4

그러자 제자는 오른발을 앞으로 내디디며 검을 감아서 스승의 검 바깥쪽으로부터 스승을 찌릅니다. 이것이 「네 번째」입니다.

롱소드 기술 35

「빈덴」 다섯 번째 · 여섯 번째 · 일곱 번째 · 여덟 번째
Winden ; 5th, 6th, 7th, 8th

출전 : Ringeck/Tobler, pp.151–154. Knight/Longsword, pp.121–124.

이 항목에서는 하단공격용 「빈덴」에 대해 설명합니다. 다섯 번째는 상대의 검 왼쪽에 접촉한 상태로 좌하단 공격, 여섯 번째는 다섯 번째와 동일한 상태로 우하단 공격, 일곱 번째는 상대의 검 오른쪽에 접촉한 상태로 우하단 공격입니다. 마지막 여덟 번째는 일곱 번째와 동일한 상태로 좌하단 공격입니다.

여기서 중요한 것은 어떤 「빈덴」이든 가능한 한 자기 검의 「강한」 부분을 상대 검의 「약한」 부분에 접촉시켜야 한다는 사실입니다(Tobler의 해석에 따름).

1

두 사람은 바인드 상태입니다.

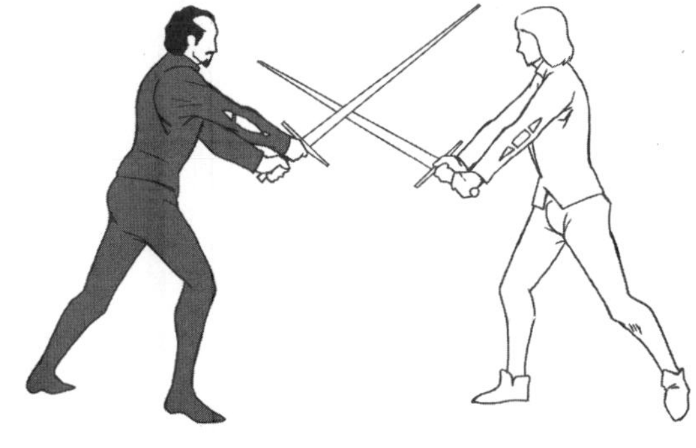

2

앞에서 소개한 「쯔바이 행엔」의 전반부와 같은 요령으로, 제자의 검을 왼쪽으로 내리누른 뒤 찌르기를 합니다. 이것이 다섯 번째입니다.

3

만약 제자가 찌르기를 왼쪽으로 받아넘긴다면 왼발을 앞으로 내디디며 검을 감아서 제자의 검 바깥쪽에서부터 찌릅니다. 이것이 여섯 번째입니다.

4

다시 바인드 상태입니다. 앞의 바인드와는 달리 검의 오른쪽 부분으로 바인딩하고 있습니다.

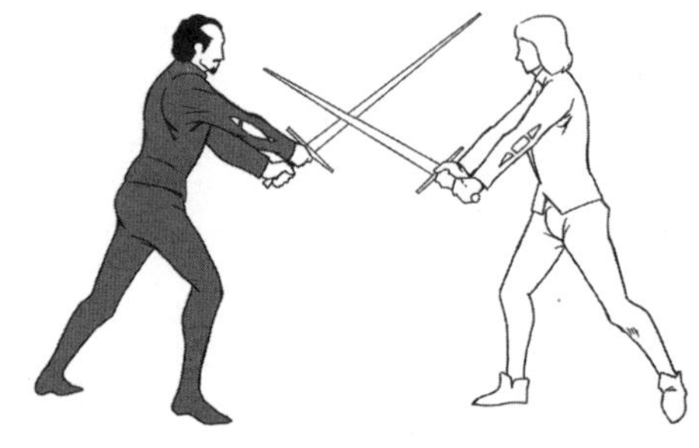

5

이번에는 제자가 스승의 검을 오른쪽으로 내리누르면서 찌르기를 합니다. 이것이 일곱 번째입니다.

6

만약 스승이 찌르기를 받아넘긴다면 오른발을 앞으로 내디디며 검을 감아서 스승의 검 바깥쪽에서부터 찌릅니다. 이것이 여덟 번째입니다.

롱소드 기술 36

『후방 가드』 자세
Nebenhut

출전 : Ringeck/Tobler, p.158.

『후방 가드』 자세는 독일식 검술의 추가 자세 중 하나로 몸 옆에 검을 붙인 채 칼끝을 아래로 늘어뜨린 자세입니다. 칼날은 수직으로 세우지 않고 바깥을 향해 사선이 되게 합니다. 피오레의 『진 강철문』 자세와 비슷하지만, 토블러는 이 자세를 하나의 독립된 자세라기보다 공격과 방어 등 어떤 행동의 결과로서 나타나는 자세라고 보았습니다.

또한 링엑의 말에 따르면 왼쪽 『후방 가드』 자세가 오른쪽 『후방 가드』 자세보다 사용하기 쉽다고 합니다(Tobler의 해석에 따름).

1

스승은 『천장』 자세, 제자는 『후방 가드』 자세를 취하고 있습니다.

2

스승이 상단공격을 합니다. 제자는 왼발을 내디디면서 스승의 검을 「앞날」로 쳐냅니다.

3

여기서 스승이 강하게 바인딩한다면 검을 감아올려 「듀플리에렌」으로 스승의 목을 노립니다.

롱소드 기술 37

『후방 가드』 자세에서 메치기

Nebenhut with leg throw

출전 : Ringeck/Tobler, pp.166, 167.

이 항목에서는 『후방 가드』 자세에서 시도한 공격이 빗나갔을 때 어떻게 대처해야 하는지 설명하겠습니다.

1

제자가 『후방 가드』 자세에서 공격을 시도했으나 빗나가고 말았습니다.

2

빈틈을 노린 스승의 「나흐라이젠」을 제자가 막아냅니다.

3

그대로 스승의 검을 왼쪽으로 내리누릅니다.

4

제자는 재빨리 스승의 목에 검을 들이댑니다.

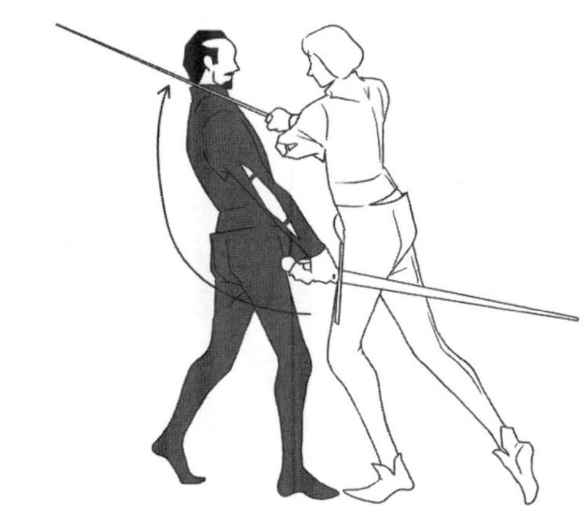

5

검을 들이댄 채 오른발을 뻗어 스승의 발을 겁니다. 그리고 칼날을 이용해 뒤로 밀어 넘어뜨립니다.

롱소드 기술 38

가져다 놓기

Ein Gelegt

출전 : Wallerstein, pl.9. Talhoffer(1467), pl.8.

발러슈타인 사본과 탈호퍼의 페이트부흐에 등장하는 이 기술은 상대의 공격을 방어하면서 자르기 공격을 할 수 있는 위치로 검을 가져가는 것입니다.

1

바인드 상태입니다. 스승은 제자가 검을 떼고 공격하려는 것을 「감지」했습니다.

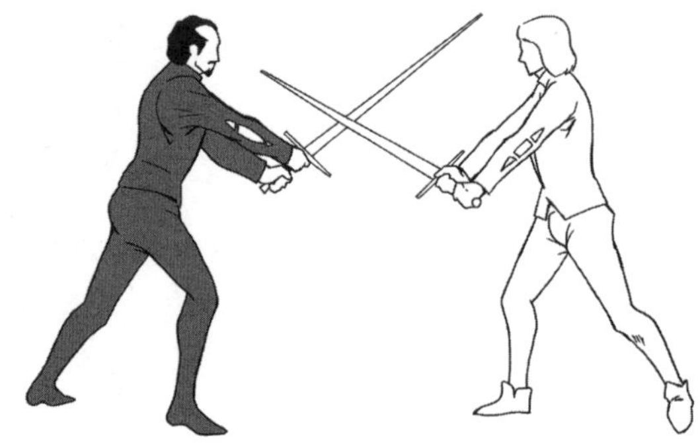

2

제자는 「츠켄」으로 공격하려 했지만 그것을 미리 「감지」한 스승은 검을 높이 들어 『황소』 자세로 전환합니다.

3

『황소』 자세를 취하자마자 칼날을 제자의 왼쪽 어깨에 올려 제자의 공격을 받아냅니다. 그리고 동시에 제자의 귀를 자릅니다.

4 탈호퍼 버전

탈호퍼 버전에서는 「앞날」로 목을 자릅니다.

롱소드 기술 39

「빈덴」에 대한 카운터

Shortened Stroke against the Winden

출전 : Wallerstein, pl.13, 14.

여기에서는 「빈덴」에 대한 카운터로서 지근거리에서 베기 공격을 하는 방법을 소개합니다.

1

바인드 상태입니다.

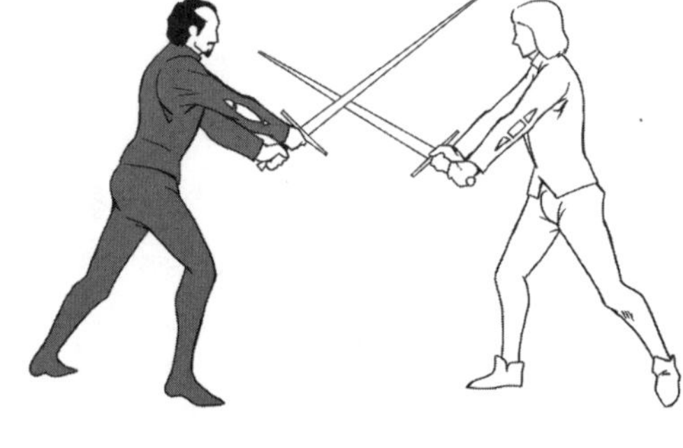

2

제자가 자신의 검을 스승의 검 밑으로 통과시켜 찌르기를 하려 합니다.

3

스승은 오른발을 오른쪽 대각선 앞으로 디디면서 제자가 했던 것처럼 반대편으로 검을 빼내 공격을 피합니다.

4

만약 여기서 제자가 스승의 검을 막기 위해 「강하게」 바인딩한다면 재빨리 검을 감아올려 바인드 상태에서 벗어난 다음 제자의 팔꿈치를 공격합니다.

5 다른 버전

이 버전에서는 팔꿈치에 대한 공격이 실패했을 때 어떻게 대응해야 하는지 설명하겠습니다. 제자가 스승의 공격을 막아냈습니다.

6

스승은 자신의 검을 빠르게 회전시켜 제자의 검 아래를 통해 다시 이쪽으로 가져옵니다. 이때 두 사람의 검은 아직 맞닿아 있습니다.

7

스승은 손잡이 머리로 제자의 손을 때리는 동시에 제자의 목을 자릅니다.

롱소드 기술 40

손잡이 머리를 이용한 타격

Pommel Strike

출전 : Wallerstein, pl.22, 25. Fiore(Getty), 28r, 28v.

손잡이 머리를 이용한 공격에 대해서는 앞에서도 이미 소개한 적이 있습니다. 여기에서는 상대의 검의 그립을 잡아 봉쇄한 다음 손잡이 머리로 가격하는 기술을 소개합니다.

1

바인드 상태인데, 제자가 위에서 누르듯 「강하게」 바인딩하고 있습니다.

2

스승은 왼발을 내딛는 동시에 그립에서 왼손을 놓고 「뒷날」을 접촉시킨 상태로 검을 감아서 제자의 검을 뒤로 흘리며 파고들어 갑니다.

3

왼손으로 제자의 검의 그립을 붙잡아 움직임을 봉쇄하고, 동시에 손잡이 머리로 제자의 얼굴을 가격합니다.

4 다른 버전

이 버전에서는 상대의 검을 오른손으로 붙잡고 손잡이 머리로 가격합니다.

5 양손으로 타격하기

앞에서처럼 바인드 상태에서 검을 감아올리며 파고듭니다.

6

이번에는 손을 놓지 않고 양손으로 그립을 쥔 채 손잡이 머리로 제자의 얼굴을 가격합니다.

7 길로틴컷

위의 양손타격 자세에서 스승은 재빨리 제자의 등 뒤로 돌아가 검을 제자의 목에 들이댑니다. 그리고 왼손으로 칼날을 잡고 목을 자릅니다.

롱소드 기술 41

검 빼앗기 2

Schwert Nehmen2

출전 : Wallerstein, pl.23. Talhoffer(1467), pl.39, 40.

이 기술은 앞에서 설명한 「검 빼앗기」의 일종으로, 자신의 검을 상대의 팔 아래에서 밀어 올린다는 점이 다릅니다. 롱소드 검술뿐만 아니라 마이어의 쇼트스태프 기술과 링엑의 하프 소드 검술에도 등장하는 매우 활용도 높은 기술입니다.

1

제자가 바인드 상태에서 검을 감아올려 스승을 찌르려고 합니다.

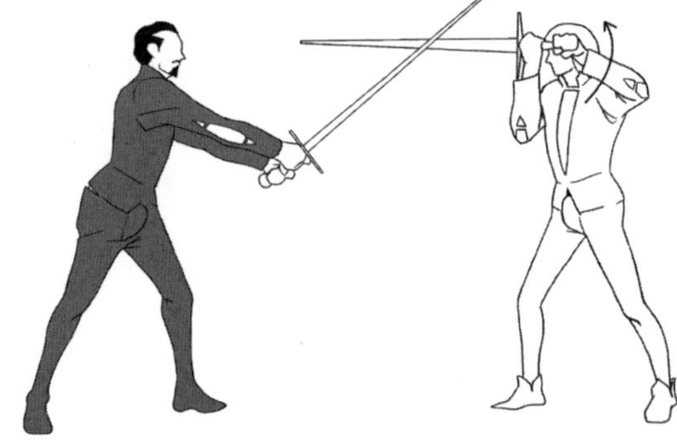

2

이전(기술 28)의 「검 빼앗기」와 마찬가지로, 스승은 오른발을 오른쪽 대각선 앞으로 뻗으면서 두 사람의 검을 왼손으로 붙잡습니다. 동시에 검을 회전시켜 손잡이로 제자의 손을 올려 칩니다.

3

스승은 손잡이로 제자의 손을 밀어 올리듯 가격하며 동시에, 검을 쥔 왼손을 아래로 내림으로써 지렛대의 원리로 제자의 검을 빼앗습니다.

4 카운터

시간을 조금 앞으로 되돌리겠습니다. 스승이 제자의 손을 가격하면서 밀어 올리기 시작합니다. 제자는 재빨리 왼발을 내디디면서 오른손을 돌려 검을 고쳐잡습니다.

5

그립에서 왼손을 놓고 검신을 잡는 동시에 오른발을 뻗어 스승 앞으로 나옵니다. 탈호퍼는 이 다음 어떻게 해야 하는지 적지 않았으나, 렉터는 제자가 검을 오른쪽으로 세차게 휘둘러 스승의 손아귀에서 벗어났을 것이라고 추측합니다. 참고로 제자는 오른쪽 손등이 이쪽을 향하도록 그립을 바꿔 잡는 편이 더 편했겠지만, 여기서는 원본에 충실하기 위해 그대로 두었습니다. 어쩌면 원본의 삽화가 실수로 잘못 들어간 것인지도 모릅니다.

롱소드 기술 42

팔 잡기

Schwert Nehmen 3, by Grappling

출전 : Talhoffer(1467), pl.7.

이 기술은 상대의 팔을 옆구리에 끼워 검을 휘두르지 못하도록 봉쇄하는 기술입니다. 같은 기술이 독일식 무술 이외의 유파에도 존재하며, 한손검과 버클러 검술 · 펄션 검술 · 랜스 마상창술 등 다양한 무기술에서 찾아볼 수 있는 매우 대중적인 기술이라고 할 수 있습니다.

1

스승은 「쟁기」 자세, 제자는 「천장」 자세를 취하고 있습니다. 하지만 특별히 정해진 자세가 있는 것은 아니므로 어떤 자세로 시작하든 상관없습니다.

2

제자의 내리치기를 막으면서 앞으로 다가옵니다. 막지 않고 피해도 괜찮습니다.

3

그립에서 왼손을 떼고 제자의 손을 옆구리에 끼워 봉쇄한 다음 빠르게 공격합니다.

롱소드 기술 43

급소 차기
Groin Kick

출전 : Talhoffer(1467), pl.12. Fiore(Getty), 26r.

이 항목에서는 바인드 상태로 고간(또는 하복부) 차기를 소개합니다. 여기서 설명하는 것은 발로 밟듯 차는 방법이지만, 무릎치기 등의 방법도 일반적입니다. 다른 발차기 기술이나 맨손 타격기도 마찬가지지만, 피오레는 급소 차기만으로는 결정타가 될 수 없다고 말합니다. 상대의 의식을 한순간 빼앗아 검으로 공격하기 위한 빈틈을 만들어내는 데 그 의의가 있는 것입니다. 또한 그는 발차기를 사용할 때는 상대의 카운터에 대비해 가능한 한 빠르게 차야 한다고 충고합니다.

1

바인드 상태입니다.

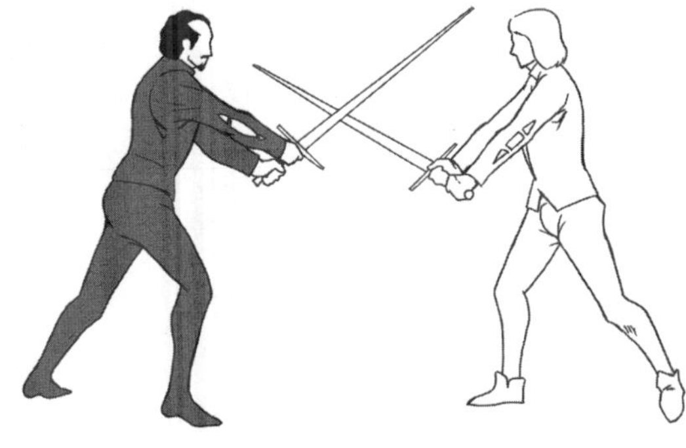

2

스승은 검을 감아올려 제자의 검을 밀어내는 동시에 왼발을 내딛습니다.

3

재빨리 제자의 하복부를 걷어찬 다음, 제자가 자세를 바로잡기 전에 공격합니다.

4 카운터

차는 속도가 느릴 경우 제자는 스승의 다리를 붙잡을 수 있습니다. 피오레는 그 다음 어떻게 해야 하는지 적지 않았으나, 그대로 스승을 잡아당겨 넘어뜨린 뒤 치명타를 가하는 것이 가장 일반적인 행동일 것입니다. 스승의 검의 위치가 지금까지와 다른 것은 피오레의 원본 그림을 따랐기 때문입니다.

롱소드 기술 44

「슈트루츠하우(뛰어들어치기)」
Plunge Cut : Strutzhauw

출전 : Meyer, p.59, 1.14v. Talhoffer(1467), pl.2.

「슈트루츠하우」는 한손검 기술에서 발달한 것으로 추측됩니다. 기본적으로 위에서 내리치는 형태지만 휘두르는 도중에 검을 비틀어 「뒷날」을 사용함으로써 공격이 말 그대로 상대의 방어를 「뛰어넘어 들어가는」 기술입니다. 메이어의 말에 따르면 간격 바깥에서 치고 들어가 공격하기에 적합한 기술이라고 합니다.

1

두 사람 모두 『천장』 자세를 취하고 있습니다.

2

스승이 제자의 간격 속으로 쳐들어가는 동시에 검을 비틀어 돌립니다.

3

『황소』 자세로 전환하면서 「뒷날」로 제자를 내리칩니다.

롱소드 기술 45

「레델(차륜베기)」

Redel

출전 : Ringeck/Tobler, pp.174, 175. Knight/Longsword, p.172. Döbringer, 44v.

「레델」이란 밑에서 옆으로 검을 후려치듯 휘둘러 베는 기술로 검의 궤적이 마치 차륜(수레바퀴)처럼 회전한다는 데서 붙여진 이름입니다. 나이트는 이 기술이 되브링어의 Pfobenczagel(공작의 날개)과 같은 기술이라고 말하지만, 나이트가 인용한 부분을 보면 「공작의 날개를 사용한다.」라고 적혀 있을 뿐이라 실제로 어떤 기술이었는지는 알 수 없습니다. 또한 어째서인지 나이트는 「레델」에 대해 차륜처럼 검을 회전시키는 기술이 아니라 상대의 검 아래쪽을 빠져나가는 기술(마지막 그림 부분)이라고 소개하고 있습니다(Tobler의 해석에 따름).

1

스승은 「후방 가드」 자세에서 섬 그립으로 검을 잡고 있습니다.

2

제자의 머리를 겨냥하여 밑에서 옆으로 힘껏 벱니다. 마치 야구에서 배트를 휘두르는 것과 비슷한데, 매우 강한 힘이 실려 있으므로 제자의 검을 밀쳐내고 공격을 명중시킬 수 있습니다.

3 만약 「레델」을 막아낸다면

여기서는 제자가 방어에 성공했습니다.

4

재빨리 자신의 검을 제자의 검 아래쪽으로 통과시켜 찌르기를 합니다. 나이트의 말에 따르면 통과시키기 직전에 상대의 검을 밀어내듯 비집고 들어가면 성공하기 쉽다고 합니다. 반사적으로 이쪽의 검을 되받아치려는 상대의 검을 빗나가게 함으로써 상대의 반응속도를 늦출 수 있기 때문입니다.

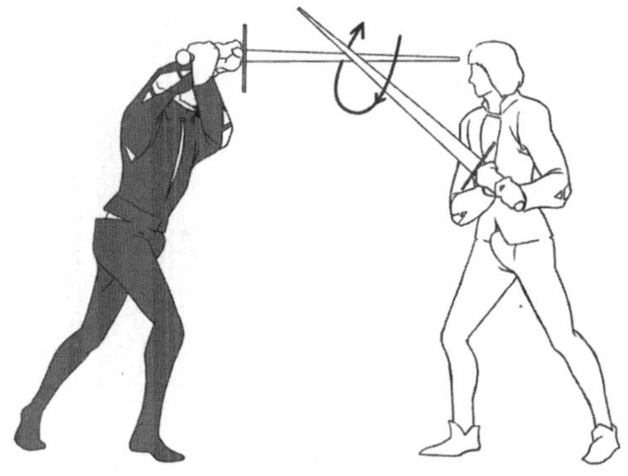

롱소드 기술 46

『열쇠』 자세

Schlüssel

출전 : Meyer, p.78, 1.33v.

이 기술은 원본에서 『천장』 자세에 대한 카운터로 소개하고 있으나, 이 명칭을 사용하는 편이 더 알기 쉬울 것이라 생각하여 『열쇠』 자세라는 이름으로 대체합니다.

메이어의 기술 설명은 지금까지 살펴본 것들에 비해 길이가 긴 것이 특징입니다. 그것은 메이어가 자신의 저서를 통해 전투기술을 해설하기보다 훈련방법을 소개하는 데 중점을 두었기 때문일 것입니다. 이번 항목도 단순한 하나의 기술이 아니라 몇 가지 기술을 세트로 조합한 것이라고 생각해 주시기 바랍니다.

또한 메이어가 활동하던 시대에 이미 롱소드는 실용성을 거의 잃고 스포츠화되어 있었습니다. 가장 큰 변화는 치명상을 입기 쉬운 찌르기를 금지한 것으로, 마이어의 롱소드 검술을 보면 찌르기가 더 효과적일 것 같은 장면에서도 베기를 사용하고 있다는 사실을 알 수 있습니다.

1

제자가 『천장』 자세를 취하고 있습니다. 스승은 그에 대항해 『열쇠』 자세를 취합니다.

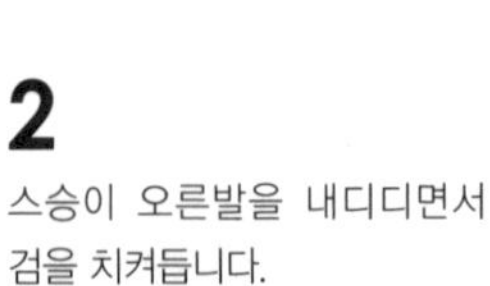

2

스승이 오른발을 내디디면서 검을 치켜듭니다.

3

그리고 「뒷날」을 밑에서부터 수직으로 휘둘러 검을 상단에 가져갑니다.

4

그대로 검을 회전시켜서 「앞날」로 제자의 우측면을 공격합니다. 이때 스승의 검은 제자의 반격을 차단할 수 있는 위치에 있어야 합니다.

5

공격이 명중하자 스승은 재빨리 오른쪽 대각선 방향으로 파고듭니다.

6

「뒷날」로 제자의 왼쪽 귀를 노립니다. 원문에는 특정한 이름이 나와 있지 않지만, 아마도 「즈베히하우」일 것입니다.

7

일단 검을 뒤로 뺐다가 왼쪽 아래에서 오른쪽 위를 향해 올려 벱니다.

8

그리고 다시 검을 밑으로 내렸다가 오른쪽 아래에서 왼쪽 위를 향해 올려벱니다.

9

오른발을 뒤로 빼고 왼쪽 「즈베히하우」로 제자를 공격하면서 단숨에 거리를 둡니다.

롱소드 기술 47

『열쇠』 자세 2

Schlüssel 2

출전 : Meyer, p.83, 1.38v.

『열쇠』 자세에서의 찌르기와 그 이후의 연계기입니다.

1

제자는 검을 머리 위로 들거나 아래로 내린 자세를 취합니다. 한편 스승은 『열쇠』 자세로 대응합니다.

2

스승은 오른발을 내디디며 찌르기 공격을 해서 제자를 수세에 몰아넣습니다.

3

상대가 찌르기를 받아낸다 해도 힘으로 맞붙지 말고 그대로 검을 회전시킵니다.

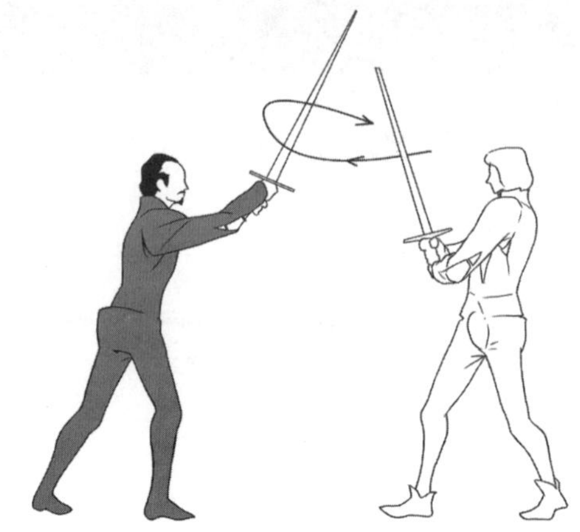

4

그리고 제자의 우측면을 공격합니다. 만약 제자가 공격에 빠르게 대처한다면, 그 자리를 고집하지 말고 다른 타켓부위를 찾습니다.

롱소드 기술 48

창문깨기
Brechfenster

출전 : Meyer, p.87, 1.43r.

메이어의 말에 따르면 옛날 검사들은 『찌르기』 자세를 Brechfenster(창문깨기)라고 불렀다고 합니다. 그것은 이 자세로 깨트리지 못하는 기술은 없다고 생각했기 때문입니다.

1

『찌르기』 자세를 취하고 있는 스승에게 제자가 상단공격을 합니다.

2

스승은 제자의 좌측면을 겨냥해 아래에서 위로 검을 휘두릅니다.

3

만약 제자가 스승의 공격에 반응해 검을 뒤로 뺀다면, 재빨리 한 걸음 파고들면서 오른손 엄지손가락만을 그립에 남겨둔 채 나머지 손가락으로는 날밑을 잡습니다. 메이어는 이 그립법을 Übergreiffen(덮어잡기)이라고 부르고 있습니다.

4

그리고 검을 제자의 팔 위에서 회전시킵니다.

5

단숨에 검을 끌어당겨 제자의 검을 빼앗거나 제자를 쓰러뜨립니다.

6 메치기

조금 시간을 되돌려 스승이 제자의 팔 위에서 검을 회전시키는 장면입니다. 스승은 회전시킨 검으로 제자의 팔을 내리누르며 오른발을 내딛습니다.

7

파고든 오른발로 제자의 오른발을 겁니다. 그리고 제자의 팔을 누르고 있던 손을 들어 제자의 목에 힘껏 가져다 댑니다. 이때 스승의 왼손이 오른손 위로 올라가야 합니다.

8

그대로 발을 걸어 제자를 넘어뜨립니다.

롱소드 기술 49

「두히라우펜」에서 허리메치기

Durchlaufen followed by a Hip Throw

출전 : Ringeck/Tobler, p.121.

「두히라우펜」에서 메치기는 정석이라고 해도 과언이 아닙니다. 여기서는 상대의 팔과 검을 봉쇄한 다음 넘어뜨리는 방법을 소개합니다.

1

바인드 상태입니다.

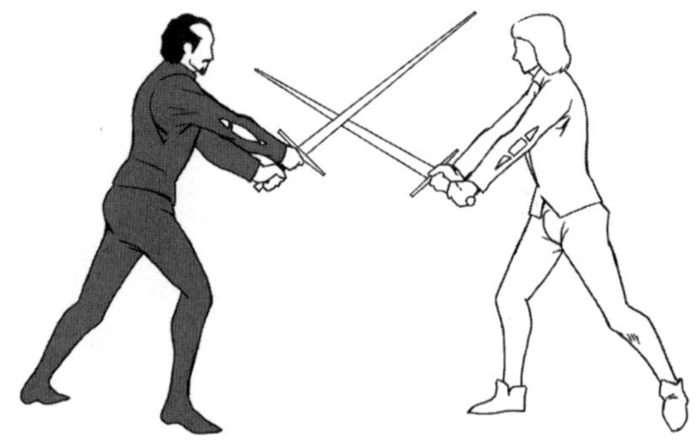

2

왼손을 그립에서 떼고 왼발을 내디디며 제자의 품으로 파고들어 갑니다.

3

바인드 상태를 유지하면서 왼손을 제자의 양손 사이에 넣습니다.

4

왼손으로 자신의 오른팔 안쪽을 붙잡습니다.

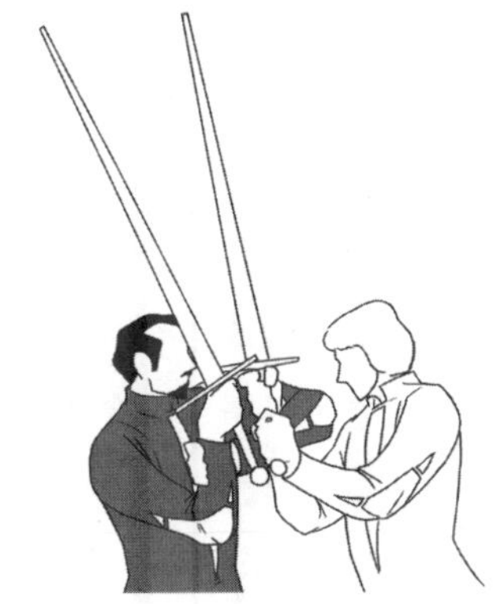

5

오른발로 제자의 오른발을 걸고 허리를 축으로 몸을 회전시켜서 제자를 넘어뜨립니다.

롱소드 기술 50

『중단 강철문』 자세에서의 기술

A Device from Porta de Fero Mezana

출전 : Fiore(Getty), 24r.

여기서부터는 몇 가지 예외를 제외하고 이탈리아식 롱소드 검술(주로 피오레)을 소개합니다. 이탈리아식 검술은 주로 검을 아래로 내린 자세를 취하는 것이 특징이지만, 기술 자체는 독일식과 크게 다르지 않습니다. 이탈리아식이 처음부터 독일식과 비슷했던 것인지, 아니면 피오레가 독일식의 영향을 받은 것인지, 여러 가지로 궁금한 점이 많습니다.

페히트부흐를 통해 확인할 수 있는 가장 오래된 무술 가운데 하나인 만큼, 그의 기술은 메이어의 것과 비교해 거칠고 세련되지 않은 인상이 있습니다. 하지만 이것은 그가 기술의 흐름이나 정교함보다도 얼마나 효과적이고 빠르게 상대를 죽일 수 있는가 하는 점을 중시했기 때문이라고 볼 수 있습니다.

1

스승은 「중단 강철문」 자세, 제자는 「짧은」 자세를 취하고 있습니다. 「짧은」 자세는 「찌르기」 자세와 정반대로, 검을 앞으로 내밀지 않고 몸 가까이 끌어당깁니다. 「짧은」 자세에서는 빠른 속도로 연속 찌르기를 할 수 있으며, 간격이 긴 베기 공격도 가능합니다. 그리고 검이 방벽이 되어주므로 방어력 또한 뛰어납니다.

2

스승은 아래로 내리고 있던 검을 들어올려 「뒷날」로 제자의 공격을 쳐냅니다.

3

검을 위로 밀어냈으면 그대로 제자의 머리를 겨냥해 내리치기를 합니다.

롱소드 기술 51

『멧돼지 어금니』 자세에서의 공격
Two Plays from Dent de Zenchiar

출전 : Fiore(Getty), 24r.

『멧돼지 어금니』 자세는 『강철문』 자세에서 검을 좀 더 끌어당겨 잡는 자세입니다. 피오레의 말에 따르면 이 자세는 매우 유연하여 빠르게 다른 자세로 연계할 수 있고, 강력한 찌르기 공격이 가능한 데다 상대의 공격에 대항해 반격하기에도 유리하지만, 숙련된 검사가 아니면 능숙하게 사용할 수 없다고 합니다.

이 자세에서 구사하는 찌르기와 멧돼지가 어금니로 아랫배를 도려내듯 찌르는 움직임이 서로 닮았다고 하여 『멧돼지 어금니』라는 이름이 붙은 것으로, 이 항목에서는 그런 찌르기를 중심으로 한 공격법에 대해 설명합니다.

참고로 Dent de Zenchiar라는 철자는 피오레가 살았던 이탈리아 프리울리 지방의 중세기 방언이며, 현대 이탈리아어로는 Dente di Cinghialo라고 합니다.

1
스승은 「멧돼지 어금니」 자세, 제자는 「강철문」 자세를 취하고 접근합니다.

2
스승이 제자리에서 찌르기를 합니다.

3

앞으로 내지른 검을 뒤로 빼지 않고 그대로 제자의 손을 공격합니다.

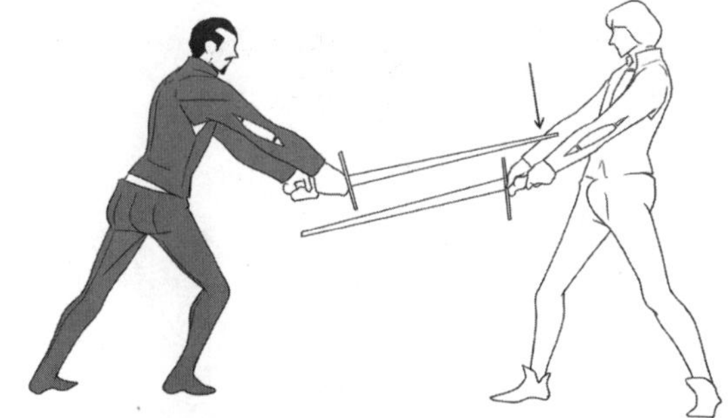

4 다른 버전

스승은 다시 『멧돼지 어금니』 자세, 제자는 『귀부인』 자세입니다.

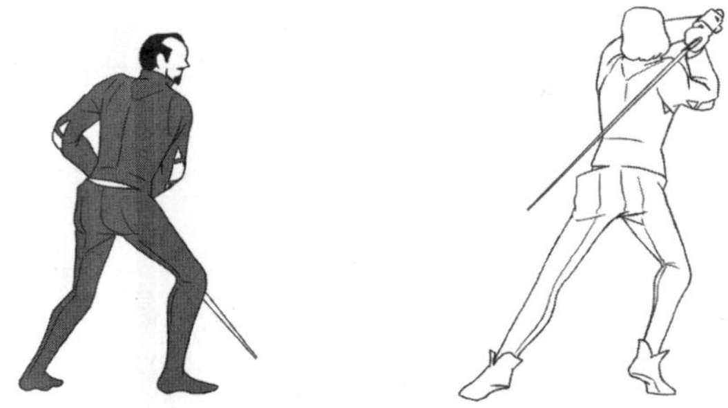

5

오른발을 내디디며 찌르기를 합니다.

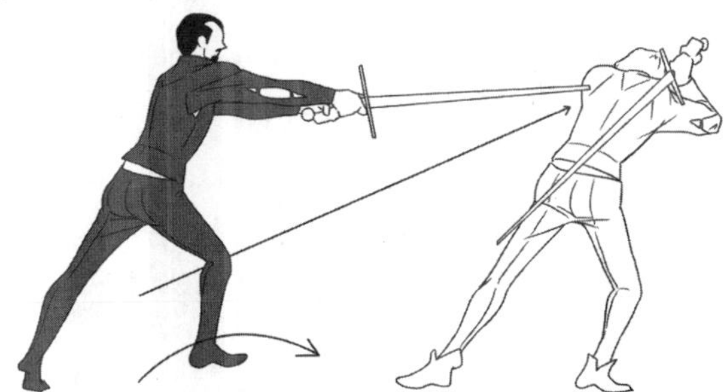

6

검을 내지른 상태에서 뒤로 빼지 않는 것은 동일하지만, 이번에는 찌르기의 여세를 몰아 검을 위로 휘두릅니다.

7

왼발을 오른발 쪽으로 끌어당기며 검을 내리칩니다.

8

오른발을 내디디며 다시 찌르기를 합니다.

롱소드 기술 52

검 붙잡기

Grabbing the Opponent's Blade

출전 : Fiore(Getty), 25v.

여기서 소개할 것은 상대의 검, 그것도 칼날을 붙잡는 매우 위험한 기술입니다. 당연하지만 상대가 반응하여 검을 빼내려고 하기 전에 지체 없이 승패를 결정지을 필요가 있습니다.

1

바인드 상태입니다.

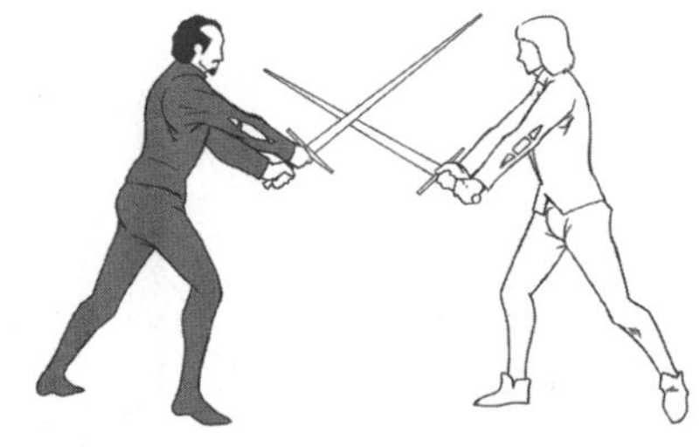

2

오른발을 내디디면서 제자의 검을 붙잡아 움직임을 봉쇄하고, 그 틈에 재빨리 공격합니다.

3 다른 버전

이 버전에서는 제자의 검을 붙잡고 공격하는 동시에 다리를 발로 찹니다. 피오레의 말에 따르면 정강이나 무릎 바로 아래를 차는 것이 좋다고 합니다.

롱소드 기술 53

상단 검 빼앗기
High Disarm

출전 : Fiore(Getty), 30r.

피오레는 상단 · 중단 · 하단 검 빼앗기에 대해 설명하고 있는데, 여기서는 그중 상단만을 소개합니다. 이들 3종류의 검 빼앗기는 모두 상대의 검을 시계방향으로, 상대의 팔은 반시계방향으로 회전시켜 검을 빼앗는 기술이며, 왼손의 위치에 따라 구분됩니다.

1

두 사람은 바인딩을 하고 있습니다.

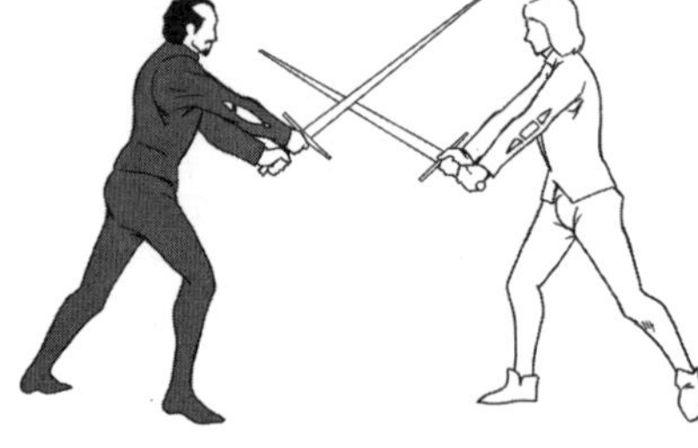

2

스승은 제자 쪽으로 빠르게 다가서며, 그립에서 떼어낸 왼손으로 제자의 양손 위를 감싸 그대로 덮습니다. 그리고 동시에 오른손으로는 검을 감아서, 자기 검의 그립을 제자의 검 왼쪽(제자 쪽에서는 오른쪽)에 가져다 댑니다.

3

검을 오른쪽으로 밀면서 제자의 팔은 왼쪽으로 끌어당겨 손에서 검을 놓치게 만듭니다.
원문에는 왼손을 자기 앞으로 끌어당겨 검을 놓칠 때까지 상대의 팔을 힘껏 쥔다고 적혀 있으나, 삽화에는 상대의 양손이 교차한 상태로 비틀려 있어 위와 같이 해석하였습니다.

롱소드 기술 54

「팔 잡기」 격파

Arm Break against the Capture

출전 : Wallerstein, pl.17.

이것은 전에 소개한 기술 42「팔 잡기」를 파훼하는 방법으로, 검을 지렛대처럼 이용해 상대에게 관절기를 거는 기술입니다.

1

제자는 스승의 오른팔과 검을 붙잡는 데 성공합니다. 가능하면 제자가 공격하기 전에, 팔을 빼려 하지 말고 제자의 등을 찌릅니다. 처음 이 설명문을 읽었을 때는「저렇게 긴 검으로 어떻게?」라고 생각했지만, 검을 빼지 않고 반대로 밀어 넣어 두 사람의 몸이 밀착했을 때 자신의 가슴을 찌르는 느낌으로 상대의 등을 찌른다는 것이 원문의 의도인 것 같습니다.

2

그것이 불가능하다면 왼손으로 검을 붙잡습니다.

3

그대로 파고들며 몸을 회전시킵니다. 동시에 왼손과 검신으로 제자의 어깨를 세게 누르고, 사이에 끼어 있던 오른팔로 제자의 팔꿈치를 끌어당김으로써 어깨 관절을 꺾습니다.
(알아보기 쉽도록 삽화를 지금까지와는 반대쪽 시점에서 그렸습니다)

중세 시대 검의 무게

흔히 「중세의 검은 매우 무거워서 기본적으로 상대를 때리는 둔기에 가까웠다.」고 말합니다. 하지만 이 책의 스펙 항목에도 나와 있듯이 중세 시대의 검(이라기보다 무기 전반)은 결코 무겁지 않았으며, 오히려 최대한 가볍게 만들었습니다. 전투 시 무거운 무기를 들고 있으면 태세를 정비하기 어려워 불리할 뿐 아니라 쉽게 지치기 때문에 가벼운 무기를 선호했던 것입니다.

그런데 어째서 중세의 검은 무겁다는 발상이 생겨난 것일까요. 그 원인은 빅토리아 시대의 학자들에게 있습니다. 그들이 일상적으로 접하던 무기는 펜싱용 초경량 검인 에페와 플뢰레였습니다. 이들 검에 익숙한 사람들 입장에서는 설사 1kg짜리 검이라도 「너무 무거울」 수밖에 없습니다.

또한 의례용 양손검을 실전에서 사용했다고 오해한 것도 이유 중 하나입니다. 의례용 양손검은 식전 등에서 귀족이나 왕족의 권위를 상징하기 위해 치켜들던 것으로, 눈에 띄는 것을 목적으로 만들어졌기 때문에 전투용 양손검보다도 훨씬 무거웠습니다.

게다가 당시의 검을 재현한 복제품이 실물보다 훨씬 무거웠던 탓도 있습니다. 얼마 전까지만 해도 복제품 대부분은 정면 사진이나 그림만을 참고로 제작되었기 때문에, 날의 두께 변화 등 미묘하면서도 중요한 사항을 제대로 구현하지 못했던 것입니다. 그러한 무거운 복제품에 의해 오해는 더욱 확산되었습니다.

롱소드 기술 55

옆구리에 끼워 검 빼앗기

Sword Capture

출전 : Talhoffer(1467), pl.26.

이 기술은 팔 잡기와 비슷한 요령으로 검을 빼앗거나 파괴하는 기술입니다.

1

스승이 제자의 공격을 받아넘기며 다가갑니다.

2

그립에서 왼손을 떼고 오른쪽 옆구리에 제자의 검을 끼워 넣은 뒤, 자신의 검을 제자의 검 아래쪽으로 통과시켜 반대편에 이동시킵니다.

3

왼손으로 검신을 붙잡은 하프 소드 자세에서 제자의 검을 강하게 밀어붙입니다. 그리고 그대로 몸을 회전시켜 제자의 검을 구부리거나 빼앗습니다.

롱소드 기술 56

검 붙잡기와 목 자르기

Sword Grab and Neck Slice

출전 : Fiore(Getty), 29r, 29v.

이번에는 기술 52「검 붙잡기」와 다른 버전의 기술입니다.

1

바인드 상태입니다.

2

제자는 스승 뒤로 돌아가면서 스승의 검을 붙잡습니다.

3

그리고 등 뒤에서 스승을 공격합니다.

4 목 자르기

Fiore(Getty), 29v.

시간을 조금 되돌려 제자가 스승의 검을 붙잡는 장면에서 시작합니다. 이번에는 스승의 등 뒤로 돌아가면서 자신의 검을 버립니다. 그리고 오른손으로 스승의 검의 그립을 붙잡고, 오른발로 스승의 오른발을 건 다음 목에 검을 밀어붙여 자릅니다.

원문에는 언급되어 있지 않지만 원본 삽화에 그려진 두 사람의 발의 배치를 보면, 설사 제자가 스승의 목을 베지는 못하더라도 그대로 발을 걸어 넘어뜨릴 수 있을 것으로 추측됩니다.

중세 이전의 검 3

5. 바이킹의 검

바이킹 시대의 검은 켈트 문명의 검을 계승 · 발전시킨 게르만계 민족의 검을 모태로 성립하였는데, 「문양단련법」이라는 특수한 방식으로 제작되었습니다. 바이킹 시대에 이르면 날밑 모양을 비롯하여 전체적인 검의 형태가 우리가 흔히 상상하는 검과 상당히 비슷해집니다.

초기에는 상하 2개로 분할된 손잡이 머리를 리벳으로 고정시켰으나, 나중에는 일체형으로 제작하게 됩니다. 이 검이 더욱 발전하여 중세의 검이 되는 것입니다.

여기서 소개할 것은 매우 유명한 바이킹 시대의 검입니다. 2개의 검은 각각의 각문을 근거로 「잉게리」의 검(좌), 「루트프리트」의 검(우)이라고 불리고 있습니다.

「잉게리」는 템즈 강에서 출토된 것으로 INGELRII라는 철자(아마도 이름)가 철로 상감되어 있습니다. 이 각문은 글래스고 박물관에 소장되어 있는 검과 같은 것이어서, 이를 통해 동일한 직인이 만든 것이라 추측되고 있습니다.

「루트프리트」는 링컨 시 근교의 강에서 출토된 것으로 LEUTFRIT(T는 위아래가 거꾸로 되어 있습니다)라는 이름이 철로 상감되어 있습니다. 오크쇼트의 말에 따르면 이 검과 비슷한 모양에 동일한 각문을 가진 검이 러시아에 존재한다고 합니다. 2개 모두 10세기에 제작된 것으로 보입니다.

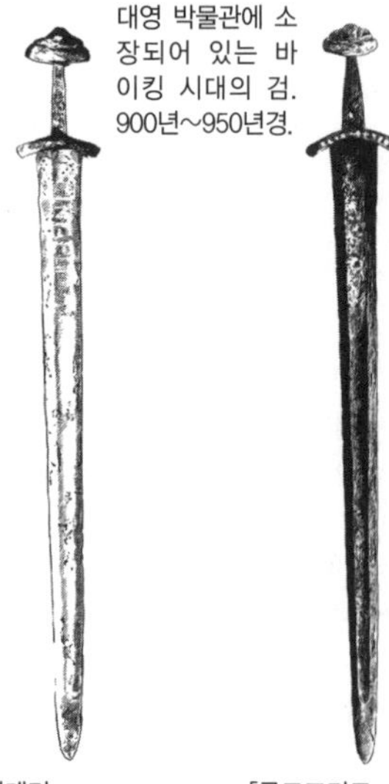

대영 박물관에 소장되어 있는 바이킹 시대의 검. 900년~950년경.

「잉게리」
전체 길이 : 84.4cm
칼날 길이 : 73.3cm
무게 : 874.4g
무게중심 : 날밑에서 16.2cm

「루트프리트」
전체 길이 : 92.9cm
칼날 길이 : 81.2cm
무게 : 1250g
무게중심 : 날밑에서 17.4cm

제2장
레슬링

레슬링 개설

모든 전투는 격투술에서 비롯된다.

(Hs.3227a)

레슬링(중세 독일어로는 Ringen, 중세 이탈리아어로는 Abrazare)은 중세 무술에서 가장 기본적인 기술이며, 동시에 스포츠로서도 대중적인 인기를 누렸습니다. 이러한 경향은 오래된 무술일수록 현저하여, 피오레는 레슬링을 모든 무술의 근본이라 평가했고 중세 기사들에게 있어서도 레슬링은 어떤 무술보다 가장 먼저 익혀야 할 소양이었습니다. 당시의 레슬링 기술은 매우 거칠고 강력하여 상대를 일격에 전투불능 상태로 만드는 것을 목적으로 하고 있었습니다.

그러나 시간이 흐르면서 상황은 변화합니다. 르네상스 시대에 접어들어 「세련된 기사들에게 야만적인 레슬링은 어울리지 않는다.」라는 인식이 퍼지기 시작한 것입니다. 동시에 전장의 레슬링 기술과 스포츠의 레슬링 기술 사이에 괴리가 나타나게 됩니다. 폰 아우어스발트는 자신의 저서에서 각각의 레슬링 기술에 대해 이것은 사회적으로 어울린다, 이것은 어울리지 않는다, 라는 코멘트를 남겼는데, 전투술로서의 레슬링과 스포츠로서의 레슬링의 분화가 진행된 증거라고 할 수 있습니다.

 각지의 레슬링 기술

독일식 레슬링은 오스트리아공(公) 합스부르크가의 격투술 챔피언인 오토 유트라는 인물의 영향을 강하게 받았습니다. 그는 리히테나워 그룹의 일원으로 전장 레슬링 기술의 창시자라고 평가받는 인물입니다. 이름에서 알 수 있듯이 개종 유대인인 그는 이후의 독일식 레슬링을 뿌리부터 바꾸어놓았습니다.

영국에서는 프라이즈라는 흥행격투가 인기몰이를 하면서 17세기부터 18세기경까지 다른 지역과 차별화된 독자적인 레슬링 기술이 발전하게 됩니다. 당시의 레슬링은 현대의 종합격투기에 가까운 것으로 글러브 없이 맨손으로 시합을 하였고, 쓰러진 상대를 발로 차거나 밟는 것이 허용되었으며, 머리카락을 붙잡고 구타할 수도 있는 등 상당히 위험한 것이었습니다(참고로 검의 경우는 안전상의 이유로 찌르기를 금지하긴 했으나 진검을 사용하는 데다 방어구도 없이 시합을 했습니다). 이 격투술(18세기경에 이미 복싱이라고 불렸습니다)이 우여곡절 끝에 현대 복싱으로 발전한 것입니다.

 바닥 기술

처음 페히트부흐를 봤을 때 가장 인상적이었던 것은 바닥 기술이 매우 적다는 점이었습니다. 대부분의 페히트부흐에 등장하는 바닥 기술은 지면에 쓰러진 상대를 대거로 찔러 마지막 일격을 가하는 정도입니다. 이를 통해 유럽 무술에서 바닥 기술은 그다지 권장되지 않았다는 것을 추측할 수 있습니다.

애초에 자신은 서 있고 상대는 쓰러져 있다는 것은 이쪽에 매우 유리한 상황이므로, 그 우위를 일부러 포기할 필요가 없는 것입니다. 또한 격투술의 본래 목적인 전장에서의 전투를 생각하면 주위에 아군과 적군이 뒤섞여 있는 상황에서 바닥을 구르며 맞붙어 싸움으로써 남에게 등을 보인다는 것은 자살행위나 다름없습니다. 게다가 상대가 어딘가에 무기를 숨기고 있을 가능성도 있습니다. 뒤엉켜 있을 때 사각에서 대거로 찔리면 꼼짝없이 당하고 마는 것입니다. 과거 일본의 전국시대에도 상대를 붙잡고 목을 따는 순간이 가장 위험하다고 여겼는데, 위와 같은 이유 때문이었습니다.

상대의 발을 걸거나 서로 달라붙어 싸우는 기술이 적은 것도 유럽 무술의 특징입니다. 이것은 상대가 쓰러질 때 발이 얽혀 함께 넘어지는 위험성을 피하기 위한 것으로 추측됩니다. 이러한 기술들은 시간이 흘러 레슬링이 스포츠로 대중화된 후에야 비로소 많이 나타나게 됩니다.

하지만 수가 적다고는 해도 바닥 기술을 완전히 무시한 것은 아닙니다. 독일식 무술의 바닥 기술은 Unterhalten(누르기), Aufstehen(굳히기), Aufkommen(뒤집기)의 3종류로 세분화할 수 있습니다.

 타격기

레슬링에 타격기가 있다고 하면 조금 위화감이 느껴지겠지만 중세 레슬링에는 매우 많은 타격기가 존재했으며, 특히 영국식 무술(그중에서도 홍행화한 프라이즈 경기)에서 크게 발달하였습니다.

다만 유럽 무술에서 타격기는 상대를 쓰러트리기 위한 것이 아니라, 기술을 걸 틈을 만들기 위해 보조적으로 사용하는 것이었습니다. 갑옷으로 완전무장하는 전장에서 타격기를 결정타로 쓰는 것은 효율적이지 않다고 생각했기 때문입니다.

 피오레의 이론

피오레는 자신의 저서를 통해 몇 가지 이론을 정리하였습니다.

그의 이론에 따르면 우선 상대를 평가할 필요가 있습니다. 상대의 실력 · 나이 · 체격 · 의도 · 경험을 파악하며, 만약 상대가 갑옷을 입고 있지 않다면 급소를 타격합니다. 눈 · 코 · 관자놀이 · 턱 밑 · 옆구리가 가장 효과적이라고 합니다.

또한 그는 레슬링에 대해서 여덟 가지 지식이 필요하다고 말합니다. 그것은 힘 · 속도 · 상대를 붙잡는 방법 · 관절기 · 바인드(여기에서의 바인드는 상대의 팔을 무력화하여 도망치거나 방어하지 못하게 하는 것) · 인체의 급소 · 상대를 지면에 쓰러트리는 방법 · 상대의 뼈를 부러뜨리는 기술에 대한 지식입니다.

이들 능력에서 추측하건대 당시 사람들은 앞의 두 가지(힘과 속도)를 제외한 여섯 가지 요소가 레슬링을 구성한다고 생각했던 것 같습니다.

 발러슈타인 사본의 이론

발러슈타인 사본을 보면 스포츠로서의 레슬링과 전투로서의 레슬링의 차이에 대해 언급하고 있는데, 스포츠에서는 체격이 큰 쪽이 절대적으로 유리하지만 규칙이 통하지 않는 생사를 건 전장에서는 체격의 차가 압도적으로 작용하지 않는다고 합니다.

그리고 상대의 힘에 대항하여 균형을 유지할 수 있는 「체력」(Stärke), 어떤 상황에서도 손과 발을 목표로 하는 곳에 적절하게 위치시킬 수 있는 「간격」(Maß), 기술을 정확하게 습득한 뒤 빠르고 강하게 실행할 수 있는 「민첩성」(Behendigkeit) 등 세 가지 능력이 레슬링에서 가장 중요하다고 서술하고 있습니다.

또한 발러슈타인 사본은 자신과 상대의 힘관계를 기준으로 한 아래의 세 가지 전법을 추천하고 있습니다. 자신이 상대보다 강할 때는 먼저 움직여 거리를 좁힌 다음 「체력」으로 상대를 압도하며, 자신과 상대의 힘이 비슷할 때는 접근하지 말고 「간격」을 두면서 카운터로 대항합니다. 마지막으로 자신이 상대보다 약할 때는 상대가 움직이기를 기다렸다가 스피드와 기술, 즉 「민첩성」을 살려 카운터를 노리는 것입니다.

결투의 종류 1

결투는 고대부터 근세에 이르기까지 끊임없이 계속되어온 유럽의 전통적인 분쟁해결법 중 하나입니다. 하지만 중세와 그 이전의 결투는 근세나 근대의 결투와는 전혀 다른 훨씬 심각한 것이었습니다.

본래 결투는 대립하는 두 세력 중 어느 쪽이 옳은지를 판단하기 위해 신(또는 신들)에게 자신의 운명을 맡기고 목숨을 건 싸움을 하던 것이 그 시작이었습니다. 당시에는 객관적인 증거를 수집하기가 무척 어려웠기 때문에 이처럼 신의 손에 판단을 맡기는 방법이 합리적으로 여겨졌습니다.

중세에는 어느 정도 법률이 정비됨에 따라 분쟁해결을 위한 결투가 줄었지만, 그래도 결투재판은 중요한 문제의 최종해결수단으로서 여전히 존재하고 있었습니다. 하지만 결투재판은 후세의 결투처럼 간단히 할 수 있던 것이 아니고, 매우 중대한 범죄행위와 사건에 대해서만 행해졌습니다.

탈호퍼(스위스 취리히에서 결투재판의 심판을 맡았던 경험이 있습니다)는 결투재판에 상응하는 범죄로서 살인(고의로 행한 계획적 살인), 반역(국가원수 및 국가에 대한 반역), 이단(가톨릭 교의에 대한 도전 · 부정), 반란교사(당주에 대한 불신을 조장하고 반란을 교사하는 것), 기밀누설(비밀을 폭로하는 것), 허위(거짓말 · 사기 · 맹세를 깨는 것 등), 여성에 대한 모욕(강간 · 밀통 · 혼약의 부당한 파기) 등 일곱 가지 죄를 들고 있습니다(이들 중에는 범위가 겹치는 것도 많은데, 아무래도 가톨릭의 「일곱 가지 대죄」와 대응시키기 위해 수를 늘린 것이 아닌가 싶습니다).

그리고 결투재판의 개최가 결정된다고 해도 바로 싸움이 시작되는 것은 아닙니다. 이 시대에는 가능한 한 결투의 공정성을 유지하려고 노력하였습니다. 그래서 당사자들은 일정한 기간 동안 훈련을 받을 수 있는 기회를 얻었습니다.

이때 그들에게 무술을 지도했던 것이 피오레나 탈호퍼 같은 당시의 직업검사들이었습니다. 만약 피고와 원고가 고령 등의 이유로 전투를 치를 수 없을 때에는 대리인을 내세워 대신 싸우게 하였는데, 잉글랜드에는 전문적인 결투청부인도 존재했다고 합니다(아마 이것은 인류 역사상 가장 리스크가 큰 직업일 것입니다).

결투의 종류는 결투자의 계급과 지위에 따라 달라서, 기사 계급과 귀족 계급은 갑옷을 입고 실전을 방불케 하는 싸움을 벌였습니다(사용하는 무기에는 제한이 없었으나 가장 일반적으로 쓰인 것은 창 · 검 · 대거와 방패의 조합이었습니다).

평민 계급은 눈에 잘 띄는 옷을 입고 결투용 큰 방패를 들었습니다. 사람 키만 한 이 방패에는 여러 가지 종류가 있었는데, 일반적으로 타원형 양끝에 찌르기용 스파이크가 달려 있는 것을 사용하였습니다.

(P187에 계속)

레슬링 자세

다른 무기술과 달리 레슬링에는 정교한 자세가 존재하지 않는다는 것이 통설입니다. 매우 가까운 거리에서 고속으로 이루어지는 레슬링의 특성상 자세를 취하고 있을 여유가 없기 때문일 것입니다.

「강철문」 자세, 수평자세(Porta de Fero, Waage)

손을 넓적다리 부근에 위치시킨 자세입니다. 피오레의 말에 따르면 모든 기술로 연계가 가능한 최상의 자세로, 방어에도 적합하다고 합니다. 또한 독일식 레슬링 자세 중 유일하게 명칭을 가지고 있는 「수평자세」와 동일한 것으로 추측됩니다. Waage라는 단어에는 천칭이라는 의미도 있듯이 안정성이야말로 이 자세 최대의 특징이라고 할 수 있습니다. 다만 독일식은 손을 허리 높이에서 손바닥이 위로 가게 든다는 점이 다릅니다. 이탈리아식 자세의 경우 급소가 많은 얼굴을 텅 비우고 있는데, 안타깝지만 지금으로서는 그 이유를 알 수가 없습니다.

『정면』 자세(Posta Frontale)

손을 얼굴, 또는 가슴 높이로 내밀어 당장에라도 덤벼들 듯한 형태의 자세입니다. 『강철문』 자세가 방어라면 이것은 공격을 위한 자세로, 상대의 잡기 기술을 무효화하는 효과가 있습니다.

레슬링 기술 1

다리 들어 뒤로 넘기기

Backward Leg Lift Throw

출전 : Fiore(Getty), 7r. Ringeck/Tobler, p.202.

이 항목에서는 레슬링에서 가장 기본적이며 많이 사용되는 다리 들기를 이용한 기술에 대해 설명하겠습니다(일본식 무술에서는 별로 사용하지 않습니다). 다리를 잡아서 못 움직이게 만든 다음, 또는 다리를 들어올려 균형을 무너뜨린 다음 뒤로 넘겨버리는 기술입니다(Tobler의 해석으로부터).

1

제자가 스승의 가슴을 베어 허그로 조르고 있습니다. 하지만 스승의 양팔은 자유롭습니다.

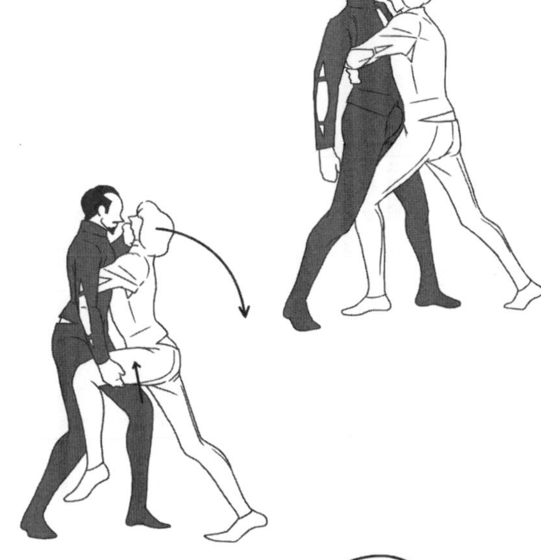

2

스승은 한쪽 손으로 제자의 다리를 들어올리는 동시에 반대쪽 손으로는 제자의 목을 밀어, 제자를 뒤로 넘어뜨립니다. 피오레는 이때 제자의 목을 그냥 밀어내지 말고, 목을 조르거나 울대뼈를 강하게 누르면 더 효과적이라고 말합니다.

3 **카운터**

목을 누르려는 스승의 손을 재빨리 떼어낸 뒤 팔꿈치를 붙잡아 밀어 올립니다.

레슬링 기술 2

러닝 태클과 그에 대한 카운터

A Running Tackle and the Counters

출전 : Ringeck/Tobler, p.205. Wallerstein, pl.73. Dürer, (Ringen) No.13, 30. Talhoffer(1459), 56v. Talhoffer(1467), pl.197. Meyer, p.245, 3.14r.

이 기술은 상대와 자신의 힘이 엇비슷할 때 사용하면 효과적입니다. 돌진해서 상대를 들이받은 다음 양다리를 잡고 뒤로 밀어 넘어뜨리는 기술입니다. 사용빈도가 높은 기술이었던 모양으로, 이에 대한 카운터도 다수 개발되었습니다. 링엑의 말에 따르면 이 기술의 가장 큰 요령은 망설임을 버리는 것이라고 합니다.

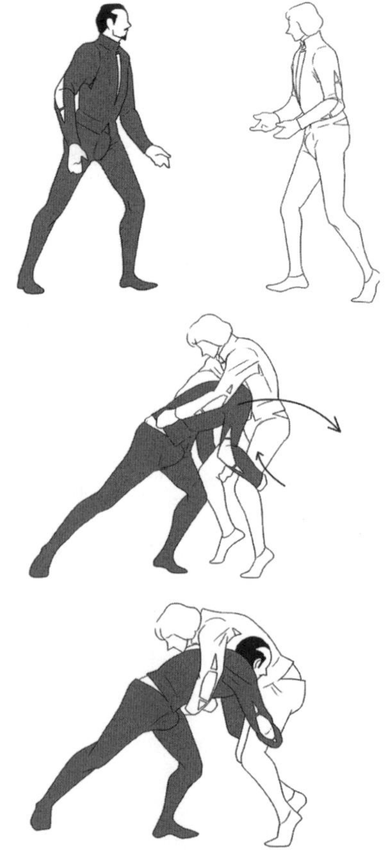

1

두 사람은 거리를 좁혀갑니다.

2

단숨에 파고들어 제자의 다리를 양손으로 붙잡습니다. 동시에 몸통박치기로 제자를 넘어뜨립니다.

3 카운터 1 : 체스트 프레스

스승이 태클을 시도하면 제자는 몸을 앞으로 숙여 스승의 허리를 잡고 버팁니다.

4

공격을 막아낸 제자는 양다리를 뒤로 뻗어 스승의 손을 뿌리치고 체중을 이용해 스승을 내리누릅니다.

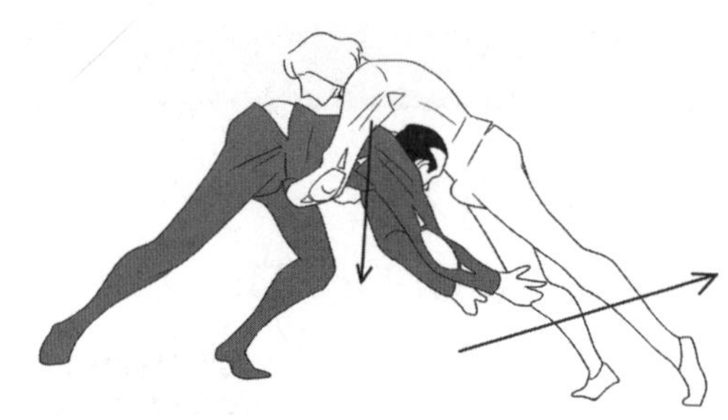

5 카운터 2 : 길로틴 초크

이번에는 스승의 목을 팔로 잡고 끌어올리면서 조릅니다. 메이어 버전에서는 양손이 아니라 왼손으로 조르며 오른손으로는 공격을 합니다.

6 카운터 3 : 보디 리프트

스승의 태클을 피합니다.

7

왼손으로 스승이 몸이나 어깨를 붙잡습니다. 오른손을 스승의 다리 사이에 넣고 허리를 잡아 들어올립니다.

레슬링 기술 3

어깨던지기

Over the Shoulder Throw

출전 : Ringeck/Tobler, pp.205, 243, 263, 275. Auerswald, pl.5, 34. Knight/Ringen-Dagger, p.67.

이 기술은 상대의 팔 아래로 파고들어간 다음 다리를 들어올려 상대를 메치는 기술입니다. 토블러는 상대를 어떻게 쓰러뜨리느냐에 따라 상대의 팔을 부러뜨릴 수도 있다고 하였습니다. 링엑은 이 기술이 무척 마음에 들었던 모양인지 자신의 저서에서 몇 번이나 언급하고 있습니다.

1

스승이 제자의 손을 붙들고 잡아당깁니다. 또는 제자가 부주의하게 손을 위로 뻗고 말았습니다.

2

붙잡은 제자의 손을 끌어올리면서 재빨리 그 밑으로 파고들어 갑니다.

3

스승은 제자의 팔을 자신의 어깨 위에 고정시킨 다음 오른손으로 제자의 오른쪽 다리를 붙잡고 들어올려 뒤로 넘어뜨립니다.

4 카운터

이번에는 제자가 스승에게 기술을 걸고 있습니다.

5

스승은 제자가 다리를 들어올리기 전에 제자의 어깨 위에 있던 오른팔로 제자의 목을 감쌉니다. 그리고 몸을 회전시켜 제자의 몸 위에 올라타고 체중을 이용해 내리누릅니다.

6 다른 버전

아우어스발트 버전에서는 다리를 들어올리는 것이 아니라 허리를 잡고 몸째로 들어올립니다.

레슬링 기술 4

다리 당겨 넘기기

A Throw With a Leg Pull

출전 : Ringeck/Tobler, p.208. Wallerstein, pl.31, 32. Dürer, (Ringen) No.1, 2. Knight/Ringen-Dagger, p.78.

이 기술은 상대의 다리를 잡아당겨 뒤로 넘어뜨리는 기술입니다. 상대를 뒤로 밀어 균형을 무너뜨리는 것이 성공의 열쇠입니다.

1

제자의 몸을 뒤로 밉니다. 여기서 스승은 링엑의 방식을 활용하여 두 주먹으로 목 아래를 누르는 동시에 몸으로 밀어붙이고 있습니다.

2

스승은 곧바로 몸을 숙여 제자의 다리를 양손으로 잡고 끌어올림으로써 제자를 뒤로 넘어뜨립니다. 제자가 다시 균형을 잡기 전에 빠르게 행동할 필요가 있습니다.

3 다른 버전

상대의 균형을 충분히 무너뜨린 후에 넘어뜨린다는 것은 말로는 쉽지만 실행하기 어렵습니다. 이 버전에서는 스승이 제자를 밀지 않았을 경우, 또는 미는 힘이 부족했을 경우, 제자가 생각보다 빨리 태세를 재정비했을 경우에 사용하는 기술을 소개합니다.

4

스승은 붙잡은 다리를 들어올리면서 왼발로 제자의 오른발을 걸고 몸으로 밀어 쓰러뜨립니다.

5 카운터 1

시간을 되돌려 스승이 제자의 다리를 붙잡은 상태에서 시작합니다.

6

제자는 붙잡힌 다리를 뒤로 빼서 스승의 손에서 벗어나는 동시에 양손으로 스승의 가슴을 밀어냅니다.

7 카운터 2

다리를 붙잡느라 무방비 상태가 된 스승의 얼굴에 펀치를 가격하면서 스승을 떼어냅니다.

레슬링 기술 5

세 가지 링엔 2 : 바인브루흐

Drei Ringen2 : Beinbruch

출전 : Ringeck/Tobler, p.213. Knight/Ringen-Dagger, p.62.

세 가지 링엔이란 링엑의 원문에 등장하는 세 가지 기술을 말하는데, 왜 이 3개만을 따로 분류했는지는 정확히 알 수 없습니다. 이 기술은 독일식 무술의 극의인 「주도권의 쟁취와 유지」를 그대로 구현한 듯한 기술입니다. 상대가 공격을 피하면 바로 다음 기술을 걸어 상대에게 주도권을 넘겨주지 않고 쓰러뜨리는 것입니다. 또한 같은 기술을 좌우로 사용하기 때문에 좌우 두 버전의 기술을 연습하는 데에도 도움이 됩니다.

1

스승이 이 책에는 수록되어 있지 않은 「세 가지 링엔 1」의 기술을 사용합니다.

2

제자는 그대로 버티거나 그림과 같이 뒤로 피합니다.

3

스승은 즉시 다가가 다시 기술을 걸어 제자를 넘어뜨립니다.

레슬링 기술 6

세 가지 링엔 3 : 스트레이트 암바

Drei Ringen3 : Straight Arm Bar

출전 : Ringeck/Tobler, p.214. Meyer, p.244, 3.13v. Knight/Ringen-Dagger, pp.52, 63. Auerswald, pl.35.

스트레이트 암바는 일직선으로 뻗은 상대의 팔꿈치 관절을 바깥쪽으로 구부려 꺾는 기술입니다. 레슬링의 일반적인 기술 중 하나로 다양하게 응용되고 있습니다(Tobler의 해석으로부터).

1

제자는 스승의 팔을 양손으로 붙잡습니다.

2

제자는 몸을 회전시키면서 스승의 팔을 강하게 잡아끕니다. 동시에 손목을 비틀고 팔꿈치 관절을 내리눌러 팔을 꺾거나 바닥에 쓰러뜨립니다.

3 다른 버전

이 버전에서는 팔을 잡아끈 다음 스승의 머리를 양손으로 눌러 스승을 바닥에 쓰러뜨립니다.

레슬링 기술 7

정면 베어 허그에 대한 카운터 6종

Six Counters to an Underarm Bear Hug

출전 : Ringeck/Tobler, pp.216, 127. Wallerstein, pl.105, 121. Dürer, (Ringen) No.73. Knight/Ringen-Dagger, pp.102, 103.

베어 허그는 상대의 허리를 끌어안고 강하게 조이거나 들어올리는 기술입니다. 사용 빈도가 높은 만큼 온갖 자세에서의 베어 허그와 그에 대한 카운터 기술이 존재합니다. 그러나 한편으로는 별다른 스킬이 필요 없이 그저 힘만 가지고 밀어붙이는 기술이란 인식도 있었던 것 같습니다(특히 정면에서 하는 베어 허그). 여기에서는 머리와 목을 겨냥한 카운터를 소개합니다.

1

정면 베어 허그입니다. 제자가 스승의 몸을 붙잡았지만 스승의 팔은 자유로운 상태입니다.

2 카운터 1 : 목 누르기

스승은 두 손을 제자의 목에 대고 힘껏 밀어냅니다.

3 카운터 2 : 목 비틀기

스승은 한쪽 손(여기서는 왼손)으로 제자의 턱 밑을, 반대쪽 손으로는 후두부를 붙잡습니다.

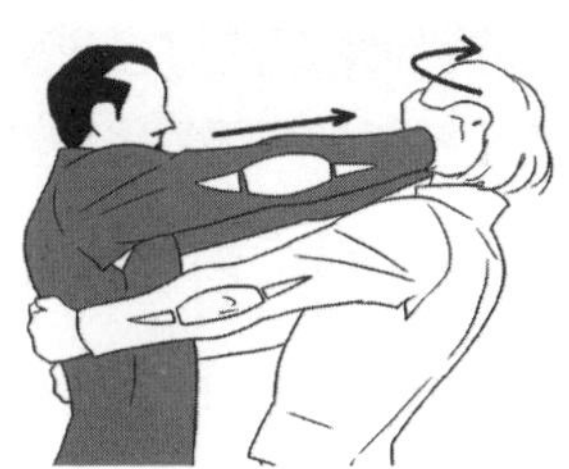

4

제자의 머리를 밀어내는 동시에 목을 비틀어 탈출합니다.

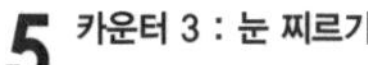

5 카운터 3 : 눈 찌르기

눈 찌르기라고 하면 단순히 손가락 하나로 눈을 찌르는 이미지가 연상되지만, 유럽식 눈 찌르기는 보다 강력한 기술입니다. 스승은 제자의 턱에 엄지손가락을 걸고 나머지 손가락으로는 눈을 찔러 뭉개버립니다. 엄지손가락을 턱뼈에 걺으로써 악력을 사용해 더욱 세게 누를 수 있게 되는 것입니다.

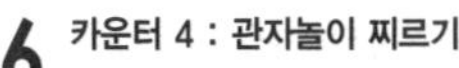

6 카운터 4 : 관자놀이 찌르기

제자의 관자놀이를 엄지손가락으로 찔러 격통을 안겨줍니다.

7 카운터 5 : 목 꺾기

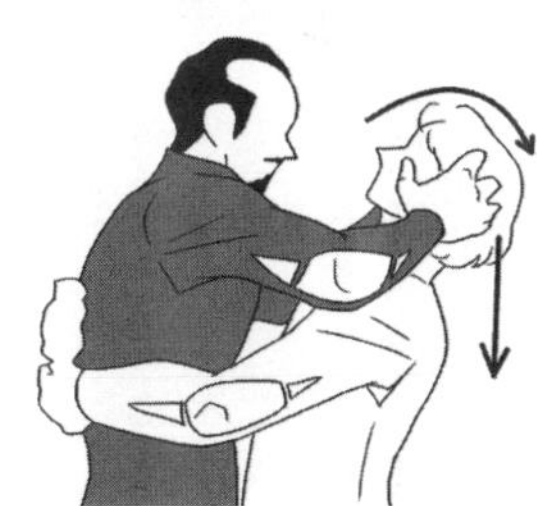

제자의 머리를 붙잡고 뒤로 젖혀 꺾습니다.

8 카운터 6 : 목 찌르기

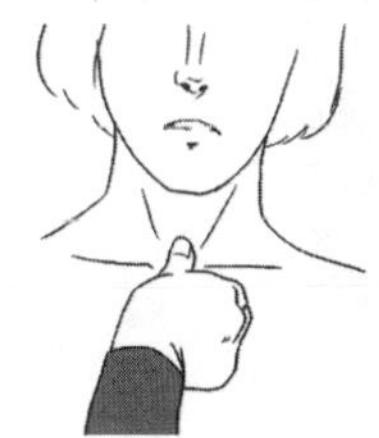

제자의 Der Dreier Lochlein(쇄골 사이에 움푹 패인 곳) 부위를 손가락으로 찌릅니다. 발러슈타인 사본에는 엄지손가락으로, 뒤러의 저서에는 집게손가락으로 찌른다고 나와 있습니다.

레슬링 기술 8

팔꿈치 꺾기와 뿌리치기

Elbow Break / Push Counter to a Front Bear Hug

출전 : Ringeck/Tobler, p.259. Auerswald, pl.22.

이번에는 목보다 아랫부분을 공략해 베어 허그에서 탈출하는 방법을 소개합니다.

1

제자가 스승에게 베어 허그를 하고 있습니다.

2

스승은 두 손을 밑에서부터 제자의 양팔 사이에 끼우고 들어올림으로써 제자의 팔꿈치 관절을 꺾습니다.

3 다른 버전

또는 제자의 가슴을 두 손으로 밀어 뿌리칩니다.

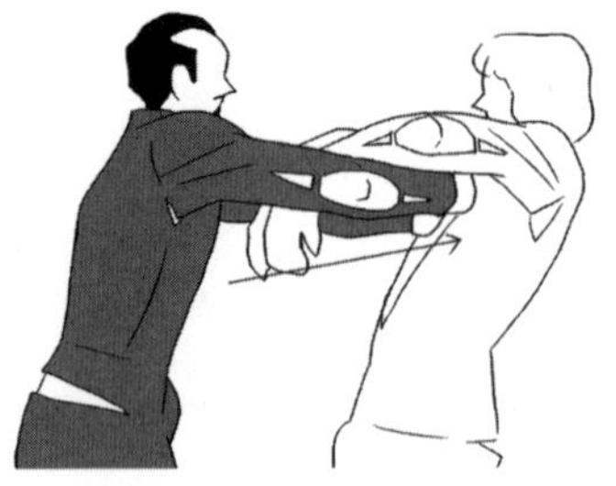

4 다른 버전

제자의 한쪽 허벅지를 붙잡고 들어올립니다. 이렇게 하면 제자는 더 이상 스승을 조이거나 들어올릴 수 없게 되므로 그 사이에 빠져나옵니다.

결투의 종류 2

지역에 따라 차이가 있어서 프랑켄 지방에서는 큰 방패와 검, 슈바벤 지방에서는 큰 방패와 목제 곤봉으로 싸웠고, 다른 지방에서는 큰 방패만을 사용하거나 그 외의 무기로 싸웠습니다.

남녀가 대결하는 경우 남성에게는 핸디캡이 적용되어 곤봉만을 장비한 채 허리까지 오는 구멍 속에 들어가야 했으며, 여성에게는 돌을 천으로 감싸 만든 즉석 플레일이 주어졌습니다.

결투장은 군중이 들어오지 못하도록 목책을 둘러쳐 만든 다음 안쪽에 하얀 선을 긋거나 목책을 세워 링으로 삼았습니다. 또한 심판은 스태프로 무장하였습니다.

기본적으로 결투는 어느 한쪽이 목숨을 잃을 때까지 계속되었습니다(패자도 살아남는 경우가 있긴 했으나 거의 드물었습니다). 만약 링 밖으로 나가떨어지거나, 링을 표시해둔 선에 닿거나, 도망치려 하거나, 항복하거나, 기절하여 더 이상 싸울 수 없을 때는 스스로 죄를 인정한 것으로 간주하여 즉각 처형당했습니다(결투청부인의 리스크가 큰 것은 이 때문입니다. 한 번 일할 때의 사망률이 50%나 되는 것입니다).

남녀가 결투할 때는 링이 없는 대신 남자의 경우 여자를 구멍 속으로 끌어들이면 승리, 여자의 경우 남자를 구멍 밖으로 끌어내거나 구멍 가장자리에 손을 짚게 하면 승리로 인정받았습니다.

프랑켄 지방의 결투재판

슈바벤 지방의 결투재판

큰 방패만으로 싸우는 결투재판

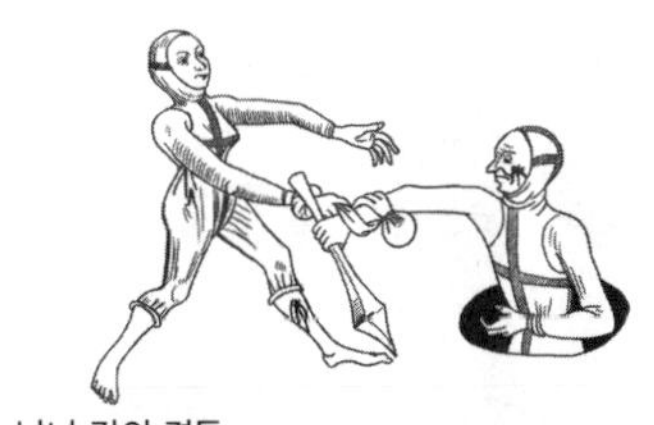

남녀 간의 결투

레슬링 기술 9

들어올리기에 대한 카운터
A Counter against Lifting

출전 : Wallerstein, pl.82, 85. Dürer, (Ringen) No.22, 25.

이번에는 던지기를 이용한 카운터를 소개합니다. 이 기술은 베어 허그뿐만 아니라「농사꾼처럼 양손을 평행하게 들고 덤벼드는 적을 상대할 때」에도 효과적인 기술로 평가받았습니다. 여기서 농사꾼이란 경험이 없는 초심자나 기술이 부족하여 힘에만 의존하는 사람을 가리키는 당시의 속어입니다.

1

제자가 베어 허그를 걸고 있습니다. 스승은 허리를 내려 수평자세를 취합니다. 하지만 팔로 제자의 몸을 건드리지는 않습니다.

2

제자가 스승을 들어올리기 위해 자세를 낮추는 타이밍에 맞춰 스승은 제자의 바깥다리를 걸어 뒤로 넘어뜨립니다.

3 카운터

스승이 제자의 다리를 걸어 넘어뜨리려 하고 있습니다. 이때 제자는 재빨리 두 다리를 뻗으며 한쪽 손을 바닥에 갖다 댑니다.

4

반대쪽 손으로 스승을 단단히 붙잡고 자신의 몸 너머로 던져 버립니다.

레슬링 기술 10

후방 베어 허그에 대한 카운터

Counters to Rear Bear Hug

출전 : Wallerstein, pl.117, 123. Dürer, (Ringen) No.69. Fiore(Getty), 7v. Talhoffer(1467), pl.274.

후방 베어 허그에 대한 카운터를 소개합니다.

1

제자가 뒤에서 스승을 붙잡았습니다. 여기서 제자는 고개를 푹 숙이거나 뒤로 완전히 젖혀 스승이 머리카락을 잡지 못하게 합니다.

2

그것을 본 스승은 자신의 왼발을 제자의 오른발 뒤에 갖다 댑니다.

3

발을 거는 동시에 몸을 비틀어 왼쪽 어깨로 제자의 몸을 밀어 넘어뜨립니다. 이 기술은 좌우 두 가지 버전 모두 가능합니다.

4 카운터 2 : 헤드버트

후두부로 박치기를 합니다.

5 카운터 3 : 급소 쥐기

손을 뒤로 돌려 제자의 급소를 세게 쥡니다.

6 카운터 4 : 업어넘기기

스승은 즉시 자세를 낮추고 양손을 뒤로 돌려 제자의 허리를 붙잡습니다. 그리고 한쪽 발을 제자의 다리 사이에 집어넣습니다.

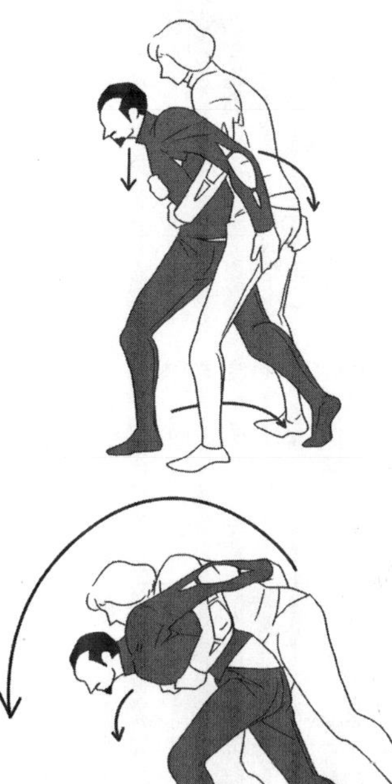

7

몸을 앞으로 굽히면서 제자를 끌어올려 등 너머로 던져버립니다.

레슬링 기술 11

머리카락 잡기
Hair-Grab

출전 : Wallerstein, pl.113, 114, 116. Dürer, (Ringen) No.65, 66, 68. Talhoffer(1467), pl.199. Knight/Ringen-Dagger, pp.107, 108.

후방 베어 허그에 대항해 머리카락을 잡는 카운터 기술과 그것을 다시 재카운터하는 방법에 대해 설명하겠습니다.

1

제자가 뒤에서 스승을 붙잡고 들어올립니다. 이때 제자는 스승의 몸을 세게 조이고 있습니다.

2

스승은 두 손으로 제자의 머리카락을 힘껏 잡아당겨 앞으로 던져버립니다.

3 머리카락 잡기에 대한 카운터

스승이 제자의 머리카락을 잡고 앞으로 내던지려 하고 있습니다.

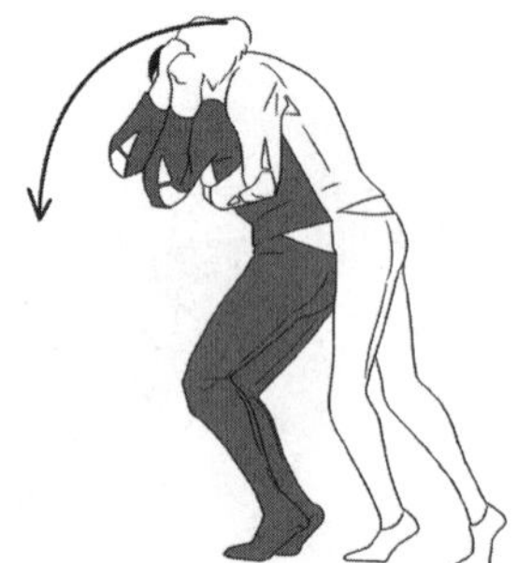

4

제자는 두 손으로 스승의 양쪽 팔꿈치를 붙잡고 끌어올립니다. 그리고 여세를 몰아 그대로 스승을 뒤로 넘어뜨립니다.

5 다리 잡아 던지기

제자가 스승을 들어올리려 합니다. 제자는 고개를 뒤로 젖혀서 스승이 머리카락을 잡지 못하게 하고 있습니다.

6

그것을 본 스승은 몸을 앞으로 굽힌 다음 다리 사이로 손을 뻗어 제자의 다리를 붙잡습니다.

7

그리고 제자의 다리를 앞으로 잡아끌어 제자를 넘어뜨립니다.

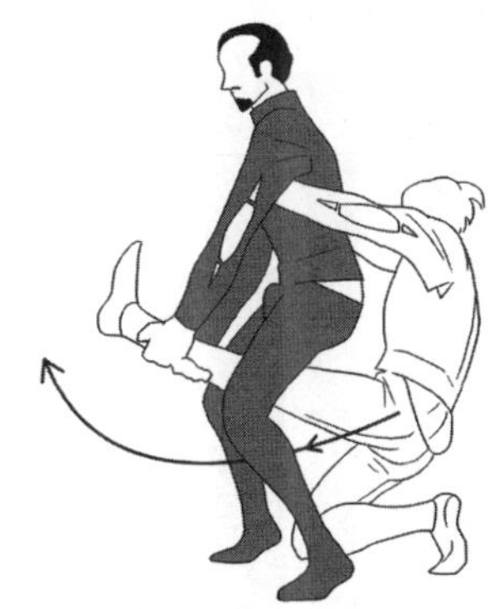

8 카운터

스승이 다리를 붙잡기 위해 몸을 굽히는 것을 본 제자는 스승을 잡고 있던 손을 놓고 두 손으로 스승의 등을 밀어 앞으로 넘어뜨립니다.

레슬링 기술 12

누르기 1

Unterhalten 1

출전 : Ringeck/Tobler, p.222.

개설에서도 언급했지만 누르기란 쓰러진 상대를 어떻게 제압하느냐 하는 기술입니다. 여기에서는 관절기와 그로부터 이어지는 누르기에 대해 설명하겠습니다(Tobler의 해석으로부터).

1

스승이 오른손으로 제자의 왼쪽 손목을, 왼손으로는 왼쪽 팔꿈치를 붙잡습니다.

2

스승은 제자의 팔을 등 뒤로 꺾습니다. 그리고 팔꿈치를 누르고 손목은 잡아당김으로써 「열쇠」(키 홀드)라고 불리는 관절기를 완성합니다. 이대로 제자의 팔을 세게 죄어서 싸움을 끝냅니다.

3

만약 관절을 꺾어도 제자가 항복하지 않으면 다음 동작에 들어갑니다. 잡고 있던 제자의 팔을 놓은 뒤 왼손으로 제자의 오른쪽 어깨를 누르고, 오른손으로는 제자의 오른쪽 다리를 들어올려 바닥에 쓰러뜨립니다.

4

그대로 제자의 오른팔을 등 뒤로 꺾고 움직이지 못하도록 누른 다음 공격합니다.

레슬링 기술 13

누르기 3

Unterhalten 3

출전 : Ringeck/Tobler, p.224. Knight/Ringen–Dagger, p.166.

고간에 대한 무릎찍기입니다. 두 무릎에 체중을 실어 급소를 공격합니다(Tobler의 해석으로부터).

1

스승은 뒤로 쓰러진 제자의 두 다리를 잡고 있습니다.

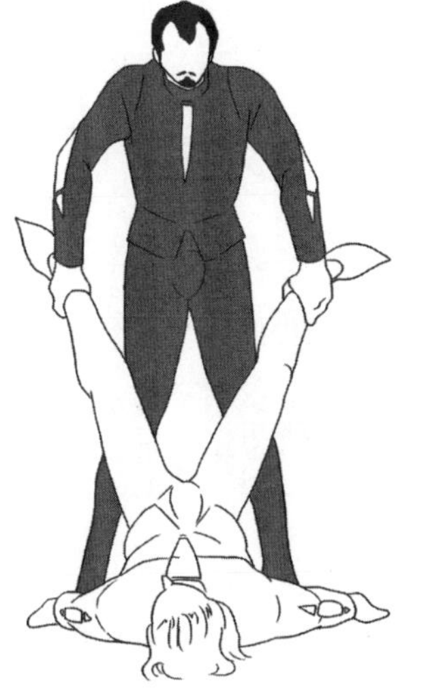

2

스승은 두 무릎에 모든 체중을 실어 제자의 고간을 내리찍습니다.

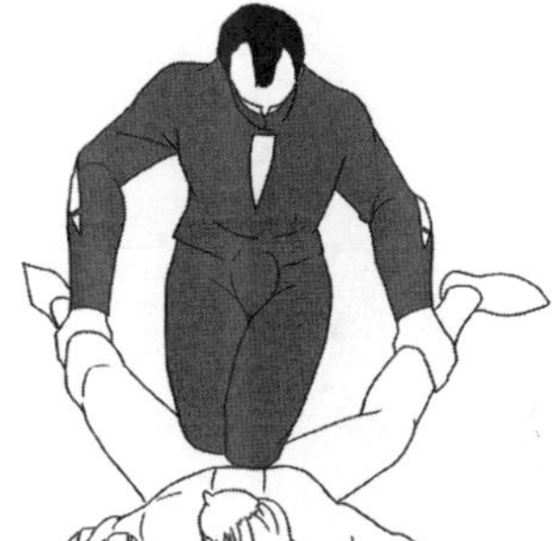

3

재빨리 제자의 다리를 왼손으로 누르고 오른손으로 공격합니다(나이트는 무릎을 사용해 다리를 누르는 것으로 해석합니다).

레슬링 기술 14

누운 기술 1

Ston1

출전 : Ringeck/Tobler, p.225.

여기서 「누운 기술」이란 바닥에 등을 대고 쓰러진 자신을 상대가 위에서 누르고 있을 때 그것을 뒤집어 형세를 역전시키는 기술을 말합니다. 이 항목에서는 상대를 잡아당겨 함께 넘어진 다음 바로 이어지는 누르기 기술을 소개합니다(Tobler의 해석으로부터).

1

스승이 제자를 뒤에서 붙잡습니다.

2

그대로 제자를 잡아당겨 둘이 함께 바닥에 넘어집니다. 이때 스승은 두 무릎을 세워 쓰러지는 제자의 등에 타격을 가합니다.

3

스승은 오른발을 뻗어 제자의 몸을 오른쪽으로 굴립니다.

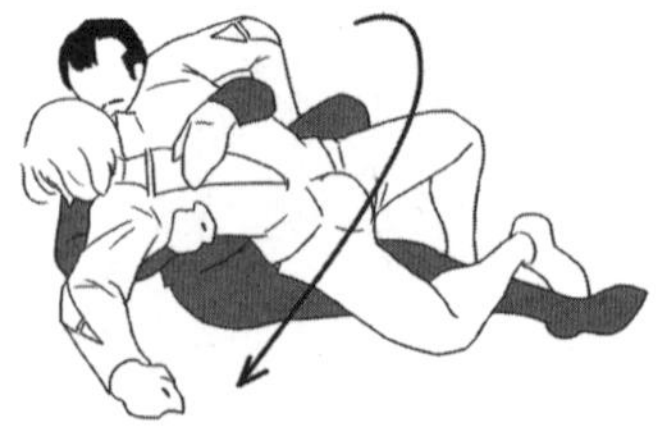

4

엎드린 자세가 된 제자의 몸 위에 올라타고 공격합니다.

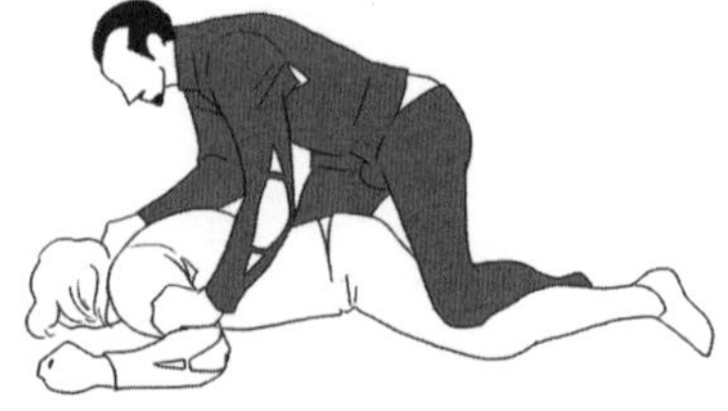

레슬링 기술 15

누운 기술 2

Ston2

출전 : Ringeck/Tobler, p.227. Knight/Ringen-Dagger, p.169.

위를 보고 똑바로 쓰러졌을 때 상황을 역전시키는 방법을 소개합니다(Tobler의 해석으로부터).

1

제자가 스승을 쓰러뜨렸습니다. 하지만 스승은 제자를 잡은 손을 놓지 않고 함께 넘어뜨리려 합니다. 이때 제자의 왼팔을 자신의 오른손으로 붙잡습니다. 그리고 왼손을 제자의 다리 사이에 집어넣어 허벅지를 붙잡습니다.

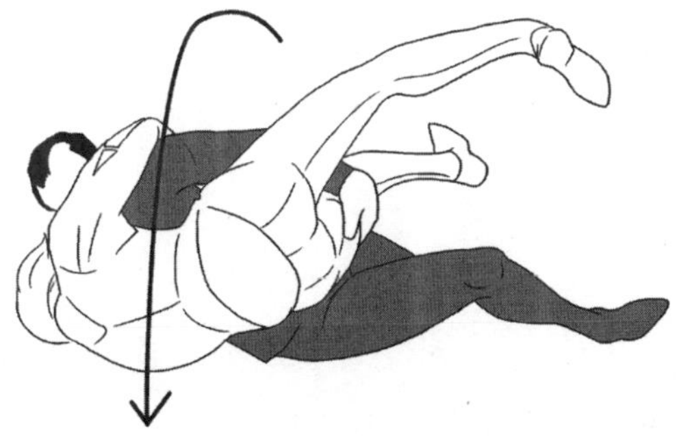

2

스승은 두 손으로 제자의 몸을 뒤집어 넘어뜨립니다. 그런 다음 제자의 몸 위에 올라타고 누르기를 합니다.

레슬링 기술 16

손가락 찢기

Finger Ripping

출전 : Ringeck/Tobler, p.209. Knight/Ringen-Dagger, p.69.

이 기술은 상대가 손을 벌리고 잡으러 다가올 때 사용합니다. 나이트의 말에 따르면 매우 간단한 기술이지만 타이밍과 결단력이 필요하다고 합니다.

1

제자가 부주의하게 내민 손가락을 양손에 하나씩 붙잡습니다. 그리고 단숨에 벌려 손가락을 찢습니다.

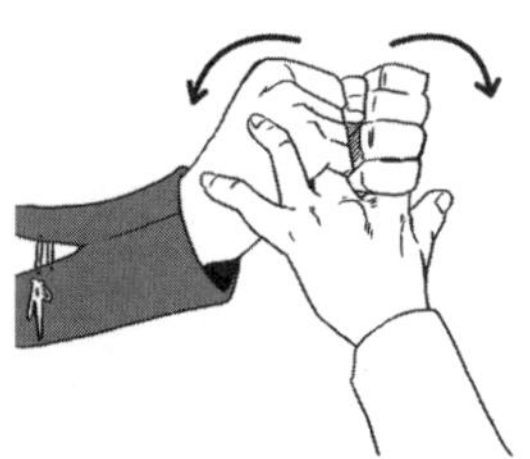

레슬링 기술 17

모트스토스 1 : 목에 대한 타격

Mortstöße 1 : Hammerfist

출전 : Ringeck/Tobler, p.210. Knight/Ringen-Dagger, p.36.

모트스토스란 독일식 레슬링에서 타격기 전반을 가리키는 말입니다. 살인공격이라는 무시무시한 이름과는 달리, 한 방에 상대를 쓰러뜨리기 위해서가 아니라 상대에게 기술을 걸 틈을 만들기 위해 사용합니다. 영국의 존 갓프리 대령은 1747년의 저서에서 귀 아랫부분에 대한 타격은 뇌로 가는 혈류를 급격히 어지럽혀 상대에게 큰 대미지를 줄 수 있다고 서술했는데, 이 공격도 그러한 효과를 노리는 것인지도 모릅니다.

1

제자의 목덜미를 주먹으로 내리칩니다.

레슬링 기술 18

모트스토스 3 : 팔꿈치치기

Mortstöße 3 : Elbow Strike

출전 : Meyer, p.246, pl.A2.

팔꿈치로 상대의 머리를 가격하는 기술은 의외로 당시의 페히트부흐에 별로 등장하지 않습니다. 메이어의 팔꿈치치기도 삽화만 있을 뿐 따로 설명문이 있는 것은 아닙니다(아마도 적는 것을 잊어버린 게 아닐까 합니다. 메이어의 책에는 삽화만 있고 설명이 없거나, 「나중에 설명한다」고 해놓고 결국 끝까지 설명을 덧붙이지 않은 기술이 몇 개 있습니다).

1
제자는 스승의 팔을 잡아당기면서 팔꿈치로 턱을 가격합니다.

레슬링 기술 19

모트스토스 4 : 발 밟기

Mortstöße 4 : Foot Stomp

출전 : Meyer, p.244, 3.14r. Knight/Ringen-Dagger, p.41.

발등을 밟는 기술입니다. 17세기의 데 우그는 발을 밟아서 상대가 도망치지 못하게 한 다음 주먹으로 얼굴을 때리는 방법을 소개하였습니다.

1
제자가 무게중심을 두고 있는 발을 노려, 스승이 밟고 있습니다.

레슬링 기술 20

모트스토스 5 : 깍지 낀 손으로 타격

Mortstöße 5 : Hammerfist with clasped hand

출전 : Auerswald, pl.4.

깍지 낀 손으로 상대의 잡기를 파훼하는 기술입니다. 피오레도 거의 같은 기술을 소개하였는데, 다만 피오레의 경우 대거를 가진 상대에게 옷깃을 잡혔을 때 옷깃을 잡은 상대의 팔을 공격하는 기술로서 소개하고 있습니다. 또한 피오레는 창을 가진 상대와의 전투에서 이 기술을 응용하면 창끝 부분을 손잡이에서 떨어뜨릴 수 있다고 하였습니다.

1

제자가 스승의 팔을 잡고 있습니다. 스승은 깍지 낀 손으로 제자의 손목 부근을 힘껏 내리쳐 제자의 손아귀에서 벗어납니다.

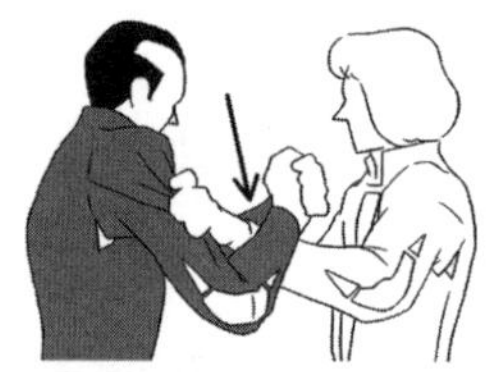

레슬링 기술 21

모트스토스 6 : 심장에 대한 타격

Mortstöße 6 : Strike over the Heart

출전 : Ringeck/Tobler, p.230.

심장에 대한 타격입니다. 링엑의 말에 따르면 이것은 온갖 종류의 상황에서 유효한 기술이라고 합니다. 즉 도보든 말을 타고 있든, 맨몸이든 갑옷을 입고 있든 효과적이라는 것입니다. 발러슈타인 사본에는 손바닥으로 타격하는 비슷한 기술이 등장합니다.

1

스승은 왼손으로 제자의 옆구리 윗부분을 붙잡고 심장을 세게 때립니다.

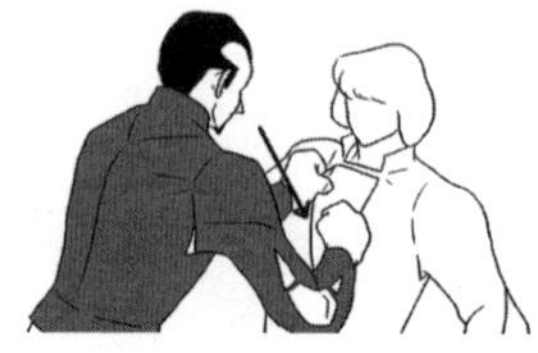

레슬링 기술 22

모트스토스 7 : 고간에 대한 무릎치기

Mortstöße 7 : Knee Kick

출전 : Ringeck/Tobler, p.231. Wallerstein, pl.133. Dürer, (Ringen) No.55. Fiore(Getty), 7v. Knight/Ringen-Dagger, p.39. Meyer, pp.244-245, 3.14r.

고간은 방어하기 어려울 뿐만 아니라 사각이 되기 쉽습니다. 게다가 갑옷으로 방어할 수 없는 몇 안 되는 부위이기 때문에, 많은 페히트부흐가 이곳을 공격하는 기술을 소개하고 있습니다.

1

스승은 제자의 상반신을 붙잡고 무릎으로 고간을 가격합니다. 발러슈타인 사본에서는 먼저 양손으로 얼굴에 페인트 공격을 한 다음 무릎치기를 합니다.

2 카운터

스승이 무릎치기를 하려는 것을 본 제자는 재빨리 무릎을 들어 스승의 공격을 막습니다. 그리고 즉시 펀치를 날리거나 발을 내리찍으며 공격합니다.

레슬링 기술 23

모트스토스 8 : 관자놀이에 대한 타격

Mortstöße 8 : Temple Strike

출전 : Ringeck/Tobler, p.232.

주먹으로 관자놀이를 때리는 기술입니다. 여기서는 단순한 타격으로 취급하고 있지만 복싱의 훅과 같은 펀치를 가리키는 것일 수도 있습니다(Tobler의 해석으로부터).

1

왼손으로 제자의 상반신을 붙잡고 오른손으로 제자의 관자놀이를 가격합니다.

레슬링 기술 24

모트스토스 9 : 더블 해머피스트 펀치

Mortstöße 9 : Double Hammerfist

출전 : Ringeck/Tobler, p.233. Knight/Ringen-Dagger, p.37. Fiore(Getty), 8r.

두 주먹을 내리쳐 상대의 목이나 관자놀이를 동시에 타격합니다. 나이트는 상대의 팔이 자유롭지 못할 때 사용해야 한다고 주장하였습니다.

1

제자의 목을 향해 두 주먹을 내리칩니다.

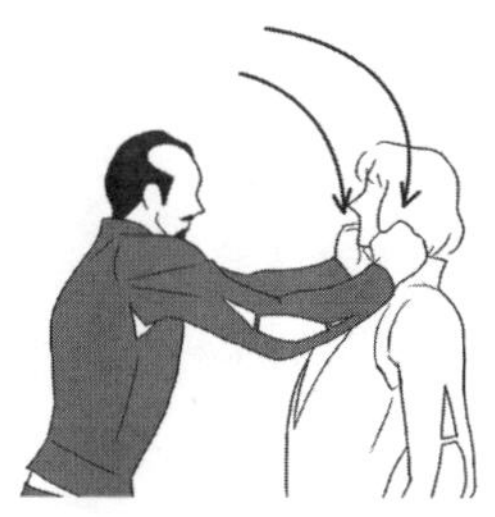

2 다른 버전

피오레 버전에서는 상대가 이쪽의 동체를 붙잡았을 때의 카운터로서 두 주먹으로 상대의 얼굴을 가격합니다. 그의 말에 따르면 갑옷을 입은 상대에게는 효과가 없다고 합니다. 당시의 투구는 얼굴 부분이 뾰족하게 돌출되어 있어서 그런 곳을 주먹으로 치다간 오히려 이쪽이 대미지를 입기 때문입니다.

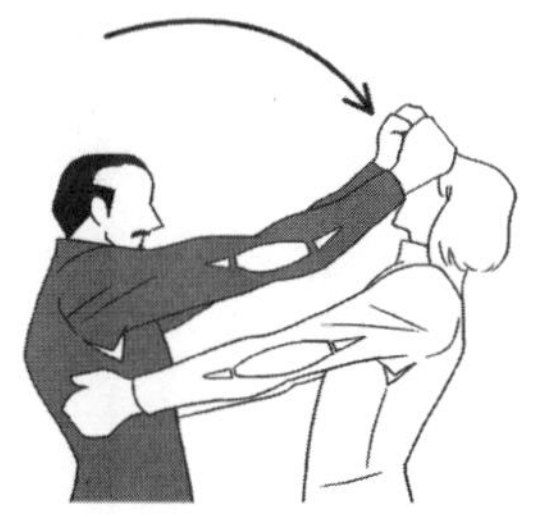

3 카운터

제자는 스승의 팔꿈치 언저리를 붙잡아 공격을 막고 왼손으로 스승의 오른쪽 다리를 들어올려 쓰러뜨립니다.

레슬링 기술 25

모트스토스 10 : 볼 누르기 · 입 찢기

Mortstöße 10 : Cheek Thumbing / Cheek Rip

출전 : Ringeck/Tobler, p.234. Knight/Ringen-Dagger, p.39.

볼 누르기와 입 찢기는 사실 같은 문장을 기반으로 한 기술입니다. 한 문장에서 두 가지 기술이 나온 이유는 원문에 대한 토블러와 나이트의 해석이 다르기 때문입니다. 필자는 토블러의 해석이 좀 더 원문에 가깝다고 생각하지만 나이트의 해석도 잘못된 것은 아닙니다.

1 **볼 누르기(토블러의 해석)**

두 손으로 머리를 붙잡고 엄지손가락으로 볼을 세게 누릅니다. 동시에 오른손으로 제자의 머리를 누르며 목을 비틉니다.

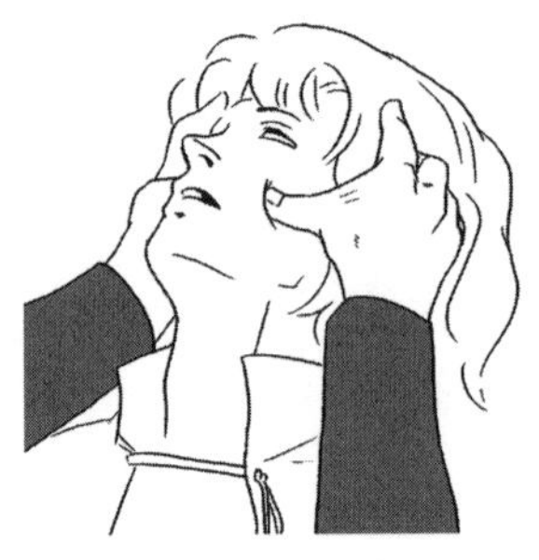

2 **입 찢기(나이트의 해석)**

머리를 붙잡고 엄지손가락을 입에 집어넣은 다음 양쪽으로 잡아당겨 찢습니다.

레슬링 기술 26

스트레이트 암바를 이용해 던지기

Straight Arm Bar Throw

출전 : Ringeck/Tobler, p.240. Wallerstein, pl.35.

앞에서 소개한 기술 6「스트레이트 암바」와 거의 비슷하지만 상대의 팔을 꺾는 것보다 상대를 던지는 것에 더 중점을 둔 기술입니다. 발러슈타인 사본에서는 기술 39「다리 걸어 뒤로 넘기기」에 대한 카운터로서 소개하고 있습니다(Tobler의 해석으로부터).

1

스승은 오른손으로 제자의 오른손을 붙잡습니다.

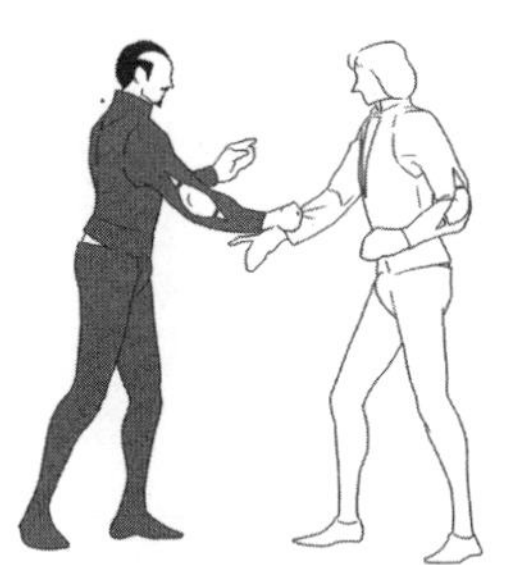

2

그리고 붙잡은 제자의 팔을 잡아끕니다. 동시에 오른발을 당기고 몸을 회전시키면서 왼발을 제자의 오른발 앞에 딛습니다.

3

제자의 오른쪽 손목을 비틀며 한층 더 오른쪽으로 끌어당깁니다. 그런 다음 왼손으로 제자의 팔꿈치를 눌러 관절을 꺾고 다리를 걸어 넘어뜨립니다. 빠르고 힘있게 기술을 걸면 제자의 팔을 부러뜨리면서 던질 수도 있습니다.

레슬링 기술 27

어깨 대어 팔 꺾기

Over the Shoulder Arm Break

출전 : Ringeck/Tobler, p.241. Wallerstein, pl.76. Dürer, (Ringen) No.16, 33.

스트레이트 암바의 일종으로, 상대의 팔을 자신의 어깨 위에 짊어지듯 메고 꺾는 기술입니다. 발러슈타인 사본에 따르면 상대가 자신의 팔을 강하게 잡고 있을 때 효과적이라고 합니다(Tobler의 해석으로부터).

1

양손으로 제자의 한쪽 손을 붙잡습니다.

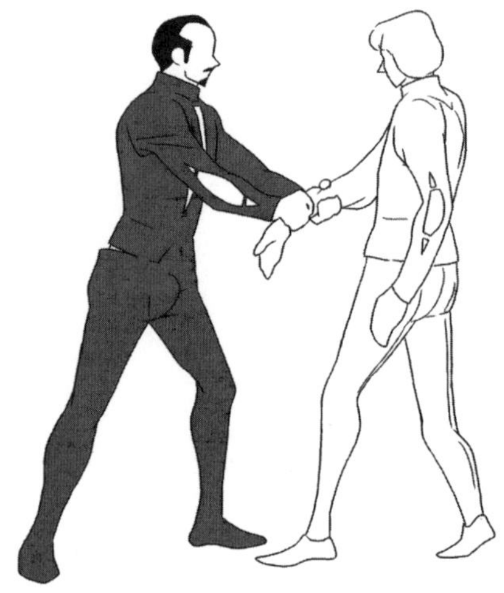

2

스승은 뒤로 돌아 제자의 팔이 일자로 펴지도록 잡아당기면서 손바닥이 위로 가게 비틉니다. 그리고 제자의 팔을 자신의 어깨에 걸치고 꺾습니다.

레슬링 기술 28

손가락 꺾기에 대한 카운터, 어깨 대어 팔 꺾기

Over the Shoulder Arm Break Counter to the Finger Break

출전 : Talhoffer(1459), 55v. Wallerstein, pl.119, 120. Dürer, (Ringen) No.71, 72.

이 항목에서는 「상대의 팔을 잡았을 때 주의할 점」, 「상대가 손가락을 잡고 꺾으려 할 때의 대처법」, 「카운터로 상대의 팔을 꺾는 방법」, 그리고 「팔을 꺾는 카운터를 다시 카운터하는 방법」에 대해 설명하겠습니다.

1

스승이 두 손으로 제자의 아래팔을 잡았습니다. 이때 스승은 수평자세를 취하고, 머리와 다리를 보호하면서 제자의 반격에 대비합니다. 또한 두 손을 포개어 잡음으로써 제자가 손가락을 붙잡지 못하게 합니다.

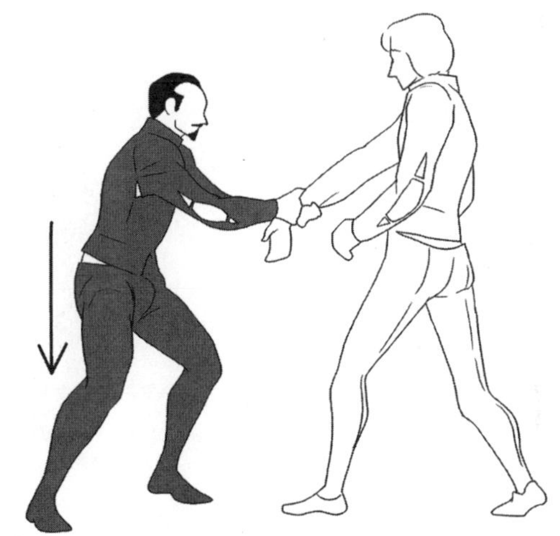

2

그런데도 제자에게 손가락을 붙잡혔다면 붙잡히지 않은 쪽 손으로 제자의 손목을 단단히 잡아 고정시킵니다. 손가락을 꺾을 때는 손목의 힘을 사용해야 하므로 이렇게 손목의 움직임을 봉쇄하는 것만으로도 손가락 꺾기를 막을 수 있습니다.

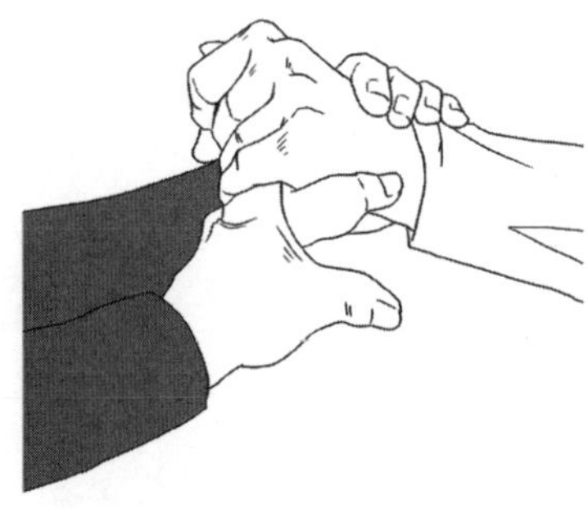

3

제자의 손목을 잡은 채 몸을 회전시키면서 제자의 팔을 어깨에 걸치고 꺾습니다.

4 카운터

스승이 등을 보이면 잡힌 팔을 뒤로 힘껏 끌어당깁니다.

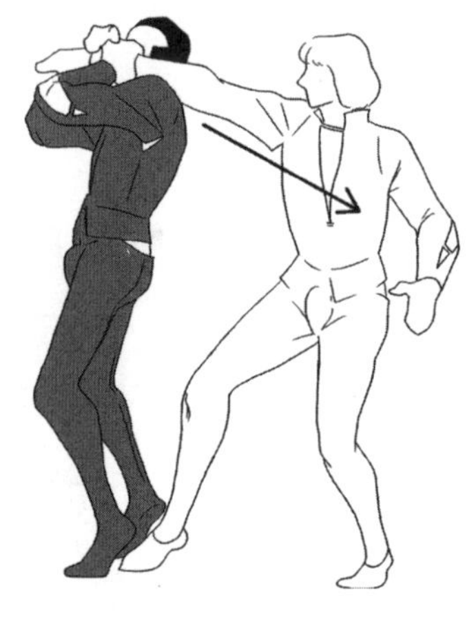

5

스승의 등을 발로 차거나 밀어내 스승의 손에서 벗어납니다.

레슬링 기술 29

상단 키 록을 이용해 던지기

Upper Key Throw

출전 : Ringeck/Tobler, p.242.

키 록은 유럽의 레슬링에서 매우 대중적인 기술입니다. 여기에서는 키 록과 던지기의 혼합기를 소개합니다(Tobler의 해석으로부터).

1

제자가 왼손으로 스승의 오른팔을 잡고 있습니다. 이때 손을 돌려 역수로 잡습니다. 언뜻 보기에는 위화감이 느껴지지만, 당시에는 위에서 내려오는 공격을 막을 경우 이렇게 잡는 것이 일반적이었습니다. 특히 대거 공격을 방어할 때에는 필수적인 기술입니다.

2

붙잡은 스승의 팔을 가능한 한 직각으로 꺾어 그대로 유지한 채 오른팔을 스승의 위팔에 두릅니다. 동시에 오른발을 스승의 오른발 뒤에 딛습니다.

3

스승의 팔에 두른 오른손으로 자신의 왼손을 잡고 앞으로 밀면서 스승의 어깨를 꺾습니다. 그리고 발을 걸어 스승을 넘어뜨립니다.

레슬링 기술 30

무릎 꺾기 · 가랑이 찢기

Beinbrüch 5

출전 : Ringeck/Tobler, p.244.

Beinbrüch(하지골절)이라는 것은 매우 애매한 단어로, 토블러의 말에 따르면 지면과 발 사이의 접촉을 끊어 상대를 넘어뜨리는 기술이라고 합니다. 하지만 이 카테고리에 포함되어 있는 기술 중에는 그러한 정의에 들어맞지 않는 것도 있기 때문에 실제로 이 단어가 어떠한 의미를 가지고 있었는지는 불명입니다(Tobler의 해석으로부터).

1 **무릎 꺾기**

스승은 제자의 다리를 들어올린 다음 오른손으로 발뒤꿈치를 잡고 왼손으로는 무릎을 눌러 부러뜨립니다.

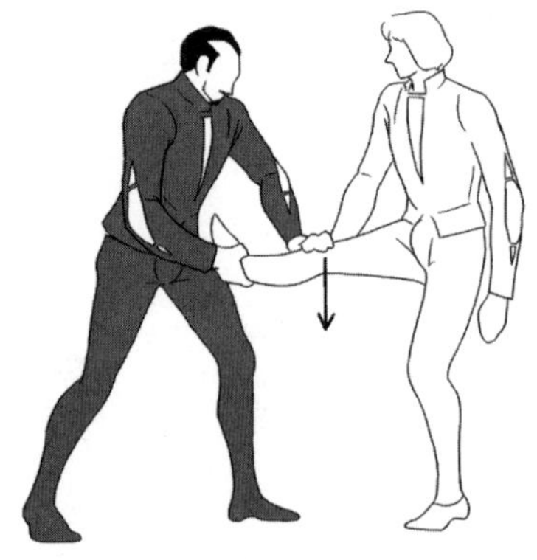

2 **가랑이 찢기**

제자를 바닥에 똑바로 넘어뜨리고 한쪽 다리를 붙잡습니다(또는 한쪽 다리를 들어올려 제자를 뒤로 넘어뜨립니다). 그리고 잡은 다리를 제자의 머리 쪽으로 힘껏 밀어 엉덩이 관절을 뽑습니다.

레슬링 기술 31

다리 걸어 넘기기

A Throw over the Leg

출전 : Ringeck/Tobler, p.248.

이 기술은 상대의 팔을 비틀어 올려 상대를 뒤로 쓰러뜨리는 기술입니다(Tobler의 해석으로부터).

1

제자가 오른손으로 스승의 오른손 손가락을 붙잡습니다.

2

제자는 왼발로 스승의 오른발을 겁니다. 동시에 스승의 손가락을 비틀어 올리면서 왼손으로 오른쪽 팔꿈치 언저리를 붙잡아 위로 밀어냅니다. 그리고 그대로 스승을 밀어 넘어뜨립니다.

레슬링 기술 32

들어넘기기
Lifting Throw

출전 : Ringeck/Tobler, p.249.

상대의 다리 사이에 손을 집어넣고 허리를 들어올려 뒤로 메치는 기술입니다(Tobler의 해석으로부터).

1

스승은 제자가 뻗은 왼팔을 바깥쪽으로 쳐내 공격할 틈을 만듭니다.

2

재빨리 파고들어 오른손을 제자의 다리 사이에 집어넣고 허리를 붙잡아 들어올립니다. 동시에 왼손으로는 목을 뒤로 밀어 제자를 쓰러뜨립니다.

3 카운터

스승이 다리 사이로 손을 뻗는 것을 본 제자는 두 손으로 스승의 팔꿈치 언저리를 붙잡아 힘껏 끌어올립니다. 이렇게 하면 제자의 고간과 팔이 힘점과 받침점으로 작용하여 스승의 팔꿈치 관절을 꺾게 됩니다.

레슬링 기술 33

다리 잡아 메치기

Double Leg Pull

출전 : Ringeck/Tobler, p.253. Wallerstein, pl.83. Dürer, (Ringen) No.23. Auerswald, pl.29.

엄밀히 말해 유도의 다리 잡아 메치기와는 다른 기술이지만, 기술을 거는 방식이 비슷하여 번역명으로 적합할 것 같아 이 이름을 사용하였습니다. 상대의 두 다리를 잡아끌면서 머리로는 상반신을 뒤로 밀어 쓰러뜨리는 기술입니다. 발러슈타인 사본에서는 얼굴에 페인트 공격을 한 다음 이 기술을 사용하고 있습니다. 또한 이 기술을 사용하기 위해서는 빠른 스피드가 필요하다고 합니다.

1

스승은 제자의 두 다리를 붙잡고 앞으로 당기면서, 머리로는 제자의 가슴을 뒤로 밀어 제자를 쓰러뜨립니다.

2 카운터 : 토블러의 해석

스승이 다리를 잡으려고 달려들면 뒤로 물러나서 스승의 어깨를 아래로 눌러 쓰러뜨립니다. 이 기술에 대한 토블러의 해석은 원문과는 조금 다릅니다.

3 카운터 : 원문 그대로의 해석

위에서 스승을 덮쳐 겨드랑이 사이에 양팔을 집어넣고 목을 붙잡습니다(그림에는 손목이 교차되어 있습니다). 그런 다음 어떻게 해야 하는지는 언급되어 있지 않지만, 앞에서 소개한 태클에 대한 카운터처럼 더욱 자세를 낮춰 스승을 짓누를 것으로 추측됩니다. 참고로 원문에는 「위로부터 겨드랑이 아래를 통과해 붙잡고 단단히 버틴다.」라고 적혀 있습니다.

레슬링 기술 34

팔 꺾고 다리 들어 넘기기

Leg Lift Throw with Arm Lock

출전 : Ringeck/Tobler, p.257.

상대의 팔에 관절기를 걸고 나서 메치는 기술입니다.

1

제자는 스승의 왼쪽 옆구리에 오른손을 찔러 넣습니다. 이렇게 하면 잠깐 동안이지만 스승의 왼손을 봉쇄할 수 있습니다.

2

재빨리 스승의 오른쪽 손목을 잡고 등 뒤로 끌어올려 꺾습니다.

3

그런 다음 오른손을 아래로 내려 스승의 왼쪽 다리를 붙잡고 들어올립니다. 동시에 왼손으로는 스승의 팔을 뒤로 밀어 스승을 넘어뜨립니다.

레슬링 기술 35

들어올리기에 대한 카운터

Over the Shoulder Armbar Throw Counter to the Body Lift

출전 : Wallerstein, pl.86. Dürer, (Ringen) No.26.

자신보다 힘이 강하거나 스피드가 빠른 상대가 자신을 들어올렸을 때의 대처법입니다. 그저 뿌리치는 것만이 아니라 상대의 어깨를 꺾어 반격합니다.

1

제자가 여제자를 들어올립니다.

2

여제자는 왼손을 제자의 턱 밑(원문에서는 「턱의 뒤」)에 대고 힘껏 밀어 제자의 베어 허그로부터 벗어납니다.

3

바닥에 내려선 여제자는 재빨리 오른팔을 들어 제자의 왼쪽 어깨 위로 가져갑니다. 그리고 왼손으로 자신의 오른쪽 손목을 잡습니다.

4

여제자는 몸을 회전시키며 오른발을 제자의 왼발 앞에 딛습니다. 동시에 오른팔로 제자의 어깨를 내리눌러 제자의 어깨를 꺾으면서 앞으로 메칩니다. 이때 제자의 팔을 부러뜨릴 수도 있습니다.

레슬링 기술 36

턱 누르기에 대한 카운터

Against the Jaw Push

출전 : Wallerstein, pl.89. Dürer, (Ringen) No.29.

지금까지의 설명을 통해 알 수 있듯이 정면에서 상대에게 붙잡혔을 때는 일단 턱이나 목을 밀어내는 것이 당시의 상식이었습니다. 이 항목에서는 그런 턱 누르기에 대한 대처법을 소개합니다.

1

제자가 스승의 턱을 밀어내 스승에게서 벗어나려 합니다. 하지만 스승은 턱을 끌어당겨 제자의 손이 턱 밑으로 들어오는 것을 막습니다.

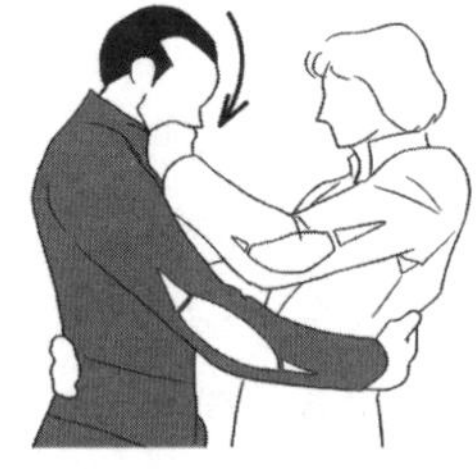

2

그래도 제자가 계속 턱을 밀려고 하면 왼손을 제자의 목에 감아 뒤에서 얼굴을 붙잡습니다. 이때 스승은 손으로 제자의 코와 입을 막습니다.

3

왼발로 제자의 오른발을 걸고 왼손으로 제자의 얼굴을 비틀며 뒤로 넘어뜨립니다. 아마도 손가락을 코나 입에 걸어 그것을 잡아찢듯이 끌어당겼을 것으로 추측됩니다.

레슬링 기술 37

암바를 이용해 발목 걸어 넘기기를 카운터하기
Over the Shoulder Armbar Counter to the Heel Throw

출전 : Wallerstein, pl.97. Dürer, (Ringen) No.117.

상대가 발목 걸어 넘기기를 시도할 때 자신의 옷깃(또는 목)을 잡은 상대의 팔을 꺾는 기술로, 기술 35에서 여제자가 사용한 것과 기본적으로 동일합니다. 이 기술은 좌우 두 가지 버전이 있습니다.

1

제자는 스승의 오른팔을 잡아당기며 왼발을 걸어 스승을 앞으로 넘어뜨리려 합니다.

2

제자가 더욱 힘껏 끌어당기기 위해 자세를 낮추는 순간 스승은 왼팔을 들어 제자의 오른쪽 어깨 위로 가져갑니다.

3

오른손으로 자신의 왼쪽 손목을 잡고 제자의 팔을 아래로 눌러 어깨 관절을 꺾습니다.

레슬링 기술 38

다리 걸어 넘기기

Throw Over the Leg

출전 : Ringeck/Tobler, p.261. Talhoffer(1459), 55v. Talhoffer(1467), pl.194.

레슬링에서 다리를 걸어 넘기는 기술은 다리를 붙잡고 던지는 기술만큼이나 여러 종류가 있습니다. 여기에서는 상대의 목을 밀어 쓰러뜨리는 것으로 설명하지만, 실전에서는 그저 밀어내는 것만이 아니라 조르면서 메쳤을 가능성도 있습니다.

1

제자가 스승의 왼손을 붙잡고 아래로 끌어내립니다. 또는 스승이 붙잡힌 손을 아래로 내리고 있습니다.

2

스승은 전진해서 왼발로 제자의 오른발을 겁니다. 동시에 오른손으로 제자의 목을 붙잡고 뒤로 밀어 넘어뜨립니다.

3 **다른 버전**

탈호퍼 버전에서는 오른손으로 목을 밀어내는 동시에 왼손을 제자의 몸에 감아 보다 강한 힘으로 넘어뜨립니다.

레슬링 기술 39

다리 걸어 뒤로 넘기기

Back-Lever Throw

출전 : Meyer, p.244, 3.14v. Knight/Ringen-Dagger, p.48.

이 기술은 유럽의 레슬링에서 가장 많이 사용되는 기술 중 하나입니다. 한쪽 발을 상대의 발 뒤에 딛고 서서(상대와 옆으로 나란히 서서) 상대에게 가까운 쪽 팔로 상대를 밀어 쓰러뜨리는 기술입니다. 동작이 단순하기 때문인지 여러 가지 베리에이션이 있습니다.

1

스승이 왼손으로 제자의 오른 팔을 붙잡습니다.

2

제자는 왼손으로 재빨리 스승의 왼쪽 손목을 붙잡고 날카롭게 잡아당깁니다.

3

끌어당긴 스승의 왼발 뒤에 오른발을 내딛는 동시에 오른팔을 스승의 왼쪽 어깨 위에 걸칩니다. 이때 오른쪽 팔꿈치가 스승의 목이나 가슴에 오도록 합니다.

4

오른팔로 스승의 몸을 뒤로 밀어 쓰러뜨립니다.

레슬링 기술 40

팔에 대한 팔꿈치치기

Elbow Strike on Arm

출전 : Wallerstein, pl.124. Dürer, (Ringen) No.76. Talhoffer(1467), pl.220.

옷깃을 붙잡은 상대의 팔을 팔꿈치로 치는 기술입니다.

1

스승이 왼손으로 제자의 옷깃을 잡고 있습니다.

2

제자는 왼손으로 스승의 손목을 붙잡고 반시계방향으로 돌면서 오른손을 높이 듭니다.

3

오른발을 안쪽으로 디디며 스승을 잡아당기는 동시에 오른쪽 팔꿈치로 스승의 팔꿈치 관절을 내리찍습니다.

4 **다른 버전**

탈호퍼 버전에서는 스승이 팔을 뻗어 잡으려 할 때 왼손으로 스승의 팔을 가슴에 끌어안듯 붙잡고 오른쪽 팔꿈치를 내리칩니다. 다만 이것은 기술 47「하단 다리 들어 메치기」의 중간 동작이라는 말도 있습니다.

레슬링 기술 41

박치기
Head Butt

출전 : Wallerstein, pl.125. Dürer, (Ringen) No.77.

이름은 박치기지만 정확하게는 유도의 오금 잡아 메치기 같은 기술이라고 해석할 수 있습니다. 상대가 이쪽의 옷깃을 잡고 이리저리 끌어당길 때 기습하는 용도로 사용합니다.

1

제자가 스승의 옷깃을 잡고 끌어당기려 합니다. 스승은 당분간 저항하지 않고 제자가 하고 싶은 대로 하게 놓아둡니다.

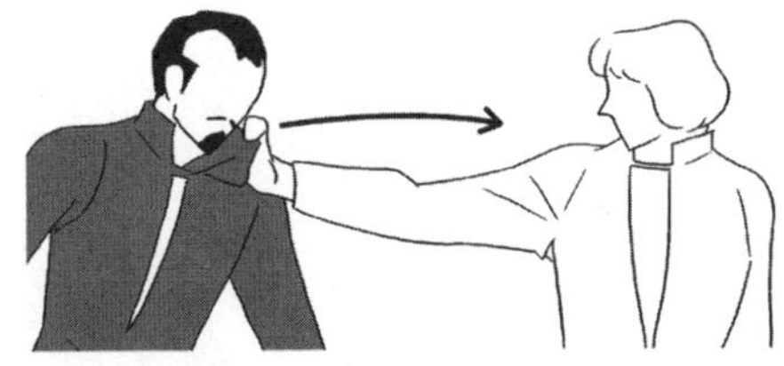

2

그러다 제자의 허를 찔러 재빨리 제자의 가슴에 머리부터 파고듭니다. 스승은 우반신을 앞으로 들이밀며 제자의 배에 박치기를 합니다. 문장으로는 따로 설명하고 있지 않지만 삽화에서 스승은 오른손으로 제자의 왼쪽 다리를 붙잡아 들어올리고 있습니다.

레슬링 기술 42

어깨 누르기에 대한 카운터

23rd Technique

출전 : Ringeck/Tobler, p.269.

상대가 팔을 뻗어 어깨를 누를 때 그 팔 아래로 팔꿈치를 찔러 넣어 움직이지 못하게 한 다음 메치는 기술입니다. 겨드랑이에 팔을 찔러 넣어 움직임을 봉쇄한다는 발상이 조금 기묘하게 느껴질 수도 있지만, 방패 사용법에 등장하는 비슷한 기술의 원리를 참고한 것인지도 모릅니다(Tobler의 해석으로부터).

1

스승이 제자의 오른팔을 붙잡고 있습니다.

2

거기에 대항하여 제자는 붙잡힌 오른손으로 스승의 어깨를 누릅니다.

3

즉시 스승은 제자의 겨드랑이 아래로 왼쪽 팔꿈치를 밀어 올려 제자의 오른팔을 봉쇄합니다.

4

왼쪽 팔꿈치로 힘껏 눌러 제자를 뒤로 밀어내면서 왼발을 제자의 오른발 뒤에 딛습니다. 그리고 남은 오른손으로 제자의 오른쪽 다리를 붙잡고 들어올려 제자를 넘어뜨립니다.

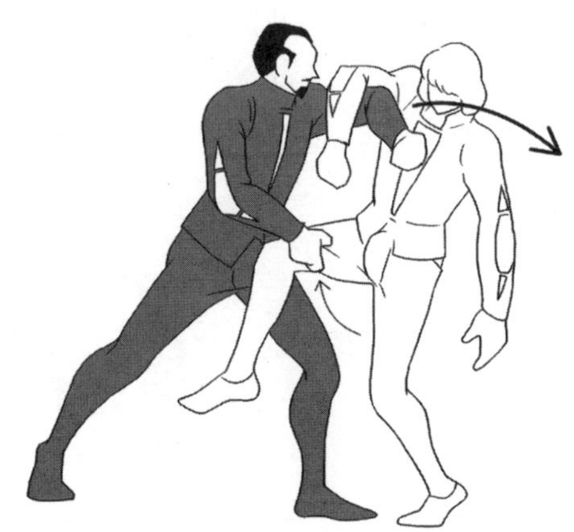

5 상단방어를 이용한 오른팔 (잘 쓰는 쪽의 팔) 봉쇄

바이킹의 방패를 이용하여 오른팔을 봉쇄하는 기술에 대한 추정복원도입니다. 방패로 상대의 겨드랑이를 찔러 팔을 못 움직이게 한 다음 검으로 찌릅니다. 이후 시대에 등장하는 팔에 동여매는 타입의 방패로도 이 기술을 충분히 구사할 수 있습니다.

레슬링 기술 43

고간 들어올려 던지기

Throw with a Hand Between the Legs

출전 : Ringeck/Tobler, pp.281, 284, 285.

상대의 다리 사이에 손을 집어넣고 들어올려 던지는 기술입니다. 여기서는 토블러의 해석을 따르고 있지만 원문에는 「어깨 위로 들어올려」 던진다고 되어 있습니다. 그러나 「어깨 위로 들어올린다」는 말이 반드시 어깨 위에 올려놓는 것을 의미하지는 않으므로 실제로 어땠을지는 불명입니다.

1

두 사람은 서로 팔을 잡고 있습니다.

2

스승은 왼발을 내디디며 왼팔을 제자의 다리 사이로 집어넣어 허리를 붙잡습니다.

3

오른손으로 제자의 몸을 끌어당기면서 왼팔로 제자의 몸을 들어올려 던집니다.

4 **카운터**

스승이 들어올리려 하면 제자는 양손으로 스승의 겨드랑이 아래를 잡고 반대로 스승을 들어올립니다.

5 **카운터에 대한 카운터**

제자가 스승의 겨드랑이 아래를 잡고 들어올리려 하고 있습니다.

6

스승은 몸을 반시계방향으로 돌면서 오른손으로 제자의 팔 아래쪽을 빠져나가 등을 끌어안듯 붙잡습니다.

7

그리고 오른손으로 제자의 어깨를 눌러 꺾습니다.

레슬링 기술 44

허리메치기

Huf

출전 : Wallerstein, pl.36.　Dürer, (Ringen) No.5.　Auerswald, pl.24.

허리메치기는 자신의 허리를 축으로 상대를 메치는 기술입니다. 여기에서는 두 손으로 상대의 팔을 잡고 메치는 기술을 소개합니다. 이 책에는 수록하지 않았지만 이것과 비슷한 기술로「세 번째 수평던지기」(Drit Twirch Treib : Wallerstein, pl.38. Dürer, (Ringen) No.105.)라는 것이 있습니다. 또한 이 기술에는 좌우 두 가지 버전이 존재합니다.

1

제자가 스승의 양팔 바깥쪽을 붙잡고 있습니다.

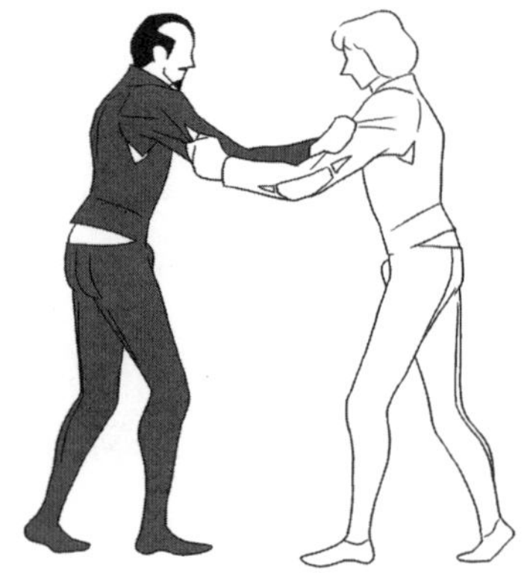

2

잡고 있던 오른손을 떼어 스승의 오른쪽 겨드랑이 아래를 통해 밖으로 빼냅니다.

3

두 손으로 스승의 팔을 잡고 오른쪽 팔꿈치를 뻗어 스승의 몸을 누릅니다. 그리고 동시에 오른발을 스승의 등 뒤에 딛습니다.

4

두 손으로 스승의 팔을 날카롭게 잡아채면서 스승을 허리 위에 싣고 던집니다(그림은 그렇게 보이지 않지만).

5 다른 버전

이 버전에서는 두 손으로 팔을 잡아당기는 것이 아니라 오른손으로 상대의 몸을 안아서 던집니다. 아우어스발트는 두 사람의 엉덩이가 서로 맞닿는다는 데서 이 기술을 Zwo Hüffe(두 엉덩이), 영어로는 Cross Buttock(엉덩이 걸쳐 던지기)이라고 불렀습니다. 또한 삽화로는 알아보기 힘들지만 스승의 왼팔은 제자의 오른팔 밑에 깔린 상태입니다.

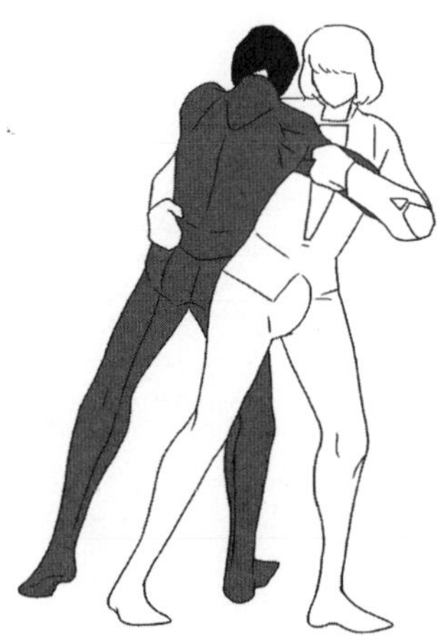

레슬링 기술 45

무릎 구부리기

Strike Against the Knee

출전 : Wallerstein, pl.37. Dürer, (Ringen) No.104.

무릎 구부리기는 아이들이 흔히 하는 장난 중 하나입니다. 여기에서는 상대가 자신을 메치려 할 때 등 뒤로 돌아가 상대의 무릎 뒤를 자신의 무릎으로 밀어 넘어뜨립니다.

1

스승이 제자를 메치려 하고 있습니다.

2

제자는 몸을 회전시켜 스승의 등 뒤로 돌아가 목을 조르는 동시에 스승의 무릎 뒤를 자신의 무릎으로 누르며 뒤로 잡아당겨 넘어뜨립니다.

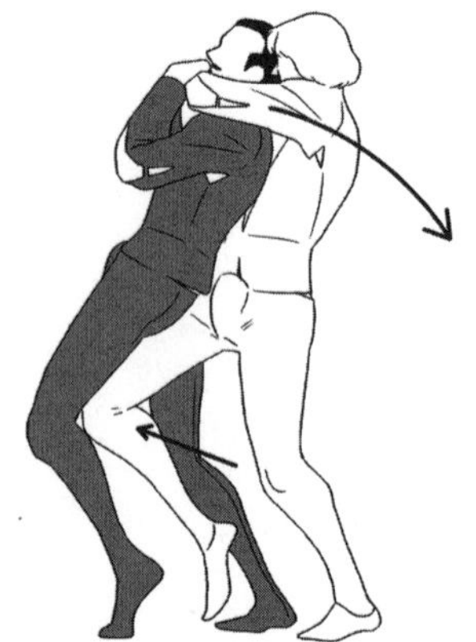

3 빗나갔을 때

스승이 무릎을 움직여 제자의 공격을 피했습니다. 그러자 제자는 목을 조르던 왼손을 놓고 모든 체중을 실어 스승의 등 뒤에 매달립니다. 그리고 비어 있는 왼손으로 스승의 무릎 뒤를 때립니다.

4

스승이 비틀거리면 오른손으로 힘껏 잡아당겨 자신의 몸 너머로 던집니다.

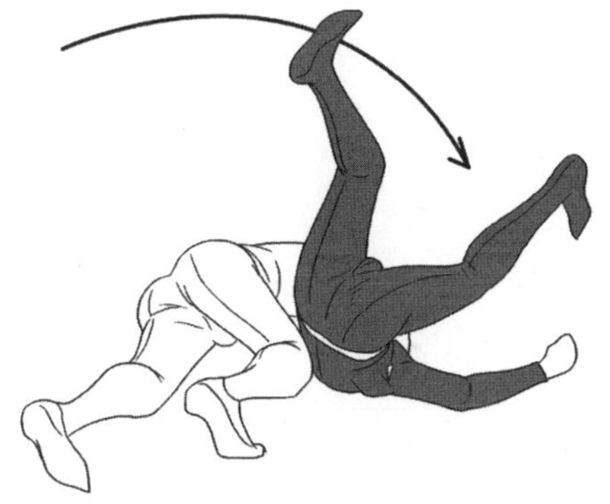

레슬링 기술 46

네 번째 수평던지기

Horizontal Stance 4

출전 : Wallerstein, pl.40. Dürer, (Ringen) No.82. Talhoffer(1467), pl.204.

앞에서도 잠깐 언급한 적이 있는 「수평던지기」란 발러슈타인 사본에 등장하는 일련의 메치기 기술을 뜻하는 말로 전부 7개가 있습니다. 하지만 그 7개의 기술은 서로 연관성이 매우 희박하여 어째서 하나로 묶어놓았는지 이상할 정도입니다. Horizontal Stance라는 이름은 자빈스키가 번역하여 붙인 것으로, 원문에서는 Twirch Treib라고 하며 현대 독일어로 옮기면 Zwerchstellung가 되므로 「횡렬」이나 「수평위치」 정도의 단어로 볼 수 있습니다. 그것을 근거로 「상대가 옆으로 넘어지도록 던지는 기술」이라고 해석하는 것도 가능하지 않을까 합니다.

1

스승이 제자의 양팔 안쪽을 붙잡고 있습니다.

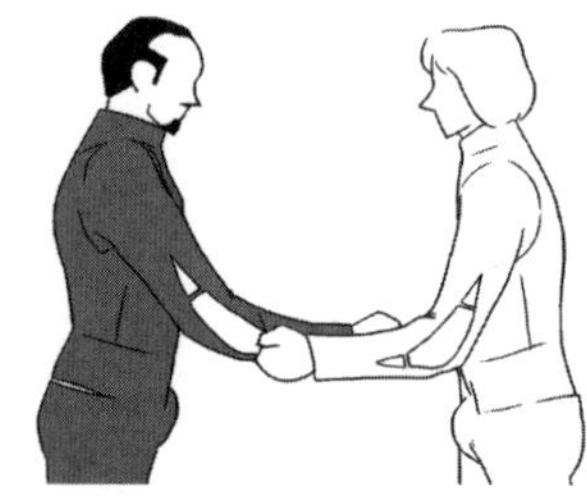

2

오른손을 놓고 잠시 제자 주위를 맴돕니다.

3

그러다 제자의 허를 찔러 오른발로 제자의 오른발을 거는 동시에 팔꿈치로 어깨를 찍습니다. 원문에는 팔꿈치로 찍는 것이 「어깨 뒤」라고 적혀 있으나 삽화에서는 어깨에 명중하고 있습니다.

4

팔꿈치로 제자의 어깨를 계속 밀어붙여 뒤로 쓰러뜨립니다.

5 다른 버전

탈호퍼 버전에서는 팔꿈치가 아닌 손으로 밀어붙입니다.

하단 다리 들어 메치기

Ander Stücke : Over the Arm Leg Lift

출전 : Talhoffer(1459), 53r. Talhoffer(1467), pl.192. Meyer, p.245, 3.15v. Knight/Ringen-Dagger, p.46. Auerswald, pl.3.

상대의 팔 위로 손을 뻗어 다리를 들어올린 다음 메치는 기술입니다. 기술 40 「팔에 대한 팔꿈치치기」와 매우 유사합니다. 아우어스발트 버전에서는 손목이 아니라 팔꿈치 언저리를 잡고 메칩니다. 또한 발러슈타인 사본의 「다섯 번째 수평던지기」는 이 기술의 일종으로 추측되는데, 여기에서 소개하는 기술과의 차이점은 상대의 다리를 바깥쪽에서 잡는다는 점과 다리를 들어올려 균형을 잃게 하는 것이 아니라 다리를 단단히 붙잡고 밀어서 넘어뜨린다는 점의 두 가지입니다.

1

제자가 스승의 오른쪽 손목을 잡고 있습니다.

2

스승의 오른쪽 손목을 잡아당긴 다음 스승의 팔 위로 오른손을 뻗습니다.

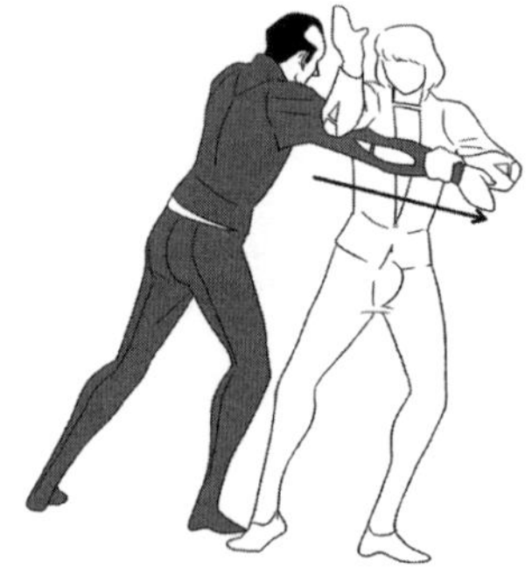

3

스승의 오른쪽 다리를 안쪽에서 붙잡고 들어올려 쓰러뜨립니다.

연습용 도구 1

모든 무술에는 연습이 필요하기 마련인데, 유럽 무술의 연습용 도구는 어떤 것이었을까요. 의외로 대부분의 페히트부흐에는 연습용 도구에 대한 내용이 거의 등장하지 않습니다. 그것은 굳이 서술할 필요가 없을 만큼 당연한 상식이었기 때문일 것입니다. 또한 당시에는 안전에 대한 기준도 지금과는 상당히 달랐을 것이 틀림없습니다. 이번 칼럼에서는 무기와 방어구, 그리고 연습에 관련된 그 외의 도구들에 대해 설명하겠습니다.

1. 무기

연습용 무기는 많은 페히트부흐에서 조금씩 언급되고 있습니다. 주된 연습용 무기는 실제 무기의 모양을 본뜬 목제 도구로, 찌르기에 사용하는 부분에는 구형 단추가 붙어 있었습니다. 목제 혹은 가죽제 단추를 칼끝에 부착함으로써 연습 중에 실수로 찔리는 것을 방지했던 것으로 보입니다. 어떤 페히트부흐는 연습용 할버드의 끝 부분을 은색으로 칠해 실제 무기와 비슷해 보이도록 만들 것을 권하기도 합니다. 그 밖에 쇼트스태프와 롱스태프는 연습용 창이나 파이크로서 사용되었습니다.

탈호퍼의 것을 비롯해 여러 페히트부흐에는 날밑 부근의 칼날 폭이 넓은 검이 나오는데, 바로 연습용 롱소드를 묘사한 것입니다. 당시 독일어로 Schirmswert 또는 Schirmwâfen이라 불리던 이 검은 다른 연습용 무기보다 특수한 존재였던 것 같습니다.

이 검의 손잡이 부분은 통상적인 롱소드와 같지만, 칼날 부분은 사각형에 가까운 모양을 하고 있습니다. 날밑 부근에는 가장 큰 외형적 특징이기도 한 「방패(Schilt)」라는 넓은 부분이 있는데, 이 부분을 이용해 검의 무게균형을 조정했던 것으로 보입니다.

또한 검의 두께도 독특하여 칼끝으로 갈수록 급격하게 얇아집니다. 이것은 상대를 찔렀을 때 검이 휘면서 상처를 입지 않도록 고안한 것이지만, 검신이 지나치게 유연하여 「빈덴」 등 일부 기술은 연습하기가 불가능하다는 단점이 있습니다.

(P257에 계속)

■메트로폴리탄 미술관에 소장되어 있는 연습용 롱소드

칼날 길이 : 103.5cm
손잡이 길이 : 24.1cm
날밑 폭 : 22.2cm
「방패」 길이 : 9.5cm
「방패」 폭 : 6.9cm
검신 폭 : 2.5cm
칼날 두께 :
(날밑 부근) 0.3cm,
(칼끝) 0.08cm
무게 : 1.3kg

레슬링 기술 48

빗당겨치기

Forward Throw over the Leg

출전 : Wallerstein, pl.69. Dürer, (Ringen) No.9, 61. Talhoffer(1467), pl.202. Auerswald, pl.15, 69.

유도의 빗당겨치기와는 미묘하게 다른 기술이지만 기술을 거는 방식이 비슷하여 이 이름을 붙였습니다. 상대가 밀고 들어올 때 그 힘을 역이용하여 메치는 기술입니다.

1

스승이 제자의 가슴을 밀어붙입니다.

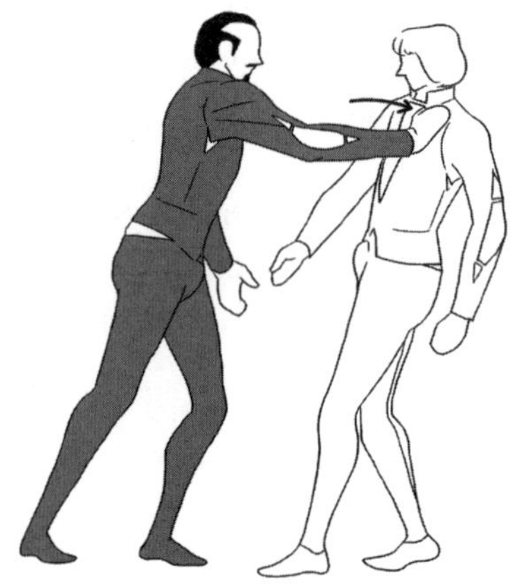

2

제자는 두 손으로 스승의 오른팔을 붙잡고 오른발을 크게 뻗어 스승의 발 앞에 가져다 댑니다.

3

그리고 스승의 팔을 힘껏 잡아당겨 오른발 너머로 쓰러뜨립니다.

4 다른 버전

탈호퍼 버전에서는 왼손으로 스승의 오른팔을 잡아끌면서 오른손으로 허리를 붙잡고 던집니다.

5 짧은허리메치기

아우어스발트는 탈호퍼의 던지기를 허리메치기로 바꾸었습니다. 그는 이 기술을 Kurtze Hüfte라고 부르며 앞에서 소개한 「허리메치기」의 간략판으로 취급하였습니다.

레슬링 기술 49

일곱 번째 수평던지기

Horizontal Stance 7

출전 : Wallerstein, pl.70, 71. Dürer, (Ringen) No.10.

상대의 팔을 끌어당기면서 다리를 움직이지 못하도록 단단히 잡아 쓰러뜨리는 기술과 그에 대한 카운터, 그리고 그 카운터에 대한 카운터를 소개합니다.

1

제자가 왼손으로 스승의 오른 팔 바깥쪽을 붙잡습니다.

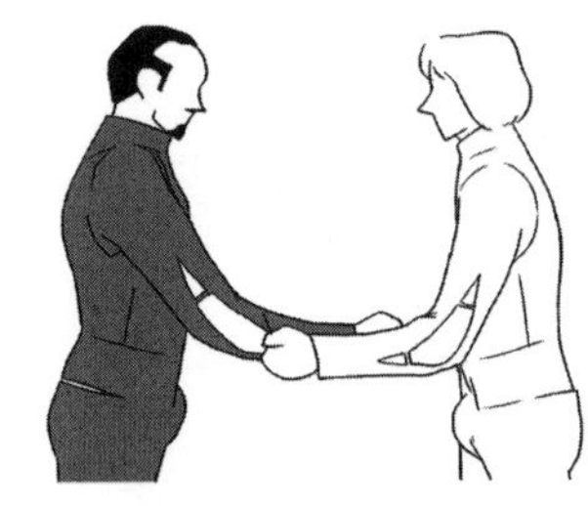

2

스승의 팔을 힘껏 잡아당깁니다.

3

오른손을 스승의 오른쪽 무릎에 가져다 댑니다.

4

팔을 잡아당기면서 오른손으로 스승의 다리를 눌러 꼼짝 못하게 한 다음 쓰러뜨립니다.

5 카운터

제자가 스승을 쓰러뜨리려 하고 있습니다.

6

스승은 왼손으로 제자의 얼굴을 붙잡습니다. 이때 엄지손가락을 코에 걸어 위쪽으로 잡아끕니다. 그리고 제자를 밀어내 기술에서 빠져나옵니다.

7 카운터에 대한 카운터

스승이 얼굴을 잡고 누르면 왼손으로 스승의 왼쪽 손목을 붙잡습니다. 그리고 오른손으로 스승의 왼쪽 팔꿈치를 아래쪽에서 붙잡습니다.

8

두 손으로 스승의 팔을 들어올려 팔꿈치 관절을 꺾으면서 앞으로 잡아당깁니다. 동시에 오른발로 스승의 발을 걸어 넘어뜨립니다.

레슬링 기술 50

어깨메치기

Throw over the Shoulder

출전 : Talhoffer(1459), 51r, 51v. Wallerstein, pl.72, 73. Dürer, (Ringen) No.12, 13. Knight/Ringen-Dagger, p.76.

상대를 어깨 위에 걸쳐 메치는 기술입니다. 발러슈타인 사본에 따르면 자기보다 리치가 긴 상대와 싸울 때 유용한 기술이라고 합니다. 탈호퍼는 이 기술을 「빠져나가기」라고 부르는데, 상대의 팔 아래쪽을 빠져나가 메치는 기술이기 때문에 붙인 이름으로 보입니다.

1

제자가 스승의 팔을 잡고 있습니다. 제자는 이 상태로 스승 주위를 맴돌면서 붙잡은 팔을 밀거나 당겨 공격의 기회를 엿봅니다. 그리고 허를 찔러 팔을 힘껏 잡아당겨서 스승이 균형을 잃고 앞으로 숙여지도록 만듭니다.

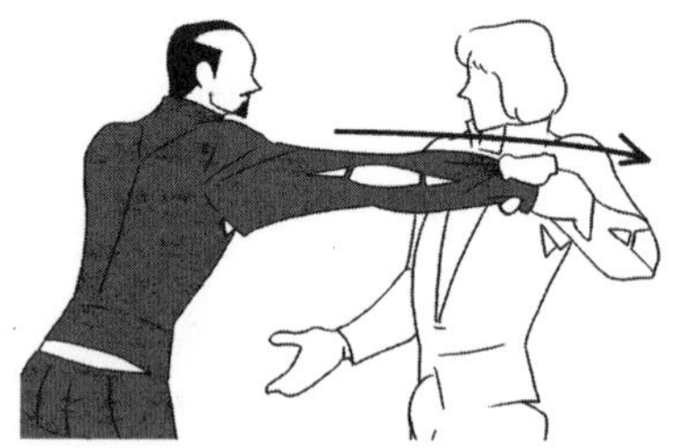

2

재빨리 자세를 낮추고 스승의 팔 아래로 파고들어 오른손으로 스승의 오른쪽 다리를 붙잡습니다.

3

그대로 스승을 들어올려 반대쪽으로 던집니다.

4 카운터 1

이 기술은 「상대의 몸 아래로 기어들어간다」는 점에서 태클과 동일한 성질을 가지고 있으며, 그에 따라 비슷한 카운터 기술이 존재합니다. 제자가 스승을 붙잡아 들어올리려 하고 있습니다.

5

스승은 제자의 목에 팔을 감아 제자를 붙잡습니다. 원문에는 적혀 있지 않지만 여기서 스승은 제자의 목을 조르고 있을 것으로 추측됩니다.

6

그리고 오른발을 뒤로 뻗어 제자의 손에서 빠져나오는 동시에 체중을 실어 제자를 누릅니다. 이때 스승은 제자를 단단히 붙잡아 제자가 자신의 등 뒤로 돌거나 뿌리치고 일어서지 못하게 합니다.

7 카운터 2

제자가 스승을 붙잡으려 하지만 스승은 옆으로 피하면서 제자의 등 뒤로 돌아갑니다.

8

오른손으로 제자의 머리를 누르며 왼손으로 제자의 허리를 잡고 들어올려 쓰러뜨립니다.

레슬링 기술 51

누르기에 대한 카운터

Counter to the Chest Press

출전 : Wallerstein, pl.74, 75. Dürer, (Ringen) No.14, 31.

이제까지의 설명을 통해 알 수 있듯이 위에서 상대를 붙잡고 체중을 실어 누르는 기술은 태클처럼 상대의 몸 아래로 파고드는 기술에 대한 카운터의 정석이었습니다. 여기서는 그러한 카운터에 어떻게 대항해야 하는지 설명하겠습니다. 참고로 발러슈타인 사본 pl.75의 앞부분에는 만약 상대의 팔이 길고 이쪽이 아무런 기술도 사용할 수 없을 정도로 강할 경우에는 상대의 손가락을 꺾고 탈출해야 한다고 나와 있습니다.

1

앞에서 설명한 목 조르기와 누르기를 조합한 카운터 기술입니다. 스승이 제자의 목을 잡고 누르려 하고 있습니다.

2

제자는 스승의 몸이나 다리를 붙잡는 척합니다. 동시에 몸을 앞뒤로 힘껏 흔듭니다.

3

스승의 허를 찔러 팔을 붙잡습니다.

4

팔을 잡은 상태에서 머리를 앞으로 내미는 느낌으로 다리를 박차며 몸을 회전시킵니다. 그렇게 형세를 역전시킨 다음 위에서 스승을 누릅니다.

5 다른 버전

여기에서는 스승이 제자의 가슴(또는 배)을 압박하고 있습니다. 앞에서 소개한 태클에 대한 카운터와 같은 자세입니다.

6

제자는 스승의 팔을 꼭 붙잡습니다.

7

스승의 팔을 잡은 상태에서 단숨에 쪼그려 앉습니다. 스승이 고꾸라지려 할 때 머리로 스승의 배를 밀어 뒤로 던집니다.

레슬링 기술 52

업어치기

Shoulder Throw

출전 : Wallerstein, pl.78, 79. Dürer, (Ringen) No.10, 18. Knight/Ringen-Dagger, pp.93, 94.

유도와 레슬링에서 흔히 사용하는 기술로 상대를 등에 업어서 메치는 기술입니다. 여기서 소개하는 것은 한팔업어치기와 비슷합니다.

1

스승은 왼손으로 제자의 오른손을 붙잡습니다. 그 상태로 기회를 엿보면서 제자의 팔을 앞뒤로 흔듭니다.

2

단숨에 몸을 회전시키며 제자의 팔을 잡아당깁니다. 그리고 두 손으로 제자의 팔을 붙잡아 어깨 위에 둘러멘 다음 반대편으로 내던집니다.

3 카운터

스승이 제자를 던지려 하면 제자는 수평자세를 취하고 서서 다른 쪽 손으로 스승의 다리 사이를 붙잡습니다.

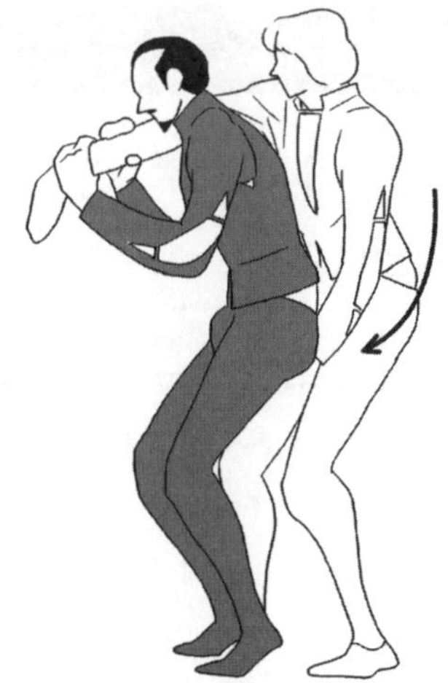

4

그대로 들어올려 머리부터 지면에 내던집니다. 또는 무릎 뒤를 발로 차서 쓰러뜨립니다.

레슬링 기술 53

배대뒤치기

Stomach Throw

출전 : Wallerstein, pl.81. Dürer, (Ringen) No.21. Talhoffer(1459), 57v. Talhoffer(1467), pl.207. Knight/Ringen-Dagger, pp.87-89.

고대 이집트 왕조 때부터 존재하던 매우 일반적인 기술입니다. 자신이 먼저 바닥에 누워 상대가 균형을 잃게 만든 다음 머리 위로 차올려 던집니다. 발러슈타인 사본에 따르면 힘이 센 상대가 밀고 들어올 때 효과적인 기술로, 사용하려면 스피드가 필요하다고 합니다. 탈호퍼는 이 기술을 Der Buoben Wurff(아이던지기)라고 부릅니다. 아마도 아이(초심자)가 맞붙어 싸우다 쓰러졌을 때 본능적으로 사용하는 기술이기 때문이겠지요. 혹은 「아이들이나 속을 법한 뻔한 속임수」라는 의미가 있는지도 모르겠습니다.

1

제자가 스승을 붙잡고 강하게 밀어붙입니다. 스승은 제자의 팔을 맞잡고 힘껏 잡아당깁니다.

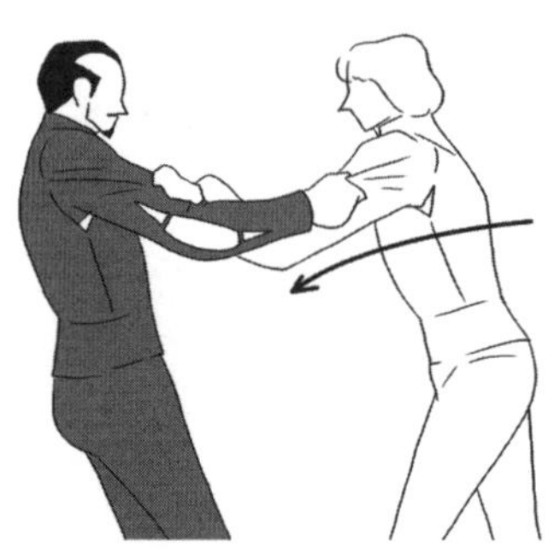

2

제자가 다시 끌어당기려 하자 스승은 한쪽 발을 제자의 복부에 갖다 댑니다.

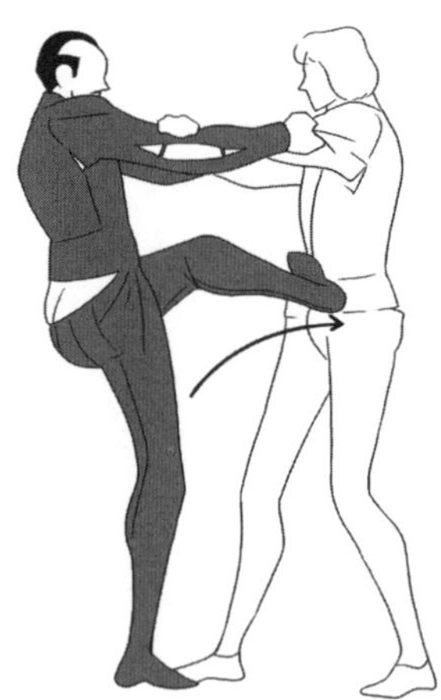

3

단숨에 지면에 누워 제자를 끌어내린 다음 두 다리를 모아 제자의 배에 갖다 댑니다. 이때 무릎과 무릎을 가능한 한 붙입니다.

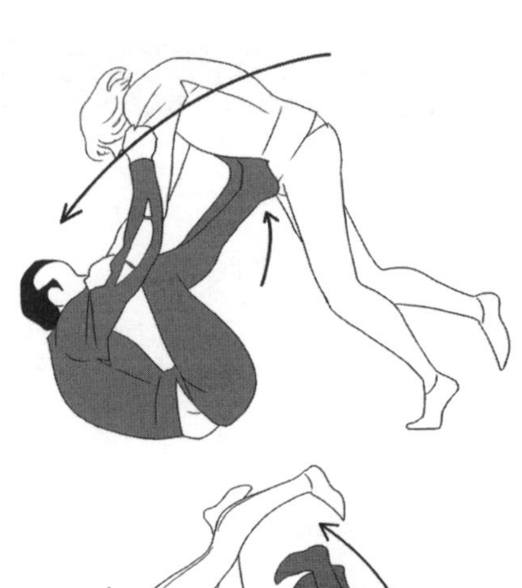

4

머리 위로 제자를 차올립니다. 여기서는 발을 모아 차고 있지만 한쪽 발로 차는 버전도 있습니다.

5 카운터

스승이 배대뒤치기를 시도했지만 공격이 날카롭지 못해 제자에게 대응할 여유를 주고 말았습니다. 그 틈을 타서 제자가 재빨리 옆으로 피하는 바람에 스승의 발차기는 빗나갔습니다.

6

제자는 스승의 고간에 무릎을 찍어 공격한 뒤 누르기에 들어갑니다.

레슬링 기술 54

타격에 대한 카운터 1 : 뒤로 넘기기

Back Lever Throw

출전 : Wallerstein, pl.128, 129. Dürer, (Ringen) No.48, 49. Knight/Ringen-Dagger, pp.109, 110.

상대의 타격기에 대한 카운터를 소개합니다. 앞에서 설명한 뒤로 넘기기를 응용한 것입니다. 나이트의 말에 따르면 상대의 손목을 붙잡을 필요가 없는 만큼 잽과 같이 움직임이 작은 펀치에도 유효하다고 합니다.

1

제자의 펀치를 안쪽에서 받아넘깁니다.

2

뒤에서 제자의 발을 겁니다.

3

조금 전 펀치를 막아낸 손으로 제자의 가슴이나 목을 밀어 쓰러뜨립니다.

레슬링 기술 55

타격에 대한 카운터 2 : 팔을 붙잡은 상태로 보디블로
Body Blow with Arm Bind

출전 : Wallerstein, pl.131. Dürer, (Ringen) No.51. Knight/Ringen-Dagger, p.112.

상대의 팔을 겨드랑이에 끼워 움직이지 못하게 한 다음 반격하는 기술입니다. 롱소드 검술 등에도 비슷한 기술이 있습니다.

1

상대의 펀치를 쳐냅니다.

2

쳐낸 팔을 바깥쪽에서 감아 겨드랑이에 끼웁니다.

3

재빨리 상대의 명치에 펀치를 먹입니다.

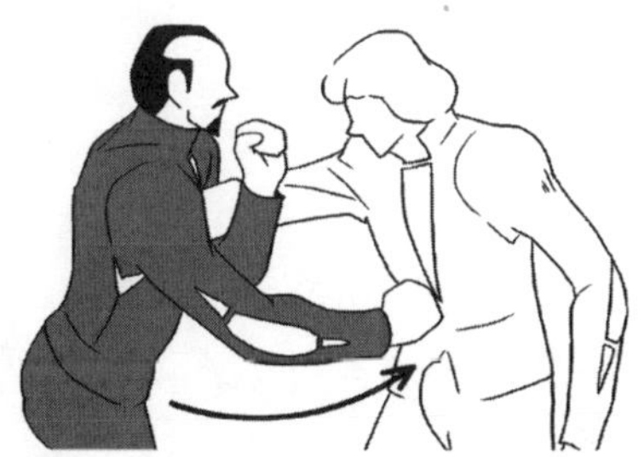

레슬링 기술 56

타격에 대한 카운터 3 : 상단 키 홀드
Upper Key

출전 : Wallerstein, pl.136. Dürer, (Ringen) No.94.

주먹을 내리치는 상대의 팔을 막아낸 다음 관절기를 거는 기술입니다. 상대의 팔을 직각에 가까운 각도로 꺾는 것이 포인트입니다.

1

제자가 휘두르는 주먹을 오른 손으로 막습니다.

2

재빨리 제자의 손목을 붙잡고 비틉니다.

3

왼손으로 제자의 팔꿈치를 잡고 앞으로 쓰러뜨리듯 누릅니다. 동시에 왼발을 제자의 오른발 앞에 딛고 제자의 팔을 꺾으며 앞으로 넘어뜨립니다.

레슬링 기술 57

피겨 4
Figure 4

출전 : Wallerstein, pl.137. Dürer, (Ringen) No.95. Knight/Ringen-Dagger, p.116.

흔히 피겨 4는 다리에 거는 기술이라고 생각하지만, 중세 유럽에서는 선 채로 상대의 팔에 거는 기술로서 키 홀드의 일종이었습니다. 비슷한 기술을 기무라꺾기(Kimura)라고 부르기도 합니다.

1

내리치는 제자의 팔을 막으며 손목을 붙잡습니다. 그리고 제자의 팔을 들어올려 뒤로 밀어냅니다.

2

제자의 팔을 가운데 끼고 왼손으로 자신의 오른손을 잡습니다.

3

오른발로 제자의 오른발을 겁니다. 그런 다음 왼쪽 아래팔로 제자의 위팔을 밀어 올리며 두 손으로 제자의 손목을 내리누릅니다. 그대로 제자를 뒤로 쓰러뜨리며 팔을 꺾습니다.

레슬링 기술 58

당기기에 대한 카운터

Counter against Pull

출전 : Wallerstein, pl.95, 96. Dürer, (Ringen) No.115, 116. Talhoffer(1467), pl.216.

발러슈타인 사본(과 뒤러의 저서)에서는 일련의 카운터 전략을 소개하고 있는데, 그 대부분은 상대를 공격하는 것이 아니라 어떻게 상대의 공격을 피하느냐 하는 것을 다루고 있습니다. 여기에서는 그중 하나인, 힘이 압도적으로 강한 상대가 이쪽을 잡아당기려 할 때의 대처법을 소개합니다.

1

제자가 여제자의 옆구리를 붙잡고 잡아당기고 있습니다.

2

여제자는 오른손을 뒤로 휘두르는 동시에 왼손을 제자의 목에 걸칩니다.

3

여제자는 몸의 좌측면을 제자에게 힘껏 밀어붙이며 왼발로 제자의 오른발을 겁니다. 이 상태에서 허리메치기를 시도하거나 등 뒤로 돌아갑니다. 탈호퍼는 이 기술을 스트레이트 암바에 대한 탈출기로 사용하였습니다.

4 카운터

여제자가 발을 걸지 못하게 다리를 들어올립니다.

5

들어올린 발로 여제자의 다른 쪽 발을 밟습니다. 그리고 몸을 앞으로 굽혀 여제자를 뿌리칩니다.

레슬링 기술 59

어깨 위에서의 스트레이트 암바

Frontal Over-the-Shoulder Straight Armbar

출전 : Wallerstein, pl.126. Dürer, (Ringen) No.46, 35, 37. Talhoffer(1459), 56v. Talhoffer(1467), pl.203, 209, 216-218. Auerswald, pl.26. Fiore(Getty), 6v.

이 항목에서는 뒷깃을 잡은 상대의 팔을 꺾는 방법을 소개합니다. 다만 독일식 무술에서는 팔을 꺾는 것보다 던지는 것에 중점을 두었던 것 같습니다. 탈호퍼는 이 기술을 Achselbrechen「어깨 부수기」라고 불렀습니다.

1

스승이 왼손으로 제자의 목 뒤를 붙잡고 있습니다. 제자는 왼손으로 스승의 팔꿈치 언저리를 단단히 잡아 움직이지 못하게 막고, 오른손을 스승의 왼팔 바깥쪽으로 뻗습니다.

2

오른손을 스승의 왼팔 위에 둘러 자신의 오른쪽 손목을 잡은 다음 스승의 팔을 누르는 동시에 몸을 빠르게 회전시켜 팔을 꺾거나 앞으로 던집니다.

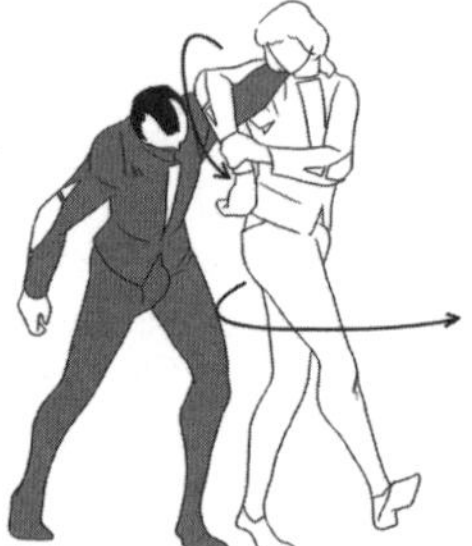

3 어깨 부수기

탈호퍼 버전에서 제자는 오른손으로 스승의 팔을 비틀면서 왼손으로는 스승의 오른팔을 끌어당겨 어깨를 꺾는 동시에 허리메치기와 같은 요령으로 스승을 던집니다.

4 다른 버전

여기에서는 처음 소개한 방법대로 메치고 있습니다.

5 카운터

제자의 다리를 들어올려 기술을 파훼합니다.

6 어깨 부수기에 대한 카운터

여기에서는 원본 삽화를 따라 스승이 제자의 어깨를 꺾고 있습니다.

7

제자는 시계방향으로 돌면서 왼팔로 스승의 목을 끌어안습니다. 또한 동시에 오른손으로 스승의 왼팔을 붙잡고 끌어당기며 허리를 축으로 메칩니다.

레슬링 기술 60

감바롤라

Gambarola

출전 : Fiore(Getty), 7v. Dürer, (Ringen) No.93. Talhoffer(1459), 54v. Talhoffer(1467), pl.194.

감바롤라는 클린치 상태에서 몸으로 밀어붙여 상대를 메치는 기술입니다. 상대의 몸을 잡고 있는 것이 아니므로 자세가 불안정할 수밖에 없습니다. 그래서 피오레는 「자신의 안전이 반드시 보장되는 기술이 아니다.」라고 하였으며, 꼭 이 기술을 사용하고 싶다면 가능한 한 빨리 온 힘을 다해 사용해야 한다고 말했습니다. 탈호퍼는 이것의 개량판으로 추측되는 기술을 Hinder Tretten(뒤로 굴리기)이라 부르고 있습니다. 감바롤라라는 이름 자체도 「걸려 넘어지다.」라는 의미이므로 상대의 발을 걸어 쓰러뜨리는 기술이라고 보는 것이 맞을 것입니다.

1

두 사람이 맞붙어 있습니다. 이때 스승의 오른팔은 제자의 왼팔 위, 스승의 왼팔은 제자의 오른팔 밑에 위치해 있습니다.

2

스승은 재빨리 다가가 오른발로 제자의 오른발을 겁니다.

3

몸을 비틀어 제자를 쓰러뜨립니다.

4 뒤로 굴리기

탈호퍼 버전입니다. 스승은 제자의 왼팔을 붙잡아 보다 확실하게 기술을 성공시킵니다.

레슬링 기술 61

팔꿈치 꺾으며 다리후리기

Foot Sweep with the Armlock

출전 : Wallerstein, pl.27.

자신의 다리로 상대의 다리를 후리는 기술은 이 외에도 여러 가지가 있지만 여기에서 소개하는 것은 팔꿈치를 꺾은 다음 다리후리기를 하는 매우 악랄한 기술입니다.

1

스승이 제자를 붙잡으려고 손을 뻗는 순간 제자는 두 손을 바깥으로 둘러 스승의 팔을 붙잡습니다. 이때 제자는 오른손을 왼쪽 팔꿈치에, 왼손을 오른쪽 팔꿈치에 대고 끌어안듯이 붙잡아 스승의 양팔을 세게 죕니다.

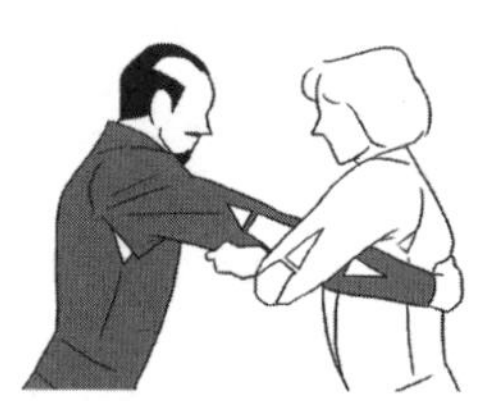

2

그리고 스승의 팔을 들어올립니다.

3

스승이 고통 때문에 비틀거리면 발을 거는 동작으로 스승의 발목을 가격합니다. 스승이 쓰러질 때 체중이 양팔에 실리면서 팔이 부러지게 됩니다.

연습용 도구 2

2. 방어구

연습용 방어구에 대한 기록은 거의 존재하지 않으며, 페히트부흐에 등장하는 사람들이 방어구를 착용하고 있는 모습도 찾아보기 힘듭니다.

중세의 기사는 훈련할 때에도 갑옷을 입었지만 시대가 흐르면서 그다지 착용하지 않게 된 것으로 보입니다. 경제적인 이유뿐만 아니라 방어구를 착용하는 것은 멋이 없다고 생각했기 때문일 수도 있습니다. 1553년 어떤 나폴리인이 파르티잔 등의 무기로 무술연습을 하는 사람들에 대해 남긴 글을 보면, 겉에서 보이지 않도록 옷 속에 갑옷을 받쳐입고, 스위치로 강철제 면갑이 내려오는 모자를 썼다고 합니다.

그 밖에도 가죽제 옷을 입었기 때문에 삽화로는 구분할 수 없다거나 실제로는 방어구를 착용하고 있었지만 기록으로는 남기지 않았다는 이유도 있을 수 있습니다. 하지만「일단 연습용 무기는 안전성을 고려하여 만들었기 때문에, 움직임에 제한을 두지 않기 위해 어느 정도의 위험은 감수하고 방어구를 착용하지 않았던 것」일 가능성이 가장 높지 않을까 합니다.

3. 기타 도구

그 외의 훈련용 도구에는 아래와 같은 것들이 있습니다.

목마 : 나무로 만든 말로 안장을 본떠 만든 좌석과 등자가 붙어 있습니다. 뛰어올라 말을 타는 기승훈련과 마상에서의 전투훈련에 사용합니다. 다치지 않도록 실제 말보다 높이가 낮게 제작되었습니다. 또한 안장 부분을 이용해 곡예와 같은 동작을 하거나 안장 위를 뛰어넘으며 민첩성과 균형감각 등을 길렀는데, 현대 기계체조의 안마 · 도마 종목은 여기에서 유래한 것입니다.

한편 다리 부분에 바퀴가 달려 있는 목마도 있었습니다. 이것은 돌격훈련을 위한 것으로 인력으로 끌어서 사용하였습니다.

말뚝 : 로마 시대부터 전해진 전통적인 훈련도구로 현재의 샌드백에 해당합니다. 말뚝을 상대에 비유해 목검을 쥐고 파고들거나 간격을 두는 법을 훈련하였습니다. 당시의 그림을 보면 말뚝이 견고하게 서 있는 것처럼 보이지만, 현대에 들어 검증한 바로는 어느 정도 움직이게 박지 않으면 손목에 매우 큰 부담이 간다고 합니다.

무거운 투창 : 창던지기의 요령으로 던져 어깨를 단련하였습니다.

바위 : 다양한 크기의 돌을 들어올리거나 던져 근육을 단련하였습니다.

봉 : 스태프라기보다 팔을 단련하기 위해 휘두르던 봉입니다.

계단 : 날씨 등의 이유로 야외에서 운동을 할 수 없을 때에는 계단을 뛰어 올라가거나 내려가며 다리를 단련하라고 권하는 이야기가 남아 있습니다. 그것으로 보아 맑은 날에는 밖에서 달리기 등의 운동을 했던 것으로 추측됩니다.

레슬링 기술 62

비기

Verporgenes Stuck

출전 : Wallerstein, pl.109. Auerswald, pl.6, 7.

발러슈타인 사본에는 이 기술에 대해 「아무나 이해할 수 있는 것이 아니기 때문에 여기에 기록한다. 그러기에 이것은 비기라고 불린다.」라고 적혀 있습니다. 원본의 해설이 그다지 명료하지 않기 때문에 정확하지 않을 가능성도 있지만, 아우어스발트의 기술 중 하나와 매우 비슷하므로 이러한 기술도 존재할 수 있다고 판단하여 게재합니다. 이 기술은 좌우 두 가지 버전이 있습니다.

1

스승은 오른손으로 제자의 옷깃을, 왼손으로 제자의 옆구리를 붙잡고 메치려 하고 있습니다.

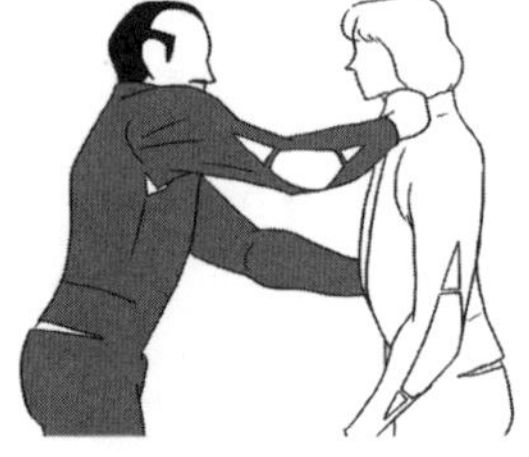

2

제자는 오른손으로 스승의 오른쪽 손목을 붙잡습니다.

3

붙잡은 오른손을 비틉니다.

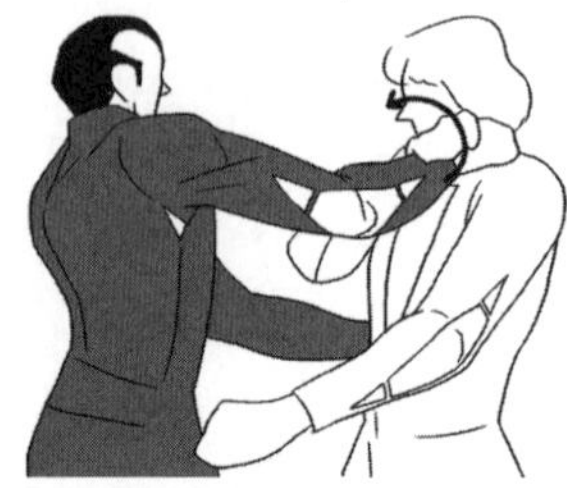

4

왼손으로 스승의 오른쪽 팔꿈치를 잡고 들어올립니다.

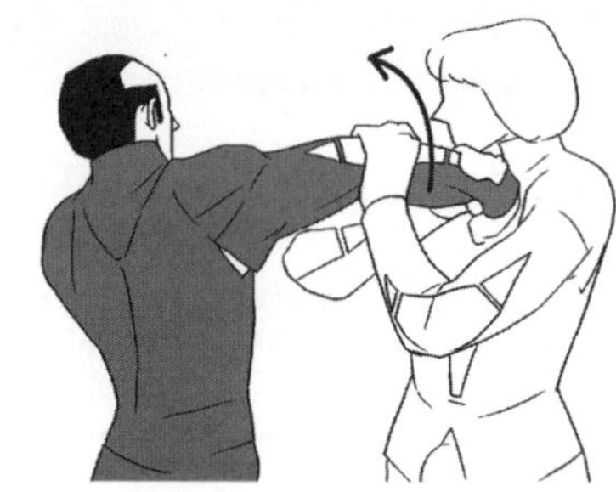

5

충분히 들어올렸으면 이번에는 팔꿈치나 아래팔로 스승의 팔을 누릅니다. 아마도 스승의 오른팔을 휘어진 상태에서 안쪽으로 회전시키는 것이라 생각하는데, 단순한 암바나 손목 꺾기인지도 모릅니다.

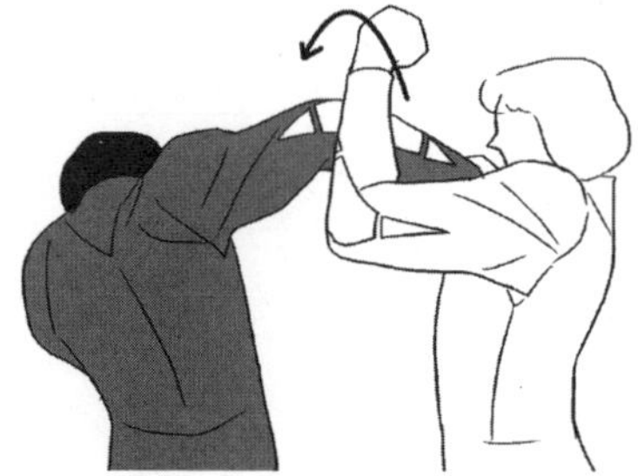

6 다른 버전

여기에서는 알아보기 쉽도록 공수를 역전하였습니다. 아우어스발트 버전에서는 우선 왼손으로 제자의 오른손을 끌어안아 움직이지 못하게 합니다. 그리고 오른손으로 제자의 왼쪽 팔꿈치를 비틀어 올려 제자의 팔을 안쪽으로 회전시킴으로써 어깨 관절을 뽑습니다.

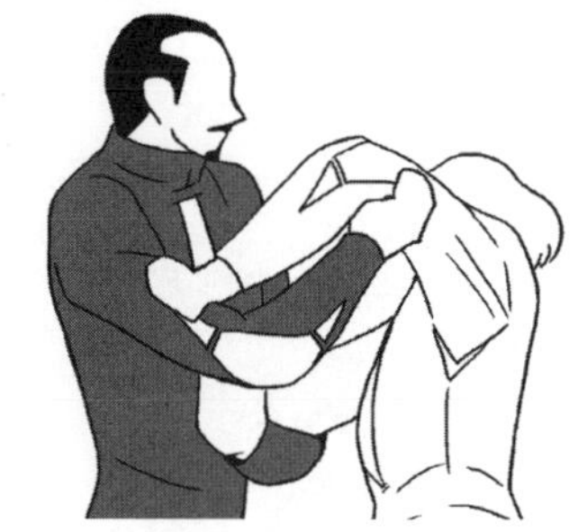

레슬링 기술 63

다리 사이에서 팔 조이기

Arm Hold between Legs

출전 : Talhoffer(1467), pl.217. Anglo, p.183(Egenolff, 1531, sig.L.4.), p.183(Erhart, 1533, fol.110v)

상대의 한쪽 팔을 다리 사이로 통과시킨 다음 뒤에서 붙잡아 움직임을 봉쇄하는 기술입니다.

1

스승은 두 손으로 제자의 오른팔을 붙잡고 손목을 바깥쪽으로 비틀며 들어올립니다.

2

그리고 제자의 등 뒤로 돌아가면서 제자의 오른팔을 다리 사이로 통과시킵니다.

3

스승은 왼손으로 제자의 오른손을 붙잡고 잡아당기는 동시에 오른손으로는 제자의 목을 눌러 움직이지 못하도록 합니다.

4 다른 버전

이 버전에서 스승은 제자를 오른손 위에 태우고 들어올립니다. 또한 왼손으로 목을 누르는 것이 아니라 뒤로 끌어당겨 제자가 왼손을 사용하지 못하게 합니다.

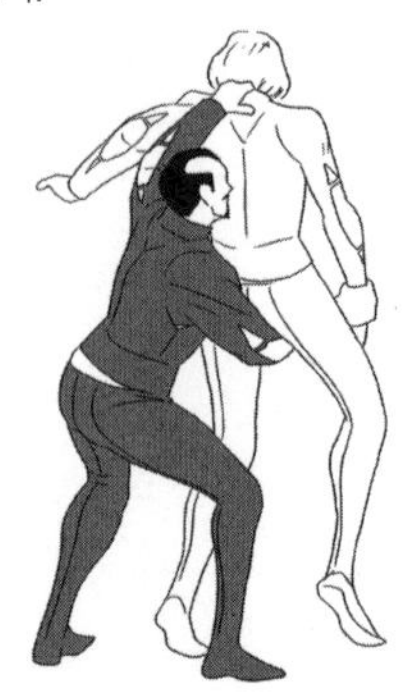

제3장
대거

대거 개설

나는 대거, 품격 높은 무기이자 격투에서 사랑받는 자. 나의 기만과 기술을 아는 자야말로 무기의 진수를 안다고 할 수 있으니. ……어떠한 갑옷 · 어떠한 기술도 내 앞에서는 무력하다.

(Fiore dei Liberi)

혼동해서 쓰는 경우가 많지만 대거와 나이프는 실질적으로 다른 물건입니다. 흔히 대거는 순수한 전투용 무기, 나이프는 일상생활을 위한 도구로 분류하고 있습니다. 하지만 나이프가 전투에 전혀 사용되지 않는 것은 아니며, 나이프로 대거의 기술을 구현하지 못하는 것도 아닙니다. 그러므로 이 책에서는 이들을 통틀어 대거라고 부르기로 하겠습니다.

중세 시대에는 남녀노소를 가리지 않고 다양한 계급의 사람들이 일상적으로 대거와 나이프를 가지고 다녔습니다. 호신용은 물론 식사나 이발, 간단한 작업 등에서도 사용할 수 있는 만능 생활필수품이었던 것입니다.

 대거의 어원

대거(Dagger, 중세 영어로는 Daggere)라는 이름은 「찌르다 · 꿰뚫다」라는 의미의 중세 프랑스어 Dague에서 유래한 것입니다. Dague의 어원 자체는 불명이지만, 재미있게도 당시 독일에서는 Degen(탈호퍼는 Tegen이라고 불렀습니다), 중세 이탈리아에서는 Daga라는 식으로 지리적 · 문화적 차이가 있는 여러 지역에서 각각 대거를 지칭하던 말은 모두 같은 기원을 가지고 있었습니다.

예를들어 「검」이라는 단어에는 게르만어계(영어의 Sword 등)와 라틴어계(프랑스어의 Epee 등)의 두 계통이 있는데, 이것만 보더라도 「대거」라는 단어가 어떤 특수한 경위를 거쳐 확산되었다는 사실을 알 수 있습니다.

한편 현대 독일어로 Dagen은 「검」을 의미합니다. 앞에서 말한 것처럼 이것은 「대거」를 가리키는 단어였으나, 무슨 이유에서인지 1500년경 「검」이라는 의미로 바뀌었기 때문입니다. 그 대신 Dolch라는 단어가 새로 「대거」를 뜻하게 되어 지금에 이릅니다.

대거의 스펙

중세 시대 대거의 칼날 길이는 짧게는 수 cm에서 길게는 75cm에 이르기까지 다양했습니다. 전체 길이는 30~40cm, 무게는 200~400g이 가장 일반적이었습니다.

과거의 여러 검사들이 이상적인 칼날 길이에 대해 언급한 내용이 남아 있습니다. 피오레와 필리포 바디는 대거가 팔꿈치에 닿을 정도의 길이, 즉 대거를 거꾸로 잡았을 때 칼끝이 팔꿈치까지 올 정도(아래팔과 같은 길이, 약 30~40cm)가 가장 좋다고 하였습니다. 그리고 독일의 탈호퍼는 「칼날 길이 4핸드」가 이상적이라고 말했습니다. 「핸드」란 손바닥의 폭을 기준으로 하는 길이 단위인데 1핸드=약 10cm이므로 칼날 길이 40cm를 이상적으로 여긴 것입니다. 또한 17세기의 잉글랜드인 스웻맨은 22인치(55.8cm)가 제일 적당하다고 보았습니다.

그럼 칼날의 형태는 어떠했을까요. 지금은 보통 대거를 양날로 인식하지만 당시에는 외날 · 양날은 물론 날이 없는 것, 칼끝에서는 삼각뿔 모양이다가 중간에 양날로 바뀌는 것까지 온갖 형태의 대거가 있었습니다. 하지만 공통적으로 모든 도신은 일직선이었고, 아랍 문화권의 잔비야처럼 곡선 구조로 된 것은 사용하지 않았습니다.

대거를 잡는 법

앞에서 대거의 어원이 「찌르다 · 꿰뚫다」라고 소개하였는데, 그러한 이름의 의미 그대로 대거 검술에서는 찌르기를 이용한 공격법이 가장 일반적이었습니다. 그리고 당시의 대거 검술에서 가장 눈에 띄는 특징으로, 새끼손가락 쪽에 칼날이 오도록 거꾸로 잡는 「역수법」이라는 그립법이 있었습니다.

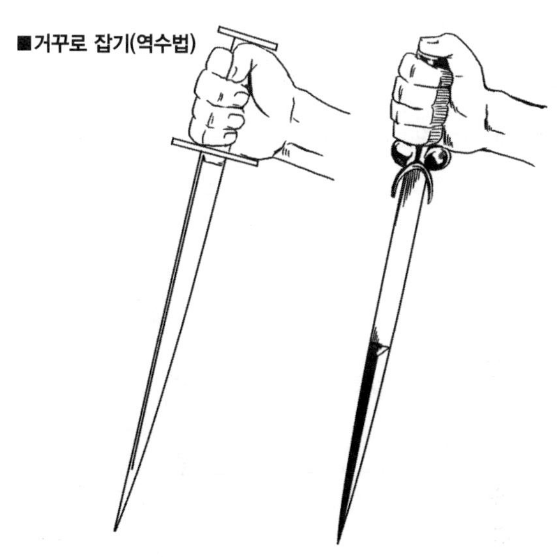
■거꾸로 잡기(역수법)

■바로 잡기(정수법)

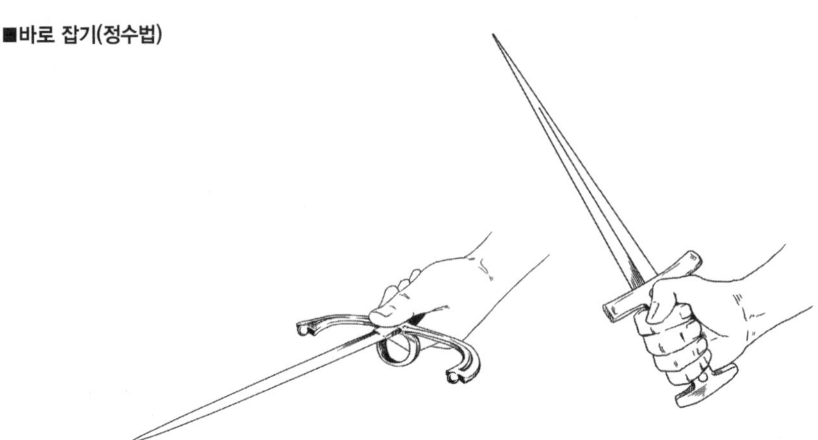

현대의 나이프 검술에서는 엄지손가락 쪽에 칼날이 오도록 바로 잡는 것이 유리하다고 합니다. 또한 실제로 중세의 대거를 사용해 실험해본 결과 정수법이 우세하다는 사실이 판명되었습니다. 그런데 대거를 실전에서 사용하던 중세에 어째서 정수법이 아닌 역수법이 많이 쓰였던 것일까요.

그 이유는 기술적인 문제와는 전혀 관계가 없습니다. 당시 유럽에서 대거는 일반적으로 오른쪽 허리에 차고 다녔습니다. 왼쪽 허리에는 장검을 차야 했기 때문에 대거까지 찰 공간이 없었고, 장검을 뽑아 사용하기에 너무 좁은 장소에서 기습을 받는 등 싸울 일이 생겼을 때 순간적으로 대거를 뽑아들고 맞서기 위해서는 대거를 오른쪽 허리에 차는 편이 유리했기 때문입니다. 그리고 오른쪽 허리에 찬 대거를 오른손으로 뽑자면 자연스럽게 거꾸로 잡게 되는 것입니다.

■일반적인 대거의 패용법

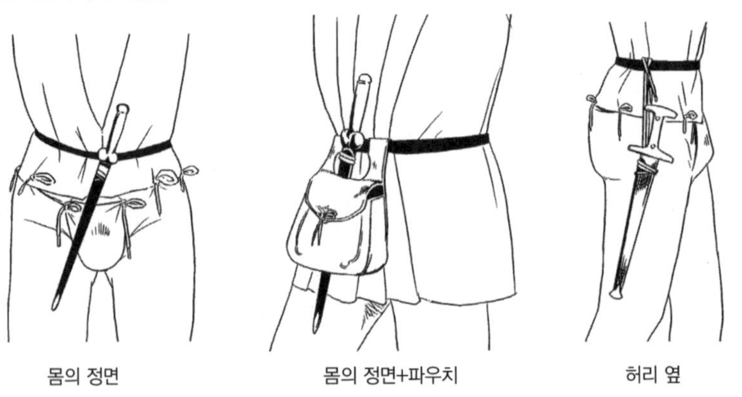

몸의 정면　　몸의 정면+파우치　　허리 옆

대거 검술

대거는 중세 사람들이 가장 두려워하던 무기 중 하나였습니다. 대거는 가격이 싸서 손에 넣기 쉬웠을 뿐만 아니라 휴대하기 편하고 숨기기도 용이했습니다. 또한 검을 비롯한 다른 무기와 달리 칼집에서 뽑아 찌르기까지 거의 시간이 걸리지 않는다는 신속성을 가지고 있습니다. 고급 스포츠카에 필적할 만큼 값비싼 갑옷을 몸에 두른 기사가 싸구려 대거의 일격으로 쓰러지는 것도 전장에서는 흔한 광경이었습니다. 사람 · 장소 · 시간의 제약 없이 온갖 상황에서 중세 사람들이 가장 많이 조우하는 무기가 바로 대거였던 것입니다.

그러면 실제 대거 검술은 어떠한 것이었을까요. 당시의 페히트부흐에서는 명확하게 다른 2종류의 상황을 가정하여 설명합니다. 그것은 자신이 대거를 가지고 있을 경우와 맨손일 경우입니다. 현대의 나이프 상해사건이 그렇듯, 중세에도 대거를 사용한 전투는 매우 돌발적으로 일어나 눈 깜짝할 사이에 끝나버렸기 때문에 대부분의 경우 공격받은 쪽은 대거를 뽑을 틈조차 없었습니다. 저자 불명의 페히트부흐 글라디아토리아에는 「당신의 손이 대거에 닿기 전에 상대가 ~했을 때……」라는 문구가 상투적으로 자주 등장하는데, 당시의 살벌한 현실을 반영한 것이라 할 수 있습니다.

하지만 자신이 대거를 가지고 있든 그렇지 않든 대거를 상대하는 전법은 오직 하나로, 어떻게든 적의 대거를 무력화시켜 빼앗는 것입니다. 피오레의 말을 인용하자면 다음과 같습니다. 「만약 상대가 나이프를 가지고 있다고 생각되면 재빠른 움직임으로 팔 · 손 · 팔꿈치를 이용해 싸워야 한다. 실행 가능한 최선의 행동을 하여 상대의 대거를 빼앗고, 상대를 가격하여 팔을 부러뜨리며, 상대의 움직임을 봉쇄한 다음 지면에 메쳐야 한다.」

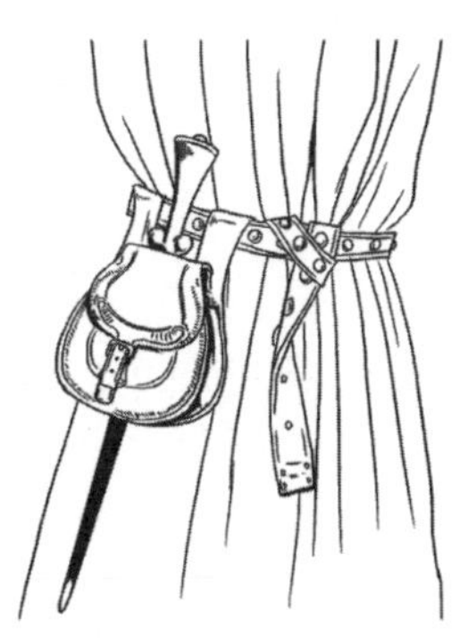

허리 옆+파우치

힙 벨트(14세기)

몸의 뒷면

이 말을 통해 연상할 수 있듯이 모든 페히트부흐에서 대거 검술과 레슬링 기술은 아주 밀접한 관련이 있습니다. 간단히 말해 대거 검술이란 대거를 가지고 하는 레슬링이나 다름없는 것입니다.

또한 그 밖의 다른 무기·방어구와 병용하기도 하였습니다. 주무기를 오른손에 쥐고 대거를 보조무기로서 왼손에 쥐는 것이 가장 일반적이지만, 대거를 방패와 함께 사용하거나 대거만 두 자루 들고 이도류로 싸우는 등의 용법도 기록되어 있습니다.

 실버의 대거 검술

잉글랜드의 대거 검술은 유럽 대륙에서 발달한 대거 검술과는 다른 발상을 가지고 있었습니다. 실버의 말에 따르면 대거 검술의 기본은 아래와 같다고 합니다.

1. 대거 검술에 자세는 존재하지 않는다.
2. 상대에게 달려들어 잡으려 하지 않는다. 메치기를 시도해도 괜찮은 것은 상대가 부상을 입었을 때뿐이다.
3. 항상 몸을 움직인다.
4. 항상 상대의 간격 밖에 위치하다가 간격에 들어온 상대의 부위를 공격한다.
5. 거리를 좁히지 않는다.

이를 종합하면 실버의 대거 전투법은 상대와 거리를 유지하면서 잽처럼 가벼운 공격을 반복하는 형태의 것으로 추측됩니다. 베일은 실버의 전투법이 현대의 나이프 검술과 매우 유사하다고 보았는데, 그것은 강력한 일격을 선호하는 다른 지역의 대거 검술과는 상당히 다른 것이었습니다.

베일은 둘의 차이에 대해 실버의 검술은 결투용, 다른 검술은 전투용이기 때문이라는 결론을 내렸습니다. 하지만 필자의 견해로는 애초에 영국식 무술이 「안전제일」을 모토로 상대와의 접근전을 꺼리는 경향이 있다 보니, 그 기본원리에 따라 자연히 이러한 전투법으로 발전한 것이 아닌가 싶습니다.

 대거의 종류

여기에서는 당시 일반적으로 사용하던 여러 가지 대거와 나이프에 대해 설명하겠습니다.

색스(Saex)

색스는 게르만 민족, 특히 색슨족의 대명사라고도 할 수 있는 나이프입니다. 실제로 색슨족이라는 명칭도 이 색스에서 유래한 것입니다. 색스는 5세기부터 유럽 대륙에서 무기 또는 일용품으로 널리 쓰이다가 11세기경에 모습을 감추게 됩니다. 하지만 잉글랜드에서는 15세기까지 사용되었습니다.

일반적인 색스는 외날에 간단한 손잡이가 달려 있습니다. 기본적으로 폭이 좁은 식칼에 가까운 형태로 사용법도 그와 비슷했을 것으로 추정됩니다. 칼날 길이는 짧게는 7.5cm부터 길게는 76cm에 이르기까지 다양했습니다.

참고로 바이킹 시대에는 날이 아래로 가도록 하여 몸의 정면에 수평으로 차고 다녔습니다.

■색스

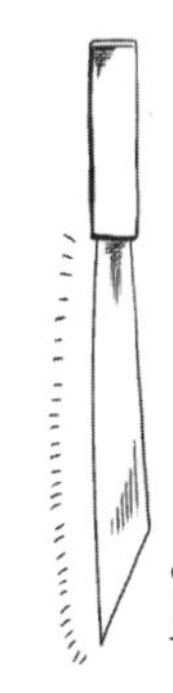

옆의 점선은 칼날 부분을 나타냄.

키용 대거(Quillon Dagger)

키용 대거는 일자 날밑을 가진 대거의 총칭으로 중세·르네상스 시대에 널리 사용되었습니다. 주무기인 검을 그대로 소형화한 디자인을 채용하고 있는 것으로 보아, 검과 세트를 이루도록 제작한 것이라 추측됩니다.

오로지 군사용으로만 쓰였고, 평소에 가지고 다니는 일은 없었습니다.

■키용 대거

파냐드, 패링 대거 (Poniard / Poignard, Parrying Dagger)

르네상스 시대에 등장한 보조용 대거로 키용 대거로부터 발전한 것으로 추측되고 있습니다. 주무기인 검(특히 레이피어)과 한 쌍을 이루도록 만들어진 것이 다수 존재합니다. 날밑이 옆으로 넓게 튀어나온 것이 공통적인 특징이며, 방어에 도움을 주기 위한 사이드 링 등이 추가로 부착되어 있는 것과 상대의 칼날을 걸기 위한 갈고리나 톱날이 달려 있는 것, 그리고 기계장치가 되어 있는 것까지 다양한 종류가 있습니다.

또한 파냐드라는 말은 주무기(특히 레이피어)와 함께 사용하는 보조무기로서의 대거를 종래의 대거와 구분하기 위한 별칭으로도 사용되었습니다.

■파냐드

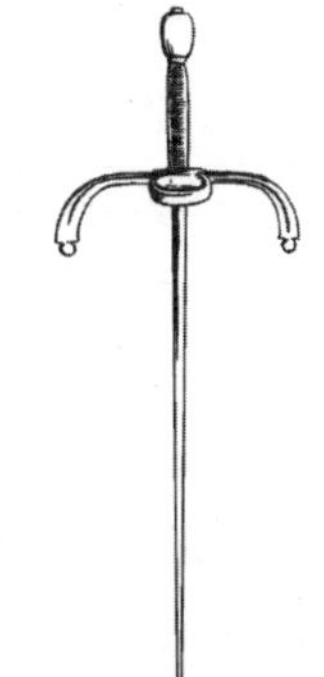

1590년 이탈리아제. 전체 길이 43cm, 칼날 길이 30cm, 무게 500g.

라운들 대거(Roundel Dagger)

■라운들 대거

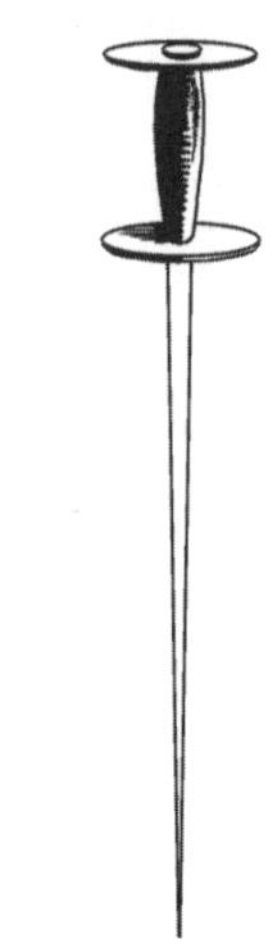

중세의 전장에서 가장 널리 사용된 대거입니다. 1300년~1325년 사이에 등장하여 16세기까지 사용되었습니다. 당시의 페히트부흐에 등장하는 대거는 거의 100% 이 타입입니다.

가장 큰 특징은 라운들(원반)이라는 이름이 나타내듯 원반 모양의 날밑이 달려 있다는 점입니다. 초기의 것은 날밑에만 원반이 하나 달려 있다가 이윽고 손잡이 머리에 두 번째 원반이 달리게 되는데, 그것이 기본 디자인으로 정착하게 됩니다. 이 원반 모양의 날밑은 상대의 공격으로부터 손을 보호하기 위한 것보다도 상대를 찌를 때 손이 칼날 쪽으로 미끄러지지 않게 하기 위한 것이라 볼 수 있습니다. 프랑스어로는 Dague a rouelle, 독일어로는 Scheibendolch라고 불렀는데, 모두 이 독특한 원반에서 유래한 이름입니다.

1450년경이 되면 원반이 거대화되어 정수법으로 잡기가 힘들어지고, 칼날 자체도 길고 가늘어집니다. 이는 갑옷의 틈을 찌를 때 그 부분을 보호하는 메일(사슬)을 꿰뚫기 위한 개량으로 보입니다. 칼날의 종류는 천차만별로 다양한 타입의 날이 붙어 있었습니다.

정황상, 아마도 라운들 대거는 순수한 군사용 대거였을 것으로 추측됩니다.

발럭 대거(Ballock Dagger / Bollock Dagger)

■발럭 대거

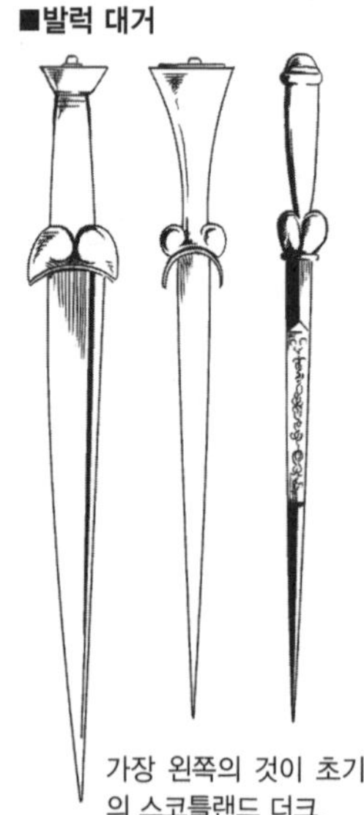

가장 왼쪽의 것이 초기의 스코틀랜드 더크.

발럭 대거는 직역하면 「고환 대거」라는 뜻으로, 매우 독특한 모양의 손잡이를 가지고 있습니다. 프랑스어에서도 영어와 마찬가지로 Dague a cuilettes라고 부릅니다. 「고환」이라는 이름으로는 도저히 부끄러워서 부를 수 없던 빅토리아 시대의 연구자들이 명명한 「키드니 대거」라는 명칭도 현재는 일반적으로 사용되고 있습니다.

이 대거는 1300년경 나타나 17세기 말까지 폭넓은 인기를 누렸습니다. 남성의 성기를 본떠 만든 무기라니 이상하게 비칠 수도 있겠으나, 가령 스페인어에서는 「용감하다.」는 것을 「고환이 크다.」라고 표현하므로 비슷한 의미를 가진 무기라고 보는 것이 좋겠습니다. 한편 발럭 대거는 다리 사이에 늘어뜨려 차는 경우가 많았는데, 아마 중세풍의 멋이었을 것입니다.

발럭 대거는 주로 일상생활에서 호신용으로 사용했지만, 전장에서 기사들이 사용하기도 하였습니다. 스코틀랜드의 전통무기로 알려진 더크도 이 발럭 대거에서 발전한 것입니다.

■바젤라드

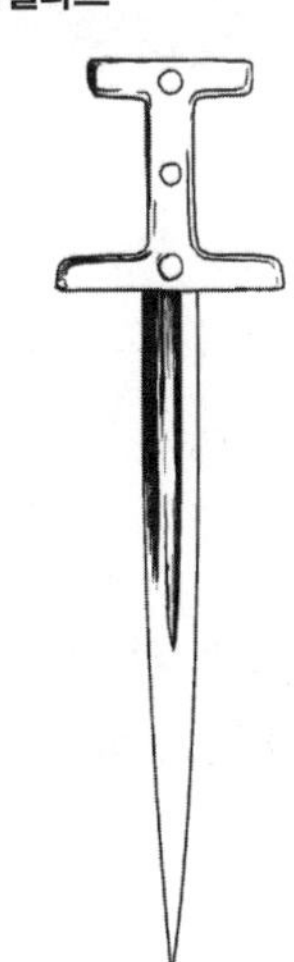

바젤라드(Baselard / Basilard / Bassler)

바젤라드는 스위스 대거로도 유명합니다. 스위스 바젤시 발상으로 알려진 대거의 일종으로 13세기 후반부터 군과 민간을 막론하고 이탈리아 · 독일 남부 · 잉글랜드에서 널리 사용되었습니다. 또한 화가인 한스 홀바인이 자신의 작품에 이 대거를 자주 그렸던 것에서 유래하여 「홀바인 대거」라고 불리기도 했습니다.

가장 큰 특징은 「H」를 옆으로 눕힌듯한 모양의 손잡이로, 이 디자인은 시대를 넘어 계승됩니다. 나치 독일의 친위대 등이 장비했던 대거도 바젤라드의 범주에 들어갑니다.

대거 자세

대거 검술에는 롱소드 자세와 같은 정교한 자세가 존재하지 않습니다. 그 이유는 레슬링과 마찬가지로 싸울 때의 거리가 가깝고 금세 결판이 나기 때문에 자세를 취하고 있을 시간적 여유가 없기 때문입니다. 여기에서는 얼마 안 되는 기록 속에서 확인할 수 있는 자세 몇 가지를 소개합니다.

◆ 양손 중단 『강철문』 자세 (Mezana Porta di Ferro, Double)

왼손으로 대거의 날을 쥔 채 양손을 아래로 내린 자세입니다. 피오레의 말에 따르면 갑옷을 입은 상태에서는 유효하지만 갑옷을 입고 있지 않을 때는 별로 효과적이지 않다고 합니다. 참고로 『방패』 자세라는 별명을 가지고 있으며, 탈호퍼의 페히트부흐에도 등장합니다.

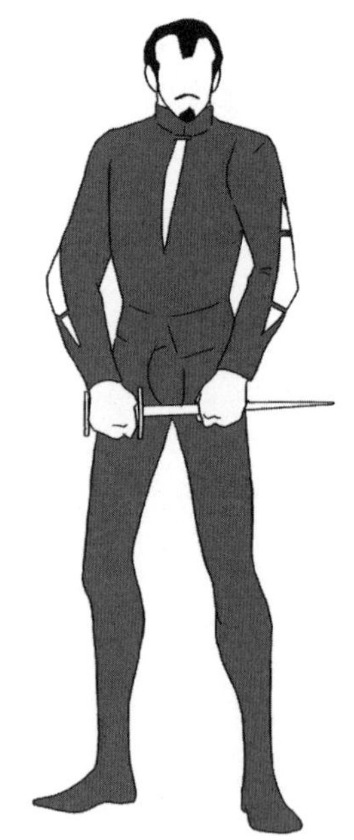

◆ 상단자세(Oberhut)

대거를 머리 위로 치켜든 자세입니다. 왼손은 자연스럽게 넓적다리에 갖다 대거나, 등 뒤로 돌려 공격받지 않도록 합니다.

『후방』 자세(Back Guard)

탈호퍼가 제창한 것으로 대거를 등 뒤에 숨겨 어느 쪽으로 공격할지 모르게 하는 기습용 자세입니다. 시라토 산페이의 만화에 나오는 「인법 · 변이 발도 안개 베기」와 거의 같은 원리를 가지고 있으나 실제로도 유효했는지는 의문입니다.

대거 기술 1

블록

One-Hand Cover and Grab

출전 : Vail, p.43, 44.

위에서 내리치는 대거를 방어하는 기술에 대해서는 「팔을 잡는다.」라고만 적혀 있을 뿐 어떤 페히트부흐도 자세히 설명하고 있지 않습니다. 어른이 온 힘을 다해 내리치는 공격을 정면에서 받아내면 그 순간 손목뼈가 빠지거나, 그렇지는 않더라도 제대로 막아내지 못할 것이 분명합니다. 그래서 현대의 연구자들은 일본 무술과 중국 무술에 전해지는 기법을 참고하고 있는데, 여기서 소개하는 방법도 그중 하나입니다.

1

스승은 제자가 내리치는 공격을 왼팔로 막아 속도를 줄입니다.

2

재빨리 손을 뒤집어 제자의 팔을 잡습니다.

대거 기술 2

한손 하단방어 · 바디식

One-Hand Cover, Vadi fashion

출전 : Vail, p.52.

밑에서 올라오는 공격에 대한 방어입니다. 포인트는 상대의 팔을 받아낼 때 엄지손가락과 집게손가락 사이로 잡아 충격을 손목에 분산시켜야 한다는 점입니다. 만약 엄지손가락만으로 막게 되면 손가락이 부러지고 맙니다.

1

하단공격을 손바닥으로 막아냄으로써 손목으로 충격을 흡수합니다. 참고로 발러슈타인 사본에서는 이처럼 그립을 똑바로 잡고 아래에서 찌르는 공격을 「이탈리아 찌르기」라고 부르고 있습니다.

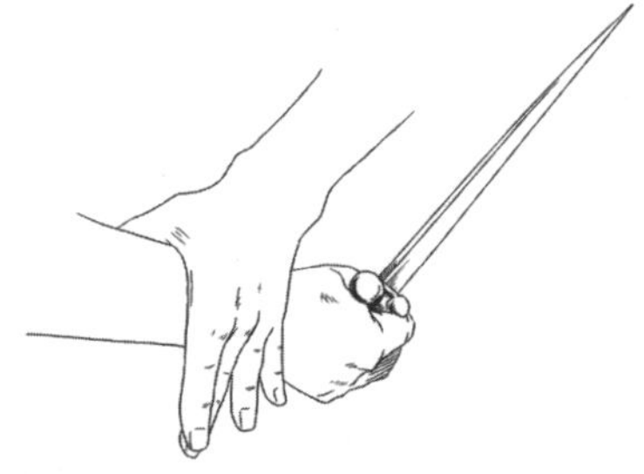

대거 기술 3

양손 상단방어

Upper Two-Hand Cover

출전 : Vail, p.48.

양손으로 상대의 공격을 받아냅니다. 앞에서 설명한 바와 같이 손바닥으로 막으면 강한 공격에도 대응할 수 있습니다. 피오레의 말에 따르면 갑옷을 입고 있지 않을 때 가장 적합한 방어법이라고 합니다.

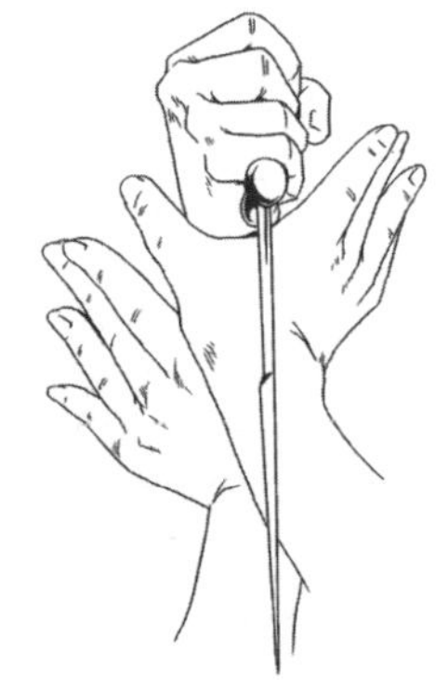

1

손바닥으로 막아냅니다.

대거 기술 4

십자막기

Crossed-Hand Cover

출전 : Vail, p.49.

십자막기는 아래팔을 교차시켜 상대의 공격을 막아내는 기술입니다. 이 방법은 한 손으로만 방어했을 때 상대의 팔이 미끄러져 내려오는 결점을 보완해 줍니다. 하지만 피오레의 말에 따르면 이 방어법은 갑옷을 입고 있지 않을 때는 부적절하다고 합니다. 왜냐하면 양손을 교차시킬 경우 비교적 몸과 가까운 곳에서 상대의 공격을 받아내게 되는데, 당시 대거의 칼날 길이가 30~40cm 정도였으므로 상대의 움직임은 막아도 칼끝이 몸에 닿을 가능성이 있기 때문입니다.

1

팔을 교차시켜 상대의 공격을 막아냅니다.

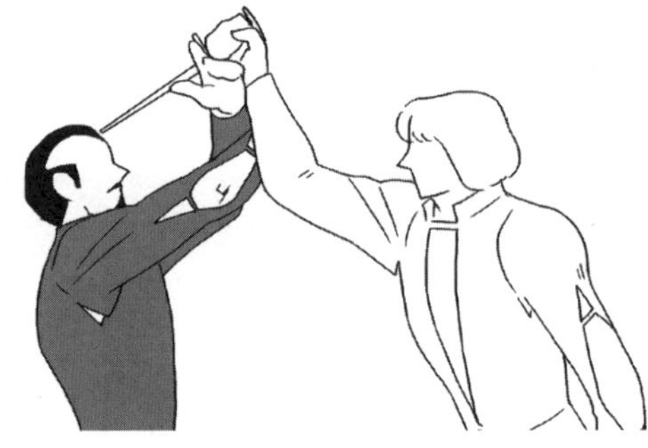

대거 기술 5

실드 찌르기

Shield Thrust

출전 : Fiore(Getty), 16v. Fiore(Pisani), 12r.

이 기술은 공격하는 상대의 손바닥을 찌르는 기술입니다. 피오레의 말에 따르면 갑옷을 입은 상대에게 효과적이라고 합니다.

1

스승이 양손으로 대거를 잡는 『강철문』 자세를 취하고 있는데, 제자가 위에서 대거를 내리칩니다. 스승은 제자의 손바닥을 향해 찌르기를 합니다.

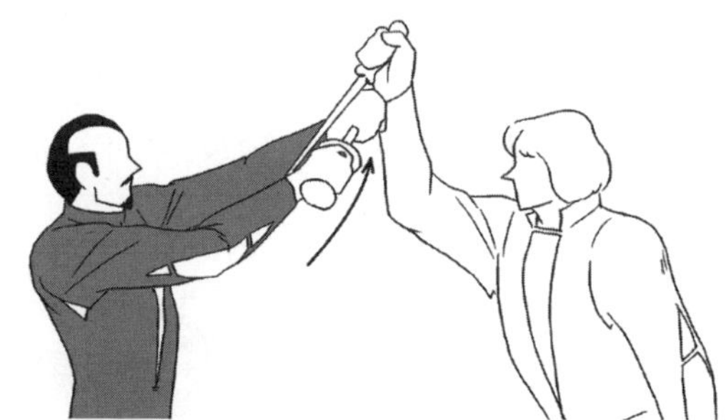

대거 기술 6

하단베기

Counter Cut against Unterstich

출전 : Knight/Ringen–Dagger, p.130. Vail, p.168.

상대를 찌르지 않고 베는, 매우 보기 드문 기술입니다.

1

밑에서 찌르기 공격을 해오는 제자의 손목을 벱니다.

대거 기술 7

대응법 1 : 손목 비틀기

First Remedy Master : Wrist Twist

출전 : Fiore(Pisani), 6r. Fiore(Getty), 10v. Gladiatoria, 33v. Talhoffer(1459), 61r. Knight/Ringen-Dagger, p.138. Vail, pp.62, 63.

피오레는 대거 검술의 기본기를 Master(스승 · 선생), 그러한 기본기의 응용기를 Scholar(제자 · 학생), 기본기와 응용기의 카운터를 Counter Master로 분류하였습니다. Remedy Master는 공격기를 파훼하는 기술이란 뜻이며, 「대응법 1」은 상단공격을 왼손으로 막아낸 다음 이루어지는 일련의 기술을 가리킵니다.

여기에서는 자신의 손목을 지렛대로 이용하여, 거꾸로 잡은 상대의 대거를 빼앗는 기술을 소개합니다.

1

스승은 공격하는 제자의 팔을 왼손 역수로 붙잡습니다.

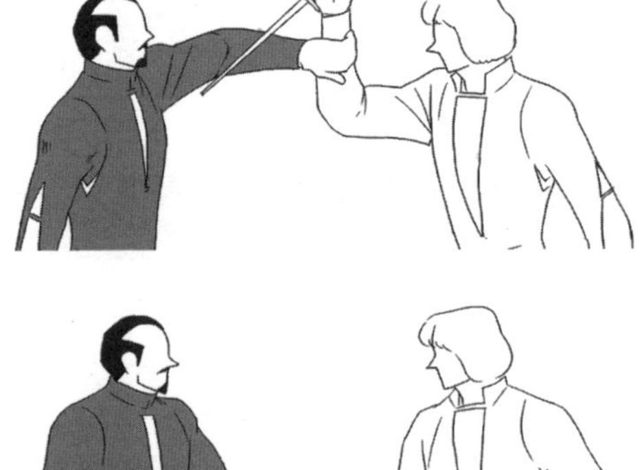

2

그리고 제자의 팔을 아래로 잡아당기는 동시에 자신의 팔이 제자의 팔 위로 오도록 손목을 비틉니다. 그러는 동안 스승의 팔이 지렛대 역할을 하여 제자의 대거도 옆으로 회전하다가 결국 제자의 손에서 떨어지게 됩니다.

3 카운터

대거를 위로 들어 스승의 팔 밑에서 빠져나옵니다.

대거 기술 8

대응법 1 · 응용법 1 : 키 록

First Scholar, First Master : Key

출전 : Fiore(Pisani), 6v. Fiore(Getty), 10v.

공격을 막아낸 다음 상대의 팔을 끌어안아 키 홀드를 거는 기술입니다. 당연한 말이지만 상대의 팔이 직각에 가까울수록 성공하기 쉽습니다.

1

스승이 왼팔로 제자의 공격을 막았습니다.

2

스승은 왼팔을 제자의 오른팔에 감으려 합니다.

3

팔을 감고 나서 재빨리 몸을 회전시킵니다. 이때 아래팔로 제자의 팔꿈치를 들어올리는 동시에 위팔로는 제자의 손목을 뒤로 밀어 꺾습니다.

4 카운터

스승이 팔을 감으려 하면 제자는 왼손으로 오른팔을 잡고 버팁니다.

5

그대로 양손의 힘을 합쳐 키 홀드를 건 뒤 대거로 등을 찌릅니다.

대거 기술 9

대응법 1 · 응용법 2 : 키 록 2

Second Scholar, First Master : Key2

출전 : Fiore(Pisani), 6v. Fiore(Getty), 11r. Dürer, (Dagger), No.14. diatoria, 33r. Vail, p.66.

1

왼손으로 제자의 오른쪽 손목을 붙잡고 오른손으로 제자의 오른쪽 팔꿈치를 붙잡습니다.

2

제자의 팔을 반시계방향으로 돌려 어깨를 꺾습니다.

3 다른 버전

베일은 이것을, 제자의 팔을 뒤로 미는 기술이라고 해석합니다.

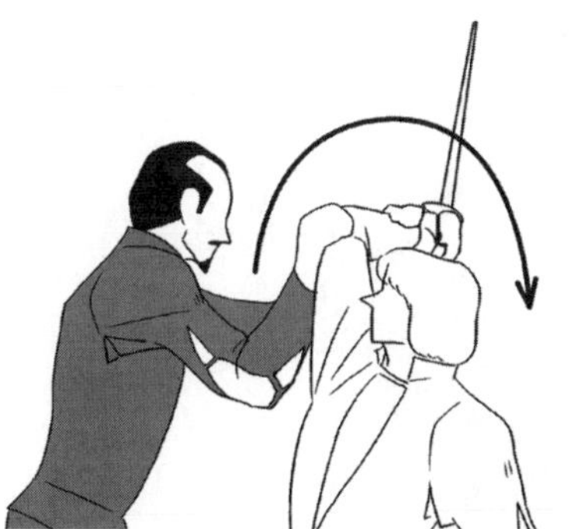

4 카운터

스승이 팔꿈치를 잡으면 제자는 왼손으로 재빨리 칼날을 쥐는 동시에 아래팔로 스승의 오른팔을 눌러 스승이 팔을 회전시키지 못하게 합니다.

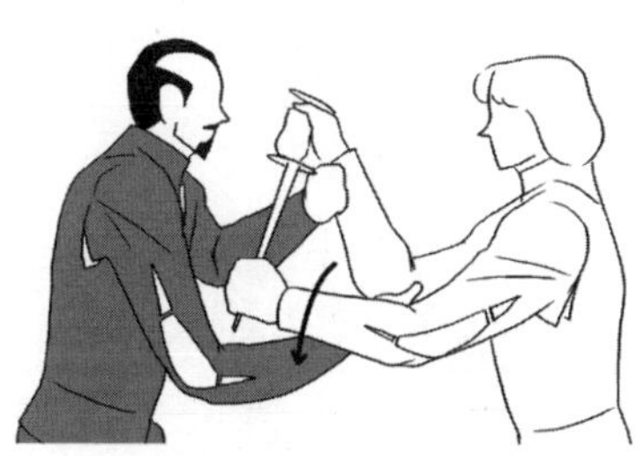

대거 기술 10

대응법 1 · 응용법 5 : 피격 4

Fifth Scholar, First Master : Figure 4

출전 : Fiore(Pisani), 6v. Fiore(Getty), 12r. Vail, p.67. Knight/Ringen-Dagger, p.55.

레슬링 기술에서 등장한 피격 4의 대거 버전입니다.

1

제자는 왼손으로 스승의 공격을 막고 손목을 붙잡습니다.

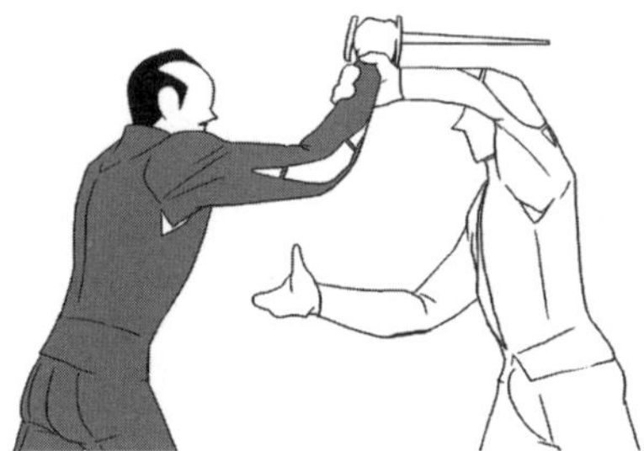

2

오른손을 스승의 팔 위로 감아 자신의 왼쪽 손목을 붙잡습니다.

3

스승의 팔을 뒤로 회전시켜 꺾는 동시에 오른발을 걸어 넘어뜨립니다.

4 카운터

이처럼 팔을 회전시켜 관절을 꺾는 기술에 대한 피오레의 카운터는 무척 간단합니다. 관절기에 걸렸다고 판단한 스승은 왼손을 오른손 위에 포개 양손의 힘으로 버티면서 그대로 제자를 찌릅니다.

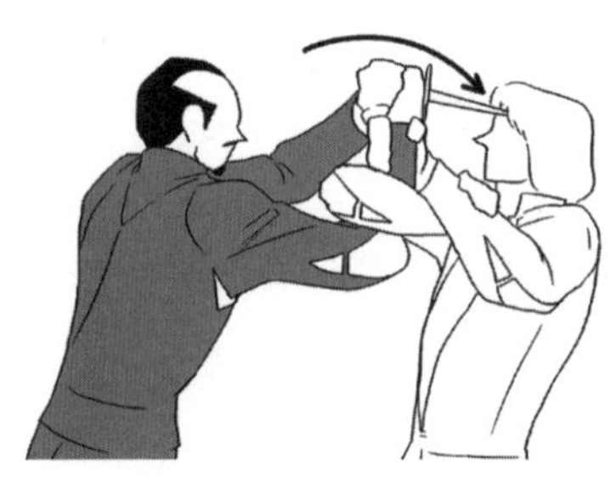

대거 기술 11

대응법 1 · 응용법 7 : 어깨 대어 암바

Seventh Scholar, First Master : Over the Shoulder Armbar

출전 : Fiore(Pisani), 7r. Fiore(Getty), 12r. Talhoffer(1467), pl.182. Knight/Ringen-Dagger, p.153. Vail, pp.68, 69.

한 손으로 상대의 공격을 막고 손목을 붙잡으려 했지만 상대의 공격이 너무 빨라 잡기 전에 이미 손이 지나쳐버리는 경우가 종종 있습니다. 여기에서는 상대의 손목을 붙잡지 못했을 때 어떻게 해야 하는지 설명하겠습니다.

1

스승이 제자의 공격을 막았습니다. 하지만 스승은 제자의 손목을 붙잡지 못했습니다.

2

스승은 제자의 팔과 자신의 팔을 접촉시킨 채 제자의 팔을 아래로 누릅니다. 그리고 더 이상 누를 수 없는 곳까지 내려갔을 때 두 손으로 제자의 손목을 붙잡습니다.

3

몸을 회전시키면서 제자의 팔을 비틀어 어깨 위에 대고 꺾습니다.

대거 기술 12

대응법 2 · 응용법 1 : 피격 4

First Scholar, Second Master : Figure 4

출전 : Fiore(Pisani), 7v. Fiore(Getty), 13r, 13v. Vail, pp.72, 73.

「대응법 2」는 상단공격을 십자막기로 방어한 다음 이루어지는 일련의 기술을 보여줍니다. 여기에서는 십자막기로부터 이어지는 피격 4에 대해 설명하겠습니다. 십자막기 자세는 피격 4 자세와 유사하므로 빠르게 연계할 수 있습니다.

1

스승은 십자막기로 제자의 공격을 막았습니다.

2

오른손으로 재빨리 제자의 팔을 감아 자신의 왼쪽 손목을 잡습니다. 그리고 제자의 손목을 뒤로 미는 동시에 오른팔로는 제자의 위팔을 들어올려 관절을 꺾습니다.

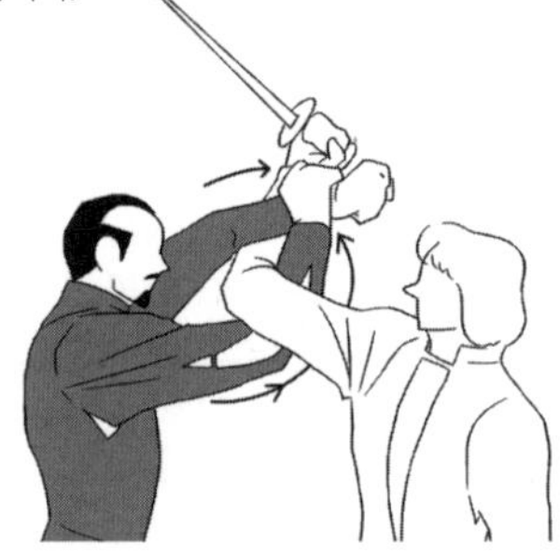

3

그대로 팔꿈치를 부러뜨리면서 오른발을 걸어 뒤로 넘어뜨립니다.

4 카운터

지금까지 여러 번 설명한 것처럼 왼손을 포개 양팔의 힘으로 스승에게 대항합니다. 그런 다음 스승의 팔을 아래로 밀어내고 대거로 찌릅니다.

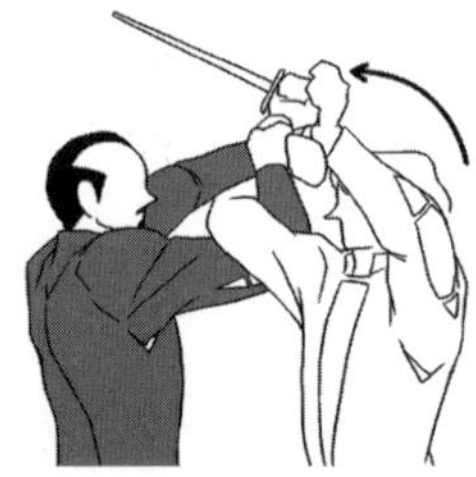

대거 기술 13

대응법 3 : 뒤로 넘기기

Third Remedy Master : Over the Leg Throw

출전 : Fiore(Pisani), 8v. Fiore(Getty), 13v. Vail, pp.82, 83.

「대응법 3」은 대거를 사용한 역수 하단공격을 파훼하는 기술입니다. 피오레의 말에 따르면 이러한 공격은 셀 수 없을 만큼 많은 사람을 죽음으로 몰아넣었다고 하니, 방어하기가 매우 까다로운 공격이라고 할 수 있습니다. 여기에서 제자는 대거를 역수로 잡고 있지만 정수로 잡았을 때도 유효합니다.

1

제자의 하단공격을 막고 손목을 붙잡습니다.

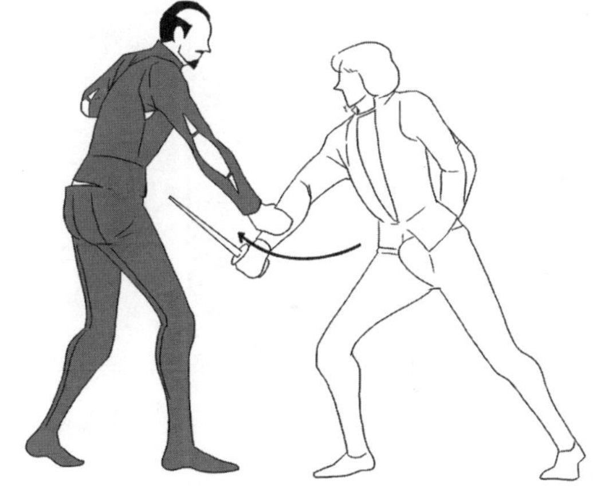

2

그대로 손목을 잡아당기면서 왼발로 제자의 오른발을 걸고 왼손으로 밀어 쓰러뜨립니다.

대거 기술 14

대응법 3 · 응용법 2 : 스트레이트 암바

Second Scholar, Third Master : Straight Armbar

출전 : Fiore(Pisani), 8v. Fiore(Getty), 13v. Knight/Ringen–Dagger, p.152. Vail, pp.86, 87.

베일 버전에서는 상단공격에 대해 이 기술을 사용합니다.

1

제자의 공격을 막고 손목을 붙잡습니다.

2

그대로 제자의 팔을 비틀면서 잡아당깁니다. 그리고 몸을 회전시키는 동시에 왼손으로 제자의 팔꿈치를 누릅니다.

3

팔꿈치를 꺾으며 앞에서 발을 걸어 쓰러뜨립니다. 다른 기술과 마찬가지로 이때 제자의 팔을 부러뜨릴 수도 있습니다.

4 다른 버전

피오레는 다른 버전으로서, 제자의 팔꿈치를 내리쳐 부러뜨리는 기술도 소개하고 있습니다.

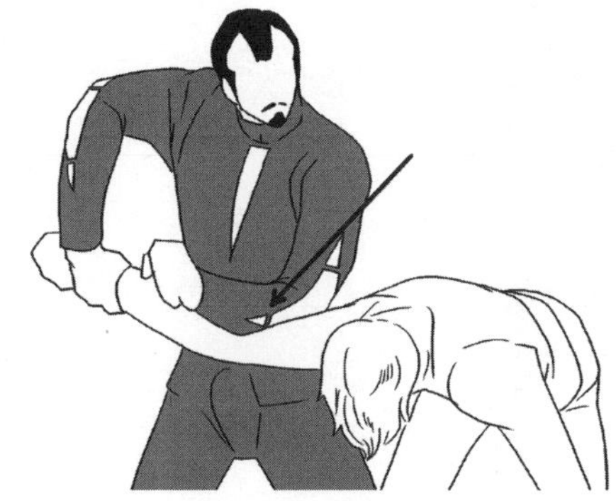

대거 기술 15

대응법 3 · 응용법 5 : 키 록

Fifth Scholar, Third Master : Strong Key

출전 : Fiore(Pisani), 9r. Fiore(Getty), 14r. Talhoffer(1467), pl.172. Vail, pp.90, 91.

Strong Key라는 이름은 피오레가 지은 것입니다. 그의 말에 따르면 이 기술은 갑옷을 입은 사람의 목숨마저 빼앗을 수 있으며, 피하는 것은 불가능하다고 합니다. 다만 여기서 목숨을 빼앗는다는 것은 이 기술 자체의 위력으로 죽인다는 말이 아니라, 이 기술을 사용함으로써 상대의 급소를 자유롭게 공격할 수 있게 된다는 의미입니다.

1

제자의 공격을 막고 팔을 붙잡습니다.

2

팔을 붙잡은 채 한 발 내디디며 제자의 팔을 왼쪽으로 가져갑니다. 이때 제자의 팔이 일자로 펴지지 않도록 주의합니다.

3

스승은 왼손을 제자의 오른팔 아래로 집어넣습니다.

4

몸을 회전시키면서 제자의 팔을 아래로 누릅니다. 동시에 어깨와 팔로 제자의 아래팔을 밀어 올려 제자의 팔을 꺾습니다. 피오레의 삽화를 보면 스승이 오른팔을 치켜들고 있는데, 아마도 팔을 꺾은 다음 오른손으로 제자의 목덜미를 공격하는 것으로 추측됩니다.

대거 기술 16

대응법 4 : 옆구리에 끼워 암바

Fourth Remedy Master : Armpit Trap

출전 : Fiore(Pisani), 9v. Fiore(Getty), 14v. Talhoffer(1467), pl.175. Vail, pp.76, 77, 92, 93.

「대응법 4」는 상단공격을 양손으로 막아낸 다음 이어지는 기술에 대한 해설입니다.

1

스승은 양손으로 제자의 공격을 막습니다.

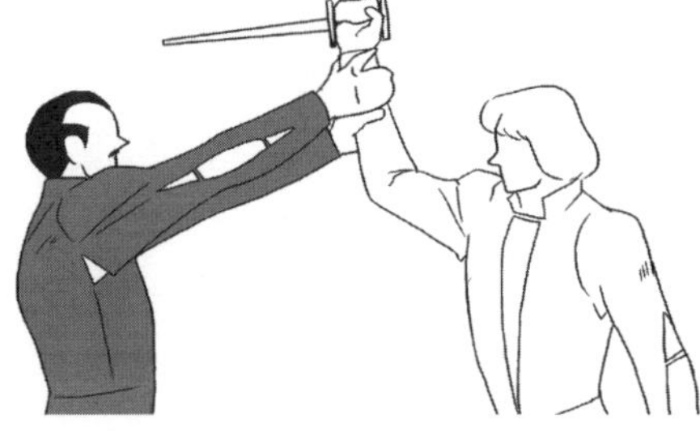

2

제자의 팔을 비틀어 아래로 내리는 동시에 몸을 시계방향으로 회전시킵니다.

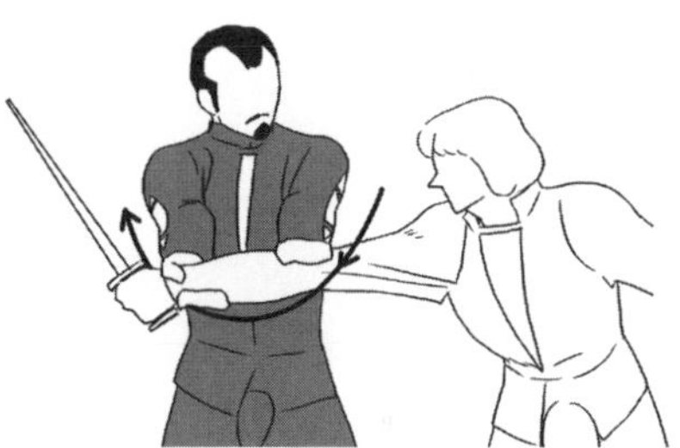

3

제자의 손목을 잡아당기며 팔꿈치를 옆구리에 끼워 고정합니다.

4

그대로 지면에 쓰러뜨린 다음 팔을 부러뜨리거나 눌러서 꼼짝 못하게 합니다.

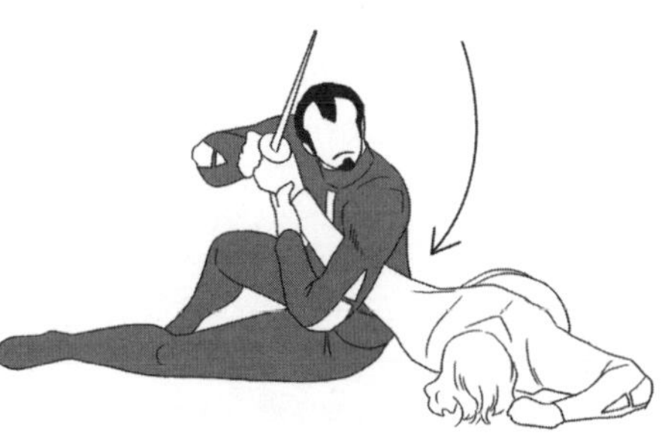

대거 기술 17

대응법 4 · 응용법 1 : 상단 키 록

First Scholar, Fourth Master : Upper Key

출전 : Fiore(Pisani), 9v. Fiore(Getty), 14v. Talhoffer(1467), pl.178. Vail, p.95.

기술 10의 변형으로, 상대를 양손으로 붙잡아 도망치지 못하게 합니다.

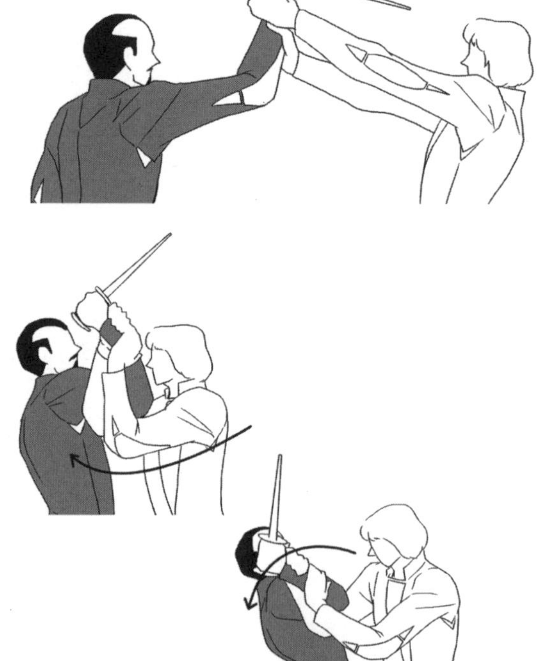

1

제자는 스승의 공격을 막아낸 다음, 스승의 팔을 반대쪽으로 밀어 올리듯 하면서 팔꿈치를 구부립니다.

2

계속 밀어붙이면서 자신의 오른팔을 스승의 오른팔 뒤에 가져갑니다. 삽화를 보면 제자가 손을 바꿔 잡았다는 사실을 알 수 있습니다.

3

몸을 회전시켜 스승의 팔을 꺾습니다.

대거 기술 18

대응법 4 · 응용법 2 : 피겨 4

Second Scholar, Fourth Master : Figure4

출전 : Fiore(Pisani), 9v. Fiore(Getty), 14v. Vail, p.94.

기술 17처럼 기술 10의 다른 버전으로, 피오레는 이것을 매우 강력한 기술이라고 평가하였습니다. 또한 베일의 말에 따르면 발러슈타인 사본에서는 이 기술을 펀치에 대한 카운터로서 소개하고 있다고 합니다(Wallerstein, pl.137.).

1

제자는 스승의 공격을 막아낸 다음, 기술 17에서처럼 스승의 팔을 반대쪽으로 밀어 팔꿈치를 구부립니다.

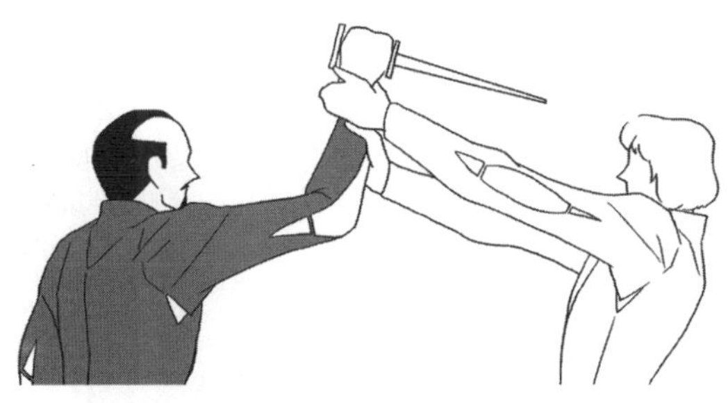

2

오른손은 그대로 스승의 손목을 잡은 채, 왼손을 스승의 오른팔에 감아 자신의 오른쪽 손목을 잡습니다.

3

그 상태로 팔을 꺾어 부러뜨리거나 오른발을 걸어 뒤로 쓰러뜨립니다.

대거 기술 19

대응법 5 : 팔 꺾기

Fifth Remedy Master : Elbow Smash

출전 : Fiore(Pisani), 10r. Fiore(Getty), 38r. Meyer, p.246, A. Vail, p.111.

「대응법 5」는 지금까지의 것들과는 조금 다르게 상대가 이쪽의 옷깃을 붙잡고 대거로 찌르려 할 때의 대응법입니다. 여기에서는 옷깃을 붙잡은 팔을 부러뜨리는 기술을 소개합니다.

1

스승이 왼손으로 제자의 옷깃을 붙잡고 조르며 당장에라도 찌르려 하고 있습니다.

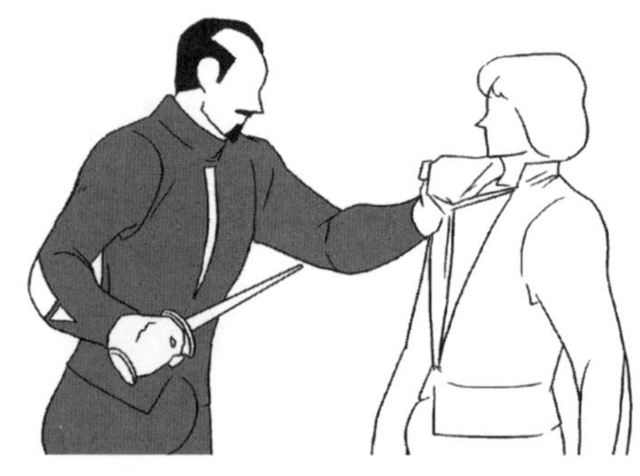

2

제자는 왼손으로 스승의 손목을 붙잡고 끌어당겨 팔을 똑바로 폅니다.

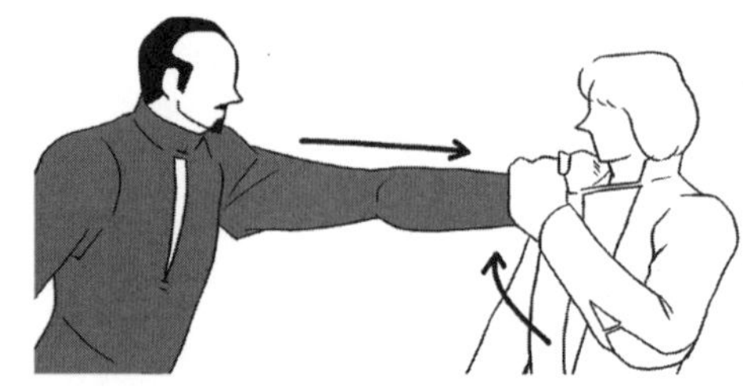

3

아래팔로 스승의 팔꿈치를 가격하여 스승의 팔을 부러뜨립니다.

대거 기술 20

대응법 5 · 응용법 2 : 뿌리치기

Second Scholar, Fifth Master : Wiping Away

출전 : Fiore(Pisani), 10r. Fiore(Getty), 38v. Vail, p.114.

이 기술은 옷깃을 붙잡은 상대의 손을 뿌리치는 기술입니다. 레슬링 기술 20과 마찬가지로 창을 가진 상대와 싸울 때 이 기술을 응용하면 창끝 부분을 손잡이에서 떨어뜨릴 수도 있다고 합니다(서양의 창은 일본의 것처럼 자루를 박아서 만드는 것이 아니라 소켓에 끼우고 못으로 고정시키는 타입이라 비교적 간단하게 분리할 수 있었습니다). 또한 베일은 정면 목 조르기를 뿌리치는 데에도 유효하다고 설명하였습니다.

1

스승이 제자의 옷깃을 붙잡고 있습니다.

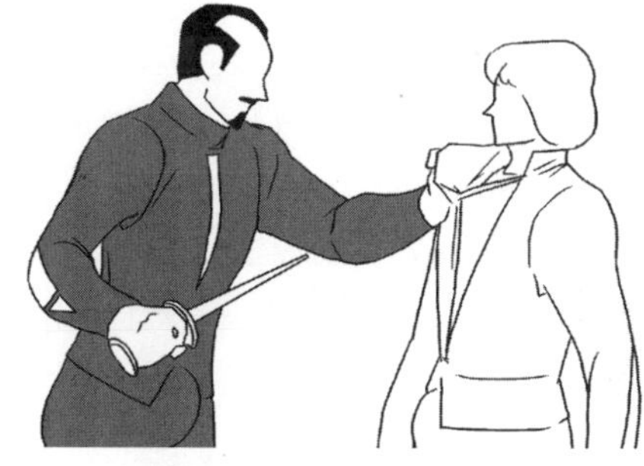

2

제자는 스승의 팔 바깥쪽으로 두 손을 맞잡습니다.

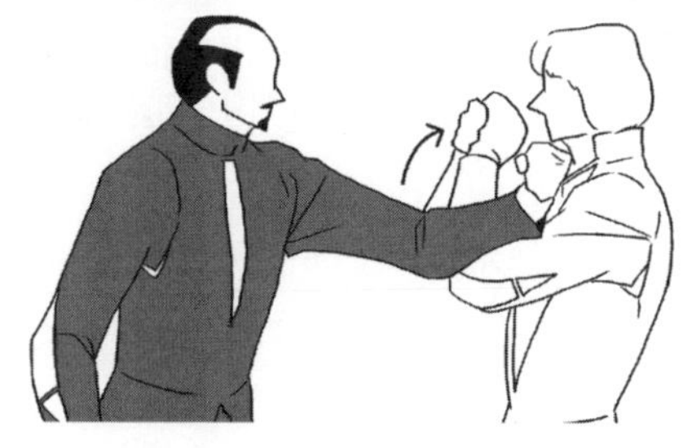

3

두 손으로 힘껏 스승의 팔을 왼쪽으로 밀어냅니다.

대거 기술 21

대응법 5 · 응용법 9 : 암바

Ninth Scholar, Fifth Master : Armbar

출전 : Fiore(Pisani), 11r. Fiore(Getty), 15r. Vail, p.115.

1

스승이 옷깃을 붙잡고 있습니다.

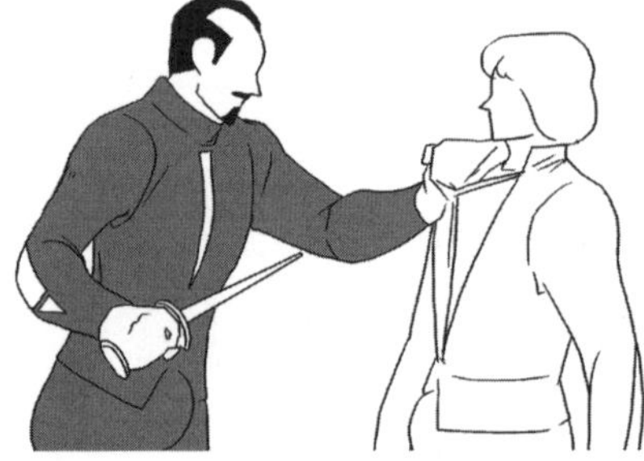

2

제자는 왼손으로 손목을 붙잡고 오른손으로 팔꿈치를 밀어 올려 스승의 팔을 똑바로 폅니다.

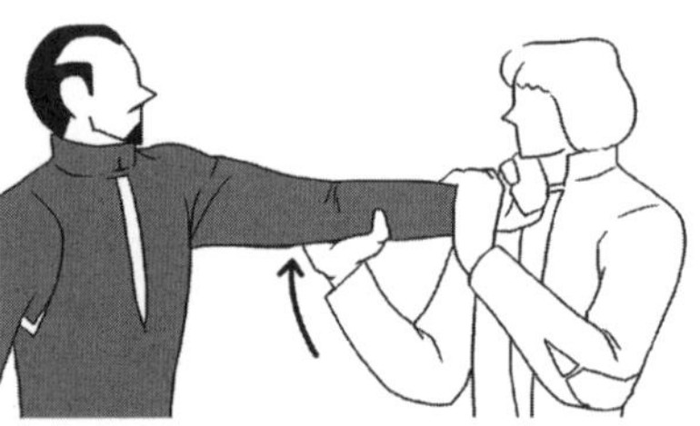

3

스승의 팔을 편 채로 비틀어 누르면서 몸을 180도 회전시킵니다. 몸을 회전시킴으로써 대거의 공격범위에서 벗어날 수 있습니다.

대거 기술 22

대응법 5 · 응용법 11, 12 : 대거 빼앗기

Eleventh, Twelfth Scholar, Fifth Master : Disarm

출전 : Fiore(Pisani), 11r. Fiore(Getty), 15v. Vail, p.116

1

스승이 제자의 옷깃을 붙잡고 있습니다.

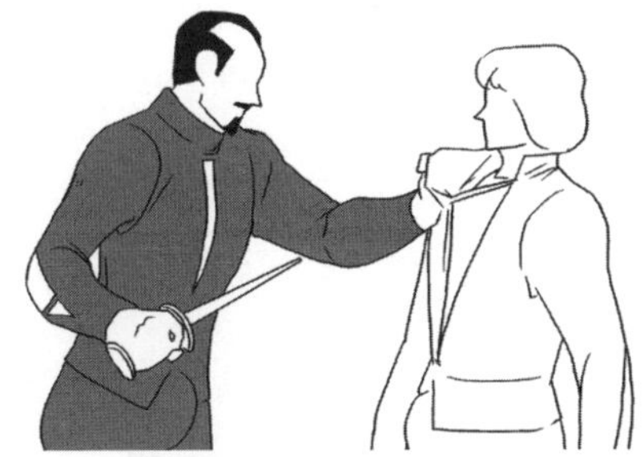

2

제자는 스승의 하단공격을 두 손으로 받아냅니다.

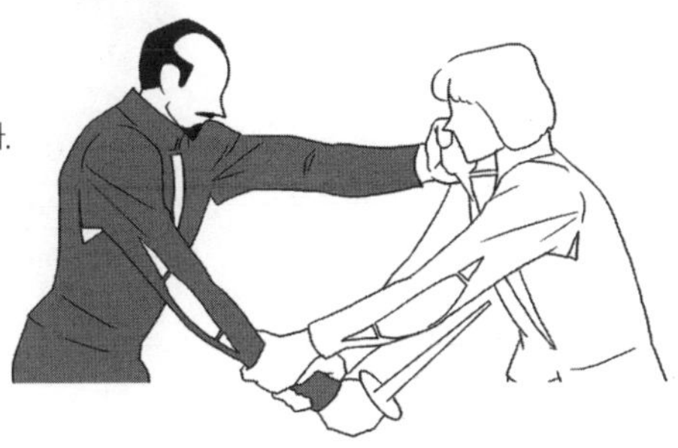

3

왼손으로 손목을 붙든 상태에서 오른손으로 대거를 쥡니다. 그리고 안쪽으로 회전시킵니다.

4

스승의 대거를 빼앗습니다. 그대로 스승을 찌르거나 왼손에 바꿔 잡고 찌릅니다.

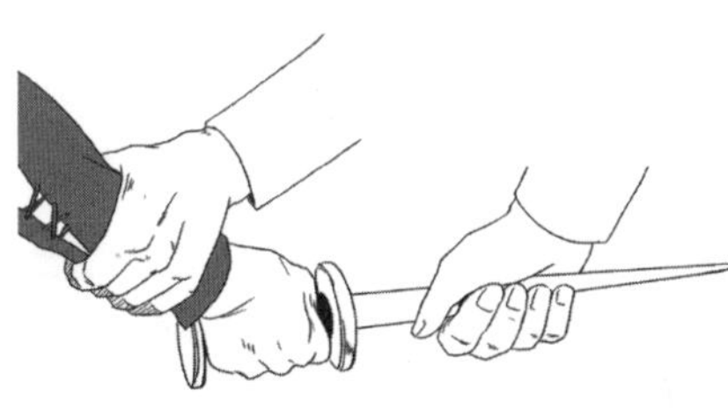

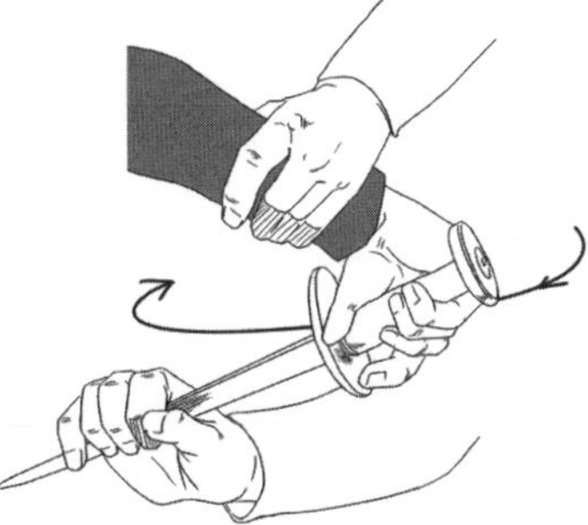

대거 기술 23

대응법 6 · 응용법 1 : 실드 블록

Sixth Master, First Scholar, Sixth Master : Shield Block

출전 : Fiore(Pisani), 11r. Fiore(Getty), 16r. Vail, p.130.

「대응법 6」은 오른손으로 대거의 손잡이를, 왼손으로 대거의 날을 잡고 공격을 막아낸 다음 이어지는 일련의 기술을 가리킵니다. 여기서 소개하는 것은 「대응법 6」과 그에 대한 응용법을 조합한 기술입니다. 피오레의 말에 따르면 대거 기술 17 「대응법 4 · 응용법 1」을 사용할 수도 있다고 합니다.

1

양손에 쥔 대거로 제자의 공격을 막아냅니다.

2

왼손으로 재빨리 제자의 오른손을 붙잡아 밀어내고 제자를 찌릅니다.

대거 기술 24

대응법 6 · 응용법 6 : 양손 비틀어 대거 빼앗기

Sixth Scholar,Sixth Master : Single Dagger Disarm,Double-Handed

출전 : Fiore(Getty), 16v. Talhoffer(1467), pl.182. Wallerstein, pl.47. Knight/Ringen-Dagger, pp.134, 135.

자신의 대거로 상대의 대거를 밀어붙여 빼앗는 기술입니다. 나이트의 말에 따르면 상대의 손목을 압박하여 재빨리 성공시킬 필요가 있다고 합니다.

1

제자가 스승의 공격을 막아냅니다.

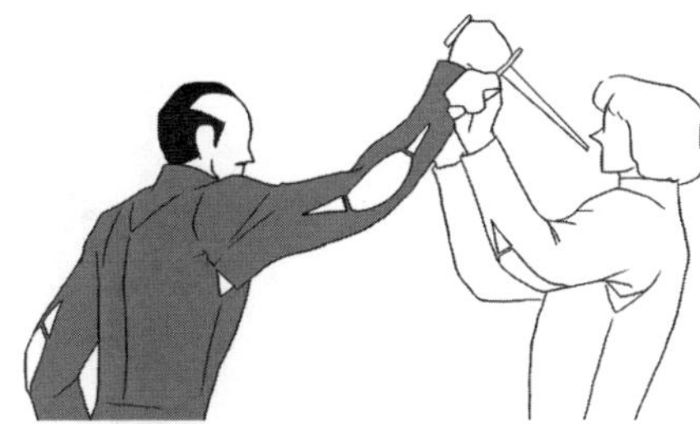

2

제자는 한 발 다가서면서 스승의 손목을 밀어붙입니다. 그리고 오른손을 스승의 팔 위에 갖다 댑니다.

3

오른손과 대거의 손잡이 끝을 스승의 팔에 걸고, 왼손을 안쪽으로 밀어 넣습니다. 자신의 대거를 지렛대로 이용하여 스승의 대거를 회전시킵니다.

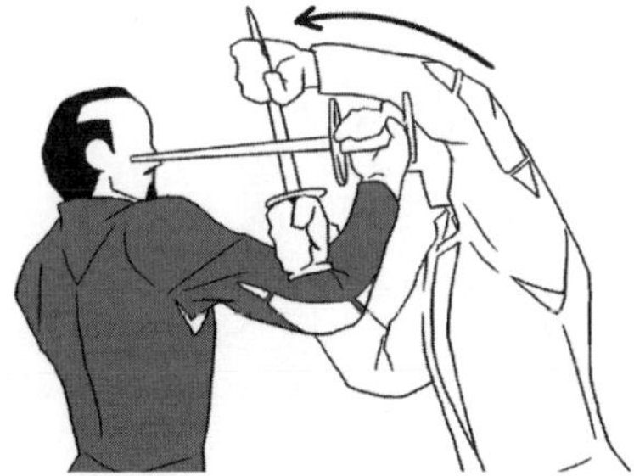

4

대거가 완전히 돌아갔는데도 스승이 대거를 놓지 않으면, 왼손을 아래로 내려 스승의 대거를 밑으로 내리누르면서 빼앗습니다.

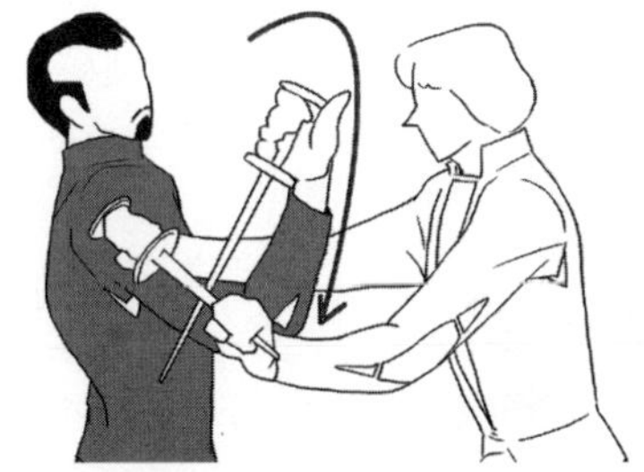

대거 기술 25

대응법 9 · 응용법 6, 7 : 다리 사이에서 팔 조이기

Sixth,Seventh Scholar,Ninth Master : Between the Legs Arm Hold

출전 : Fiore(Pisani), 12v. Fiore(Getty), 18v.

이 기술은 레슬링 기술 63을 대거 검술에 응용한 것입니다. 상대의 팔을 다리 사이로 통과시켜 움직이지 못하게 합니다.

1

제자의 공격을 막습니다.

2

손을 붙잡힌 제자는 카운터를 경계하여 자세를 낮추고 대거를 자기 쪽으로 거둬들이려 합니다.

3

제자의 움직임에 맞춰 스승은 오른손을 끌어내리면서 등 뒤로 이동합니다.

4

제자의 오른손을 다리 사이에 집어넣은 다음 뒤에서 왼손으로 붙잡습니다.

5

제자의 손을 봉쇄한 채 등 뒤로 완전히 돌아가, 오른손으로 대거의 날을 붙잡고 빼앗습니다.

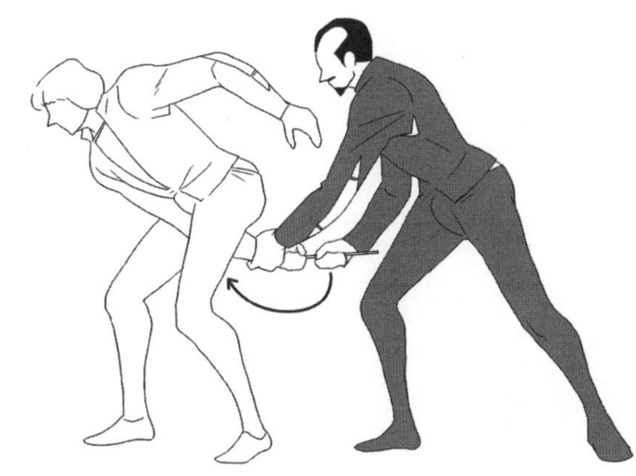

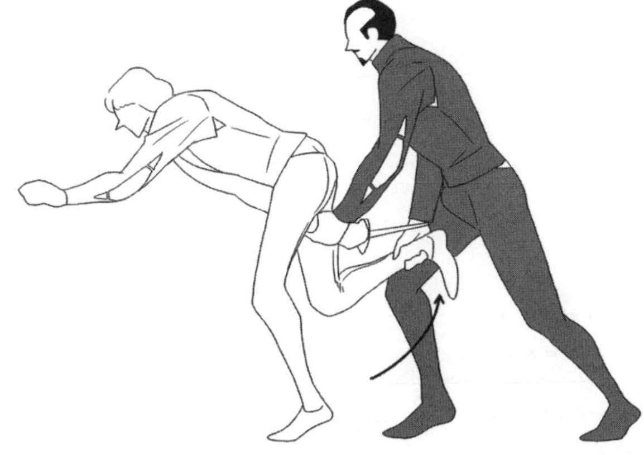

6 다른 버전

피오레 버전에서는 대거가 아니라 발을 붙잡고 들어올려 넘어뜨립니다. 그는 이 기술에 대한 카운터는 존재하지 않는다고 하였습니다.

대거 기술 26

한손 비틀어 대거 빼앗기

Single Dagger Disarm, One-Handed

출전 : Wallerstein, pl.45. Talhoffer(1459), 64r. Talhoffer(1467), pl.170. Knight/Ringen-Dagger, pp.132, 133. Vail, pp.135, 136.

이 기술은 기술 24의 한 손 버전입니다. 자신의 대거를 레버처럼 이용해 상대의 대거를 빼앗는 기술로, 매우 화려하면서도 효과적이라는 평가를 받고 있습니다(다만 양손 버전만큼 안전하지는 않습니다). 베일은 이 기술을 상대의 손목을 누른 상태에서 사용하였습니다. 또한 여기에는 『수평』 자세라는 것이 나오는데, 이것은 역수로 쥔 대거를 옆으로 눕힌 자세입니다. 하지만 대거만 가지고는 공격의 기세를 꺾을 수 없으므로, 대거의 날을 아래팔에 평행하게 갖다 대는 형태일 것이라고 추측됩니다.

1

스승은 『수평』 자세로 제자의 공격을 막아냅니다.

2

스승은 자신의 대거와 제자의 대거를 접촉시킨 채 자신의 대거를 제자의 팔 위로 감아올립니다.

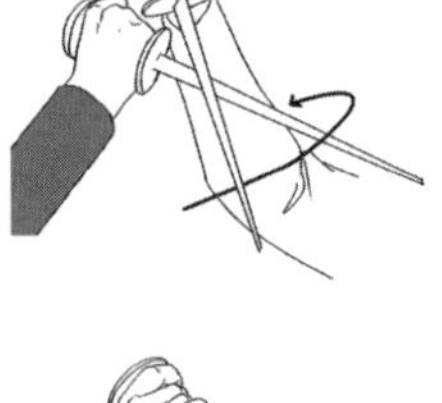

3

스승이 대거를 끝까지 감아올리면 제자의 팔에 걸친 듯한 상태가 됩니다.

4

스승은 레버를 돌리는 요령으로 자신의 대거를 밀어 제자의 대거를 회전시킨 다음 빼앗습니다. 발러슈타인 사본에서는 자신의 대거를 밀어 올리는 것이 아니라 제자의 팔에 걸고 자기 쪽으로 힘껏 당겨 빼앗는 동시에 제자의 손목을 꺾습니다.

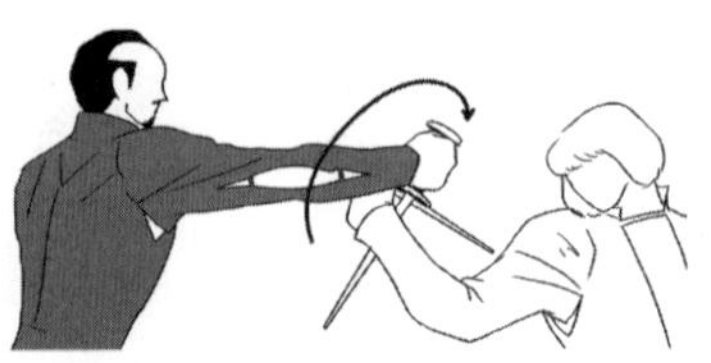

5

반대편에서 본 그림입니다.

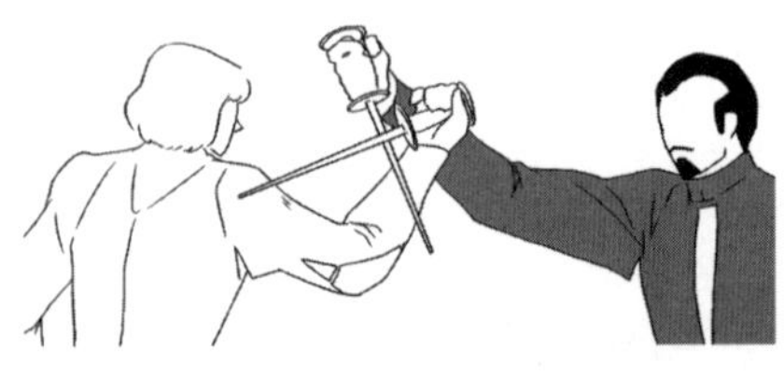

대거 기술 27

변형 키 록
Upper Key

출전 : Talhoffer(1459), 63v. Talhoffer(1467), pl.172.

유럽 무술이 얼마나 키 록을 중시했는지 알 수 있는 기술입니다. 맞붙어 싸울 때 상대가 팔을 비교적 똑바로 뻗고 있으면 암바, 구부리고 있으면 키 록을 사용하는 것이 당시 근접전투의 기본이었던 것 같습니다.

1

제자의 공격을 막습니다.

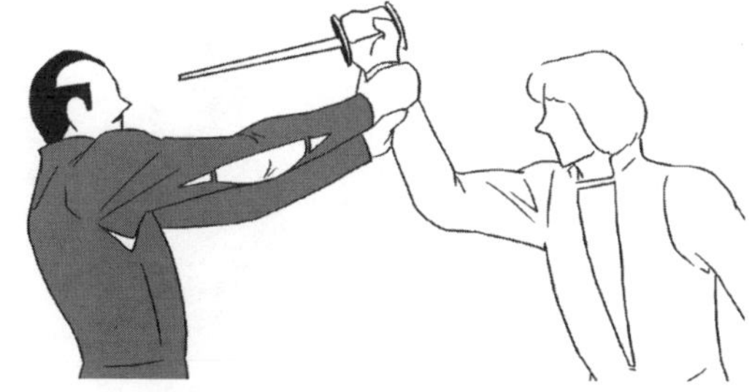

2

제자의 팔을 구부려 아래로 비틀면서 자신의 오른손을 제자의 팔 반대쪽으로 빼냅니다.

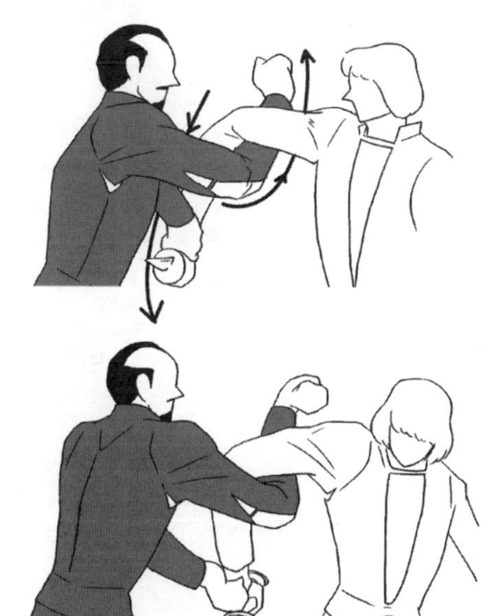

3

오른팔로 제자의 위팔을 고정시키고 왼손으로 제자의 팔을 비틀어 꺾습니다.

대거 기술 28

팔꿈치 꺾으며 허리메치기
Hip Throw with Elbow Lock

출전 : Talhoffer(1459), 65r. Talhoffer(1467), pl.173, 174. Knight/Ringen-Dagger, pp.144, 145.

이것도 키 록의 일종입니다. 상대의 팔꿈치를 꺾으며 메칩니다.

1

오른손으로 제자의 공격을 받아넘깁니다.

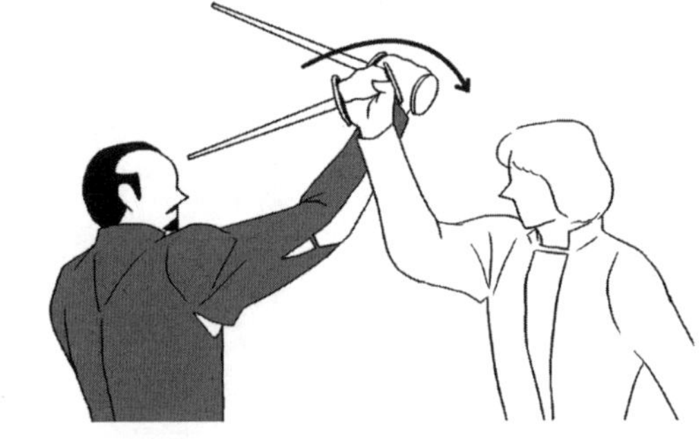

2

스승은 대거의 날을 제자의 팔에 갖다 대고 시계방향으로 돌려 공격을 유도합니다.

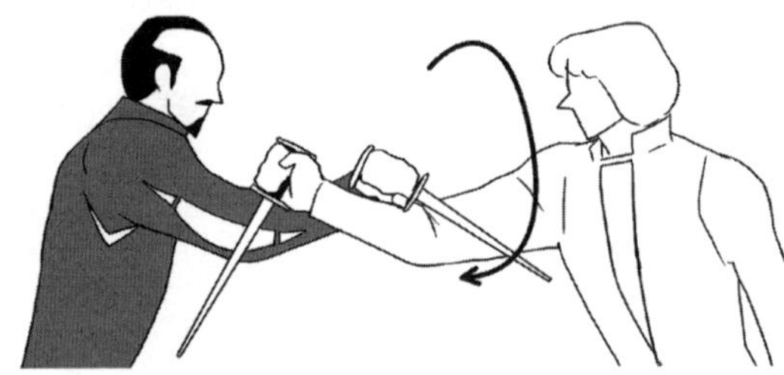

3

그대로 대거를 감아올립니다. 그리고 칼날이 제자의 팔 밑을 지나 반대쪽으로 빠져나오면 왼손으로 그것을 붙잡습니다.

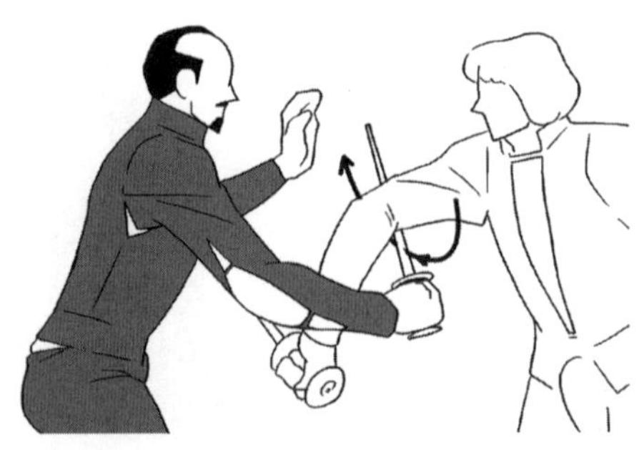

4

단숨에 몸을 회전시켜 앞에서 제자의 다리를 거는 동시에, 오른팔로 제자의 아래팔을 당기고 칼날로 제자의 위팔을 밀어냅니다. 그리고 왼팔로는 제자의 어깨를 눌러 팔을 꺾으면서 앞으로 쓰러뜨립니다.

5 카운터

시간을 조금 되돌려 스승이 제자의 팔을 감고 있는 장면입니다.

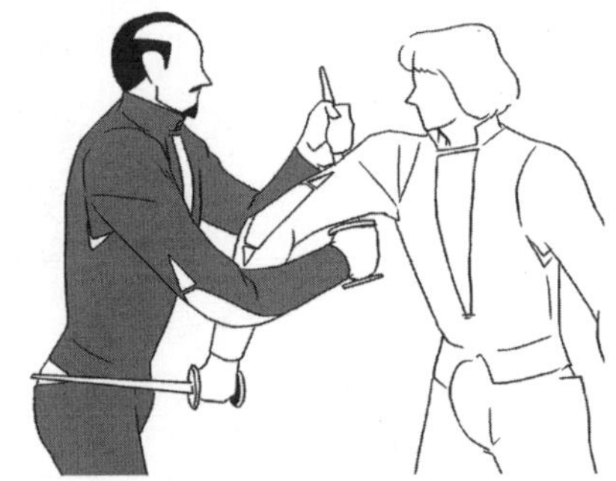

6

제자는 재빨리 뒤로 돌아 스승의 관절기를 무효화하고 왼손으로 자기 대거의 날을 붙잡습니다. 왜 날을 붙잡는지에 대해서는 명확하게 알 수 없지만, 어쩌면 양손의 힘으로 스승의 대거를 비틀어 빼앗기 위한 전 단계인지도 모릅니다.

대거 기술 29

무릎 들기

Knee Lift

출전 : Talhoffer(1459), 66r. Talhoffer(1467), pl.173. Wallerstein, pl.50, 55. Knight/Ringen-Dagger, p.137.

레슬링 기술에서 여러 번 등장한 다리 들어 넘기기의 대거 버전입니다. 상대의 다리에 대거를 걸어 들어올린 다음 쓰러뜨리는 기술로, 날카로운 칼날이 다리를 누르고 있는 상태에서는 저항하기 힘들다는 점을 이용한 것입니다. 따라서 레슬링에서 구사하는 것보다 간단히 기술을 성공시킬 수 있습니다. 한편 글라디아토리아에는 이것과 거의 비슷한 기술이 수록되어 있습니다.

1

제자의 공격을 막고 손목을 붙잡습니다.

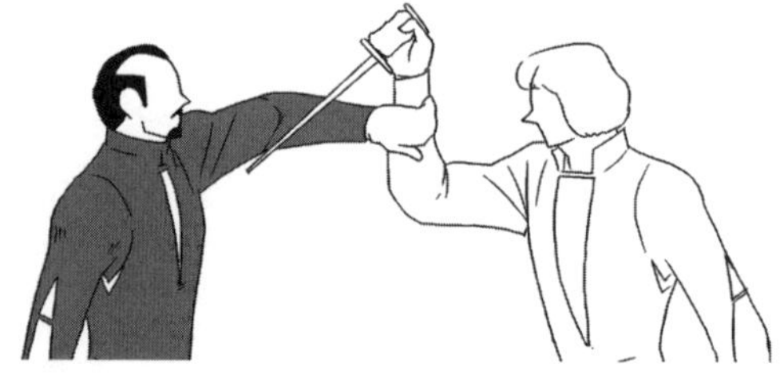

2

그대로 팔을 밀어내 균형을 무너뜨리면서 오른손에 든 대거를 제자의 다리에 겁니다. 여기서는 왼쪽 다리에 걸고 있지만 어느 쪽이라도 상관없습니다.

3

제자의 다리를 들어올려 뒤로 넘어뜨립니다. 혹시 들어올리지 못하더라도 다리의 움직임을 장악하고 있으므로 그대로 쓰러뜨릴 수 있습니다.

패링 대거 1

16세기 들어 유럽의 전투술은 큰 전환기를 맞이합니다. 스파다 다 라토, 그리고 레이피어의 등장과 때를 같이하며 대거를 보조무기로서 검과 함께 사용하는 기법이 등장한 것입니다. 이때 사용하는 대거를 패링 대거 또는 파냐드라고 부릅니다.

이 시기 독일에서는 그때까지의 대거 날밑을 반쪽 잘라낸 듯한 형태의 대거가 등장합니다. 란츠크네히트 대거라고 불리는 이것은 엄지손가락으로 칼날을 누르며 잡을 수 있었기 때문에 그립이 보다 견고해졌습니다. 즉 상대의 검을 받아낼 때의 충격에 견딜 수 있게 된 것입니다.

란츠크네히트 대거. 스위스 또는 프랑스제. 16세기 초.

15세기 종반부터 연구가 시작된 검과 대거의 전투법은 1520년경 이탈리아와 독일에서 가장 융성하였습니다. 특히 이탈리아의 볼로냐가 중심이 되었다고 해도 과언이 아닙니다.

검과 대거의 병용법에 대한 해설서 중 가장 오래된 것은 1536년에 출판된 아킬레 마로쪼의 책입니다. 여기에서 그는 자신이 사용하고 있는 대거를 볼로냐식 대거(Pugnale bolognese)라고 불렀습니다. 이 볼로냐식 대거의 가장 큰 특징은 날밑이 사이드 링을 향해 휘어져 있다는 점으로, 그러한 개량을 통해 상대의 검을 사이드 링 쪽으로 막았을 때 칼날을 확실히 붙들 수 있게 하였습니다.

볼로냐식 대거. 북이탈리아제. 1540~1560년.

사이드 링은 방어 시 손가락을 보호하기 위한 목적에서 만들어진 것으로, 대거를 사용해 안전하게 상대의 공격을 막아내는 데 필수적인 도구입니다. 시간이 지나면 사이드 링을 관통해 들어오는 찌르기를 차단하기 위해 판으로 고리를 틀어막게 됩니다.

볼로냐식 대거는 란츠크네히트 대거에도 영향을 주어 사이드 링과 날밑 대신 「껍데기」라고 불리는 보호구가 날밑 자리에 붙어 손가락과 손목을 방어하였습니다. 또한 이 「껍데기」 사이에는 깊은 골이 있어 상대의 검을 붙잡을 수 있게 되어 있습니다.

(P324에 계속)

개량형 란츠크네히트 대거. 독일제. 1540~1560년.

대거 기술 30

시저록

Scissors

출전 : Talhoffer(1459), 66v, 67r. Wallerstein, pl.46. Knight/Ringen-Dagger, pp.140-142. Vail, p.148.

내리치는 상대의 손목을 십자막기로 막은 다음 꺾는 기술로, 적에게 상당한 고통을 안겨줄 수 있습니다.

1

십자막기로 제자의 공격을 막습니다.

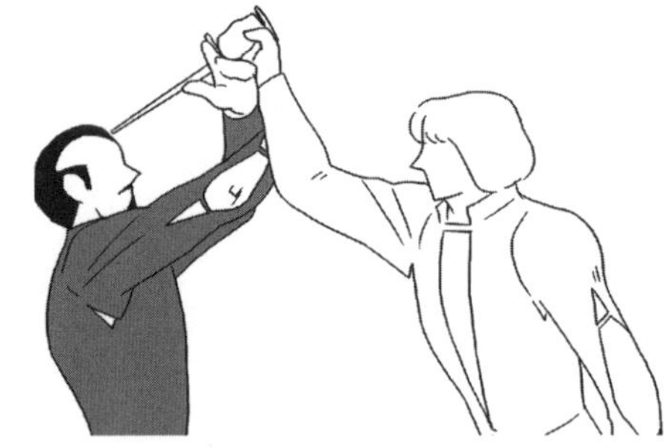

2

오른손에 든 대거를 제자의 오른팔 위로 꺼냅니다.

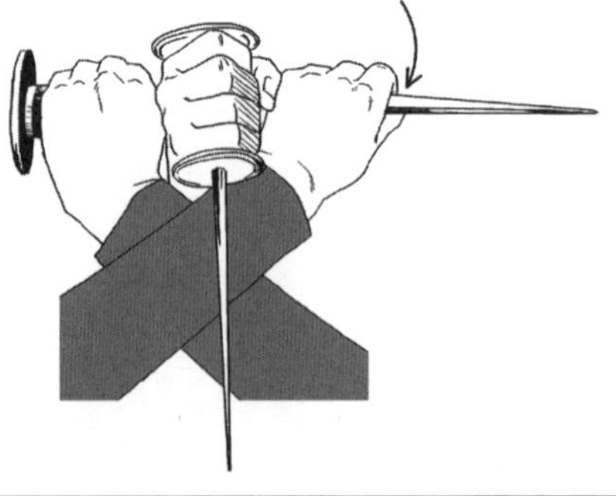

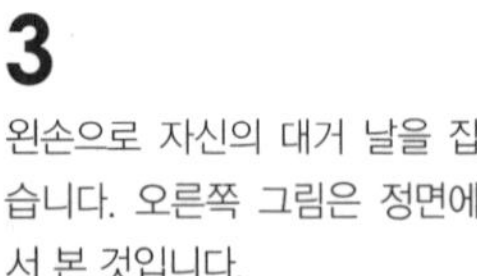

3

왼손으로 자신의 대거 날을 잡습니다. 오른쪽 그림은 정면에서 본 것입니다.

4

양손을 끌어내려 제자의 손목을 꺾습니다.

5 카운터

팔꿈치 꺾기를 이용한 카운터입니다. 나이트는 이 외에도 대거를 왼손에 바꿔 잡고 공격하는 방법을 소개하고 있습니다.

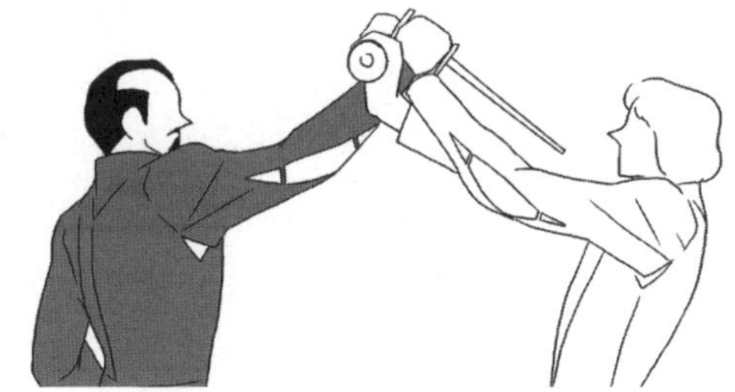

6

제자가 기술을 걸기 전에 칼날을 제자의 팔 사이에 찔러 넣고 왼손으로 그것을 붙잡습니다.

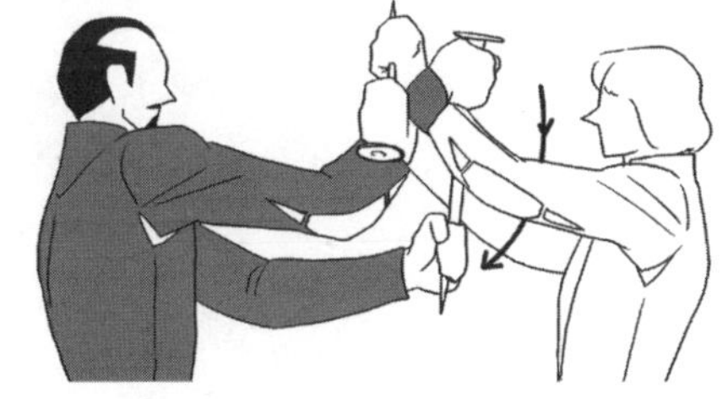

7

몸을 회전시키는 동시에 오른손으로 제자의 왼팔을 누르고 칼날로는 제자의 오른쪽 팔꿈치를 밀어내 팔을 꺾으면서 앞으로 메칩니다.

대거 기술 31

목 밀어 메치기

Backward Throw

출전 : Gladiatoria, 41v. Talhoffer(1467), pl.181. Knight/Ringen-Dagger, pp.74, 75. Vail, p.150.

대거를 쥔 상대의 팔을 붙잡아 메치는 기술로 다양한 페히트부흐에 등장합니다. 베일은 이 기술을 매우 높게 평가하여, 상대의 체격이 압도적인 경우에도 효과적인 강력한 기술이라고 설명하였습니다. 손으로 목을 누르는 것만이 아니라, 주먹과 손바닥으로 목이나 턱을 가격할 수도 있습니다. 또한 그는 미군의 1942년 맨손격투 매뉴얼과 아우어스발트의 페히트부흐에도 비슷한 기술이 있다고 소개하였습니다.

1

제자의 공격을 막고 손목을 붙잡습니다.

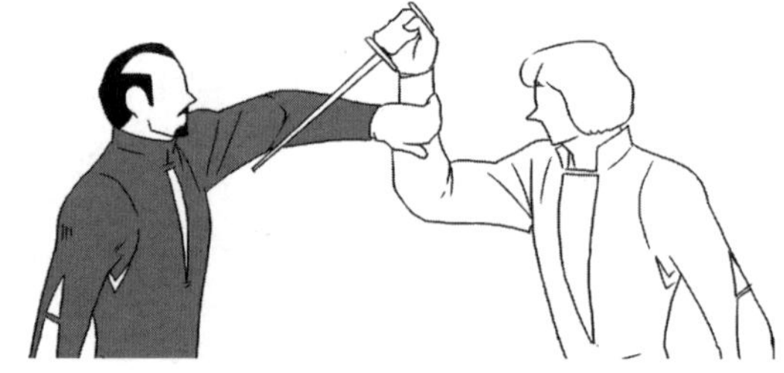

2

제자의 팔을 잡아당기며 오른손으로 목을 붙잡습니다.

3

목을 조르며 뒤에서 발을 걸어 쓰러뜨립니다.

4 다른 버전

탈호퍼 버전에서는 반대로 이쪽의 공격이 막혔을 때의 카운터로서 사용합니다.

5 참고

베일이 비슷한 기술이라 주장했던 것으로 보이는 아우어스발트 버전입니다. 베일은 유도의 「밭다리 후리기」와 발동작이 같다고 보았으나, 필자의 견해로는 「후리고 있다」기보다 「휘감고 있다」는 느낌입니다. 참고로 기술을 걸고 있는 것이 저자인 폰 아우어스발트(당시 77세)입니다.

대거 기술 32

목 걸기

Neck Hook

출전 : Gladiatoria, 44v. Wallerstein, pl.48.

붙잡은 상대의 팔을 목 뒤로 밀어내 그대로 목에 걸고 앞으로 잡아당겨 쓰러뜨리는 기술입니다. 피오레의 하프 소드 검술에도 같은 기술이 있는데, 거기서 그는 확실하게 상대를 쓰러뜨릴 수 있는 기술이라고 설명하였습니다.

1

제자의 공격을 실드 블록으로 막습니다.

2

그대로 제자의 팔을 뒤로 밀어 냅니다.

3

스승은 자신의 대거를 제자의 목에 겁니다.

4

대거를 끌어당겨 제자를 앞으로 쓰러뜨립니다.

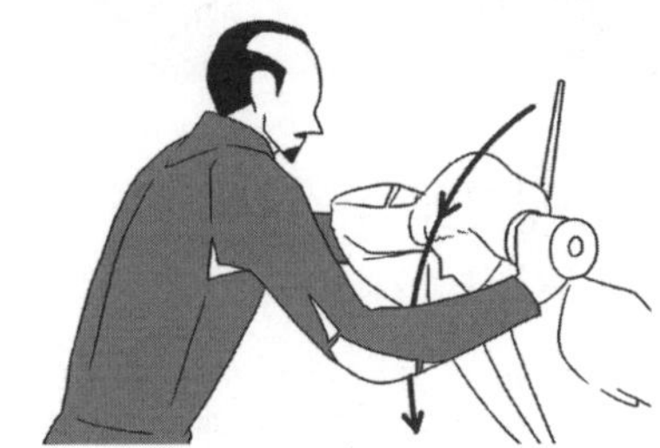

5 다른 버전

대거를 가지고 있지 않은 버전입니다. 오른손으로 제자의 공격을 막고 팔을 뒤로 밀어낸 다음, 왼손을 제자의 목에 감고 앞으로 끌어당겨 쓰러뜨립니다.

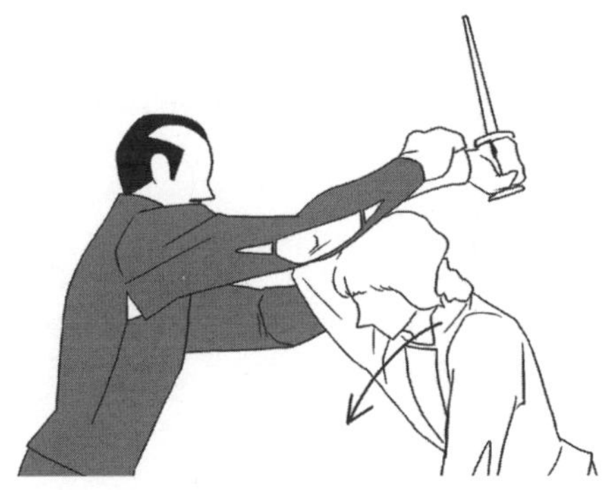

대거 기술 33

회전 페인트

Feint : High-to-Low

출전 : Wallerstein, pl.51. Knight/Ringen-Dagger, p.136.

역수로 잡은 대거를 내리치면 손은 반원형 호를 그립니다. 그런데 내리치는 도중에 몸을 회전시키면 밑에서 찔러 올리는 움직임으로 바뀌게 됩니다. 즉 이 기술은 동작을 멈추지 않고 공격의 방향을 바꾸는 기술입니다.

1

스승이 상단공격을 합니다. 제자는 그것을 방어하기 위해 팔을 들어올립니다.

2

제자의 움직임을 보고 스승은 몸을 회전시킵니다.

3

몸을 회전시킴으로써 대거의 궤적이 내리치기에서 올려치기로 바뀌었습니다. 그대로 제자를 찌릅니다.

대거 기술 34

공중에서 대거 빼앗기

Dagger Disarm against the French Thrust

출전 : Wallerstein, pl.56. Knight/Ringen-Dagger, pp.128, 147.

앞에서 발러슈타인 사본은 그립을 바로 잡고 아래에서 찌르는 공격을「이탈리아 찌르기」라고 부른다고 하였는데, 마찬가지로 그립을 바로 잡고 위에서 찌르는 공격은「프랑스 찌르기」라고 부릅니다. 이 항목에서는 그 프랑스 찌르기를 방어하는 기술에 대해 소개합니다. 상대의 칼날을 맨손으로 붙잡고 비트는 특이한 방법으로 대거를 빼앗는 기술입니다. 제1장에서도 설명하였지만 이 기법을 사용할 때는 붙잡은 칼날이 손 안에서 움직이지 않게 하고, 가능한 한 빨리 행동하며, 어느 정도의 상처는「죽는 것보다 낫다」는 식으로 대범하게 생각해야 합니다.

1

제자가「프랑스 찌르기」로 공격합니다. 스승은 왼손으로 칼날을 붙잡습니다.

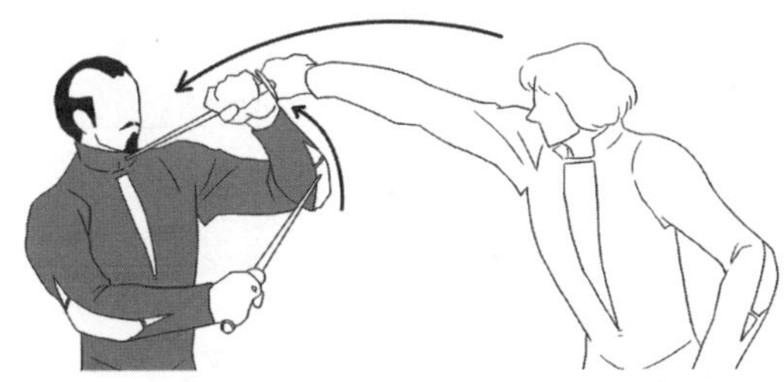

2

곧바로 양손을 교차시킵니다. 왼손으로 제자의 대거를 회전시키면서, 오른손에 쥔 자신의 대거로 제자의 오른쪽 손목을 왼쪽으로 밀어내 대거를 빼앗습니다.

대거 기술 35

연속공격

Wrist Hook, Pommel Strike, High-High

출전 : Meyer, p.235, 3.1r, 3.1v, 3.2r. Vail, pp.149, 150.

메이어의 기술은 그때까지의 대거 검술과는 달리 연속해서 공격한다는 특징이 있습니다. 왜 메이어가 그러한 연속공격을 선호했는지는 알 수 없으나, 베일은 나이프 등을 사용한 실제 상해사건과의 대비를 통해 메이어가 고안한 기술이 꽤 현실적인 것이라고 보았습니다. 하지만 롱소드 항목에서도 언급한 것처럼 메이어의 기술은 과정이 많은 것이 특징이므로 현실, 비현실의 문제를 떠나 단순히 그것이 그의(혹은 당시의) 취향이었는지도 모릅니다.

1

제자가 공격을 합니다.

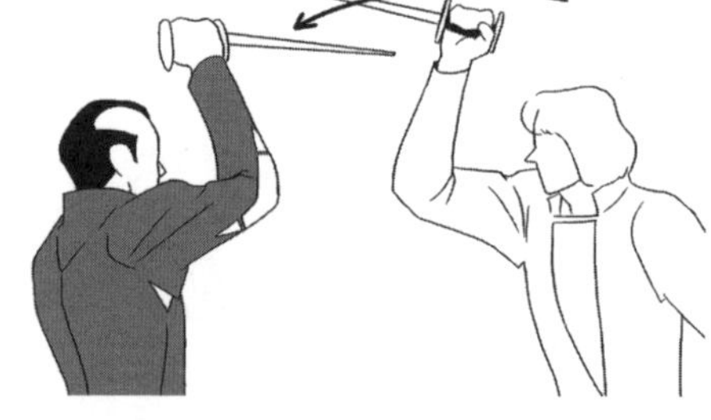

2

스승은 제자의 공격을 막아낸 다음 대거의 날을 제자의 손목에 가져다 대고 꺾습니다.

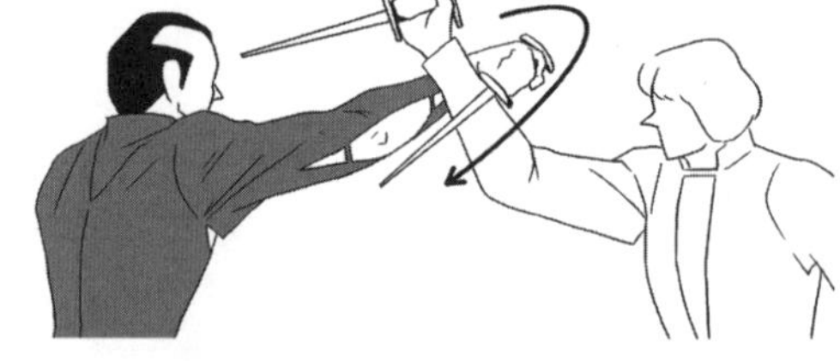

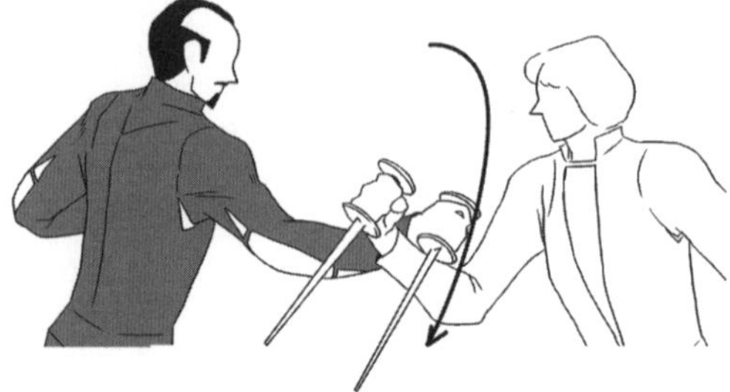

3

그리고 제자의 팔을 오른쪽으로 힘껏 당깁니다.

4

제자의 손을 끌어다 놓은 다음, 손잡이 머리로 재빨리 제자의 턱을 가격합니다.

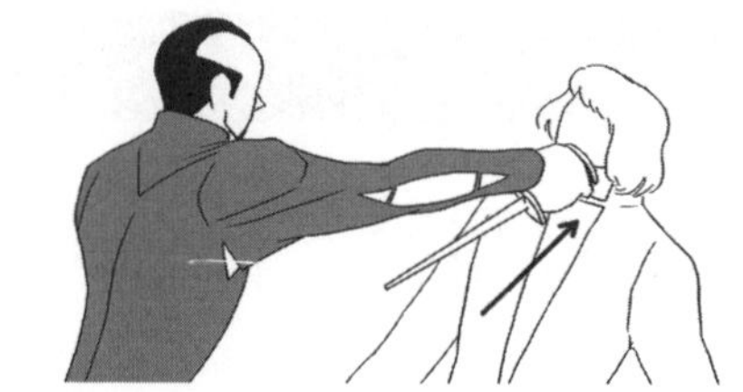

5

만약 이때 제자가 팔을 들어올리면 서둘러 대거를 뒤로 뺍니다.

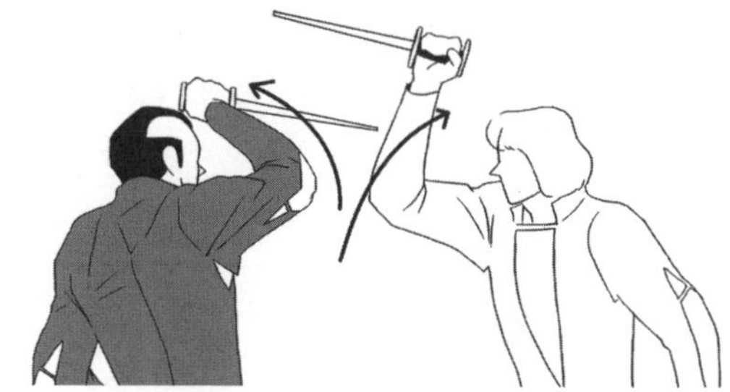

6

그리고 제자의 팔 바깥쪽에서 제자의 얼굴을 향해 찌르기를 합니다.

7

대거를 뒤로 뺐다가 다시 제자의 얼굴을 공격합니다.

대거 기술 36

팔꿈치 꺾기

Elbow Break

출전 : Meyer, p.236, 3.3r. Vail, pp.140, 141.

피오레의 기술 8「대응법 1」가운데 한 가지 버전입니다. 베일의 말에 따르면 이 기술은 상대의 전투력을 빼앗는 데 매우 효과적이라고 합니다. 또한 그는 이런 종류의 타격은 팔꿈치 관절을 반대방향으로 45도 이상 꺾기도 한다고 덧붙였습니다.

1

제자의 공격을 막고 손목을 붙잡습니다.

2

제자의 손목을 비틀면서 끌어당겨 제자의 팔을 곧게 폅니다.

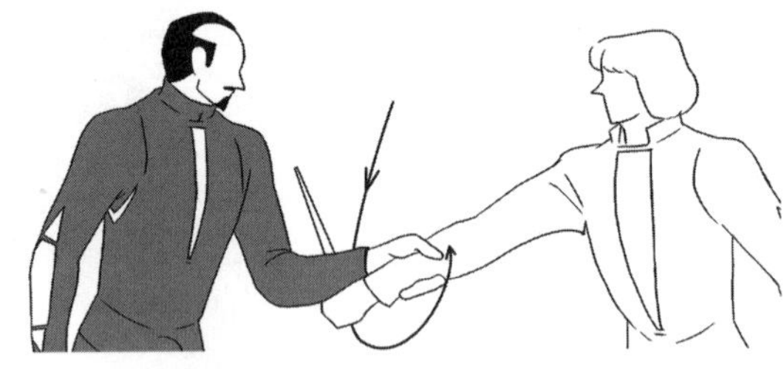

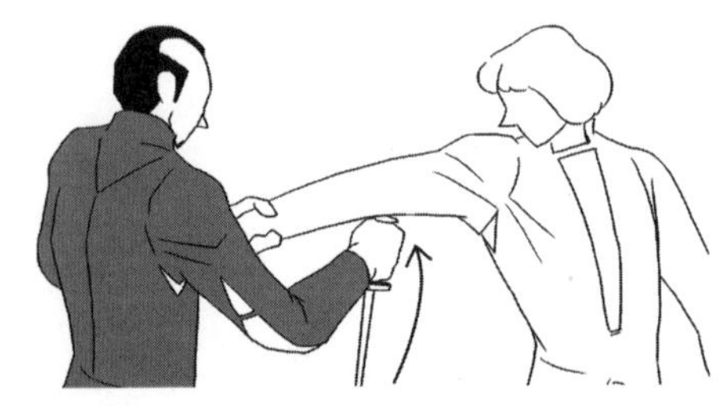

3

대거의 손잡이 머리로 밑에서 팔꿈치 관절을 가격합니다. 베일 버전에서는 이 다음 목을 공격합니다.

제4장
하프 소드

하프 소드와 갑옷 개설

검을 뽑아 두 손으로 잡을 때 검은 강해지고 찌르기는 놀라워진다.

(Johannes Liechtenauer)

가죽 · 건틀릿 · 눈, 이것이 겨냥해야 하는 목표.
기억하라, 모든 무기에 대해. 빈틈을 찾아 칼끝을 꽂으라.

(Johannes Liechtenauer)

하프 소드의 역사

하프 소드는 14세기 들어 시작된 갑옷의 중장비화에 대응하기 위해 14세기 중반 무렵 개발된 검의 용법으로 오른손에 검의 손잡이를, 왼손에 검의 날을 쥐고 싸우는 스타일입니다. 이런 식으로 검을 잡음으로써 상대의 공격을 흔들림 없이 막아내는 것이 가능해졌을 뿐만 아니라, 갑옷의 조그만 틈새에도 정확하게 검을 찔러 넣을 수 있게 되었습니다.

하프 소드 검술의 주된 공격법은 찌르기지만, 칼끝과 손잡이 머리로 상대를 끌어당기거나 검을 지렛대 대신 이용하는 등 검술보다는 창이나 쇼트스태프 기술과 비슷한 것이 특징입니다.

하프 소드 검술은 맨몸전투에서도 유효합니다. 비록 리치는 짧아지지만 통상적인 그립법으로는 제대로 싸울 수조차 없는 아주 가까운 접근전에서 위력을 발휘합니다.

한편 하프 소드로 싸울 때는 검의 형태도 중요한 요소로 작용합니다. 중세 초기에 유행하던, 날이 평행한 타입의 검은 폭이 넓어 하프 소드로 다루기가 어렵습니다.

갑옷에 대해서

가능한 한 가볍고 움직이기 쉬우면서도 최대의 방어력을 가진 갑옷을 제작하기 위해 당시의 지식과 기술의 한계가 총결집되었으며, 그렇게 만들어진 갑옷을 장비한 전사는 중세의 전장에서 조우하는 가장 두려운 적이었습니다. 그때까지 갑옷은 금속 링을 연결해 만든 「메일」이 주류였으나, 14세기경 캔버스 천 뒤에 금속 플레이트를 박아 만든 「코트 오브 플레이트」가 등장한 이후 금속판을 사용한 갑옷이 급속히 발전하여, 15세기에는 강철 플레이트로 전신을 빼곡히 뒤덮을 정도가 됩니다.

흔히 갑옷을 입으면 「무거워서 움직이기 힘들다」는 인식이 있지만, 당시 갑옷의 무게는 대략 20~35kg으로 현대 병사들의 장비가 약 40kg인 것을 생각하면 오히려 가벼울 정도였습니다(게다가 갑옷의 경우 무게가 전신에 분산되기 때문에 체감상으로는 더욱 가볍습니다). 그리고 제대로 만들어진 갑옷은 움직임을 거의 제한하지 않습니다. 갑옷의 관절부위는 착용하고 있는 인간의 관절보다 가동범위가 넓었으며, 갑옷으로 완전무장한 상태에서 공중제비를 돌거나 등자를 밟지 않고 뛰어올라 말을 탔다는 기록도 남아 있습니다(실제 증명한 사람도 있으므로 결코 기록이 과장된 것은 아닙니다). 또한 달리는 스피드도 갑옷을 입지 않은 사람과 거의 차이가 나지 않았다고 합니다.

그러나 갑옷에 전혀 결점이 없는 것은 아닙니다. 갑옷의 가장 큰 단점은 스태미나를 급격히 소모한다는 점(초인적인 체력을 지닌 사람이라도 고작 5분간의 전투가 한계라고 알려져 있습니다. 특히 다리를 움직일 때마다 들었다 내렸다 해야 하는 족갑의 무게가 체력을 급격히 소모하는 원인이었습니다)과 통풍이 잘 되지 않아 호흡이 괴롭고 내부에 열기가 가득 차 순식간에 사우나 상태가 되어버린다는 점입니다. 한 예로 영국의 국왕 헨리 5세의 동생 요크공 에드워드는 아쟁쿠르 전투에서 전사하였는데, 그의 몸에는 외상이 전혀 없었기 때문에 통기성이 나쁜 투구와 갑옷, 그리고 밀집해서 짓누르는 병사들 탓에 질식사한 것으로 추정되고 있습니다(필자는 열중증일 가능성도 있다고 생각합니다. 다만 전투는 10월이었습니다).

현대인들은 갑옷을 입은 기사를 마치 현대의 전차처럼 인식하기 쉬우나, 당시의 생각은 그것과는 달랐습니다. 피오레는 갑옷을 입지 않고 싸우면 단 한 번의 실수로 목숨을 잃게 되지만 갑옷을 입고 있으면 여러 번 실수해도 문제없이 싸울 수 있다고 설명하였는데, 이처럼 당시 사람들은 일반적으로 갑옷이란 「상대의 공격을 방어하는 데 실패했을 경우의 보험」이라고 생각했으므로 갑옷을 입었다고 해서 상대의 공격을 아랑곳하지 않고 무작정 돌진하는 일은 없었습니다.

 이탈리아식과 고딕식

그럼 15세기 중반의 갑옷에 대해 살펴보도록 하겠습니다. 이 시대의 갑옷이 가장 유명한 타입으로, 흔히 유럽의 갑옷이라고 하면 대체로 이 타입의 것을 가리킵니다. 당시의 갑옷에는 크게 고딕식(독일식이라고도 부릅니다)과 이탈리아식의 두 조류가 있었습니나. 이 책에서는 스승과 제자를 구별하기 위해 스승에게는 이탈리아식, 제자에게는 고딕식 갑옷을 입혔습니다.

이탈리아식 갑옷

이탈리아식 갑옷은 밀라노를 중심으로 제작된 갑옷으로 동그란 양식과 간결한 외견이 인상적입니다. 그 밖의 특징을 알아보도록 하겠습니다.

1. 흉갑과 복갑을 벨트와 버클로 접속시켜 가동성을 높였습니다.

2. 발등을 보호하는 사바톤이라는 방어구가 없었고, 부츠의 발등 부분에 사슬을 붙였을 뿐이었습니다. 이탈리아에서는 중기병이 발달하지 않았기 때문에 등자로 방어할 수 있는 발에는 갑옷을 생략한 것으로 보입니다.

3. 견갑이 매우 큽니다. 아래 그림에서는 그렇게 크지 않지만 현존하는 것 중에는 양쪽 견갑이 등에서 서로 겹칠 정도로 거대한 것도 있습니다. 하지만 이렇게 거대해도 팔을 움직이는 데는 거의 제한이 없었습니다(다만 무게는 상당했을 것입니다).

4. 추가적인 장갑이 충실합니다. 그림에서는 왼쪽 어깨 앞에 가드브레이스라고 불리는 추가장갑이 장착되어 있는데, 그 외에 팔꿈치에도 추가장갑을 장착하는 것이 일반적이었습니다. 여제자의 그림(P320 참조)에서는 왼쪽 팔꿈치에 추가장갑이 부착되어 있습니다. 일반적으로 이들 장갑은 핀으로 고정하였습니다.

5. 좌우비대칭성이 두드러진다는 점도 이탈리아식 갑옷의 특징입니다. 당시의 갑옷은 좌반신이 방어, 우반신이 공격을 담당하였기 때문에 왼쪽 부분은 방어력을 최우선으로 설계한 반면 오른쪽 부분은 가동성을 우선하여 설계하였습니다. 그래서 갑옷을 고정하는 버클도 왼쪽은 경첩, 오른쪽은 벨트로 이루어져 있습니다. 이 구분은 이전 시대의 전통을 이어받은 것으로, 마상에서 한손무기를 사용하기 위한 고안이었는지도 모릅니다.

■이탈리아식 갑옷

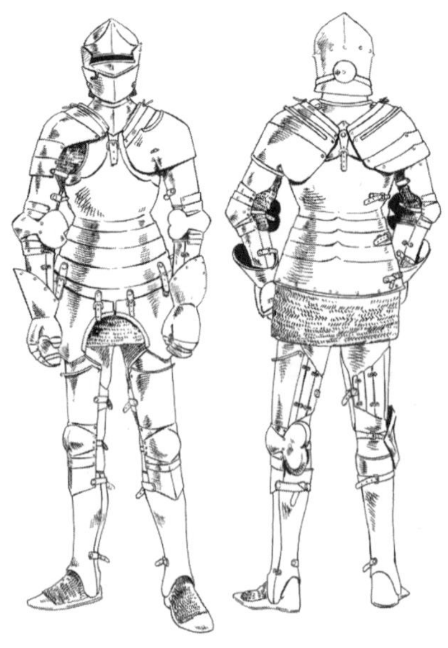

그림의 투구는 아멧이라고 불리는 타입으로 이탈리아식 갑옷에서 많이 찾아볼 수 있는데, 머리를 완전히 뒤덮는 매우 복잡한 투구입니다. 후두부의 원반 모양 쇠장식은 얼굴 아랫부분과 목을 방어하는 파츠를 고정시키고 있는 벨트를 보호하기 위한 것입니다.

이탈리아식 갑옷은 서유럽 전역에서 매우 인기가 있어, 이탈리아에서 각지로 수출되었고 여러 곳에서 복제품이 만들어지기도 하였습니다.

고딕식 갑옷

고딕식 갑옷은 이탈리아식 갑옷을 바탕으로 독일(신성 로마 제국) 지역의 요구에 대응하여 발전한 갑옷입니다. 날씬하고 예리한 양식이 특징적이며, 아우구스부르크와 뉘른베르크 지역이 생산의 일대 거점으로 알려져 있습니다. 또한 갑옷 가장자리를 백합 모양으로 자르거나 갑옷 표면에 줄무늬를 돌출시키는 등 장식적인 요소가 강한 것도 특징이라고 할 수 있습니다. 이것은 아마도 당시 주류였던 이탈리아식 갑옷에 대항하여 시장을 개척하려는 시도인지도 모릅니다. 그 밖의 특징을 알아보도록 하겠습니다.

1. 흉갑과 복갑을 리벳으로 접속시키고 있습니다. 이탈리아식은 가동성을 중시하여 벨트로 접속하였지만 전투 중에 이 벨트가 끊어지면 복갑이 떨어져버리는 단점이 있었습니다. 고딕식에서는 가동성을 어느 정도 희생하여 그러한 결점을 극복한 것입니다. 반면 완갑은 상완부와 전완부가 이탈리아식처럼 일체형이 아니라 분리되어 있는 것이 많습니다.

2. 가동성 향상을 위하여 이탈리아식에 비해 많은 수의 철판을 연결해 제작합니다. 그러나 이 개량은 갑옷을 취약화시키는 결과를 낳고 말았습니다. 당시의 갑옷은 아주 정교하게 만들어졌기 때문에 타격으로 관절부의 판이 변형되면 그 부분이 걸리거나 막혀 움직일 수 없게 되는 경우가 많았습니다. 이처럼 고딕식 갑옷은 가동부를 늘려 자유롭게 움직일 수 있게 되는 대신 충격에는 약해졌습니다.

3. 가동성을 높이기 위해 금속판이 덮고 있는 면적을 이탈리아식보다 줄였습니다. 또한 금속판 자체의 두께도 이탈리아식에 비해 조금 얇아 무게가 가벼워진 대신 방어력은 떨어졌습니다. 고딕식 갑옷이 등장한 시기는 전투형식이 기마전에서 도보전으로 옮겨가던 때이므로 착용자의 피로를 가능한 한 줄여주기 위해 이렇게 개량했을 가능성이 높습니다.

■ 고딕식 갑옷

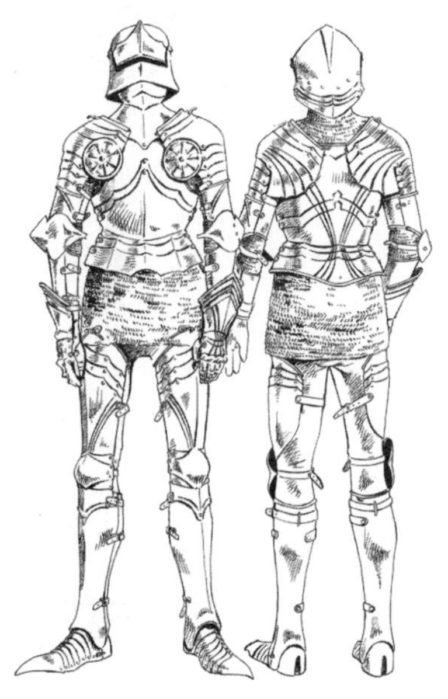

4. 이탈리아식과 달리 좌우대칭에 가까운 설계입니다. 이것도 양손무기를 사용하는 도보전투가 주류가 되면서 이전과 같이 「좌반신은 방어, 우반신은 공격」이라는 역할분담의 의미가 옅어졌기 때문이라고 추측됩니다.

그림에 그려진 투구는 샐릿이라는 타입입니다. 아멧보다 구조가 간단하고 착용하기 편하여 유럽 전체에서 폭발적인 인기를 누렸습니다.

지금까지 알아본 것들을 종합하면, 이탈리아식은 기마전투를 전제로 방어력을 중시한 갑옷으로서 어느 정도 타격을 받는 것을 고려하여 설계했다고 할 수 있습니다. 한편 고딕식은 도보전투를 중시하여 방어력을 희생하고 기동성을 높임으로써 상대의 공격을 피하거나 받아넘기는 것을 목적으로 하였다고 볼 수 있습니다.

갑옷의 공략법

어떻게 갑옷을 공략해야 하는가. 이 문제에 대한 당시의 해결법은 두 가지, 하드와 소프트의 개선으로 나누어집니다.

■갑옷의 부위와 타깃 지역

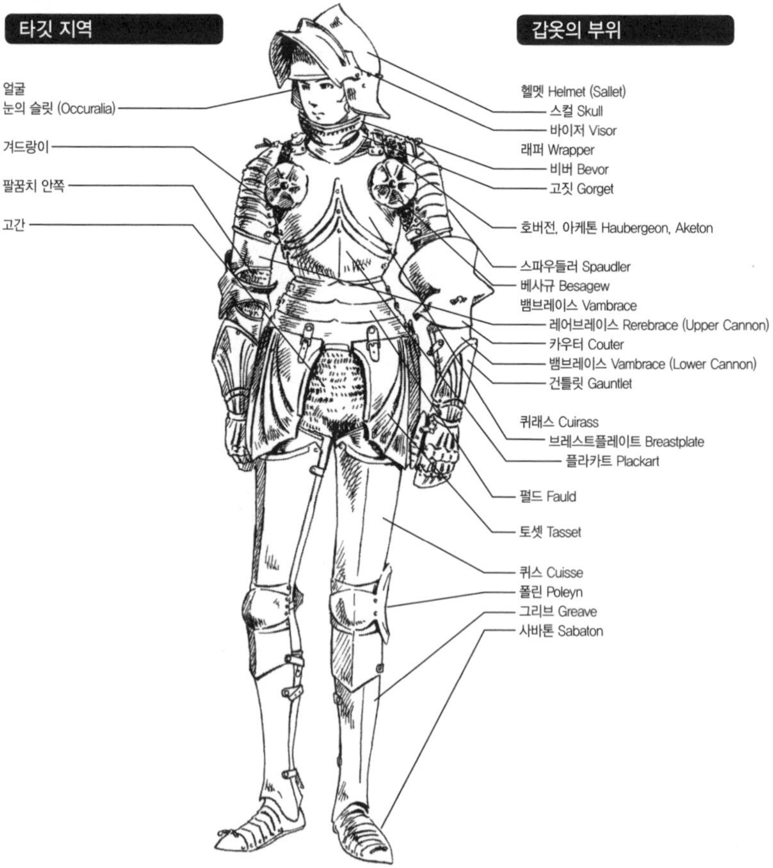

타깃 지역

얼굴
눈의 슬릿 (Occuralia)
겨드랑이
팔꿈치 안쪽
고간

갑옷의 부위

헬멧 Helmet (Sallet)
스컬 Skull
바이저 Visor
래퍼 Wrapper
비버 Bevor
고짓 Gorget
호버전, 아케톤 Haubergeon, Aketon
스파우들러 Spaudler
베사규 Besagew
뱀브레이스 Vambrace
레어브레이스 Rerebrace (Upper Cannon)
카우터 Couter
뱀브레이스 Vambrace (Lower Cannon)
건틀릿 Gauntlet
퀴래스 Cuirass
브레스트플레이트 Breastplate
플라카트 Plackart
펄드 Fauld
토셋 Tasset
퀴스 Cuisse
폴린 Poleyn
그리브 Greave
사바톤 Sabaton

우선 소프트 면의 개선은 기존의 무기 사용법을 개량하는 것입니다. 독일식 무술에서 대 갑옷용 전투술은 Harnischfechten이라고 불러 구별하고 있습니다. 이 장의 첫머리에서 암호문 같은 것(가죽 · 건틀릿~)을 인용하였는데, 링엑의 설명에 따르면 첫 번째 행은 공격목표를 나타내며, 다음 행은 공격방법을 나타낸다고 합니다. 간단히 말해 어떤 무기를 사용하든 무리해서 갑옷을 쳐부수려 하지 말고, 갑옷의 이음새와 관절부의 안쪽을 찌르기로 공격하라는 뜻입니다. 즉 갑옷을 입은 상대와 싸울 때는 얼굴(특히 눈의 슬릿) · 겨드랑이 · 손바닥 · 건틀릿 안쪽(소맷부리로부터 손목을 공격합니다) · 오금 · 고간 · 손발 관절의 안쪽을 공격해야 합니다.

한편 하드 면의 개선은 새로운 무기의 개발과 기존 무기의 개량입니다. 폴액스나 메이스와 같이 충격을 이용하여 갑옷 너머로 상대를 살상할 수 있는 무기의 등장, 더욱 강대한 위력을 가진 양손용 무기의 개발, 그리고 검의 끝 부분을 가늘게 하여 찌르는 힘을 높이는 개량 등을 들 수 있습니다.

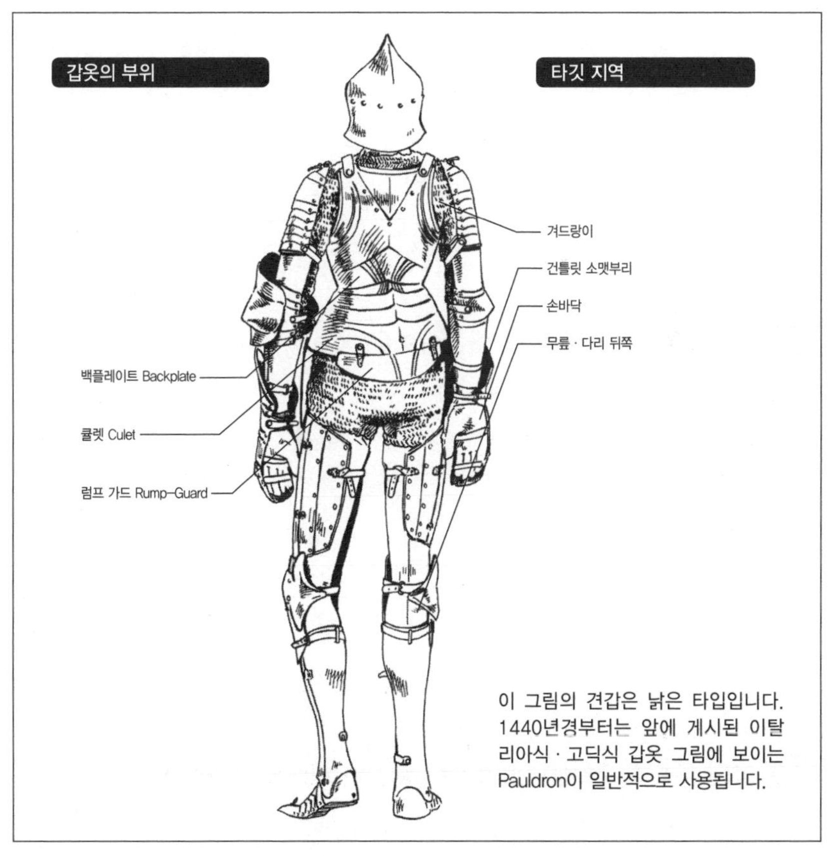

이 그림의 견갑은 낡은 타입입니다. 1440년경부터는 앞에 게시된 이탈리아식 · 고딕식 갑옷 그림에 보이는 Pauldron이 일반적으로 사용됩니다.

하프 소드 자세

『가짜 십자』 자세(Posta di Croce Bastarda)

검을 비스듬히 잡은 자세입니다. 두 손바닥을 아래로 향하고 검을 쥡니다. 여기서는 검을 비스듬히 잡고 있지만 독일식 『세 번째』 자세처럼 몸의 정면에서 잡는다는 해석도 있습니다. 이 자세는 상대의 공격을 재빨리 받아넘기고 카운터 공격을 하기에 적절합니다.

『진 십자』 자세(Posta di Vera Croce)

상대에게서 등을 돌린 채 검을 잡고 있는 자세입니다. 상대에게 등을 보여 공격을 유도한 다음 그것을 받아넘기고 카운터를 하는 방어 주체의 자세입니다(이 그림에서 상대는 오른쪽에 있습니다).

상단 『독사』 자세(Posta Serpentino lo Soprano)

가장 기본적이며 공격적인 자세입니다. 이 자세로 퍼붓

는 재빠른 찌르기를, 먹이를 노리고 달려드는 독사에 비유한 것이 이름의 유래입니다. 참고로 독일식 하프 소드 검술의 『첫 번째』 자세와 같습니다.

『두 번째』 자세(The Second Guard)

여기서부터는 독일식 무술의 자세를 소개합니다. 검을 당겨 잡고 칼끝으로 상대의 얼굴을 겨누는 자세로 롱소드의 『쟁기』 자세에 해당합니다.

『세 번째』 자세(The Third Guard)

검을 몸의 정면에서 가로로 잡는 자세로 롱소드의 『바보』 자세에 해당합니다.

『네 번째』 자세(The Fourth Guard)

『두 번째』 자세에서 검의 손잡이를 가슴 높이까지 들어 올린 자세로 롱소드의 『천장』 자세에 해당합니다. 또한 이것은 조금 특수한 자세로 마상에서 랜스를 거머쥐고 공격 태세를 취하는 요령과 비슷합니다. 사용례를 들자면 『두 번째』 자세에서 찌르기를 한 다음 『네 번째』 자세로 이행하여 검을 몸에 단단히 고정하고 모든 체중을 실어 상대의 메일을 격파하는 방법이 있습니다.

패링 대거 2

파냐드와 그 용법이 널리 보급됨에 따라 그때까지의 대거도 형태를 바꾸어갑니다. 발럭 대거는 구슬 부분이 연장되어 날밑이 되거나 구슬 아래에 날밑 모양의 돌기가 달립니다.

검과 비슷한 형태의 퀴론 대거에는 사이드 링이 붙었으며, 날밑의 끝 부분이 칼끝 쪽으로 구부러져 S자형 날밑을 갖게 되었습니다. 이 타입의 대거는 16세기 전반에 가장 인기가 많았고 모양도 다양했습니다.

오른쪽 그림(상)의 날밑 앞에 붙은 단추 모양 돌기는 상대의 검을 막을 때 갈고리 역할을 하여 상대가 검을 다시 거둬들이는 것을 방해하는 효과가 있습니다. 또한 이렇게 상대의 검을 봉쇄한 다음 그 도신을 레일처럼 이용하여 자신의 대거를 힘껏 밀어붙이며 공격할 수도 있습니다.

오른쪽 그림(중)처럼 특수하게 진화한 대거도 있습니다. 이 대거에는 상대의 검을 붙잡기 위한 「팔」이 달려 있습니다.

시대가 흘러 레이피어 검술이 찌르기에 한층 더 특화되면서, 대거도 그러한 기술변화에 대응하여 변화할 필요성이 생겼습니다. 베기를 위한 강도가 필요 없어진 반면 정교하고 치밀하면서 더욱 빨라진 레이피어의 움직임을 따라가기 위해 파냐드는 점점 가벼워집니다. 칼날 폭이 좁아지는 대신 두께가 두꺼워짐으로써 대거 또한 찌르기 전용의 무기로 바뀌어간 것입니다. 스페인의 대거에는 상대의 검을 붙잡는 것이 아니라 효과적으로 받아넘기는 것을 목적으로 길게 뻗은 일자 날밑과 손을 푹 덮을 정도의 「껍데기」가 달리게 되었습니다.

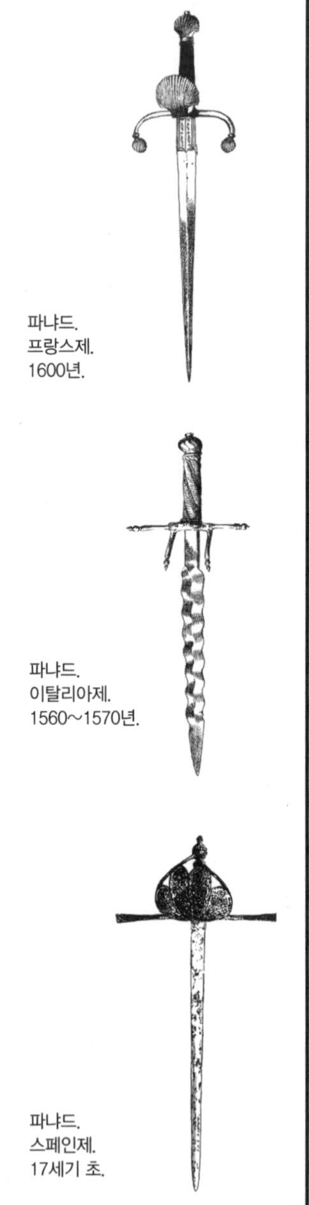

파냐드.
프랑스제.
1600년.

파냐드.
이탈리아제.
1560~1570년.

파냐드.
스페인제.
17세기 초.

하프 소드 기술 1

목 걸기

Neck Hook

출전 : Fiore(Getty), 34r.　Fiore(Pisani), 26r.

대거 기술 32와 동일한 기술로, 피오레는 서로 간의 거리가 매우 가까울 때 이 기술을 사용하면 확실하게 상대를 쓰러뜨릴 수 있다고 하였습니다.

1

싸우는 사이 두 사람은 지나치게 접근하고 말았습니다.

2

스승은 왼발을 제자의 오른발 뒤에 디디며 자신의 검을 제자의 목에 겁니다. 그리고 그대로 발을 걸어 제자를 넘어뜨립니다.

하프 소드 기술 2

키 록

Strong Key

출전 : Fiore(Getty), 33v, 34v.　Gladiatoria, 10r.　Knight/Armoured, p.78.

여기에서는 바인드 상태로 관절기를 거는 방법 두 가지를 소개합니다. 하나는 통상적인 키 록이고, 다른 하나는 검을 지렛대처럼 사용하여 관절을 꺾는 기술입니다. 그 밖에도 글라디아토리아에는 여러 가지 베리에이션이 수록되어 있습니다. 또한 글라디아토리아와 나이트의 검술서에서는 아래에서 찔러 올리는 공격에 대한 카운터로서 이 기술을 사용하고 있습니다.

1

바인드 상태에서 제자가 스승의 칼끝을 쳐내려 하고 있습니다.

2

스승은 재빨리 접근하여 왼손을 제자의 오른쪽 겨드랑이 밑으로 찔러 넣습니다. 그리고 왼팔을 감아 제자의 팔을 꺾은 다음 그대로 부러뜨리거나 잡아 당겨 메칩니다.

3 다른 버전

역시 바인드 상태에서 시작합니다. 제자는 자신의 검을 스승의 검 위에 접촉시킨 채 스승의 오른팔 밑으로 찔러 넣습니다.

4

검을 시계방향으로 비틀어 스승의 팔을 꺾습니다.

하프 소드 기술 3

『진 십자』 자세에서의 공격

Cross Guard Play

출전 : Fiore(Getty), 33r. Fiore(Pisani), 25v.

『진 십자』 자세는 상대의 공격을 기다렸다가 카운터하는 자세입니다. 여기에서는 가장 일반적인 사용법에 대해 설명합니다.

1

스승은 「진 십자」 자세, 제자는 「강철문」 자세를 취하고 있습니다. 피오레의 말에 따르면 하프 소드 이외의 자세 중 갑옷전투에서 유효한 것은 이 「강철문」 자세뿐이라고 합니다.

2

발을 내디디며 제자의 찌르기를 옆으로 받아넘깁니다.

3

제자의 칼끝을 밀어내면서 자신의 칼끝으로 제자의 얼굴이나 가슴을 겨냥합니다.

하프 소드 기술 4

『진 십자』 자세에 대한 카운터

Counter to the Cross Guard Play

출전 : Fiore(Getty), 35r.

1

스승이 『진 십자』 자세로 제자의 검을 받아넘기려 합니다.

2

제자는 검에서 왼손을 떼어 스승의 오른쪽 팔꿈치를 붙잡습니다.

3

팔꿈치를 밀어 스승의 몸을 회전시킨 다음 등을 공격합니다. 피오레의 말에 따르면 이 기술은 튼튼한 갑옷을 입은 상대와 싸울 때 효과적이라고 합니다.

하프 소드 기술 5

『첫 번째』 자세에서의 카운터

A Defence from the First Guard

출전 : Ringeck/Tobler, p.320. Knight/Armoured, pp. 66, 67.

여기서부터는 독일식 하프 소드 검술에 대해 설명합니다. 이 기술에서는 하단공격을 막을 때 상대의 검을 옆에서 밀어내며 막지만, 나이트는 상대의 아래팔에 자신의 아래팔을 부딪쳐 막습니다(Tobler의 해석으로부터).

1

「두 번째」 자세를 취한 스승이 「첫 번째」 자세를 취한 제자의 겨드랑이를 노리고 있습니다.

2

스승이 찌르기를 하자 제자는 스승의 검과 오른손 사이에 자신의 검을 찔러 넣어 공격을 막아냅니다.

3

제자는 서둘러 「두 번째」 자세로 이행하면서 스승의 검을 밀어 내립니다.

4

스승의 검을 밀어붙여 움직이지 못하게 하는 동시에 스승의 오른쪽 겨드랑이를 찌릅니다.

하프 소드 기술 6

연속치기
Zucken

출전 : Ringeck/Tobler, pp.321, 322.

이 기술은 Tobler의 해석에 따릅니다.

1

제자가 스승의 공격을 받아넘깁니다.

2

스승은 곧바로 재공격 준비를 합니다.

3

스승이 제자의 겨드랑이에 찌르기를 합니다.

4

『네 번째』 자세로 전환하여 손잡이를 가슴에 갖다 댑니다. 그리고 체중을 실어 단숨에 밀어붙입니다.

하프 소드 기술 7

칼날 잡기 파훼
Freeing the Sword

출전 : Ringeck/Tobler, p.325.

지금까지 살펴본 바와 같이 상대의 무기를 순간적으로 붙잡아 옆으로 뿌리치는 행위는 중세 무술에서 매우 일반적이었습니다. 여기에서는 상대에게 자신의 검을 붙잡혔을 때의 대처법을 소개합니다(Tobler의 해석으로부터).

1

두 사람은 서로의 검을 붙잡고 있습니다.

2

스승은 제자의 검에서 손을 떼고 자신의 칼날을 잡습니다.

3

칼끝을 제자의 팔 위로 감아올립니다. 그리고 칼날로 제자의 팔을 밀어 내려 뿌리친 다음 겨드랑이에 찌르기를 합니다.

하프 소드 기술 8

칼날 잡기 파훼 2

Freeing the Sword 2

출전 : Ringeck/Tobler, p.326. Knight/Armoured, pp.62, 63.

이 기술은 상대에게 검의 중간 부분을 붙잡혔을 때의 대처법입니다(Tobler의 해석으로부터).

1

제자가 왼손으로 스승의 검 한가운데를 붙잡고 있습니다.

2

스승은 검을 감아 손잡이를 제자의 왼팔 위에 올려놓습니다.

3

손잡이로 제자의 팔을 바깥쪽으로 밀쳐내면서 제자의 손에서 검을 잡아뺍니다. 이때 검이 자연스럽게 『두 번째』 자세의 위치로 오게 되는데, 그대로 제자의 겨드랑이를 찌르거나 손잡이 머리로 타격합니다.

하프 소드 기술 9

되찌르기

Counter Thrust

출전 : Ringeck/Tobler, p.328. Knight/Armoured, p.79.

이 항목은 두 가지 기술의 조합으로 이루어져 있는데, 두 가지 모두『두 번째』자세로『첫 번째』자세를 공략하는 방법입니다. 참고로 처음 것은 대거 기술, 다음 것은 롱소드 기술에서 등장했던 기술입니다(Tobler의 해석으로부터).

1

『첫 번째』자세를 취한 제자가『두 번째』자세를 취한 스승을 공격하려 하고 있습니다.

2

스승은 재빨리 제자의 손바닥을 찌릅니다.

3 다른 버전

찌르기를 하는 제자의 팔 위에 검을 찔러 넣어 공격을 막습니다.

4

스승은 재빨리 제자의 팔을 아래로 밀어 내리고 겨드랑이를 찌릅니다.

하프 소드 기술 10

『십자』 자세 파훼

Second Guard Counter to the Displacement

출전 : Ringeck/Tobler, p.331.

상대가 이쪽의 공격을 받아넘겼을 때 카운터하는 방법입니다. 이름 그대로 피오레의 『십자』 자세에서 걸어오는 카운터를 파훼하기 위한 목적으로도 사용할 수 있습니다(Tobler의 해석으로부터).

1

제자는 오른발을 내디디며 양손 사이로 스승의 찌르기를 받아냅니다. 이 상태에서 제자는 손잡이 머리를 스승의 목이나 손목에 걸고 끌어당겨 쓰러뜨릴 수 있습니다.

2

스승은 자신의 검을 제자의 오른손 쪽으로 미끄러뜨리면서 그대로 제자의 검을 내리누릅니다. 검을 이동시킴으로써 제자는 한쪽 손만으로 스승의 힘에 대항해야 하므로 쉽게 밀어붙일 수 있습니다.

3

제자의 얼굴에 찌르기를 합니다.

하프 소드 기술 11

검 빼앗기
Sword Taking

출전 : Ringeck/Tobler, pp.333, 334. Knight/Armoured, pp.82, 83.

이것과 비슷한 기술을 제1장에서도 설명한 적이 있습니다. 손잡이를 위에서 누르는 것이 아니라 아래에서 밀어 올려 상대의 검을 빼앗는 기술입니다.

1

두 사람은 『두 번째』 자세로 바인딩하고 있습니다.

2

스승은 왼손으로 제자의 검과 자신의 검을 함께 잡습니다.

3

이어서 오른발을 한 발 내디디며 손잡이를 제자의 팔 아래로 가져갑니다.

4

그대로 제자의 팔을 밀어 올려 검을 빼앗습니다.

하프 소드 기술 12

다리 걸어 뒤로 넘기기

Back Lever Throw

출전 : Ringeck/Tobler, pp.335, 336. Knight/Armoured, pp.63–65.

이 기술은 동명의 레슬링 기술 39의 응용기입니다. 범용성이 매우 높은 기술로 다양한 무기술에서 찾아볼 수 있습니다(Tobler의 해석으로부터).

1

스승이 『두 번째』 자세로 공격했지만 제자는 오른쪽으로(스승 쪽에서 보면 왼쪽) 받아넘겼습니다.

2

스승은 제자의 힘에 거스르지 않고 검을 뒤로 흘리면서 검의 방향을 바꿉니다. 그리고 오른발을 제자의 왼발 뒤에 딛고 손잡이 머리를 제자의 목에 겁니다.

3

손잡이 머리로 제자의 목을 밀어 넘어뜨립니다.

4 카운터 1

스승이 손잡이 머리를 목에 걸자 제자는 왼손을 검에서 떼어 스승의 왼손을 붙잡습니다(여기부터는 알아보기 쉽도록 반대편 시점에서 그렸습니다).

5

스승의 왼손을 밀어 내리면서 몸 쪽에 끌어당겨 앞으로 메칩니다.

6 카운터 2

이 버전에서는 스승이 손잡이 머리를 목에 걸려고 하면 재빨리 몸을 비틀어 피하는 동시에 칼끝으로 스승의 갑옷 틈새를 노립니다.

하프 소드 기술 13

무릎 들어올리기

Knee Hook

출전 : Gladiatoria, 8r, 8v.

레슬링에서는 상대의 다리를 들어올리거나 잡아당겨 메치는 기술이 매우 일반적이었습니다. 당시 모든 무기술은 서로 연관되어 있었기 때문에 하프 소드 검술에 레슬링 기술을 응용한 기술이 존재하는 것은 당연한 일입니다. 여기에서 소개할 것은 검을 사용하여 무릎을 들어올리는 기술로 대거 기술 29와 비슷합니다.

1

제자가 팔을 들고 스승의 공격을 유도합니다.

2

스승이 걸려들어 공격하면 왼발을 내디디며 『진십자』 자세(기술 3)와 같은 요령으로 스승의 검을 쳐냅니다.

3

그대로 바깥쪽에서 스승의 무릎에 검을 겁니다.

4

자기 쪽으로 잡아당기면서 스승의 무릎을 들어올립니다.

하프 소드 기술 14

건틀릿 안쪽으로 찌르기

Thrust into the Gauntlet

출전 : Gladiatoria, 26v.

건틀릿 안쪽은 갑옷의 약점 중 하나입니다. 손목의 움직임을 확보하기 위해 건틀릿 소맷부리는 넓게 만들 수밖에 없는데, 그곳으로 검을 찔러 넣으면 맨손목을 찌를 수 있습니다. 특히 초기의 건틀릿은 소맷부리가 매우 넓어 겨냥하기 쉬웠습니다.

1

두 사람은 서로 가슴이 닿을 정도로 가까운 거리에서 싸우고 있습니다. 이때 제자는 검을 끌어당겨 신중하게 스승의 건틀릿 안쪽으로 찌르기를 합니다. 그대로 검을 밀어 넣다가, 스승이 칼끝으로부터 도망치기 위해 무의식적으로 몸을 돌리면 등 뒤에서 공격합니다.

하프 소드 기술 15

검을 붙잡다

Grabbing the Sword

출전 : Ringeck/Tobler, p.323.

이 기술은 상대의 무기를 붙잡는 기술 중에서도 상당히 공격적인 것으로 매우 강인하고 거친 인상을 줍니다(Tobler의 해석으로부터).

1

스승이 제자의 얼굴을 찌르려 합니다.

2

제자는 자신의 검으로 스승의 검을 걸어 공격을 받아넘기고 스승의 얼굴을 되찌르려 합니다.

3

스승은 제자가 찌르기를 하기 전에 왼손으로 제자의 검을 붙잡아 옆으로 치웁니다.

4

제자의 검을 붙잡은 채 오른손에 든 검으로 제자의 고간을 찌릅니다.

5

만약 제자가 급히 물러나려고 하면 검을 잡고 있던 손을 놓고, 제자가 착지한 뒤 비틀거리는 순간을 노려 공격합니다.

하프 소드 기술 16

검 빼앗기 2

Disarm against an Unterstich

출전 : Talhoffer(1467), pl.66, 67. Knight/Armoured, pp.97, 98, 100.

찌르기를 받아넘기는 동시에 그 움직임을 이용하여 손잡이 머리로 상대의 왼쪽 아래팔을 가격하는 기술로, 검을 빼앗는 것도 가능합니다. 나이트는 이 기술을 상단찌르기에 대한 카운터로 사용하였습니다.

1

스승의 찌르기를 양손 사이로 받아넘깁니다.

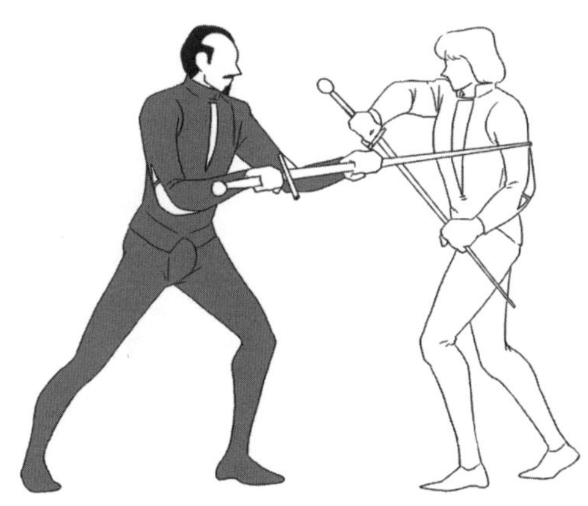

2

그 기세를 이용해 손잡이 머리로 스승의 왼팔을 가격합니다.

3

제자는 손잡이를 스승의 팔에 걸고 힘껏 끌어당겨 스승이 칼날을 놓치게 만듭니다. 상황에 따라서는 그림과 같이 자신의 검으로 스승의 검을 들어올리면서 손잡이로는 스승의 손목을 아래로 눌러 손에서 검을 떼어놓습니다.

4 다른 버전

이 버전에서는 스승의 공격을 받아넘긴 뒤 손잡이 머리로 얼굴을 타격합니다.

중세의 결투

1386년 기사 장 드 카루주는 같은 기사인 자크 르 그리를 자신의 아내 마르그리트에 대한 강간죄로 고소하여, 최종적으로 결투재판이 열리게 됩니다.

결투는 마상에서의 랜스 공방으로 시작됩니다. 각자 창을 옆에 끼고 정면에서 돌격했으나 3합 만에 두 사람의 랜스가 부러져 싸움은 마상 도끼 결투로 이행됩니다. 서로 상대의 우위에 서기 위해 움직이던 중 르 그리는 자신의 간격 안에 들어온 카루주에게 양손으로 혼신의 일격을 가합니다.

카루주는 즉시 방패로 공격을 막아내지만, 방패 때문에 궤도가 바뀐 도끼를 목에 맞고 카루주의 말이 즉사하고 맙니다. 다행히 카루주는 쓰러지는 말 밑에 깔리지 않고 무사히 착지에 성공하였습니다.

그런 카루주에게 르 그리가 돌진합니다. 그는 도끼 끝에 달린 스파이크로 카루주를 꿰뚫으려 하지만, 이미 자세를 바로잡은 카루주는 말의 진행방향에서 비켜서서 도끼의 스파이크로 르 그리가 올라탄 말의 복대 바로 뒤를 찌릅니다. 하지만 스파이크가 너무 깊이 박히는 바람에 그만 도끼를 놓치고 말았습니다.

말을 잃은 두 사람은 지면에 내려서서 검으로 싸우기 시작합니다. 두 사람은 격렬하게 싸웠으나 두 사람 다 온 몸에 갑옷을 착용하고 있었으므로 좀처럼 승패가 갈리지 않았습니다.

두 사람이 상당히 지쳤을 무렵, 르 그리의 검이 마침내 카루주의 넓적다리를 꿰뚫습니다. 공격이 명중하자 르 그리는 서둘러 검을 다시 거둬들인 다음 뒤로 물러섭니다. 아마도 넓적다리를 찔린 카루주가 쓰러지기를 기대하며 그렇게 행동했을 것입니다. 하지만 카루주는 쓰러지지 않고, 오히려 르 그리를 향해 뛰어들어 그의 투구 꼭대기를 붙잡고 끌어당겨 지면에 넘어뜨립니다.

압도적으로 유리한 상황에 서게 된 카루주는 르 그리 위에 버티고 서서 검으로 그의 갑옷을 꿰뚫으려 하지만 갑옷을 파괴할 수는 없었습니다. 그렇게 쩔쩔매고 있을 때 르 그리가 밑에서 찌르기를 하자 카루주는 전략을 바꾸기로 합니다.

카루주는 르 그리의 검을 때려 손에서 떨어트린 다음 무릎으로 그의 가슴을 누르고 계속 찌르기를 하지만 역시 성공하지 못합니다. 그러자 이번에는 검을 반대로 돌려 손잡이 머리로 르 그리의 투구를 난타하기 시작합니다.

마구 때리는 사이 르 그리가 착용한 투구의 바이저를 고정하고 있던 경첩이 부서졌습니다. 카루주는 르 그리의 바이저를 쳐내고 자신의 검을 버린 다음 대거를 뽑아듭니다.

카루주는 결정타를 날리기 전에 르 그리에게 죄를 인정하라고 말하지만, 르 그리는 끝까지 거부하면서 자신은 무죄라고 주장합니다. 결국 카루주는 「그렇다면 지옥에나 떨어져라!」라고 말하며 대거를 턱 밑에서 뇌 쪽으로 찔러 넣어 르 그리의 숨통을 끊었습니다.

제5장
살격

살격 개설

> 자신의 몸을 손잡이 머리로 지키며, 두려움 없이 양손으로 친다.
>
> (Johannes Liechtenauer)

살격이란

뇌격(雷擊, Tunrschlag)이라고도 불리는 살격(殺擊, Mortschlag)은 롱소드의 기법 중 하나입니다. 검을 반대로 돌려 양손에 칼날을 쥐고 손잡이로 타격하거나, 일자 날밑을 갈고리처럼 사용하여 상대를 끌어당기는 것이 주된 용법입니다.

검을 거꾸로 잡아 무게중심을 이동시킴으로써 도끼나 곤봉에 가까운 무게균형을 만들어 타격력을 강화하는 것이 최대의 목적으로, 롱소드의 여러 기법 중에서 가장 강한 타격력을 자랑합니다. 살격이란 이름도 그 압도적인 위력에서 유래한 것입니다. 리히테나워는 장갑을 꿰뚫고 대미지를 준다는 의미에서 「파갑충(破甲衝, Schlachenden Ort)」이라고 불렀는데, 이 단어는 검의 손잡이 머리를 가리키는 말이기도 합니다.

이 기술은 갑옷을 입은 상대와 싸울 때 특히 효과적이며 또 다른 대 갑옷용 전투술인 하프 소드와 상성이 좋지만 맨몸전투에는 적합하지 않다고 합니다. 그러나 탈호퍼의 페히트부흐 등에서 갑옷을 입지 않은 상태로 묘사되어 있는 것을 보면 맨몸전투에서도 기습적으로 사용했었는지도 모릅니다.

살격이라는 기술 자체는 아무래도 단순한 것이 많기 때문에, 페히트부흐에서는 기술 자체보다도 그에 대한 카운터를 많이 소개하고 있습니다.

살격의 목표

리히테나워의 말에 따르면 살격으로 싸울 때는 자신과 가장 가까운 부위를 공격해야 한다고 합니다. 즉 살격의 공격목표는 상대의 아래팔이나 정강이 같은 곳이 된다는 말입니다. 이에 대해 토블러는 살격이라는 것은 동작이 다소 느린 기술이기 때문에 공격 중에 카운터당할 가능성을 조금이라도 줄이기 위한 전략이 아닐까 라고 해석합니다. 또한 롱소드에서 금지되었던 다리에 대한 공격이 허용된 것에 대해서는, 살격은 기본적으로 갑옷을 입고 완전무장한 상태에서 사용하므로 다리 공격을 하는 사이 잠깐 머리를 비워 두는 것 정도는 괜찮다고 생각했던 것이라 추측하고 있습니다. 한편 쓰러진 상대에 대한 마지막 일격으로 살격을 사용하는 묘사도 자주 볼 수 있습니다.

참고로 이 기술을 현대의 모조 검으로 사용하는 것은 별로 현명한 일이 아닙니다. 왜냐하면 모조 검 대부분은 비용절감을 위해 날밑이나 손잡이 머리를 연강(저탄소강)으로 만드는데(당시는 칼날과 같은 품질의 강철을 단련하여 제작하였습니다) 살격의 엄청난 충격을 견디지 못하고 변형될 가능성이 있기 때문입니다.

검술에 대한 오해

「중세의 검술은 검을 힘껏 휘두르기만 하는 단순한 것이었다.」라는 말을 자주 듣습니다. 하지만 이 책을 읽는 독자들이라면 잘 알고 있듯이 중세의 검술은 단순이라는 단어와는 거리가 먼 것이었습니다. 그런데 어째서 이러한 오해가 생긴 것일까요.

19세기 빅토리아 시대에 그 원인이 있습니다. 당시는 학문 일반에 대한 관심이 높았으며, 고고학의 발달과 함께 중세에 대한 관심이 크게 증가한 시기이기도 합니다(지금 사용하는 무기 · 갑옷의 분류와 명칭, 그리고 그에 대한 혼란 대부분은 이 시대에 생겨난 것입니다).

당시의 일반적인 상식 속에서 모든 사상이란 단순하고 원시적이며 열등한 것으로부터 복잡하고 세련되며 뛰어난 것으로 발전해가는 것이었습니다. 그리고 그러한 상식을 무기의 역사에 대입하면, 맨손 또는 몽둥이로 치고 받는 것에서 시작해 최종적으로는 가장 뛰어난 궁극의 무술인 근대 펜싱에 도달하는 것이 바로 무기의 「진보」라고 할 수 있었습니다.

그런데 그들이 말하는 「진보」란 정확히 무엇이었을까요. 첫머리의 예문에 그 힌트가 있습니다. 그것은 「힘껏」과 「휘두르기」라는 두 가지 단어입니다.

「힘」은 「기술」의 대극에 위치합니다. 당시 연구자들의 입장에서는 궁극의 무술인 펜싱의 화려한 「기술」이 완성되기 이전의 무술은 「기술」의 반대인 「힘」만을 의지한 무술이었다고 결론짓는 것이 당연한 일이었던 것입니다.

「휘두르기」도 마찬가지입니다. 펜싱은 찌르기를 주체로 한 무술입니다. 따라서 「찌르기」라는 「우수한」 공격법이 나타나기 이전의 무술은 「휘두르기」라는 「열등한」 공격법을 주체로 하는 무술이라는 것이 당시의 논리였습니다(정확하게는 「그러한 무술이어야만 했습니다」). 그리고 그것이 고정관념으로 정착하여 지금까지 이어져온 것입니다.

살격 기술 1

내리치기
Oberschlag

출전 : Ringeck/Tobler, p.358.　Knight/Armoured, p.114.

살격의 기본기입니다. 하프 소드의 『첫 번째』(또는 상단 『독사』) 자세에서 오른손을 검신에 옮겨 잡고 내리치는 기술로 하프 소드의 연계기라고도 할 수 있습니다.

1

스승이 『첫 번째』 자세를 취하고 있습니다.

2

오른발을 내디디면서 손잡이로 제자의 왼팔을 힘껏 내리칩니다.

살격 기술 2

올려치기
Unterschlag

출전 : Ringeck/Tobler, p.359. Knight/Armoured, p.115.

이번에는 밑에서부터 타격하는 기술로 롱소드의「올려베기」에 해당합니다. 앞장의「내리치기」와 마찬가지로 하프 소드의 연계기습기처럼 사용하고 있습니다.

1

스승은『세 번째』자세를 취하고 있습니다.

2

한 발 내디디면서 오른손을 그립에서 검신으로 옮겨 잡고 밑에서 위로 휘둘러 상대를 타격합니다.

살격 기술 3

끌어내리기

Dragging down

출전 : Talhoffer(1467), pl.37, 38. Knight/Armoured, pp.116, 117.

상대가 이쪽의 살격을 막았을 때의 대처법입니다. 반드시 방어하는 쪽에서는 검의 옆면으로 받아내야 합니다. 그러지 않으면 받아낼 때의 충격으로 자신의 칼날에 손을 잘리게 됩니다.

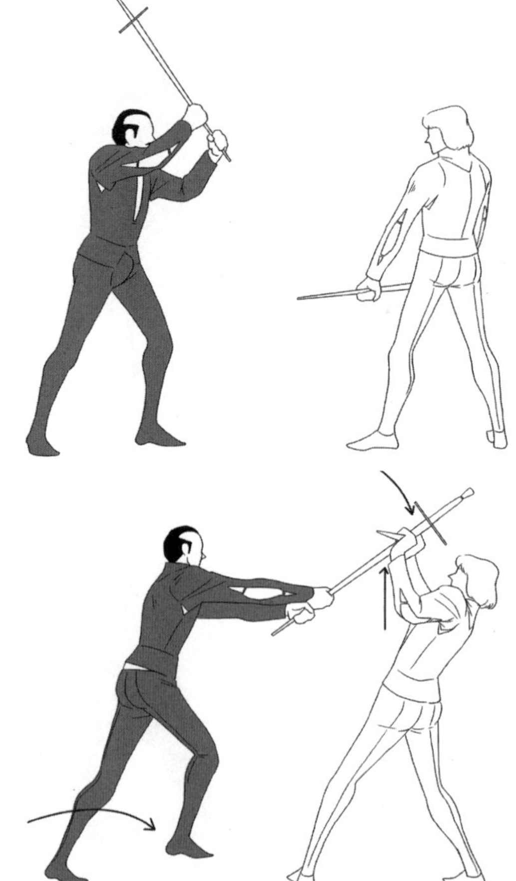

1

스승이 살격으로 공격하려 하고 있습니다.

2

제자가 스승의 공격을 막았습니다.

3

스승은 날밑에 제자의 검을 걸어 그대로 끌어내립니다.

4

끝까지 끌어내린 뒤 자신의 검을 빠르게 밀어 올려 손잡이 머리로 제자의 얼굴을 타격합니다.

5 다른 버전

제자가 살격을 막아내자 스승은 자신의 검을 버리고 제자의 다리 사이에 손을 집어넣어 붙잡은 다음 머리로 몸통을 밀어붙여 넘어뜨립니다.

살격 기술 4

살격에 대한 카운터로 던지기

Unarmed Wrestling against the Mortschlag

출전 : Talhoffer(1467), pl.29, 63–65.

들고 있던 검을 떨어뜨리거나 검을 뽑아들 여유가 없을 때 상대의 품으로 파고들어 던지는 기술입니다. 옆에서 부둥켜안고 들어올리는 재미있는 방식을 사용하고 있습니다. 탈호퍼의 그림 29에서 소개하는 기술도 이것과 던지는 방식이 같지만, 거기에서는 살격의 카운터로서가 아니라 통상적인 던지기로서 사용합니다.

1

스승이 검을 떨어뜨린 제자에게 달려들어 공격하려 합니다.

2

제자는 가능한 한 자세를 낮춰 공격을 아래로 피하며 뛰어듭니다. 이때 똑바로 파고들지 않고 스승의 바깥쪽(이 경우에는 스승의 오른쪽)에 사선으로 뛰어듭니다.

3

제자는 오른손을 스승의 팔 위로 뻗어 목 언저리를 붙잡습니다. 한편 왼손으로는 스승의 오른쪽 다리를 바깥쪽에서 껴안습니다.

4

오른손으로 스승의 몸을 앞으로 끌어당기는 동시에 왼손으로는 스승의 다리를 들어올려 던집니다.

살격 기술 5

검 빼앗기 1

Disarm against the Mortschlag 1

출전 : Ringeck/Tobler, p.354.

기술 3「끌어내리기」와는 반대로 상대의 살격을 막아내고 나서 어떻게 해야 하는지 설명하겠습니다.

1

스승이 제자의 살격을 막았습니다.

2

검의 날밑으로 제자의 날밑을 겁니다. 링엑은 이 움직임에 대해「손잡이 머리를 상대의 검 위로 통과시켜」라고 설명하는데, 이것은 실제로 손잡이 머리를 제자의 검 위로 통과시킨다는 것이 아니라「검을 기울여 날밑을 거는」움직임을 표현한 것으로 추측됩니다.

3

스승은 제자의 검을 오른쪽 위로 끌어당겨 빼앗습니다.

살격 기술 6

검 빼앗기 2

Disarm against the Mortschlag 2

출전 : Ringeck/Tobler, p.355.

앞의 기술과 마찬가지로 날밑에 검을 걸어 상대의 검을 빼앗습니다.

1

제자의 공격을 막습니다.

2

스승은 오른발을 내디디며 자신의 검 손잡이를 제자의 검 아래로 찔러 넣어 날밑에 겁니다.

3

그대로 끌어당겨 제자의 검을 빼앗습니다.

살격 기술 7

목 치기

Der Hallß Schlag

출전 : Talhoffer(1459), 91r. Talhoffer(1467), pl.58.

탈호퍼는 하프 소드에 대한 카운터로서 이 기술을 소개하였습니다. 간격이 짧은 하프 소드의 특성을 이용해 상대의 간격 밖에서 살격으로 공격합니다.

1

스승이 하프 소드의 『두 번째』 자세를 취하고 있습니다.

2

스승이 찌르기를 합니다. 제자는 왼발을 뒤로 당겨 스승의 찌르기 간격 밖으로 나오는 동시에 살격으로 스승의 목을 내리칩니다.

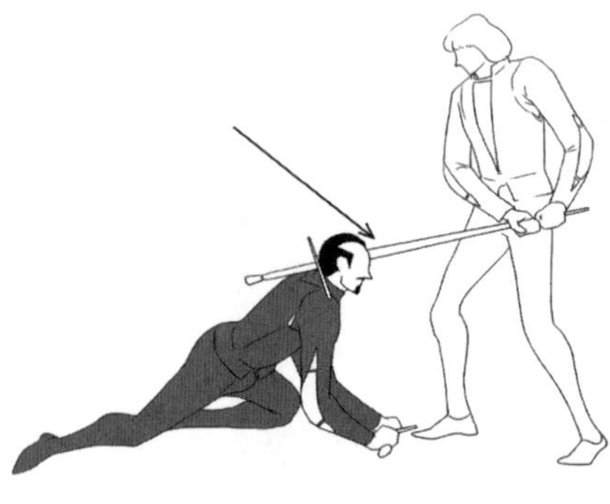

3

상황에 따라서는 스승의 목에 날밑을 걸어 앞으로 넘어뜨릴 수도 있습니다.

제6장
무장격투술

무장격투술 개설

무장격투술이란

무장격투술은 독일어로 Kampfringen이라고 하며, 전장에서 자신의 몸을 지켜주는 최후의 보루와도 같은 기술입니다. 기술 자체는 맨몸으로 하는 레슬링과 거의 차이가 없습니다. 굳이 구분하자면 통상적인 레슬링에는 바닥 기술이 별로 없지만, 무장격투술에는 상대를 깔아 누른 상태에서 대거를 사용하는 기술이 포함되어 있습니다.

갑옷의 명칭에 대해서

당시의 무기와 방어구, 특히 갑옷에 관심이 있는 사람이라면 플레이트 아머, 플레이트 메일, 체인 메일, 스케일 메일, 라멜라 아머 등 여러 종류의 갑옷이 있다는 사실을 알고 있을 것입니다. 그런데 이러한 갑옷들은 당시 어떤 이름으로 불렸을까요?

사실 위의 명칭은 모두 실제로 불리던 이름이 아니라 빅토리아 시대의 학자들이 갑옷의 형식을 분류하기 위해 편의상 붙인 이름입니다. 플레이트라는 단어가 붙은 것은 강철판을 사용한 갑옷, 체인 메일은 금속 링을 연결해 만든 갑옷, 스케일 메일은 안감에 미늘을 꿰매 붙여 만든 갑옷, 라멜라 아머는 미늘끼리 엮어 만든 갑옷(일본의 갑옷도 이 분류에 들어갑니다)을 말합니다.

그렇다면 실제로 사용되던 당시의 이름은 무엇이었을까요. 흔히 말하는 체인 메일은 단순히 「메일」이라고 불렸습니다. 빅토리아 시대의 학자들은 무슨 이유에서인지 이 「메일」이라는 단어를 「갑옷」 전반을 가리키는 단어로 사용하였던 것입니다.

또한 「메일」 이외의 「갑옷」은 간단히 하니스(Harness)라고 불렀습니다. 이것은 유럽 공통의 명칭이었던 모양으로 프랑스에서는 Harnois, 독일에서는 Harnisch였습니다.

갑옷(플레이트 아머)의 가격

1441년 잉글랜드의 기사 존 크레시 경은 자신이 사용할 밀라노제 기성품 갑옷을 8파운드 6실링 8펜스(2000펜스)에, 종사가 사용할 갑옷을 5파운드(1200펜스)~6파운드 16실링 8펜스(1640펜스)에 구입했다는 기록이 있습니다. 15세기 롱보우 병사의 일급은 6펜스, 맨 앳 암즈(서전트 이상의 중무장병, 상위 평민 병사부터 기사 · 귀족 계급까지를 지칭하던 말입니다)의 일급은 12펜스였으므로 기사용 갑옷의 가격은 맨 앳 암즈의 약 반년 치 급료에 해당하는 셈입니다.

또 다른 예로 1471년 존 패스턴 경이라는 기사가 팔꿈치에 크로스보우의 화살을 맞아 그의 형이 의사를 보냈다는 기록이 남아 있습니다. 의사는 존의 상처가 나을 때까지 2주 동안 그를 돌봐주었는데 그 비용이 무려 5파운드(맨 앳 암즈의 100일분 급료)였습니다. 이때 존이 너무 비싸다며 불평한 것으로 보아(덕분에 빈털터리가 되었습니다), 혹시 의사가 과잉청구(혹은 교통비 · 위험수당 포함)를 한 것인지도 모릅니다.

이번에는 갑옷의 재료인 철과 강철의 가격을 가지고 검증해보기로 하겠습니다. 1파운드(453g)당 철의 가격은 1400년에 0.84펜스, 1500년에 0.44펜스(이유는 알 수 없지만 1400년에는 철의 가격이 다른 해에 비해 2배 가까이 비쌌습니다)였고, 강철의 가격은 1400년에 1.60펜스, 1500년에 1.20펜스였습니다. 따라서 단순히 계산했을 때 크레시의 갑옷은 1400년 시세로 강철 1250파운드(566.25kg)분의 가격과 같습니다. 실제 갑옷에는 25~35kg 정도의 강철과 가죽이 사용되므로, 갑옷은 최종가격이 원재료값의 20배 가까이 되는 고부가가치 상품이었던 것입니다.

다만 크레시가 구입한 갑옷들은 「기성품」으로(구입자의 몸에 맞도록 어느 정도 수정은 하였습니다) 이른바 「이급품」이라는 것에 주의해야 합니다. 맞춤 갑옷이라면 몇 배는 더 비쌀 테고, 숙련된 장인이 장식 등을 추가해 만든 「초일급품」쯤 되면 몇 십 배의 가격이 붙어도 이상하지 않을 것입니다. 고급 갑옷은 소규모 군대와 맞먹는 가치가 있을 정도였다고 합니다.

마지막으로 갑옷의 제작기간이 어느 정도 걸렸는지 적어두겠습니다. 1473년 당시 잉글랜드령이었던 칼레 시의 수비대 소속 기사 존 패스턴 경(앞에서 소개한 그 패스턴의 2년 후 모습입니다)은 새로 갑옷을 만들기 위해 부뤼지의 갑옷 직인과 계약한 뒤, 1475년 1월에 갑옷과 말을 수취하기 위해 플랑드르 지방을 방문하였다고 합니다. 이러한 사실에서 미루어 갑옷의 제작기간은 발주에서 수령까지 1년 수개월이 걸렸다는 사실을 알 수 있습니다.

무장격투술 기술 1

다리 걸어 넘기기
Throw over the Leg

출전 : Ringeck/Tobler, pp.306, 307.

이 기술은 통상적인 레슬링에서도 자주 등장합니다. 링엑이 소개하는 갑옷 레슬링 기술의 특징은 상대의 다리를 자신의 다리 사이에 끼워 고정한다는 점입니다. 갑옷을 입은 상태로는 다리를 크게 벌릴 수 없으므로 그에 대처하기 위한 방책이 아닐까 합니다(Tobler의 해석으로부터).

1

두 사람이 서로 맞잡고 있습니다. 스승은 제자의 앞발 쪽 팔(여기에서는 왼팔)을 주시하다가 기회를 틈타 바깥쪽에서 때려 안쪽으로 젖힙니다.

2

뒤에서 제자의 발을 걸어 쓰러뜨립니다.

3 다른 버전

이 버전에서 스승은 자신의 다리 사이에 제자의 왼쪽 다리를 끼워 도망치지 못하게 합니다. 그리고 왼손으로 제자의 얼굴 · 머리를 타격합니다.

4

제자가 충격에서 회복하기 전에 양손으로 밀어 쓰러뜨립니다.

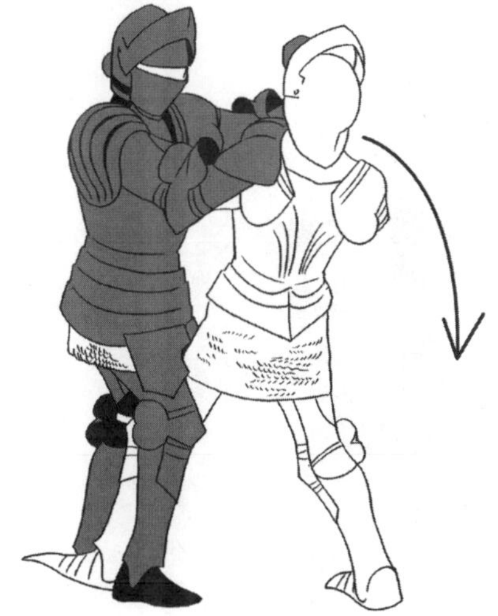

무장격투술 기술 2

다리 걸어 넘기기 2

Throw over the Leg 2

출전 : Ringeck/Tobler, p.308.

이 기술은 기술 1「다리 걸어 넘기기」를 좌우 반전시킨 것입니다. 링엑의 말에 따르면 처음 시도한 다리 걸어 넘기기가 실패했을 경우 바로 이 기술을 사용하면 상대를 넘어뜨릴 수 있다고 합니다. 토블러는 그 말을 받아, 좌우 두 가지 버전을 합치면 제2장에서 소개한「세 가지 링엔」중 두 번째「바인브루흐」에 해당하는 기술이 된다고 설명하였습니다(Tobler의 해석으로부터).

1

왼발로 제자의 오른발을 걸고 양손으로 밀어 넘어뜨립니다.

2 다른 버전

이 버전에서 스승은 자신의 다리 사이에 제자의 오른쪽 다리를 끼워 움직이지 못하게 하면서 뒤로 넘어뜨립니다.

무장격투술 기술 3

비기 1 : 다리 걸어 넘기기

Verborgnen Ringen 1 : Throw over the Leg

출전 : Ringeck/Tobler, p.310.

비기란 링엑의 저서에 등장하는 일련의 기술을 가리킵니다. 관절을 파괴하는 기술 중심으로 이루어져 있는데, 그 위력이 엄청나기 때문에 일반인의 눈에 띄지 않도록 비밀로 취급되어 왔다고 합니다(Tobler의 해석으로부터).

1

제자가 스승의 양손을 붙잡고 있습니다. 스승은 오른손으로 제자의 왼쪽 손목을 때려 제자의 팔을 옆으로 쳐냅니다.

2

양손으로 제자의 왼팔을 잡고 가슴 쪽으로 끌어당깁니다.

3

오른발로 제자의 왼발을 걸고 왼손으로 제자의 팔을 잡아당기면서 오른손으로는 제자의 몸을 뒤로 밀어 쓰러뜨립니다.

무장격투술 기술 4

비기 2 : 스트레이트 암바를 이용해 던지기

Verborgnen Ringen 2 : Throw with Straight Armbar

출전 : Ringeck/Tobler, p.311.

스트레이트 암바를 걸어 상대의 팔을 꺾거나 고통을 안겨주며 메치는 기술입니다(Tobler의 해석으로부터).

1

제자가 스승의 손목을 잡았지만 단단히 지탱하지 못하고 있습니다.

2

그것을 본 스승은 오른손으로 제자의 오른쪽 손목을 붙잡아 앞으로 끌어당깁니다. 제자의 오른팔이 충분히 뻗었을 때 왼손으로 제자의 오른쪽 팔꿈치를 붙잡습니다.

3

스승은 왼발을 제자의 오른발 앞에 딛습니다. 그리고 오른손으로 제자의 팔을 잡아당기는 동시에 왼손으로는 제자의 팔꿈치를 눌러 고통을 안겨주며 메칩니다.

4 다른 버전

이 버전에서는 가슴으로 제자의 팔꿈치를 힘껏 눌러 팔을 꺾습니다. 갑옷의 흉갑 부분은 원형으로 이루어져 있는데, 이 부분을 모루처럼 사용하여 팔을 부러뜨리는 것입니다. 시대가 흐르면 흉갑에 돌출부가 생겨 각도가 더욱 예리해지므로 보다 효과적으로 팔을 부러뜨릴 수 있게 됩니다.

무장격투술 기술 5

비기 4 : 회전식 암바

Verborgnen Ringen 4 : Turn-out Armbar

출전 : Ringeck/Tobler, p.313.

몸의 회전을 이용하여 자신의 몸통을 붙잡은 상대의 팔을 부러뜨리는 기술입니다(Tobler의 해석으로부터).

1

제자가 스승의 오른쪽 옆구리를 잡으려 합니다.

2

스승은 재빨리 반시계방향으로 돌면서 오른팔로 제자의 왼쪽 팔꿈치를 가격하여 부러뜨립니다.

무장격투술 기술 6

비기 5 : 무릎 꺾기

Verborgnen Ringen 5 : Knee Break

출전 : Ringeck/Tobler, p.314.

갑옷을 입은 상태에서의 모트스토스는 통상적인 레슬링의 모트스토스와 차이가 있습니다. 그것은 갑옷으로 보호받고 있기 때문에 빈틈을 만들기 위한 타격은 거의 효과가 없다는 점입니다. 그래서 갑옷전투에서 사용하는 모트스토스는 직접적으로 대미지를 줄 수 있는 기술이 중심이 됩니다(Tobler의 해석으로부터).

1

제자의 무릎을 짓밟아 꺾습니다. 갑옷에서 대부분의 관절부는 인체와 같거나 그보다 더 넓은 가동범위를 가지고 있으므로 무릎을 꺾어 고통을 안겨줄 수 있습니다.

무장격투술 기술 7

비기 7 : 손가락 꺾기

Verborgnen Ringen 7 : Finger Break

출전 : Ringeck/Tobler, p.316.

이 기술은 상대 건틀릿의 타입에 따라 달라집니다. 당시의 건틀릿에는 다섯 손가락 타입과 미튼 타입(엄지손가락만 독립)의 2종류가 있었습니다. 다섯 손가락 타입이라면 통상적인 손가락 꺾기를 사용하지만, 상대가 미튼 타입의 건틀릿을 착용하고 있을 때에는 손가락을 잡을 수가 없고 무리하게 잡으려 해도 네 손가락의 힘으로 저항하기 때문에 꺾기가 매우 어렵습니다. 이러한 미튼 타입 건틀릿을 상대할 경우에는 건틀릿의 소맷부리 부분을 잡아 팔의 움직임을 제한합니다(Tobler의 해석으로부터).

1

손가락을 잡고 반대쪽으로 꺾어 부러뜨립니다.

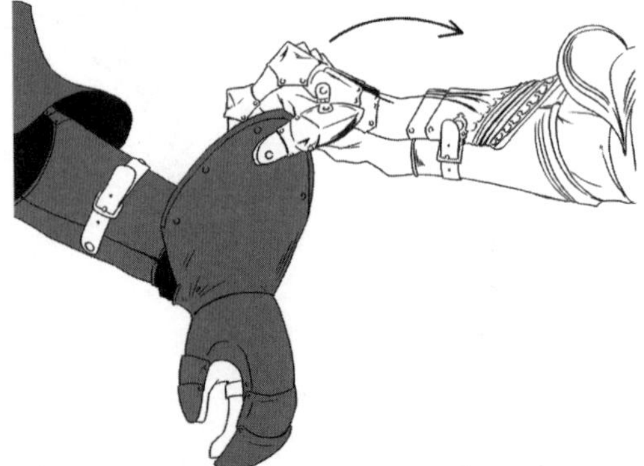

2 다른 버전

건틀릿의 소맷부리를 붙잡습니다. 이렇게 함으로써 움직임을 제한할 수 있습니다.

무장격투술 기술 8

다리 들어올리기로 살격을 파훼

Leg Lift Throw against Mortstöße

출전 : Gladiatoria, 30v.

이 기술은 당시 갑옷의 방어력이 어느 정도였는지 판단하는 재료가 됩니다. 살격은 검으로 갑옷을 파괴하기 위해 개발된 기술이지만, 그래도 당시 사람들은 갑옷을 입은 팔로 막으면 방어할 수 있다고 생각하였습니다. 이를 통해 갑옷의 방어력에 대한 당시 사람들의 높은 평가를 엿볼 수 있습니다.

1

제자는 스승의 무기를 전부 쳐서 떨어뜨린 뒤 살격으로 결정타를 날리려 합니다.

2

스승은 양팔을 교차시켜 살격을 막으며 제자에게 다가갑니다.

3

스승은 재빨리 제자의 팔 아래로 파고들어, 오른손으로 제자의 왼발을 들어올리는 동시에 왼손으로는 제자의 가슴을 밀어 뒤로 넘어뜨립니다.

무장격투술 기술 9

다리 걸어 넘기기

Throw over the Leg

출전 : Gladiatoria, 32v.

1

스승이 제자를 붙잡기 위해 손을 뻗습니다.

2

제자는 왼손으로 스승의 오른쪽 팔꿈치를 밀쳐냅니다.

3

재빨리 다가가 오른발로 스승의 오른발을 겁니다. 그리고 오른팔로 스승의 몸을 끌어안듯 붙잡아 뒤로 넘어뜨립니다.

무장격투술 기술 10

당겨 올려 넘기기

Body Lift

출전 : Gladiatoria, 33r.

상대의 몸을 껴안은 채 한쪽 다리를 당겨 올려 뒤로 넘기는 기술입니다. 원본에는「들어올리다.」라고 되어 있는 것으로 보아 어깨메치기처럼 상대의 몸을 높이 들어올린 다음 지면에 내리꽂는 기술인지도 모릅니다.

1

두 사람이 맞붙어 싸우고 있을 때 제자는 왼손으로 스승의 오른쪽 팔꿈치를 안쪽으로 쳐냅니다.

2

재빨리 오른손으로 스승의 몸을 껴안듯 붙잡고 스승의 몸이 앞으로 기울어지도록 밀어붙입니다.

3

스승이 버티지 못하고 기우뚱하면 왼손으로 스승의 왼쪽 발목을 당겨 올립니다.

무장격투술 기술 11

누르기 1

Pin Hold 1

출전 : Duelling, p.119.

여기서부터는 바닥 기술에 대해 설명합니다. 바닥 기술이라고 해도 유도처럼 상대를 눌러서 굳히기를 한다기보다 대거로 결정타를 날릴 때까지만 상대의 움직임을 막는 기술이라고 보는 편이 타당합니다. 그래서 유도의 기술과 비교하면 무척 간단해 보일지도 모릅니다. 한편 지금부터 설명할 누르기 기술들의 출처는 폰 단치히가 편저에서 인용한 마르틴 훈트펠트의 기술입니다. 단치히는 이 책을 1452년에 펴냈지만 기술 자체는 그보다 훨씬 오래된 것으로 14세기 후반까지 거슬러 올라갈 가능성이 있습니다.

훈트펠트는 상대를 누를 때에는 항상 상대의 오른손 쪽에 오라고 충고합니다. 당시 대거는 일반적으로 오른쪽 허리에 장비하는 것이었으므로 상대의 오른쪽에 위치함으로써 상대가 대거를 뽑지 못하게 하거나 상대의 대거를 빼앗을 수 있게 되는 것입니다.

1

스승이 제자를 넘어뜨렸습니다. 스승은 오른쪽 무릎이 제자의 다리 사이에 오도록 무릎을 꿇고 왼손이나 왼팔로 제자의 목을 누릅니다. 그리고 자신의 대거가 아니라 제자의 대거를 뽑아 결정타를 날립니다. 한편 원본에서는 이때 상대가 순간적으로 대거를 뽑아 공격해올 수도 있기 때문에, 허둥대며 상대를 누르려고 들면 안된다고 경고합니다.

무장격투술 기술 12

누르기 2
Pin Hold 2

출전 : Duelling, p.120.

이 기술은 상대의 팔을 누르는 기술로, 다리는 봉쇄하지 않습니다. 그래서 가능한 한 빨리 상대의 숨통을 끊어놓을 필요가 있습니다. 또한 이 기술은 좌우 두 가지 버전이 존재합니다.

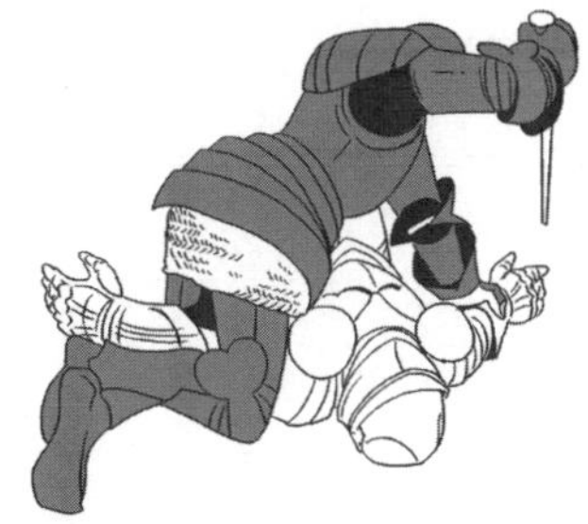

1

위를 향해 쓰러진 제자의 팔을 다리 사이에 끼우고, 다른 쪽 팔을 왼손으로 눌러 움직이지 못하게 한 다음 대거로 처치합니다.

무장격투술 기술 13

팔 꺾기
Armbreak

출전 : Duelling, p.121.

이 기술에는 두 가지 버전이 있습니다.

1

엎드린 자세로 쓰러진 제자의 팔꿈치를 무릎으로 누르고, 팔을 잡아당겨 꺾습니다. 다른 버전에서는 제자의 몸 위에 올라타고 앉아 팔을 잡아당겨 꺾습니다.

무장격투술 기술 14

시야 봉쇄
Blinding

출전 : Duelling, p.120.

이 기술은 기원이 아주 오래되었을 것으로 추측되고 있습니다. 왜냐하면 여기에 등장하는 서코트(Geworffen)는 원본이 쓰일 당시에 이미 거의 찾아볼 수 없게 된 복식이기 때문입니다. 서코트란 갑옷 위에 입는 옷의 일종으로, 12세기가 끝날 무렵 등장했다가 14세기 후반부터 용례가 줄어들기 시작합니다. 따라서 이 기술은 서코트가 널리 사용되던 약 200년 사이에 개발되어, 원본이 집필된 15세기 중반까지 전승되었다고 볼 수 있습니다. 한편 이 기술은 이 책에서 다루고 있는 것들 중 가장「비겁한」기술이며, 애초에 이것을 기술이라고 불러도 좋을지 고민하게 만드는 기술이기도 합니다.

여기서 스승이 입고 있는 서코트는 굳이 분류하자면 망토와 같은 것으로 15세기 이탈리아를 중심으로 유행하였습니다. 현재는 피렌체에 있는 안드레아 델 카스타뇨의 초상, 런던의 내셔널 갤러리에 소장되어 있는『산 로마노의 전투』등에서 확인할 수 있습니다.

1

스승을 똑바로 넘어뜨린 제자는 스승의 서코트 일부를 잘라낸 다음 그것을 투구의 슬릿에 집어넣어 시야를 빼앗습니다. 원본의 설명에 따르면 잘라낸 부분이 진흙으로 더럽혀져 있을 때 더욱 효과적이라고 합니다. 처음 상대를 넘어뜨릴 때 진흙이나 흙먼지가 눈에 들어가도록 하거나, 대거로 주변의 진흙이나 흙을 퍼내 상대의 얼굴에 뿌릴 수도 있습니다.

무장격투술 기술 15

누르기 3

Pin Hold 3

출전 : Gladiatoria, 56r.

1

스승은 똑바로 쓰러진 제자의 몸 위에 올라타고 목을 누르는데, 이때 자신의 왼쪽 다리가 제자의 다리 사이에 오도록 합니다. 그리고 대거로 제자를 처치합니다.

무장격투술 기술 16

카멜 클러치

Camel Clutch

출전 : Gladiatoria, 56v. Duelling, p.121.

카멜 클러치는 프로레슬링 기술의 하나로, 엎드려 쓰러진 상대의 목을 뒤로 꺾어 고통을 주는 기술입니다. 그러한 기준에서 보면 이 기술은 순수한 카멜 클러치가 아니지만 기술의 원리가 비슷하여 이 이름을 붙였습니다.

1

엎드려 있는 제자의 등을 오른쪽 무릎으로 누른 채 왼손으로 투구의 바이저를 붙잡아 뒤로 끌어당깁니다. 그리고 오른손에 든 대거로 결정타를 날립니다. 원본에는 이 밖에도 눈을 도려내거나 양손으로 머리를 젖혀 목뼈를 부러뜨리는 기술이 소개되어 있습니다.

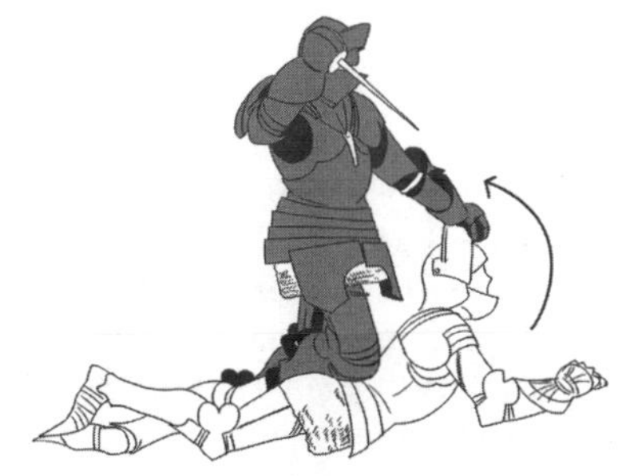

무장격투술 기술 17

누르기 4
Pin Hold 4

출전 : Gladiatoria, 57v.

1

제자는 스승을 뒤로 넘어뜨린 다음 오른쪽 다리를 스승의 다리 사이에 넣고 왼쪽 팔꿈치로 스승의 오른쪽 어깨를 단단히 누릅니다. 그리고 투구의 바이저를 열고 대거로 얼굴을 찌릅니다.

무장격투술 기술 18

누르기 5
Pin Hold 5

출전 : Gladiatoria, 58r.

지면에 쓰러진 상대가 일어나려고 다리를 들어올렸을 때 그 다리를 안아 들고 고정합니다. 갑옷을 입었을 때는 같은 동작을 하더라도 평소보다 큰 움직임이 필요하다는 점을 노린 기술입니다.

1

스승이 위를 향해 쓰러져 있고 제자는 스승의 왼쪽에 위치해 있습니다. 스승이 일어나려고 다리를 들어올리면 스승의 다리 사이에 왼쪽 무릎을 집어넣는 느낌으로 꿇어앉아, 왼손으로 스승의 다리를 안아 듭니다. 그리고 왼손으로 스승의 오른쪽 손목을 잡아 움직이지 못하게 하면서 오른손에 든 대거로 처치합니다.

제7장 창

창 개설

> 도보전투는 창에서 시작된다. 지켜야 할 것이 있기에 양자는 일어선다.
>
> (Johannes Liechtenauer)

 창으로 싸우는 갑옷전투

갑옷으로 완전무장한 기사들의 결투에서는 창 · 검 · 대거 등 3종류의 무기(때때로 이것에 방패가 추가됩니다)를 사용했다는 기록이 남아 있습니다. 흔히 기사의 결투라고 하면 마상에서 창을 맞부딪쳐 싸운다는 인상이 있으나, 모든 결투에서 항상 기승전투가 행해졌던 것인지 확실한 증거는 남아 있지 않습니다. 마상창시합(주스트) 중「전장 주스트」라고 불리는 시합에서는 진짜 창을 사용했다고 하지만, 그것이 과연 결투였는지도 불분명합니다. 필자의 견해로는 기승결투는 양자 간 합의가 이루어졌을 때에만 행해지지 않았을까 생각합니다.

당시의 페히트부흐(그중에서도 탈호퍼의 것)를 보면 놀랍게도 기사들이 창을 투척무기처럼 사용하는 장면이 많습니다. 중세 후기의 갑옷을 향해 창을 던져봐야 타격을 주기는 거의 불가능하기 때문에 전투 개시 직후에 바로 창을 던지고 그 후에는 검으로 싸운다는 것은 너무나 비효율적입니다. 이에 대해 토블러는 결투재판이란 고대 게르마니아 시대부터 이어진 풍습이므로, 아마도 투창이 주요한 무기였던 시절의 흔적이 일종의 의식으로서 당시까지 남아 있던 것은 아닐까 추론하였습니다.

하지만 창을 던지지 않고 그대로 전투에 돌입하는 묘사도 전혀 없는 것은 아닙니다. 이것이 결투양식에 따른 차이인지, 아니면 결투가 아닌 상황에서의 전투를 상정하였기 때문인지 현재로서는 알 수 없습니다.

 창의 스펙

당시에 창은 무척 흔한 무기였습니다. 그래서 무기고 등에 따로 보관하지 않았기 때문에 결과적으로 지금까지 남아 있는 것이 매우 적으며, 현재 남아 있는 것도 지역과 시대에 따라 크기와 모양에 큰 차이가 있습니다. 과거 창의 분류는 기본적으로 지금처럼 엄밀하지 않았으나 일반적인 페히트부흐의 묘사를 통해 추측하기로 전체 길이는 대략 180~240cm, 무게는 약 2, 3kg 정도였던 것으로 보입니다.

창끝의 형태는 나뭇잎 모양이 가장 많았지만 메일을 관통하려는 목적으로 가늘고 길게 만든 것이나 수렵용 보어 스피어처럼 창끝 바로 밑에 일자형 돌기가 있는 것, 그리고 마름모꼴인 것까지 다양했습니다.

자루의 재질은 일반적으로 생각하는 떡갈나무가 아니라, 강하고 가벼운 물푸레나무가 주로 사용되었습니다. 또한 회화 등 당시의 자료를 참고하면 창의 자루가 창끝으로 갈수록 서서히 가늘어졌다는 사실을 알 수 있습니다. 고대 그리스의 창도 동일한 형태였는데 그것은 한 손으로 잡을 때 잡는 손의 위치를 뒤로 옮겨주는(그리고 리치를 늘려주는) 작용을 하였으므로, 중세의 창도 고대 그리스의 그것과 같은 효과를 기대한 것인지도 모릅니다.

피오레의 창술

피오레의 창술은 다른 창술과 크게 다른 특징을 가지고 있습니다. 그것은 창을 잡은 두 손 사이의 거리가 좁다는 점입니다. 심지어 검을 잡을 때처럼 두 손을 붙여 잡기도 하여, 이런 방식으로도 괜찮은 것인지 걱정스럽기까지 합니다. 창이 별로 길지 않아서 특별히 문제되지 않았던 것인지, 아니면 단순히 피오레의 버릇이었는지 이유는 확실하지 않습니다.

창 자세

 오른쪽『정 강철문』자세(Tutta Porta de Fero Destra)

창을 몸 앞에 조금 비스듬하게 기울여 세운 자세입니다. 다른 무기의『강철문』자세와 마찬가지로 방어력이 뛰어납니다. 피오레는 오른쪽 대각선 앞으로 나아가면서 상대의 창을 왼쪽으로 쳐내는 것이 일반적인 용법이라고 설명하였습니다.

 고귀한『창문』자세(Nobele Posta di Finestra)

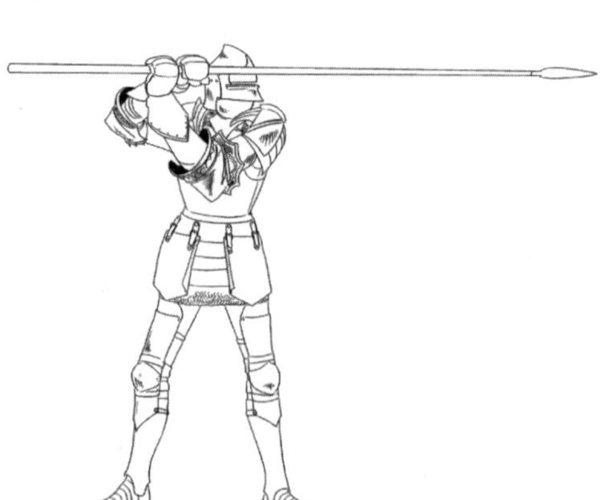

이 자세는 롱소드의『창문』자세와 거의 같은데, 피오레는 무슨 이유에서인지 이 자세에『고귀한』이라는 단어를 덧붙였습니다. 그의 말에 따르면 찌르기를 방어하는 데 적합하다고 합니다.

 『멧돼지 어금니』 자세(Posta de Dente di Chinghiaro)

적에게 등을 돌린 채 창을 똑바로 세워 잡은 자세입니다. 상대의 공격을 유도한 다음, 자신의 창이 상대의 창과 자신의 몸 사이에 오도록 움직여 방어합니다. 또한 창끝으로 적을 겨냥함으로써 왼쪽 『창문』 자세로 이행할 수 있습니다(상대는 오른쪽에 있습니다).

 『진 십자』 자세(Posta de Vera Croce)

동명의 하프 소드 자세와 같은 자세입니다. 사용법도 하프 소드와 완전히 동일합니다(상대는 왼쪽에 있습니다).

 왼쪽 『창문』 자세(Posta di Finetra Sinistra)

상대에게 등을 돌리고 서서 교차시킨 양손으로 창을 수평하게 잡습니다. 피오레의 말에 따르면 찌르기를 하는 데 효과적인 자세라고 합니다(상대는 왼쪽에 있습니다).

창 기술 1

『멧돼지 어금니』 자세에서의 방어
Guard from Dente di Chinghiaro

출전 : Fiore(Pisani), 16r. Fiore(Getty), 40r.

여기에서는 『멧돼지 어금니』 자세로 공격을 막아내는 방법을 소개합니다. 상대가 좌우 어느 쪽에서 오는지 보고 그것과는 반대방향으로 이동하면서 몸을 돌려 상대의 창을 쳐냅니다. 이렇게 하면 상대의 공격선을 차단하면서 반격할 수 있습니다.

1

제자는 『멧돼지 어금니』 자세를 취하고 있는 스승에게 통상적인 공격을 하려고 합니다.

2

제자가 찌르기를 하자 스승은 반대쪽으로 발을 디디며 자신의 창으로 제자의 창을 쳐냅니다. 그리고 제자를 공격합니다.

창 기술 2

받아넘기기
Displacing

출전 : Fiore(Getty), 39v.

『강철문』·『창문』 자세 등 자신의 몸 앞에 창을 든 자세에서 상대의 공격을 막아내는 방법입니다. 독일식 검술의 「받아넘기기(압셋젠)」나 「받아찌르기」와 같은 원리를 이용합니다.

1

스승은 고귀한 『창문』 자세를 취하고 있습니다.

2

제자가 찌르기를 하자 스승은 오른쪽 대각선 앞으로 발을 딛습니다. 그리고 교차시킨 두 손을 풀면서 제자의 창을 왼쪽으로 쳐내는 동시에 찌르기를 합니다.

3 카운터

제자는 재빨리 창을 거꾸로 돌려 물미 부분으로 스승의 창을 오른쪽으로 쳐내고 공격합니다.

창 기술 3

뿌리치기

Striking aside

출전 : Gladiatoria, 2v.

날아오는 상대의 창을 뿌리치고 카운터 공격을 하는 기술입니다.

1

제자가 스승의 얼굴을 향해 전력으로 찌르기를 합니다. 스승은 몸 정면에서 창끝이 위로 가게 창을 잡고 있습니다.

2

창을 밑에서 위로 휘둘러 물미 부분으로 제자의 찌르기를 쳐냅니다.

3

창끝으로 제자를 찌릅니다.

창 기술 4

네 번째 기술
Das Vierd Stuckch

출전 : Gladiatoria, 3r.

이 항목에서 소개하는 것은 일련의 세트 기술입니다. 상대의 창을 옆구리에 끼워 봉쇄하고 무척 특이한 그립법으로 검을 잡아 공격합니다. 참고로 원문에서는 검으로 하는 공격에 대해 「검을 던지다.」라고 설명하고 있습니다. 이것이 실제로 던진다는 말인지 아니면 단순히 「힘껏 찌르는」 것을 과장되게 표현한 말인지 분명하지 않아 다양한 해석이 존재합니다(필자는 후자에 동의합니다). 이 책에서는 소개하지 않았지만 피오레의 하프 소드 자세 중 『사수(射手)』 자세(Posta Sagittaria)라는 것이 있는데, 강력한 찌르기를 할 수 있다는 데서 유래한 이름이라고 합니다. 또한 다른 서적에서도 창과 검을 「던지다.」라고 표현하는 것을 찾아볼 수 있지만, 상황으로 보아 그것은 정말 던진다는 것이 아니라 「찌르기」를 강조하는 말로 보입니다.

1

스승이 창을 던졌습니다(원문에 이 창을 어떻게 막았는지 적혀 있지 않으므로 빗나간 것으로 봐야 할 것입니다). 제자는 재빨리 전력으로 스승을 찌릅니다.

2 카운터

스승은 왼손으로 제자의 공격을 쳐냅니다.

3

그대로 제자의 창을 옆구리에 끼우고 자루를 단단히 움켜쥐어 꼼짝 못하게 합니다.

4

검을 뽑아 제자에게 「내지릅니다.」

제8장
폴액스

폴액스 개설

이리하여 모든 몸과 마음이 기품 있는 자는 스스로의 고결하고 영예로운 천직을 완수하기 위해 고귀한 무예, 즉 앞에 열거한 무기(폴액스 · 창 · 대거 · 양손검 · 한손검)의 근원이 되는 폴액스 기술을 가장 먼저 수련해야 한다.

(Le Jeu de la Hache)

 폴액스의 역사

14세기경 처음 등장한 폴액스는 도보전에서 중무장한 상대를 때려눕히기 위한 목적으로 보병용 양손도끼에서 개량된 무기입니다. 그 후 전술형태가 기마전에서 도보전으로 바뀌어가면서 기사 계급 사이에 급속히 확산되었습니다.

당시 기사들의 주무기는 마상에서는 랜스, 지상에서는 폴액스였고 보조용으로 검과 대거를 장비하는 것이 일반적이었습니다.

사실 폴액스는 많은 오해를 받고 있는 무기입니다. 흔히 Poleaxe라 쓰고 「긴 자루가 달린 도끼」라고 설명하지만, 올바른 철자는 Pollaxe로 「머리(를 깨부수는) 도끼」라는 의미가 있습니다(다만 지금은 Poleaxe도 허용하는 것 같습니다). 또한 액스라는 이름을 가지고 있으면서도 현존하는 무기 · 회화 자료 대부분에서 폴액스는 도끼가 아닌 해머의 일종으로 분류됩니다.

과거 사용되던 폴액스의 호칭도 이러한 혼란을 가중시켰습니다. 당시의 문서에서 폴액스는 일반적으로 La Hache(프랑스어), La Azza, Aza(이탈리아어), Der Agst(독일어) 등 단순히 「도끼」라고 불리는 일이 많았기 때문에 문헌에 나오는 「도끼」가 과연 평범한 전투도끼인지 아니면 폴액스인지 알 수 없었던 것입니다. 폴액스에 대한 특별한 호칭으로는 Aza del Tricuspis 「세 갈래 도끼」(피에트로 몬테), Secures Lateres 「죽음의 도끼」(마이어 · 라틴어), Mordagst 「살인도끼」(마이어 · 독일어) 등이 있습니다. 또한 조지 실버가 말하는 「배틀액스」도 어쩌면 폴액스를 가리키는 것인지 모릅니다.

폴액스의 형태

호화롭고 독창적인 장비를 선호하는 기사들의 애용품이기도 해서 폴액스에는 다양한 베리에이션이 존재합니다. 베리에이션이 너무 많다 보니 빅토리아 시대의 학자들은 폴액스의 일종을 특별히 「루체른 해머」(그림 : 다양한 폴액스를 참조)라고 부를 정도였습니다.

하지만 기본적인 레이아웃은 공통적입니다. 긴 자루 끝에 찌르기용 스파이크가 붙고, 스파이크 밑에 해머(또는 도끼머리)와 베크 드 포콩이라 불리는 스파이크가 달립니다. 이들 머리 부분은 스파이크처럼 튀어나온 못으로 고정되므로, 폴액스를 위에서 보면 십자 모양으로 보입니다(못머리가 평평한 것도 있습니다). Le Jeu de la Hache에서는 머리 부분을 「십자」라 부르며 상대의 무기와 공격을 받아내는 데 사용하였습니다.

■폴액스 각 부분의 명칭

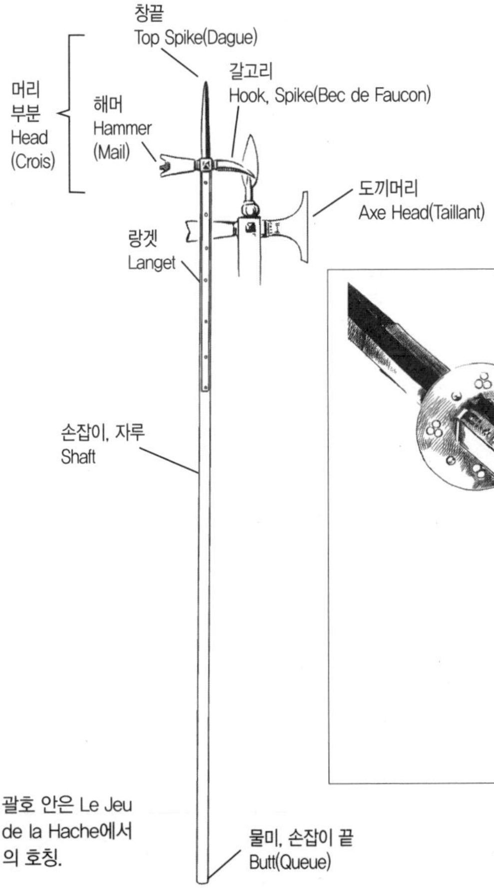

창끝
Top Spike(Dague)
갈고리
Hook, Spike(Bec de Faucon)
머리 부분
Head (Crois)
해머
Hammer (Mail)
도끼머리
Axe Head(Taillant)
랑겟
Langet
손잡이, 자루
Shaft
물미, 손잡이 끝
Butt(Queue)

괄호 안은 Le Jeu de la Hache에서의 호칭.

■폴액스 머리 부분의 형태

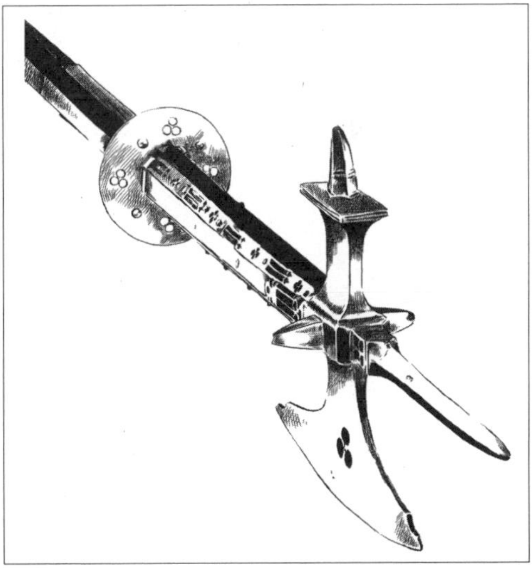

영국 왕립 무기고 박물관 소장.

꼭대기의 스파이크는 사각뿔 모양이 가장 일반적이었으나 창끝처럼 나뭇잎 모양인 것도 있습니다. 해머는 단면이 원형이나 좁은 사각형인 것이 많으며, 타격 부위에 가시와 같은 돌출부가 몇 개 튀어나와 있는 것도 흔히 찾아볼 수 있습니다. 이것은 타격의 위력을 높이는 동시에 갑옷의 몇 안 되는 단차에 걸어 충격을 한곳에 집중시키려는 의도로 보입니다.

손잡이에 랑겟이라는 금속판을 부착하여 상대가 손잡이를 자르지 못하도록 하는 것도 일반적이었으며, 잡는 부분에 원형 날밑을 붙이기도 했습니다. 손잡이 끝에는 스파이크 모양 물미를 다는 일이 많았습니다. 또한 탈호퍼의 페히트부흐를 보면 상대를 잡아끌기 위한 갈고리가 묘사되어 있습니다(그림 : 페히트부흐의 폴액스를 참조).

폴액스의 스펙

피에트로 몬테의 말에 따르면 폴액스의 길이는「키에 1핸드 추가한 길이」라고 합니다(1핸드는 약 10cm). 그 밖의 자료도 종합하면 전체 길이 1.2~1.8m, 무게 2~3kg 정도가 표준적인 스펙이었던 것으로 추측됩니다. 또한 폴액스 중에는 짧은 타입도 있는데 이것은 전체 길이 1m, 무게 1~2kg 정도입니다.

■다양한 폴액스

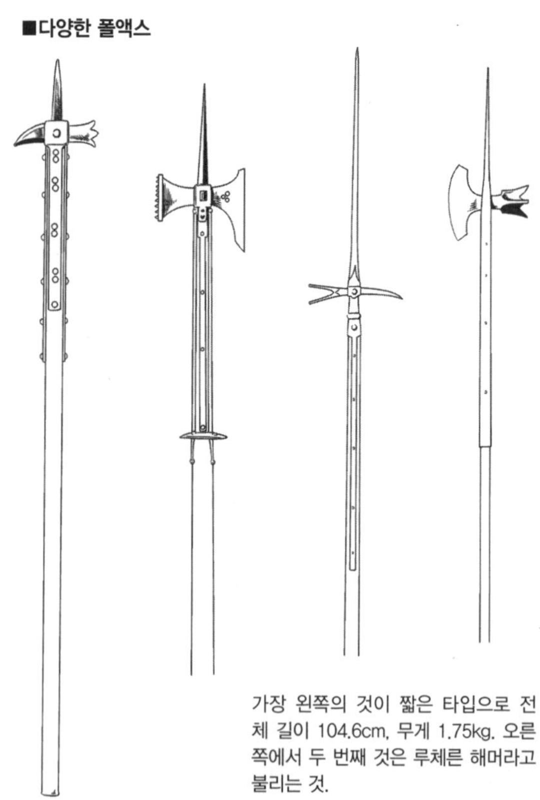

가장 왼쪽의 것이 짧은 타입으로 전체 길이 104.6cm, 무게 1.75kg. 오른쪽에서 두 번째 것은 루체른 해머라고 불리는 것.

폴액스 기술

폴액스는 복잡한 모양을 한 다른 무기들과 마찬가지로 매우 다양한 공격법을 가지고 있습니다. 해머로 때리고 스파이크로 찌르고 베크 드 포콩을 상대의 다리나 목에 걸어 쓰러뜨리는 것은 기본적인 용법이며, 십자형 머리 부분으로 상대의 무기를 막고 옆으로 치우거나 자루로 상대를 밀쳐내는 전법도 알려져 있습니다.

■페히트부흐의 폴액스

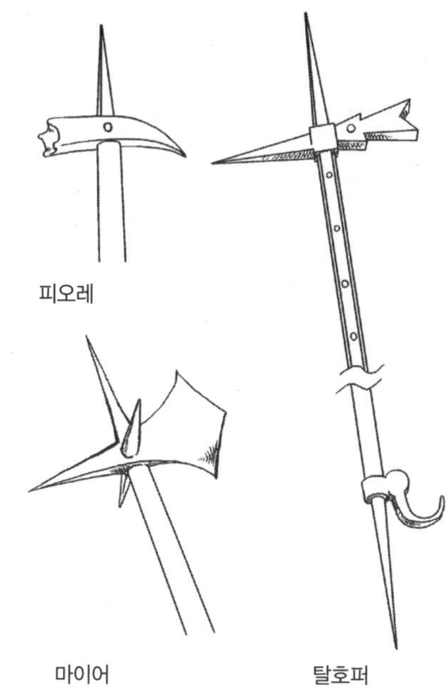

기사들의 필수품이었던 만큼 폴액스 기술은 당시의 페히트부흐 대부분에 그 조작법이 수록되어 있습니다. 하지만 폴액스 기술만을 전문적으로 해설하는 책은 15세기 초에 쓰여진 프랑스의 Le Jeu de la Hache(『도끼전투』)뿐입니다.

그 책을 연구한 앵글로의 말에 따르면 프랑스식 폴액스 기술은 상대의 얼굴이나 다리에 빠른 찌르기를 반복하여 태세를 무너뜨린 다음 해머로 머리를 공격하는 방법이 일반적이라고 합니다.

피오레는「만약 상대의 도끼를 지면에 떨어뜨릴 수 있는 상황이 된다면 일단 쳐서 떨어뜨리고 볼 것.」이라는 흥미로운 언급을 하였습니다. 이 문장을 통해 피오레는 폴액스의 머리가 지면에 닿을 정도로 내려갔을 때가 가장 취약하다고 생각했다는 사실을 알 수 있습니다.

폴액스 자세

폴액스 자세는 기본적으로 쇼트스태프 자세나 창 자세와 동일합니다. 무기의 형태가 비슷하다는 점이 한 가지 이유일 것입니다.

『짧은 독사』 자세(Posta Breve la Serpentina)

하프 소드에도 동명의 자세가 있습니다(본서 미게재). 빠른 찌르기에 적합하며, 상대의 공격을 받아넘기는 데도 효과적인 자세입니다.

『귀부인』 자세(Posta di Donna)

상대에게 강렬한 일격을 가하는 공격성 높은 자세입니다. 롱소드 자세와 마찬가지로 상대의 공격을 지면에 내리꽂을 수도 있습니다.

피오레는 이 자세로 『멧돼지 어금니』 자세에 대항할 수 있다고 하였으나, 책 어느 곳에도 『멧돼지 어금니』 자세는 등장하지 않습니다. 다음에 등장하는 『강철문』 자세의 설명에 「나 『강철문』은 『귀부인』에 대항하는 자이다.」라고 적은 것으로 보아 아마도 피오레가 착각한 것으로 추측됩니다.

 『긴 꼬리』 자세(Posta di Coda Longa)

롱소드의 『꼬리』 자세와 마찬가지로 무기를 뒤에 두고 있는 자세입니다. 상대의 공격을 유도하여 그것을 쳐내는 것이 주된 용법으로 추측되지만, 피오레는 이 상태에서 크게 호를 그리며 아래로 휘두르는 강력한 일격을 통해 상대의 무기를 지면에 떨어뜨릴 것을 강조하였으므로 의외로 공격적인 자세인지도 모릅니다. 그는 또한 이 자세를 『창문』 자세에 대항하기 위한 것으로 보았습니다.

 『창문』 자세(Posta di Finestra)

『긴 꼬리』 자세에 대항하는 자세로, 창의 왼쪽 『창문』 자세에 해당합니다. 피오레가 오른팔을 아래로 당기라고 강조한 것으로 보아 여기에 어떤 고안이 되어 있는 것 같습니다. 그의 말에 따르면 이것은 상대를 현혹시키는 자세로, 내리치는 것처럼 꾸민 뒤 재빨리 자세를 바꿀 수 있다고 합니다.

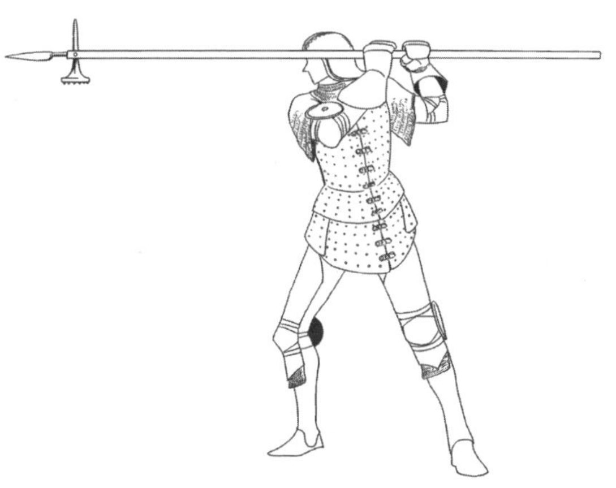

폴액스 기술 1

파고들기
Running-in

출전 : Talhoffer(1459), 133v. 134r.

처음부터 폴액스와는 별로 관계없는 기술이지만, 상대가 다 이겼다는 생각으로 무기를 내리칠 때 그 밑으로 파고들어 내던집니다.

1

제자가 『천장』 자세에서 폴액스로 스승을 공격하려 합니다.

2

제자가 도끼를 내리치려는 순간 단숨에 파고듭니다.

3

그대로 제자의 오른팔 아래를 빠져나갑니다. 그리고 몸을 회전시키며 왼손을 제자의 다리 사이에 집어넣고 오른팔로 제자의 몸을 끌어안습니다. 오른손으로 제자의 상반신을 앞으로 넘어뜨리는 동시에 왼손으로는 제자를 들어올려 내던집니다.

폴액스 기술 2

잡아던지기

Double Grip Throw

출전 : Talhoffer(1459), 135v.

이것도 폴액스와는 그다지 관계없는 기술입니다. 상대의 양손을 끌어안고 던지는 조금 색다른 메치기를 사용하고 있습니다(Hull의 해석에 따름).

1

스승이 제자의 폴액스를 아래로 쳐냅니다.

2

스승은 자신의 폴액스를 버리고 오른발을 제자의 발 앞에 딛습니다. 동시에 오른팔을 제자의 양팔 위로, 왼팔을 제자의 양팔 아래로 두릅니다. 그리고 양손으로 제자의 왼팔을 붙잡아 제자가 양팔을 움직이지 못하게 합니다.

3

왼발을 제자 뒤에 딛고 양손을 잡아당겨 던집니다.

폴액스 기술 3

넘어뜨리기
Tripping

출전 : Fiore(Getty), 36v.

피오레의 기술은 시대가 오래되어서인지 무척 호쾌한 것이 많습니다. 여기에서는 상대의 반사적인 동작을 이용하여 상대를 넘어뜨리는 기술을 소개합니다.

1

제자가 스승의 공격을 방어하고 간격을 좁힙니다.

2

제자는 폴액스를 스승의 다리 사이에 집어넣으며 왼손으로 스승의 시야를 차단합니다. 이럴 경우 인간은 무의식적으로 뒤로 물러나 시야를 확보하려 하는데 이때 제자의 폴액스에 걸려 넘어지게 되는 것입니다.

폴액스 기술 4

방어 후 내리치기

A Parry followed by the Oberhau

출전 : Talhoffer(1467), pl.88, 89.

독일식 폴액스 기술은『천장』자세에서 내리치는 공격적인 것이 많다는 특징이 있습니다.

1

두 사람이『천장』자세를 취하고 있습니다.

2

제자는 오른발을 내밀며 손잡이 끝 부분으로 스승의 내리치기를 받아넘깁니다.

3

왼발을 앞으로 내딛거나 오른발을 뒤로 당기면서 스승을 공격합니다. 아니면 그림처럼 갈고리로 스승을 끌어당겨 쓰러뜨립니다.

폴액스 기술 5

다리 걸기

Leg Hook and the counters

출전 : Talhoffer(1459), 72v.　Talhoffer(1467), pl.83-86.

바인드 상태에서 상대의 다리를 거는 기술과 그에 대한 일련의 공방입니다.

1

두 사람은 바인드 상태입니다. 여기에서 스승은 「강하게」 바인딩하고 있습니다.

2

제자는 스승의 힘에 거스르지 않고, 자신의 폴액스를 반시계 방향으로 감아 갈고리를 스승의 다리에 걸고 끌어당겨 쓰러뜨립니다.

3 카운터 1

스승은 왼발을 제자 뒤에 딛고 손잡이로 제자의 목을 세게 밀어 뒤로 넘어뜨립니다.

4 카운터 2

스승의 행동을 본 제자는 뒤에서 오른손으로 스승의 목을 감습니다. 그리고 목을 끌어안듯 붙잡고 다리를 걸어 앞으로 넘어뜨립니다.

5 카운터 3

제자의 기술에 걸려 넘어지던 스승은 뒤에서 왼손으로 제자의 목을 감아 제자를 끌어당기며 함께 넘어집니다.

6

넘어질 때 자신의 태세가 불리해 보이면 오른손을 제자의 다리 사이에 집어넣어 고간 근처를 붙잡고 뒤집습니다.

폴액스 기술 6

목 걸기

Neck Hook

출전 : Talhoffer(1459), 73r. Talhoffer(1467), pl.90–94.

갈고리를 상대의 목에 거는 방법과 그에 대한 카운터입니다.

1

스승이 제자의 다리에 갈고리를 들이대자 제자가 손잡이 끝으로 방어합니다.

2

제자는 스승의 목에 갈고리를 겁니다.

3

그리고 제자는 몸을 반대쪽으로 돌리며 스승을 끌어당겨 쓰러뜨립니다.

4 카운터

제자의 무기에 목이 걸린 스승은 자신의 무기를 버리고 몇 걸음 다가가, 제자의 폴액스 자루를 양손으로 붙잡은 채 오른손쪽 자루를 들어올립니다.

5

제자의 팔 아래를 빠져나가 오른팔을 제자의 목 뒤에 두른 다음 기술 5에서처럼 제자를 앞으로 메칩니다.

폴액스 기술 7

모트스토스 받아넘기기

Parry against a Murder-Stroke

출전 : Mair, p.127.

여기에 등장하는 「모트스토스」는 레슬링의 「모트스토스」와는 달리 위에서 내리치는 해머나 도끼의 타격을 말합니다. 이 항목에서는 상대의 「모트스토스」를 받아넘긴 다음 이루어지는 일련의 공방에 대해 설명하겠습니다.

1

제자가 『천장』 자세, 스승은 『사다리』 자세를 취하고 있습니다.

2

제자의 공격을 왼쪽으로 받아넘깁니다.

3

그리고 서둘러 제자의 고간을 찌릅니다.

4 **카운터 2**

스승의 찌르기를 손잡이 끝으로 받아넘깁니다.

5 **카운터 3**

그리고 오른발을 내디디며 스승의 머리를 타격합니다.

6

만약 스승이 이것을 방어한다면…….

7

재빨리 도끼를 회전시켜 물미로 스승의 얼굴을 공격합니다.

8 카운터

스승은 오른발을 한 발 뒤로 당기며 제자의 공격을 받아넘기고 뿌리칩니다.

9

만약 제자가 무기를 거둬들여 도망친다면 방어의 빈틈을 공격합니다.

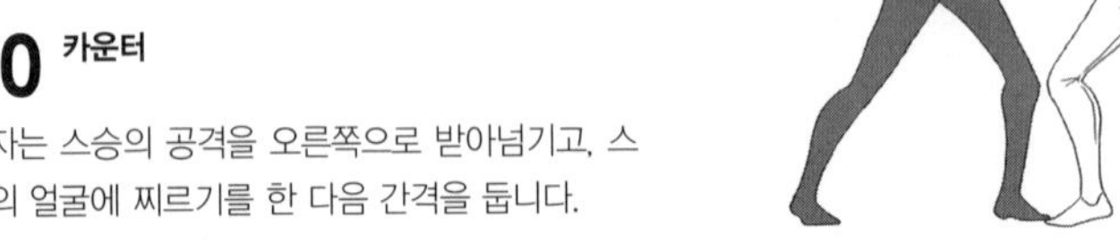

10 카운터

제자는 스승의 공격을 오른쪽으로 받아넘기고, 스승의 얼굴에 찌르기를 한 다음 간격을 둡니다.

제9장
펄션

펄션 개설

> 만약 메서를 배운다면 우선 그대 스스로 고결해지라.
> 남들이 그대에게 아첨하는지 아니면 진실하게 충고하는지 판단하라.
> 그리하면 그대는 진리를 깨달아 적을 무찌를 수 있을 것이다.
>
> (Johannes Lecküchner)

 펄션의 역사

펄션은 외날검의 일종입니다. 정식 검보다 싼 가격에 만들 수 있고 내구성이 뛰어나며 조작이 간단했기 때문에 검을 살 수 없는 평민 계급 사람들이 애용하였습니다. 평민 계급 병사가 맞서 싸우는 것은 그들과 같은 경무장 병사였기에 오랜 기간 널리 이용될 수 있었던 것입니다.

기사들도 펄션의 강력한 절단력을 높이 사 전장에서 많이 사용하였으나, 시대가 흐르면서 그런 예는 찾아보기 힘들어집니다. 하지만 검보다 싸고 취급하기 쉬운 장점 덕분에 일상용 무기로서는 변함없이 사용되었습니다.

펄션이라는 이름 자체는 고대 프랑스어의 Fauchon에서 유래한 것이며, Fauchon은 「낫」을 의미하는 라틴어 Falx에서 온 것으로 추정됩니다. 이름의 유래에서 알 수 있듯이 상대를 자르는 것이 주목적인 무기입니다.

펄션의 기원에 대해서는 아라비아 문화권의 시미터가 유럽으로 건너온 것이라는 설도 있으나, 그보다는 게르만 민족의 색스에서 발전한 것이라는 설이 유력합니다.

■그로스메서의 그립

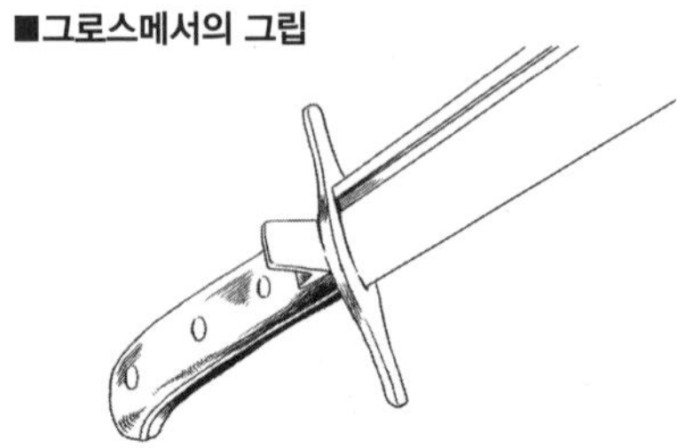

독일에는 「커다란 나이프」를 의미하는 그로스메서(또는 생략하여 메서)라는 펄

션과 닮은 무기가 있습니다. 또한 크릭메서라고 불리는 메서의 양손검 버전도 있습니다. 독일의 메서는 날밑에 손등을 보호하기 위한 돌출부가 달려 있는 것이 특징입니다.

 펄션의 타입

펄션(또는 메서)에는 형식상 두 가지 타입이 있습니다. 하나는 시미터 같은 타입이며, 다른 하나는 고기 자르는 칼처럼 끝 부분이 두꺼운 타입입니다. 전자의 타입이 가장 일반적으로, 고기칼 타입 펄션은 비교적 빨리 유행에서 멀어졌습니다. 또한 통상적인 펄션과 달리 날이 반대쪽으로 휘어진 희귀한 타입도 존재합니다.

펄션은 기본적으로 외날이지만 시미터형 펄션의 대부분은 칼끝 부분이 양날로 이루어져 뒷날로도 충분히 벨 수 있게 되어 있습니다.

손잡이는 스케일 탱으로 만들어지는 경우가 많았는데, 스케일 탱이란 슴베 양쪽에 손잡이 재료를 붙이고 리벳으로 고정하는 샌드위치 구조를 말합니다. 이 방식은 당시 검에는 사용되지 않고 나이프나 손도끼 등 실용품에 일반적으로 사용되던 기법이었습니다. 이는 펄션이 검보다 한 단계 낮은 취급을 받으며, 무기라기보다 도구에 가깝게 인식되었다는 증거이기도 합니다.

■펄션의 타입

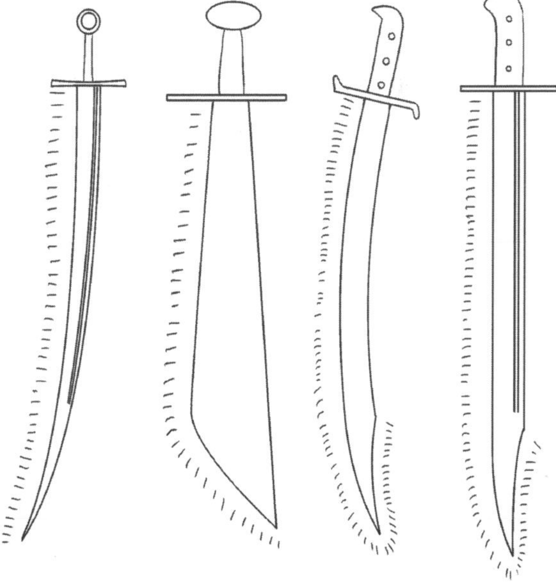

표시는 칼날 부분을 나타냄.

펄션의 스펙

아마 현재 가장 유명한 펄션은 코니어스 펄션일 것입니다. 이것은 영국 더럼 대성당에 보관되어 있는 고기칼 타입의 펄션으로, 1063년 기사 존 코니어스 경이 고장을 어지럽히고 사람을 잡아먹던 맹독마수를 퇴치하는 데 사용했다는 전설이 있습니다. 하지만 장식 등 스타일을 통한 연구 결과 이 펄션은 약 1260년경에 제작된 것으로 보입니다. 또한 검의 날 부분에 다시 연마하거나 닳아서 줄어든 흔적이 있는 것으로 보아, 이 펄션은 과거 실전에서 사용된 적이 있던 것으로 추측되고 있습니다. 원반 모양 손잡이 머리에는 한쪽 면에 「날개를 펼친 독수리」, 뒷면에 「머리가 셋 달린 사자」가 조각되어 있고 청동제 날밑에는 음각으로 와이번을 새겨놓았습니다. 물푸레나무로 만들어진 그립은 나무가 그대로 노출되어 있습니다.

■코니어스 펄션
(Conyers Falchion)

전체 길이 : 89cm / 칼날 길이 : 74cm (제작 당시는 77cm 정도로 추정) / 칼날 두께 : 날밑 부근 약 4mm / 날밑 폭 : 약 170mm / 무게 : 1.3kg(제작 당시는 1.35kg으로 추정)

소프 펄션

또 다른 타입의 대표작으로 노퍽 박물관에 소장되어 있는 소프 펄션이 있습니다. 13세기 후반에서 14세기 전반 사이에 제작된 이 검은 칼날 부분의 마모가 심한 것으로 보아 실전에서 사용했던 것으로 추측됩니다. 또한 칼끝 부근에는 칼등에도 날이 달려 있으며, 놋쇠 손잡이 머리에는 용 모양이 새겨져 있습니다.

■소프 펄션
(Thorpe Falchion)

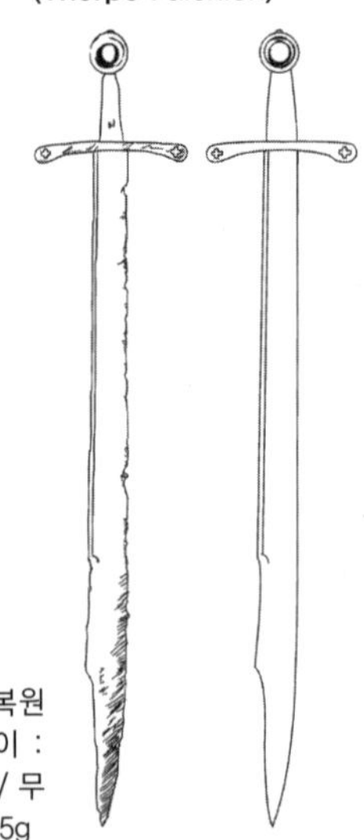

오른쪽 그림은 소프 펄션의 추정복원도. 전체 길이 : 95.6cm / 칼날 길이 : 80.3cm / 칼날 두께 : 최대 2.5mm / 무게중심 : 날밑에서 9mm / 무게 : 905g

두사크

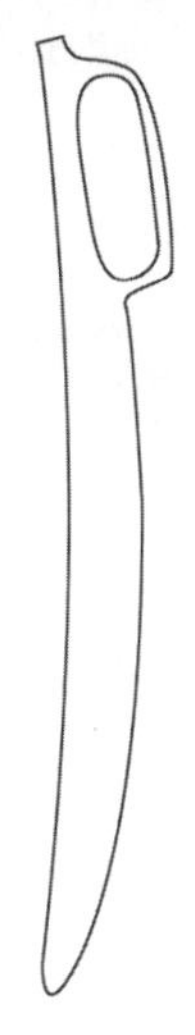
■두사크의 형태

두사크는 연습용 메서에서 발달한 무기입니다. 무기라고는 해도 전투용이 아니라 연습·스포츠용으로 사용되었습니다. 목제나 철제로 제작하였으며, 활처럼 구부러진 날과 가드가 붙은 그립이 공통적인 특징입니다. 16세기 후반이 되어 펄션과 메서가 현역에서 물러나면서 그 연습 무기인 두사크도 존재의의를 잃게 될 운명이었습니다. 하지만 두사크는 실용 무기의 연습용 도구에서 스포츠용 무기로 역할을 바꾸며 존속하게 됩니다.

마이어의 페히트부흐에는 두사크를 이용하여 창을 든 상대와 싸우는 방법 등이 수록되어 있으나, 이것을 두사크가 실용 무기로 사용된 증거라고 생각하기보다 본래 메서가 가지고 있던 용법이 두사크로 옮겨간 것이라고 해석하는 편이 자연스러울 것입니다.

펄션의 용법

펄션의 기본적인 용법은 검과 큰 차이가 없습니다. 독일에서 메서의 기법은 한손검이 아닌 롱소드의 기법과 직접적인 관련이 있다고 여겨지며, 롱소드의 네 가지 자세와 다섯 가지 「비기」도 이름만 다를 뿐 똑같이 사용되고 있습니다. 찌르기도 많이 사용하지만 역시 기본 공격법은 베기로, 메이어는 16종류나 되는 특수한 베기를 기록으로 남겼습니다.

펄션 자세

 『파수』 자세(Wacht)

『파수』 자세는 롱소드의 『천장』 자세에 해당하는 것으로, 상대의 공격을 쳐내거나 상대의 간격 밖에서 공격할 때 사용합니다. 메이어의 말에 따르면 만반의 준비를 갖춘 상태로 상대가 허점을 보일 때까지 「파수하고」 있다는 데서 유래한 이름이라고 합니다. 참고로 스페인 검사 멘도사 이 케사다는 이 자세를 『아스트라 아프리카나(아프리카의 별)』라고 불렀습니다.

 『일자 막기』 자세(Gerade Versatzung)

롱소드의 『찌르기』 자세에 해당하는 자세로, 메이어의 말에 따르면 「가장 안전」한 최선의 자세라고 합니다. 뒤러는 『꼬리』 자세의 일종에 대항하기 위해 이 자세를 사용하였습니다.

③ 『멧돼지』 자세(Eber)

검을 지면에 평행하게 들고 팔을 축 늘어뜨린 자세로, 롱소드의 『쟁기』 자세에 해당합니다. 메이어는, 이 자세에는 오른쪽 버전만 있을 뿐 왼쪽 버전은 없다고 하였으나, 뒤러의 페히트부흐에 왼쪽 『멧돼지』 자세처럼 보이는 것이 묘사되어 있습니다(그림에서 제자가 취하고 있는 자세가 뒤러의 왼쪽 『멧돼지』 자세입니다).

④ 『조타』 자세(Steer)

롱소드의 『황소』 자세에 해당하는 자세로, 메이어는 온갖 기술을 사용할 수 있는 최고의 자세 중 하나라고 보았습니다.

⑤ 『보루』 자세(Bastey)

롱소드의 『바보』 자세에 해당하는 자세입니다. 보루란 성벽에 설치하는 구조물로서 일반적으로 탑이나 거대한 대 같은 모양을 하고 있습니다. 메이어가 활동하던 시대에는 이미 이 자세가 왜 『보루』라고 불리는지 알 수 없게 되었으나, 그는 토대인 보루가 위에 있는 건물을 떠받치고 보호하는 것처럼 이 자세가 하반신을 방어하기 때문이라고 추측하였습니다.

펄션 기술 1

첫 번째 교련

The First Drill

출전 : Meyer, p.124, 2.4v.

메이어는 두사크의 장에서 기본적인 기술의 훈련법에 대해 설명하였습니다. 이것은 각각의 기술 소개가 중심인 다른 페히트부흐에서는 찾아볼 수 없는 귀중한 자료입니다. 여기에서는 휘두르기에 대한 교련법의 일부를 발췌하여 소개합니다. 다른 무기를 연습할 때도 아마 이것과 동일한 방식으로 휘둘렀을 것입니다.

1

먼저 「조타」 자세를 취합니다.

2

오른발을 한 발 내밀며 검을 아래로 휘두릅니다. 이때 끝까지 휘두르지 말고 도중에 멈춰 「일자 막기」 자세에서 정지합니다.

3

검을 머리 왼쪽으로 가져가면서 칼끝은 내리고 손잡이는 들어올려 얼굴 옆에서 내리칠 수 있는 자세를 취합니다. 동시에 왼발을 오른발 가까이 끌어당깁니다.

4

오른발을 내밀며 검을 아래로 휘두릅니다. 이것을 3~4회 반복합니다.

5

검을 내리친 상태입니다. 더 이상 전진할 수 없으므로 이번에는 뒤로 물러납니다.

6

오른발을 왼발 가까이 끌어당기며 검을 그림 3의 상태로 가져갑니다.

7

그리고 인발을 뒤로 빼면서 검을 아래로 휘두릅니다. 이 작업을 몇 회 반복한 다음 시작 지점으로 돌아갑니다.

펄션 기술 2

도발

A Device and Example, Teaching how You Shall Provoke Your Opponent so that He Goes up, Such that You may Injure His Right Arm

출전 : Meyer, p.139, 2.21r.

무척 긴 이름을 가지고 있는데, 간단히 말하자면 상대의 공격을 유도한 다음 공격해오는 오른팔을 베는 기술입니다.

1

스승은 『파수』 자세, 제자는 『측면』 자세의 일종을 취하고 있습니다. 『측면』 자세는 검을 옆으로 거칠게 휘두르는 자세입니다.

2

스승이 검의 뒷날로 제자를 공격합니다. 이때 스승은 제자가 밑에서 팔을 향해 시도하는 카운터에 주의해야 합니다. 뒷날로 베는 것은 한손검의 「슈트루츠하우(뛰어들어치기)」 기법으로, 상대의 방어를 뛰어넘어 공격해 들어가는 기술입니다.

3

제자가 밑에서 올려베는 것을 본 스승은 재빨리 검을 거둬들이며 다음 일격을 준비합니다.

4

옆으로 검을 휘둘러 제자의 오른손을 공격합니다.

5

그리고 곧바로 십자베기를 합니다.

펄션 기술 3

아래로 파고들어 찌르기

How You shall Run under His Cuts, and Jab in Front of His Chest so that He must Make His Face Open

출전 : Meyer, p.157, 2.42v, 2.42r.

상대의 상단공격을 막아낸 다음 재빨리 자세를 낮춰 찌르는 기술입니다. 그런데 영어 기술명 중 「가슴에 찌르기를 하므로 상대는 얼굴을 무방비로 노출할 수밖에 없다.」라는 부분은 동작 설명이 되어 있지 않아 해설이 끝까지 마무리되지 못하고 중간에 잘린 듯한 인상을 줍니다.

1

스승은 『멧돼지』 자세로 제자의 공격을 기다립니다.

2

오른발을 한 발 내밀며 앞날이 위로 오도록 검을 돌려 제자의 공격을 막습니다. 이 자세를 『활』 자세라고 합니다.

3

오른발을 디디며 자세를 낮춰 제자의 가슴을 찌릅니다.

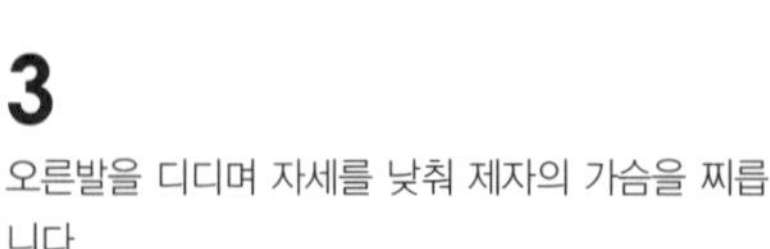

신무기 발명 1

여기에서는 탈호퍼와 피오레가 고안하여 페히트부흐에 남긴 신무기를 소개합니다.

1. 시야 봉쇄 도끼

삽화를 보면 화염방사기처럼 묘사되어 있습니다. 철제 통을 목제 손잡이에 부착한 것으로, 피오레는 「무겁고 잔학한 필살」 도끼라고 불렀습니다. 상대의 얼굴에 내용물을 확 뿌린 뒤 도끼 또는 다른 무기로 난타하여 목숨을 빼앗습니다.

통 안에 넣는 가루의 재료는 다음과 같습니다. 허브의 일종인 타임의 즙을 햇볕이나 오븐에 건조시켜 만든 분말 한 움큼에, 피부를 부어오르게 하는 효과가 있는 당시 화장품의 원료 프레타꽃(Fior di Preta) 가루를 1온스(약 28.3g) 더한 것입니다. 그 대신 부식제나 소작(燒灼)제로 쓰이던 의료품 루토리오(Rutorio, Ruttorio)를 사용할 수도 있습니다.

이 무기의 결점은 시야를 봉쇄하는 첫 번째 공격이 실패하면 순식간에 불리해진다는 점으로, 피오레도 그 일격이 빗나가면 이 도끼는 쓸모가 없어진다고 말했습니다. 또한 이 무기는 「지식을 위해」 설명하는 것일 뿐, 실제로 사용할 만한 것이 못 된다고 합니다.

2. 장치식 캔들스틱

캔들스틱(촛대)이란 알슈피스에서 스파이크 부분이 짧아진 무기로 이탈리아에서 사용되었습니다.

피오레의 페히트부흐에 등장하는 이 캔들스틱은 머리 부분을 탈착 가능하게 만들고, 머리 부분과 손잡이를 사슬 또는 로프로 연결해놓았습니다. 피오레의 설명에 따르면 이 무기로 상대의 다리를 감아 넘어뜨려 끌고 다닌 뒤, 빈사상태가 된 상대를 마구 때려 승패를 결정짓는다고 합니다.

(P430에 계속)

펄션 기술 4

받아넘기고 붙잡기

Parry and Grappling

출전 : Talhoffer(1459), 119v, 121v. Talhoffer(1467), pl.224, 225, 230.

상대의 공격을 받아넘긴 뒤 빗나간 상대의 팔을 붙잡는 기술은 탈호퍼의 장기라고 할 수 있습니다.

1

스승이 『분노』 자세로 제자를 공격하려 합니다.

2

제자가 스승의 공격을 받아넘깁니다. 이때 제자는 왼쪽 위팔로 검을 지탱함으로써 스승의 거센 공격에 대항할 수 있습니다. 이 자세는 한손검과 버클러 검술의 『활』 자세와 같습니다.

3

왼팔로 스승의 오른팔을 붙잡고 스승의 머리를 공격합니다. 탈호퍼의 페히트부흐에는 이 그림처럼 스승에 해당하는 인물이 왼손으로 머리를 감싸는 모습이 묘사되어 있습니다.

4 다른 버전

팔을 붙잡고 찌르기를 하는 버전도 있습니다.

펄션 기술 5

하프 소드에서 검 빼앗기

Halfsword Disarm

출전 : Dürer(Messer), No.8, 9.

하프 소드 상태에서 자신의 검을 이용하여 상대의 검을 빼앗는 기술입니다. 롱소드를 사용하는 하프 소드 검술에도 이것과 비슷한 기술이 있습니다.

1

스승이 하프 소드로 제자의 공격을 막아냅니다.

2

스승은 자신의 검을 제자의 검에 접촉시킨 채, 제자의 팔 안쪽으로 자신의 검을 감아넣습니다. 어쩌면 여기서 스승은 왼손으로 두 사람의 검을 함께 붙잡고 있는지도 모릅니다.

3

검을 지렛대로 이용하여 제자의 검을 비틀어 내린 뒤 빼앗습니다.

펄션 기술 6

받아넘겨베기

Displace and Strike with the Pommel and the Blade

출전 : Wallerstein, pl.57. Dürer(Messer), No.30.

검을 비틀어 상대의 공격을 받아넘기고 공격하는 기술입니다. 검을 비틀어 앞날이 위로 간 상태에서 공격을 막는 것은 한손검 검술에서 자주 볼 수 있는 기법으로, 상대의 검을 받아넘기는 동시에 공격태세를 갖추기 위해 사용합니다. 또한 손잡이 머리로 상대의 손을 타격하면서 베는 기술은 롱소드 검술에도 존재합니다.

1

두 사람이 대치하고 있습니다. 여기에서 스승은 『일자 막기』 자세, 제자는 『파수』 자세를 취하고 있습니다.

2

스승은 검을 비틀어 제자의 내리치기를 막습니다. 앞날이 위로 간 상태에서 검의 옆면으로 공격을 막고, 그대로 손잡이를 들어올려 제자의 검을 옆으로 흘립니다.

3

한 발 나아가면서 검을 뒤집어 손잡이 머리로 제자의 오른손을 타격하는 동시에 목을 벱니다.

펄션 기술 7

뒤로 넘기기

Throw over the leg

출전 : Wallerstein, pl.59. Dürer(Messer), No.34.

지금까지 여러 번 등장한 메치기 기술입니다. 여기에서는 자신의 펄션 손잡이를 상대의 손목에 걸고 비틀어 움직이지 못하게 한 다음 쓰러뜨립니다. 이 손목 굳히기는 피오레의 대거 기술 7의 원리를 응용한 것입니다.

1

스승이 제자의 공격을 막고 있습니다.

2

스승은 재빨리 손잡이 머리를 제자의 손목에 겁니다.

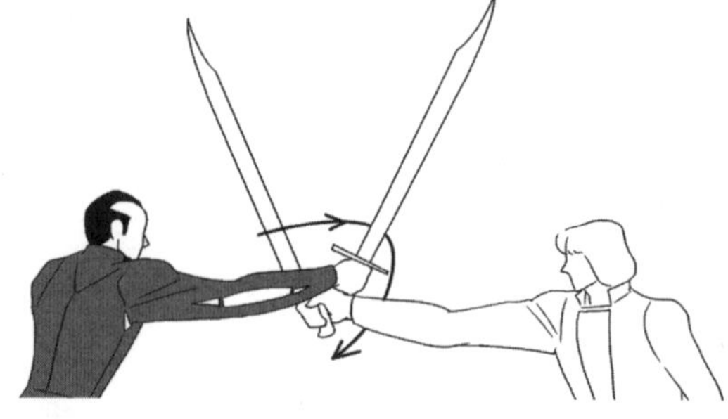

3

검을 시계방향으로 돌려 제자의 손목을 비틀어 올리면서 끌어당깁니다. 동시에 왼발을 제자의 오른발 뒤에 내딛습니다.

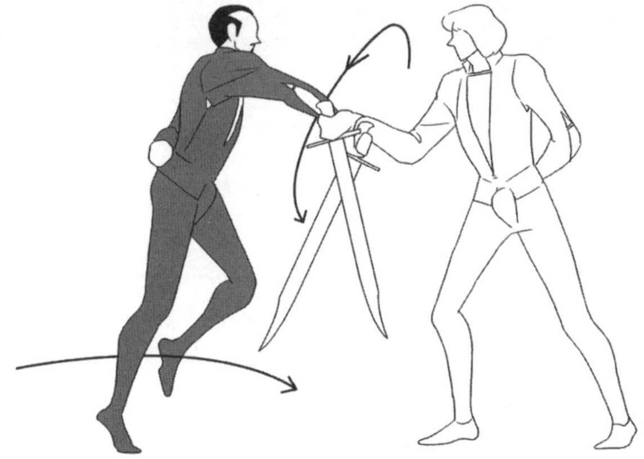

4

왼손으로 제자의 목을 밀어 뒤로 쓰러뜨립니다.

펄션 기술 8

팔 꺾기와 찌르기

Armlock with a Thrust into the Neck

출전 : Wallerstein, pl.60. Dürer(Messer), No.35.

앞의 기술과 원리는 같지만 오른손이 아닌 왼손으로 상대의 오른팔을 꺾습니다.

1

제자가 위에서 내리치려 합니다.

2

스승은 왼발을 내디디며 검의 옆면으로 제자의 공격을 막습니다.

3

왼손을 제자의 오른팔 안쪽에서 바깥쪽으로 두릅니다.

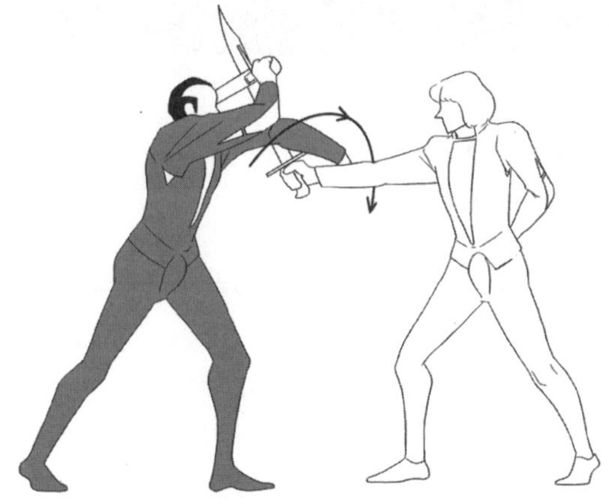

4

왼손으로 제자의 검의 손잡이 머리를 붙잡고, 그대로 왼팔을 감아 제자의 오른팔을 비틀어 올립니다.

5

그리고 제자의 오른팔 밑으로 검을 통과시켜 목을 찌릅니다. 왜 이렇게 복잡한 방법으로 공격하는지 원문에는 나와 있지 않지만, 아마도 제자의 왼손에 붙잡히는 것을 방지하기 위한 것이라 추측됩니다.

펄션 기술 9

하프실드
Halfschilt

출전 : Talhoffer(1459), 122v.

하프실드는 검과 버클러를 나란히 내미는 기법입니다. 탈호퍼는 메서(펄션) 검술에 관해 나름대로 많은 기술을 남겼는데, 그중에서도 이색적인 것이 「일대다수」로 싸우는 방법에 대해 언급하였다는 점입니다(본서 미게재). 애초에 페히트부흐는 「일대일」 싸움을 전제로 한 것이기 때문에 복수의 적을 상대하는 기법 자체가 거의 등장하지 않습니다. 하지만 메서는 결투용 무기라기보다 호신용 무기였으므로, 아마도 탈호퍼는 일대일의 정정당당한 싸움만 존재하는 것이 아닌 현실을 반영하기 위해 일대다수의 전법을 소개한 것이 아닐까 싶습니다(Hull의 해석에 따름).

1

두 사람이 대치하고 있습니다.

2

스승은 제자의 공격을 하프실드로 막아냅니다.

3

자신의 검으로 제자의 검을 내리치거나 밀어 내려 봉쇄합니다.

4

왼발을 내밀며 버클러로 제자의 얼굴을 타격하는 동시에 검으로 제자의 오른팔을 벱니다.

신무기 발명 2

3. 결투용 검 · 대거

손잡이 머리에 스파이크를 단 것, 검신 중간에 날이 없는 부분이 있는 것, 검신 중간에 원반 모양 날밑을 붙인 것 등을 고안하였습니다. 오른쪽 그림에 나와 있는 탈호퍼의 검은 그것을 더욱 발전시켜 날밑에 스파이크나 예리한 날을 붙여놓았습니다.

전용 대거 또한 많이 소개하고 있습니다. 왼쪽 대거는 손잡이 머리의 모양이 마치 못뽑이 같습니다. 아마도 갑옷 틈에 찔러 넣어 구멍을 넓히거나 갑옷을 파괴하는 용도라고 추측됩니다. 오른쪽 발럭 대거는 칼집에 투척용 스파이크가 여러 개 수납되어 있습니다.

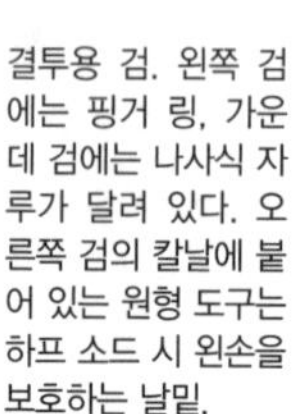

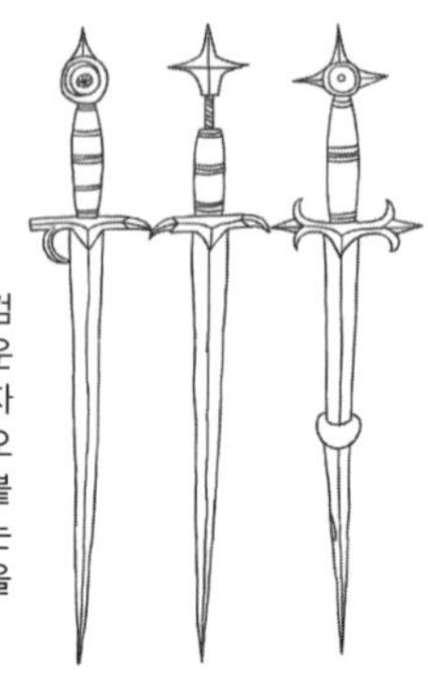

결투용 검. 왼쪽 검에는 핑거 링, 가운데 검에는 나사식 자루가 달려 있다. 오른쪽 검의 칼날에 붙어 있는 원형 도구는 하프 소드 시 왼손을 보호하는 날밑.

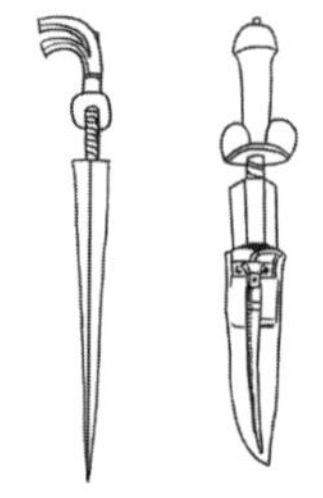

결투용(?) 대거. 왼쪽 대거는 갑옷을 파괴하기 위한 「못뽑이 달린 라운들 대거」이며, 오른쪽 대거는 투척용 스파이크(또는 나이프) 3개를 칼집에 수납한 발럭 대거.

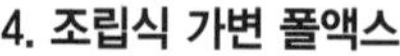

4. 조립식 가변 폴액스

탈호퍼의 페히트부흐에는 조립식 폴액스가 묘사되어 있습니다.

이 그림에 묘사된 부품은 물미용 부속품 2개(그림 5 스파이크, 그림 6 갈고리 달린 스파이크) · 머리 부분을 고정하기 위한 못용 부속품 2개(그림 3 스파이크 모양 못머리를 가진 것, 그림 4 숫양의 머리를 본뜬 것) · 랑겟이 부착된 머리 부분의 스파이크 1개(그림 2) · 머리 부분의 해머 1개(그림 7)로 추정되며, 그것들을 조립한 완성도(그림 8, 다른 머리 부분과 물미가 조립되어 있습니다)도 그려져 있습니다.

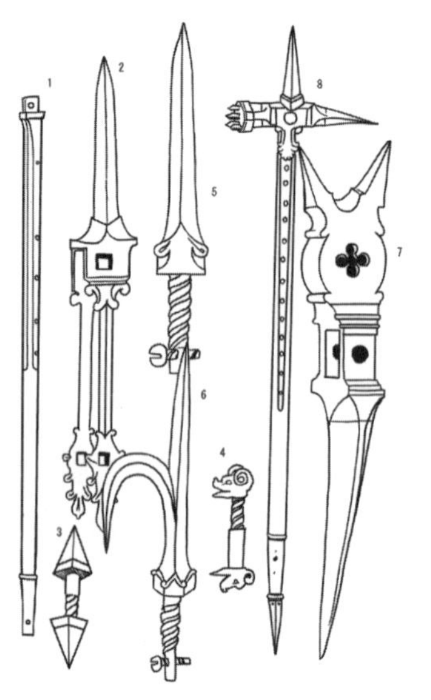

제10장 한손검과 버클러

한손검과 버클러 개설

무릇 버클러는 가장 일반적이며, 가장 널리 사용하는 무기이니……

……그리고 위험으로부터 신체를 보호하는 도구이면서도 신체보다 훨씬 작기에 「몸보다 훨씬 작은 방패로 몸을 완전히 방어한다.」라는 불가능을 가능하게 하는 방법을 익힐 필요가 있는 것이다.

(Giacomo di Grassi)

 한손검과 버클러의 역사

한손검과 버클러 세트는 중세 시대 가장 일반적인 무장이었습니다. 전장에서 많은 일반병사들이 검과 버클러를 장비하였으며, 평상시에도 젊은이들이 검과 버클러를 들고 의기양양하게 거리를 누비거나 혈기 왕성한 그룹끼리 싸움을 벌이는 것은 흔히 있는 광경이었습니다. 때문에 당시의 위정자들은 누차 검과 버클러(로 대표되는 무술)를 치안 악화의 원천으로 지목하여 무술을 가르치는 도장과 교실을 기회가 있을 때마다 법률로 엄격하게 통제할 정도였습니다.

현존하는 중세의 페히트부흐 중 가장 오래된 『I.33』은 검과 버클러 전투법만을 설명한 책으로, 이 조합이 당시 매우 대중적이었다는 사실을 증명해 줍니다.

 한손검의 진화

한손검은 기원이 가장 오래된 검이라고 합니다. 중세의 검은 켈트 문명의 검을 모태로 성립한 무기입니다. 기본적인 디자인은 바이킹 시대부터 거의 바뀌지 않았으나, 14~15세기가 되면 그 디자인에 커다란 변화가 나타납니다.

우선 칼끝이 매우 날카로워지고 검신이 삼각형에 가까운 모양이 됩니다. 또한 그때까지 대부분의 검에 존재하던 「풀러」를 거의 찾아볼 수 없게 됩니다. 이러한 변화는 갑옷의 발전과 밀접한 관계가 있습니다. 오크셧 분류법(권말 어구 해설 참조)의 XV와 XVIII에

속하는 검이 이 타입의 좋은 예입니다.

다음으로 검의 날밑 모양이 변화합니다. 그 이전에도 날밑 모양은 다양했으나 일자 날밑의 기본형에서 크게 벗어나는 일은 없었습니다. 하지만 15세기 들어 핑거 링이라 불리는 금속 고리가 날밑 앞에 붙게 됩니다. 이 무렵 검을 단단히 잡을 수 있고 컨트롤하기 쉽다는 이유로 집게손가락을 날밑에 거는 그립법이 유행하였는데, 날밑에 건 집게손가락을 보호하려는 목적으로 핑거 링을 부착하게 된 것입니다. 일단 애용되기 시작되자 그 후 변화는 급속하게 진행되었고, 여러 가지 형태 · 양식을 가진 날밑이 연구 · 개발됨에 따라 검의 모양은 크게 변화하였습니다.

한손검의 스펙

한손검은 평균적으로 전체 길이 약 90cm, 무게 약 1kg(700g~1.5kg) 정도가 일반적입니다.

타입 XIX

현재 영국 왕립 무기고 박물관에 소장되어 있는 「타입 XIX」는 날밑에 핑거 링이 붙어 있는 유럽의 검 가운데서는 가장 오래된 것 중 하나입니다(현존하는 가장 오래된 것은 1350년경 제작). 이집트의 알렉산드리아 무기고에 전리품 또는 증답품으로서 보관되어 있었는데, 사람들의 손을 타지 않고 보존된 덕분인지 상태가 거의 완벽합니다. 검신의 날밑 부근 리캇소라 불리는 곳에 나스히체 아랍어로 무기고에 수납된 연대(서력 1432년)가 기록되어 있는 것을 보고 오크셧은 이 검의 제작연대를 1400~1420년으로 추정하였습니다.

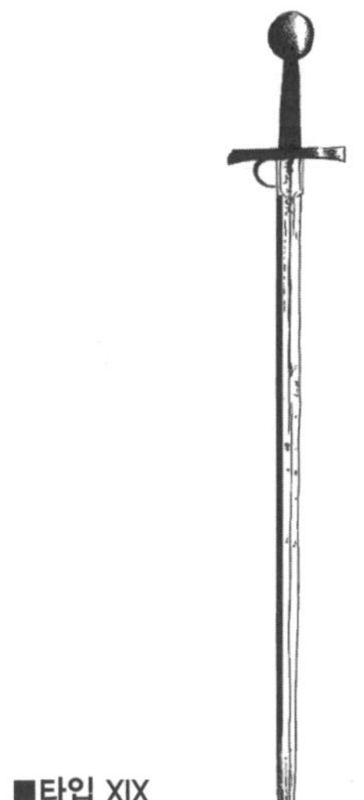

■타입 XIX
칼날 길이 : 81.2cm

손잡이 머리는 구(球)형으로 녹스는 것을 방지하기 위한 검은색 도료가 칠해져 있습니다. 칼날은 육각형 단면에 검신 중간 정도까지 풀러가 있고, 풀러가 끝나는 부분에 맞춰 제작자의 각인을 새겨놓았습니다.

몬차의 검

이전에도 소개한 적이 있는 몬차의 검, 또는 아스토레 비스콘티의 검은 1698년 이전 밀라노공 아스토레 비스콘티의 관에서 발견되었습니다. 그는 1413년 1월 17일에 전사하였으므로 그 이전에 제작된 것이라 판단됩니다. 오크셧은 이 검에 대해 「매우 양호한 상태」로 보존되어 있는 「가볍고 밸런스 좋은」 검이라고 설명하였습니다. 스펙만 보면 무거운 편에 속하지만, 적당한 무게균형과 그립의 모양 덕분에 실제보다 가볍게 느껴졌을 것입니다. 칼날의 형태는 타입 XV에 속합니다.

■몬차의 검
전체 길이 : 87.5cm
칼날 길이 : 71cm
칼날 폭 : 약 5cm
무게 : 1.54kg

타입 XVIIIa

월레스 컬렉션에 소장되어 있는 유명한 검입니다. 철저한 실용성을 바탕으로 우아함과 간결함을 겸비하였다는 평을 받고 있으며, 1440~1460년경 플랑드르(혹은 플랜더스)에서 제작된 것으로 추정됩니다. 검은색 각제(角製) 손잡이를 금도금한 청동제(다른 문헌에는 철제) 손잡이 머리에 절묘하게 끼워 맞춰놓았습니다. 다만 구리로 된 날밑은 구조와 도금이 조잡한 데다 단조가 아닌 주조로 만들어져, 이 부분만 따로 19세기에 복원되었을 가능성이 있습니다.

■타입 XVIIIa
전체 길이 : 105.5cm
칼날 길이 : 88.3cm
칼날 폭 : 4.1cm
무게 : 1.34kg

타입 XIV

이것 또한 매우 특징적인 형태를 가진 유명한 검으로 현재 뉴욕 메트로폴리탄 미술관에 소장되어 있습니다. 각문이 있는 타입으로는 현존하는 것 중 유일하게 14세기인 1325~1350년경에 제작된 것으로 추측됩니다.

이 검의 가장 큰 특징은 넓은 폭입니다. 그에 따라 검의 삼각형 윤곽이 더욱 강조됩니다. 또한 풀러에는 아직까지 미해독 상태인 각문이 새겨져 있는데, 증답용 또는 봉납용 문구로 추정되고 있습니다. 오크셧의 말에 따르면 각문의 서체가 톨레도 대성당에 소장되어 있는 카스티야 국왕, 용감왕 산초 4세(1298년 사망)의 검에 있는 것과 매우 비슷하다고 합니다.

청동제 날밑에는 은 철사가 세로로 상감되어 있습니다. 이것은 바이킹 시대의 흔한 장식법이지만, 이 검이 제작되던 당시에는 찾아보기 힘든 것입니다. 마찬가지로 청동제 손잡이 머리에는 베르길리우스의 『아이네이스』에서 인용한 SUNT · HIC · ETIAM · SUA · PRAEMIA · LAUDI(여기서 다시 미덕이 그 보상을 얻도다)라는 문장이 은으로 상감되어 있습니다.

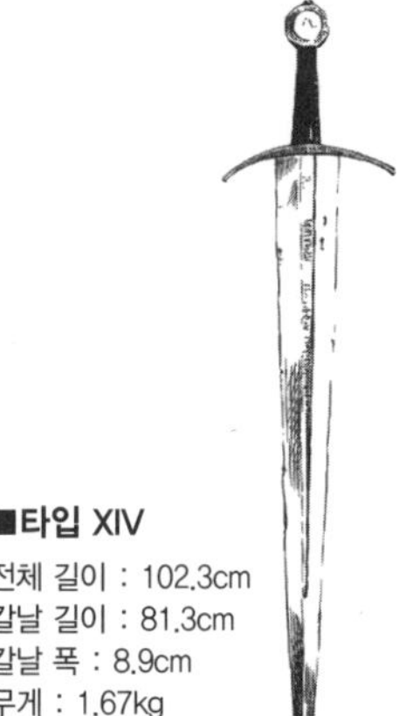

■타입 XIV
전체 길이 : 102.3cm
칼날 길이 : 81.3cm
칼날 폭 : 8.9cm
무게 : 1.67kg

 버클러 이외의 방패에 대해서

버클러를 소개하기 전에 같은 방어구인 방패에 대해 설명하겠습니다. 방패는 세계에서 가장 오래된 방어구 중 하나로 갑옷의 발달과 함께 점차 모습을 감추어가지만, 중세 후기와 르네상스 시대까지는 현역으로 활약하였습니다. 다만 우리가 쉽게 상상하는 아랫부분이 뾰족한 방패는 이 당시 이미 찾아볼 수 없게 되었습니다. 기사들은 창을 사용하는 기승전투에 특화된 타지라는 방패를 장비하였고, 도보전투를 벌이는 일반병들은 사각형 · 원형 · 타원형 등 보다 몸을 효율적으로 방어할 수 있는 방패를 장비하였습니다.

당시의 페히트부흐에는 방패를 사용한 전투법이 거의 수록되어 있지 않습니다. 왜냐하면 방패는 전장에서 사용하는 도구로 스피드가 느리기 때문에 결투 등 개인전에서는 버클러보다 효과가 떨어진다고 인식되었기 때문입니다.

 여러 가지 방패

히터 실드(Heater Shield)

방패라는 말을 들었을 때 가장 먼저 떠오르는 것은 물방울 모양에 아랫부분이 뾰족한 형태일 것입니다. 현재 히터 실드라고 불리는 이 방패는 10세기 무렵의 카이트 실드에서 발전한 것입니다. 당초에는 말을 탄 상태에서 최대면적을 커버하기 위해 어깨에서 무릎까지 덮을 만큼 사이즈가 컸으나, 갑옷이 발달함에 따라 점차 크기가 작아져 14세기에는 조금 큰 버클러 정도가 되었습니다.

나무를 엮어 만든 심의 표면에 리넨 캔버스 천이나 가죽을 접착하여 보강하는 것이 일반적입니다. 뒷면에는 목에 매달기 위한 스트랩과 2~3개의 가죽제 벨트가 달려 있습니다. 또한 팔을 보호하는 패드가 들어 있는 것도 있습니다. 앞면은 도료로 무늬를 그리거나 가죽에 금은박을 형압(型押)하여 장식하였습니다.

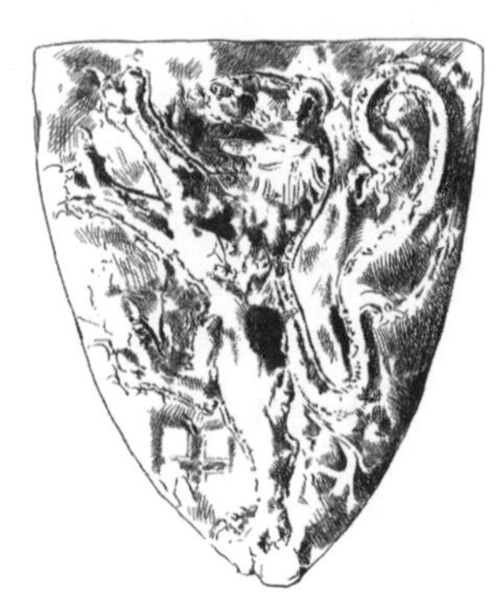

■히터 실드

좌 : 튜튼 기사단 총단장(재임 1239~1240년) 튀링겐 방백 콘라트 2세의 방패. 가죽을 형압하여 튀링겐의 문장을 표현했다. 사자가 쓰고 있던 왕관은 분실.
우 : 방패의 스트랩. 영국 셰피 섬 민스터에 있는 로버트 셔랜드 경의 묘비. 1320~1325년경 제작.

이탈리아에서는 카이트 실드로부터 발전한 임브라차투라라는 방패가 르네상스 시대에 이르기까지 사용되어, 그 용법이 페히트부흐 몇 권에 실려 있습니다. 형태는 크게 각진 카이트 실드라는 느낌으로, 아래쪽에 스파이크가 붙어 있는 것도 있었습니다.

타지(Targe)

당시의 기사들이 마상창시합에서 주로 사용하던 방패는 타지라고 합니다. 다양한 형태가 존재하지만 밖으로 젖혀진 사각형 모양이 일반적이었습니다. 앞에서 봤을 때 왼쪽 위 모퉁이에 창을 통과시키기 위한 구멍이 나 있는 것이 가장 큰 특징입니다. 뒷면에는 목에 걸고 팔을 끼우며 손잡이 대신 잡기 위한 각각의 가죽끈이 달려 있습니다. 참고로 영어로는 타지(Targe) 외에 Target 등으로도 불립니다. 이름을 보면 알 수 있듯이 현재 「목표」라는 의미로 사용되는 단어인 타깃의 어원이기도 합니다. 당시 독일어로는 Tartsche, Tartzen이라고 불렀습니다.

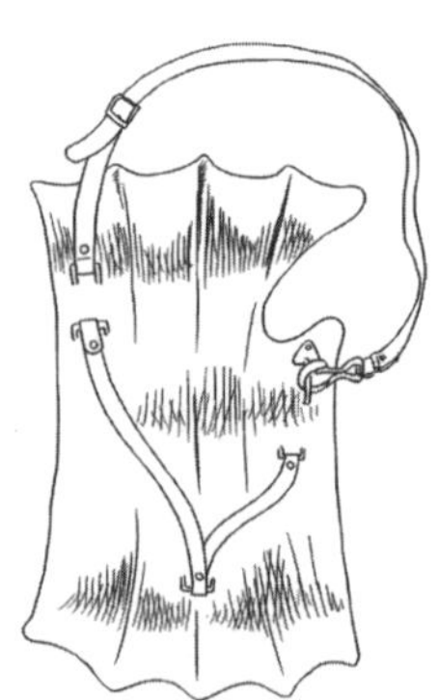

■타지

좌 : 뉴욕 메트로폴리탄 미술관에 소장되어 있는 타지. 덧칠하여 감춰져 있던 고츠만가(뉘른베르크 근교의 제국기사 가문)의 문장이 복원된 상태. 1450~1475년경 제작. 세로 56cm, 가로 40.5cm, 재질 : 나무, 가죽, 리넨, 젯소.
우 : 뒷면. 아래쪽 V자형 스트랩의 왼쪽 가죽끈에는 팔을 끼우고, 오른쪽 가죽끈을 잡는다. 혹은 양쪽 모두에 팔을 끼우고, 창과 같은 무기를 잡는다.

다만 한 가지 주의해야 할 점이 있는데, 타지라는 단어는「소형 방패」전반을 가리키는 말이기도 하다는 사실입니다. 특히 과거에는 어구의 정의가 매우 애매하였기 때문에 이 책의 분류가 반드시 옳다고는 할 수 없습니다.

로텔라(Rottella)

로텔라는 팔에 동여매는 타입의 원형 또는 타원형 방패로, 영어로는 라운드 실드라고도 합니다. 당시의 묘사를 통해 추측하기로 넓적한 모양과 볼록한 완형 모양의 2종류가 있었던 것 같습니다. 표준적인 크기는 지름 75cm 정도이며, 뒷면에 팔을 끼우기 위한 고리와 손잡이가 달려 있었습니다.

아그리파의 페히트부흐에서 발췌. 로텔라를 사용한 전투법.

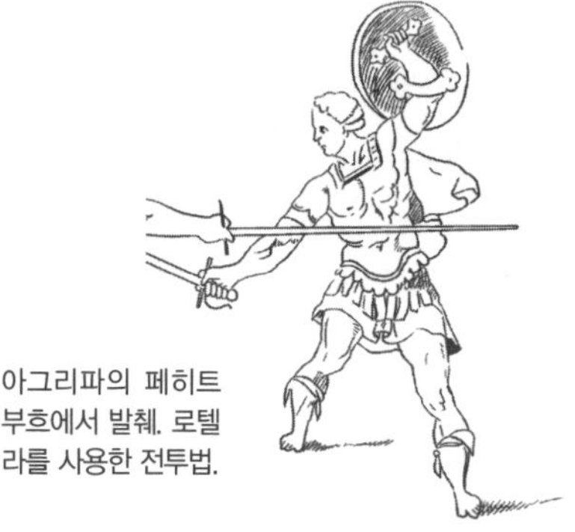

아그리파의 페히트부흐에서 발췌. 로텔라를 사용한 전투법.

파비스(Pavise)

파비스라는 방패에는 두 가지 종류가 있습니다. 가장 일반적인 것은 크로스보우 병사가 몸을 보호하기 위해 장비하는 직사각형 방패로, 지면에 고정시키기 위한 스파이크가 아래쪽에 달려 있습니다. 다른 하나는 보헤미안 파비스라 불리는 손에 드는 형태입니다. 보헤미안 파비스는 발트해 연안 지방에서 유래한 것으로 방패와 버클러의 중간에 해당하

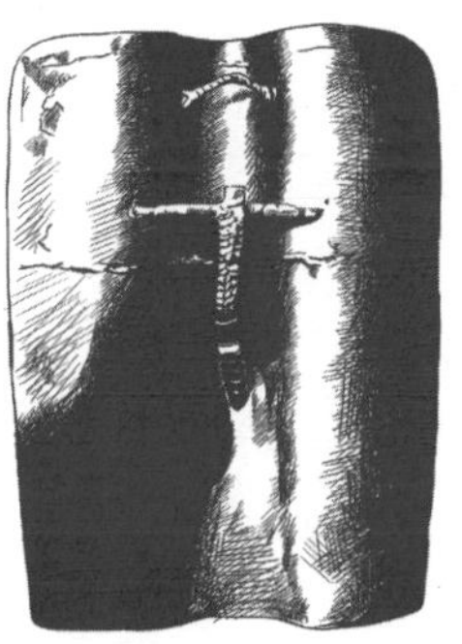

좌 : 뉴욕 메트로폴리탄 미술관에 소장되어 있는 파비스. 15세기. 일반적인 것과는 반대로 왼쪽을 향한 고양이과 짐승이 중앙에 그려져 있고, 바깥 둘레에는 성 안드레아 십자가와「nmr」이 반복적으로 그려져 있다. 세로 57cm, 가로 42cm.
우 : 같은 파비스의 뒷면. T자형 그립이 보인다.

디 그라시의 파비스 잡는 법.

며, 가운데 부분이 세로로 돌출되어 있는 것이 특징입니다. 뒷면에는 손으로 잡기 위한 T자형 손잡이가 붙어 있는데, 당시의 그림을 참조하면 팔을 돌출부에 평행하게 갖다 대기 위한 고리와 손잡이도 있다는 사실을 알 수 있습니다. 이탈리아에서는 타르가(영어의 타지와 동일)라고도 불렀습니다. 디 그라시는 한쪽 각이 상대의 중심선에 오도록 방패를 비스듬히 들면 방패 때문에 시야를 방해받는 일이 없다고 하였습니다.

기타

헝가리안 실드(Vngrischen Schilt)라는 특수한 방패가 있습니다. 글라디아토리아에 등장하는 방패로, 아래팔을 감싸는 가늘고 긴 모양에 손잡이 앞쪽이 스파이크처럼 튀어나온 것이 특징입니다. 현존하는 방패 중에는 검이 서랍식으로 수납되어 있는 것도 있습니다.

그 밖에 결투용 큰 방패, 마을의 야간경비대용으로 소형 랜턴을 부착한 랜턴 실드, 총을 장치한 방패 등이 있습니다.

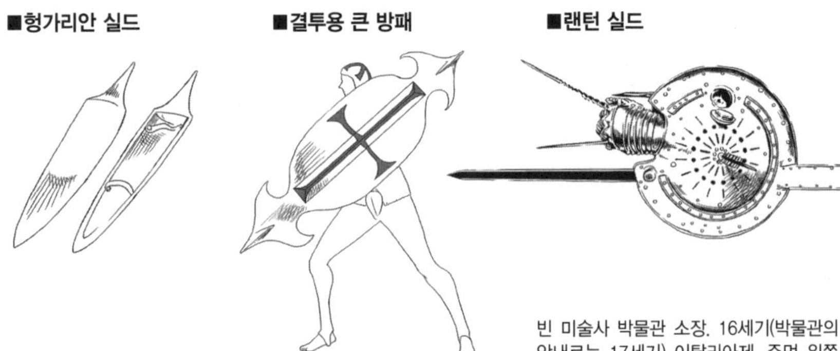

양쪽 끝에 찌르기 공격을 위한 돌출부와 상대의 목을 걸기 위한 잘록한 부분이 있다.

빈 미술사 박물관 소장. 16세기(박물관의 안내로는 17세기) 이탈리아제. 주먹 위쪽에 짧은 스파이크, 아래쪽에 회전식으로 수납 가능한 검을 갖추고 있다. 방패 중앙에는 톱니 달린 스파이크가 부착. 덮개 달린 구멍은 야간전투용 랜턴을 위한 창이다.

 버클러에 대해서

버클러는 휴대성과 기동성이 뛰어난 소형 방패로 유럽 전역에서 널리 사용되었습니다. 스코틀랜드나 웨일스처럼 지세가 험해 전투 시 기동력이 중시되는 지역에서 특히 선호되는 방패입니다.

형태는 단순한 것에서 기괴한 것까지 다양하지만, 지름 30cm 정도의 원반형 본체에 「보스」라고 불리는 반구형 돌출부를 설치하고 그 안쪽으로 손잡이를 다는 것이 일반적입니다. 또한 재질은 철제가 가장 많았습니다. 이탈리아에서는 소형, 영국에서는 대형을 선호하였는데 주무기의 취급에 방해가 되지 않고 상대를 견제하기에도 유리하다는 이유로 소형에 대한 평가가 높았습니다.

상대를 공격하기 위한 스파이크가 달려 있는 버클러나 「보스」 가운데를 뾰족하게 가공해 스파이크 모양으로 만든 버클러도 흔히 볼 수 있었습니다. 특히 영국에서는 길이가 긴 스파이크를 즐겨 사용했던 모양으로, 16세기에는 스파이크의 길이를 10~12인치(약 25.4~30cm)로 규제하는 법률이 나올 정도였습니다. 즉 그보다도 긴 스파이크가 인기였다는 말입니다.

■여러 가지 버클러

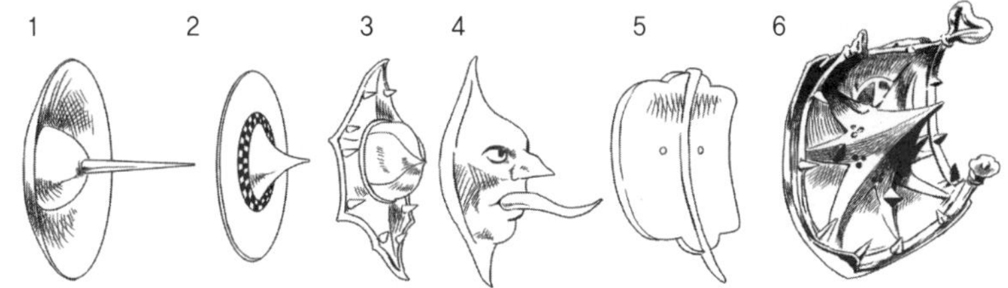

1 : 영국식 버클러 / 2 : 글라디아토리아에 등장하는 추테니안 버클러(Chuttennischen Puckler) / 3 : 탈호퍼의 버클러 / 4 : 파울루스 칼의 인면 버클러 / 5 : 뒤러의 버클러 / 6 : 나이트의 책에 실려 있는 독일제 버클러. 목제 본체에 금속제 보스와 프레임.

버클러의 용법

몸 가까이 당겨 잡는 일반적인 방패와 달리 버클러를 잡을 때는 팔을 일자로 펴서 상대에게 내미는 것이 특징입니다. 스파이크를 장착한 버클러로 직접 가격하는 용법도 일반적이었습니다. 어떤 기술에서는 검과 버클러를 겹쳐 들고 공격 또는 방어에 함께 사용하기도 합니다. 여기에는 공격할 때 오른손을 보호하고, 방어할 때 상대의 힘에 밀리지 않도록 한다는 의미가 있습니다. 다만 공방 어느 경우든 이쪽이 양손을 사용한다는 것은 상대의 손이 하나 남는다는 뜻이므로 주의하지 않으면 약점을 그대로 노출하게 됩니다.

버클러를 사용한 바인딩. 예르크 브로이 스케치북에서.

그러나 「머리가 무방비해진다」는 이유로 금지되었던 다리에 대한 롱소드 공격이 버클러라는 독립적인 「방어」수단을 얻은 덕분에 가능해진 것 또한 사실입니다.

한손검과 버클러 자세

1 『첫 번째』 자세(The First Guard : Sub Brust)

버클러 자세에 대해서는 중세의 페히트부흐 중 가장 오래된 『I.33』을 인용하여 설명하겠습니다. 『첫 번째』 자세는 버클러를 앞으로 내밀고 검을 왼쪽 옆구리에 가져다 댄 자세입니다. 버클러의 존재만 제외하면 실버의 「가짜 가던트」 자세와 같습니다. 만초리노는 이 자세를 『팔 아래』 자세라고 불렀습니다.

2 『세 번째』 자세(The Third Guard : Humero Sinistro)

『세 번째』 자세는 검을 왼쪽 어깨 위에 올려놓은 자세입니다. 만초리노는 검을 왼팔 위에 올렸다는 의미에서 『팔 위』 자세라고 불렀습니다.

『여섯 번째』 자세(The Sixth Guard : Pectori)

『여섯 번째』 자세는 검을 가슴 쪽으로 당겨 잡은 자세로, 찌르기의 준비자세이기도 합니다. 검을 잡은 손목을 비트는 것이 특징이지만, 원본의 삽화가 매우 추상적이므로 어느 정도 비트는 것인지는 알 수 없습니다.

『활』 자세(Vidipoge : Fiddle Bow)

앞으로 내민 왼팔 위에 검을 걸친 자세로, 상대의 공격을 받아넘길 때 사용합니다. 바이올린의 전신인 피들이라는 악기를 켜고 있는 모습과 닮았다고 하여 붙여진 이름입니다.

『움켜잡기』 자세(The Clutch)

검과 버클러를 머리 위에 들고, 칼끝으로 자신의 왼발을 겨냥한 자세입니다. 실버의 『진짜 가던트』 자세와 거의 같으며, 마찬가지로 방어에 뛰어납니다.

『특수 찌르기』 자세(The Priest's Special Longpoint)

앞으로 내민 오른쪽 팔꿈치 아래팔을 왼쪽 옆구리 쪽으로 돌리고 선 자세입니다. 매우 특수한 자세로서, 핸드의 말에 따르면 롱소드의 『변이』 자세(본서 미게재)에 해당한다고 합니다. 오른쪽 위에서 대각선으로 검을 내리치다가 팔이 상대와 일직선이 되었을 때 위팔의 움직임을 멈추고 아래팔만을 그대로 내린 자세로, 상대가 공격을 피했을 때 또는 일부러 빗나가게 공격한 다음 「카운터」하는 상대를 기습하기 위해 사용합니다.

한손검과 버클러 기술 1

되찌르기

Counter Thrust

출전 : Talhoffer(1459), 120r.

상대의 찌르기를 받아넘기며 되찌르는 기술입니다(Hull의 해석을 바탕으로 수정).

1

스승은 『첫 번째』 자세, 제자는 『여섯 번째』 자세를 취하고 있습니다.

2

제자의 찌르기를 버클러와 검으로 받아넘깁니다.

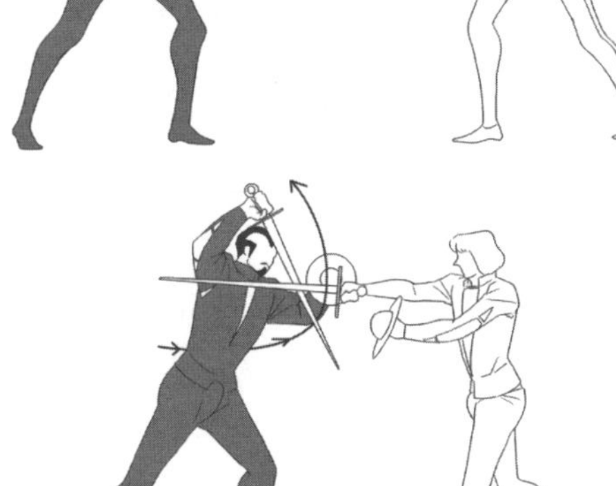

3

그대로 버클러를 제자의 얼굴에 때려박으면서 검으로는 제자의 가슴을 찌릅니다.

한손검과 버클러 기술 2

첫 번째 기법

The First Technique of the Buckler

출전 : Ringeck/Tobler, pp.188, 189.

링엑의 버클러 기술은 마이어의 것과 마찬가지로 몇 가지 동작을 조합하여 일련의 공방을 만들어냅니다. 이 항목에서는 바인드 상태로 연속공격을 하여 상대를 수세로 몰아넣는 방법에 대해 설명하겠습니다(Tobler의 해석으로부터).

1

스승은 『천장』 자세, 제자는 『쟁기』 자세를 취하고 있습니다.

2

제자가 스승의 공격을 막아내 두 사람은 바인드 상태에 들어갑니다.

3

스승은 제자의 검을 아래로 누르면서 칼끝으로 제자를 찌르려 합니다.

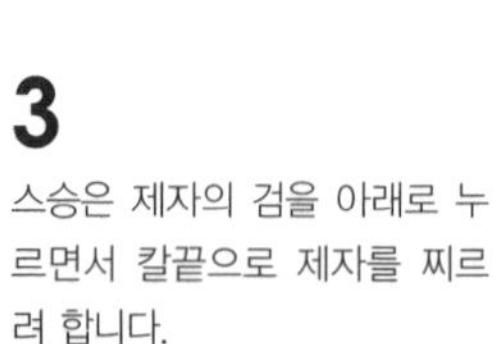

4

제자는 스승의 찌르기를 왼쪽으로 밀어냅니다.

5

찌르기가 빗나가자 스승은 검을 감아올려 자신의 검을 제자의 검의 「약한」 부분으로 가져가 제압하면서 다시 찌르기를 하려 합니다.

6

제자는 스승의 검을 한층 더 왼쪽으로 밀어냅니다.

7

공격을 쳐내기에만 급급했던 제자는 자신의 검과 버클러를 몸에서 멀리 떨어뜨리고 말았습니다. 스승은 그 틈을 놓치지 않고 왼발을 디디며 지금까지와는 반대쪽에서 제자의 머리를 공격합니다.

한손검과 버클러 기술 3

세 번째 기법

The Third Technique of the Buckler

출전 : Ringeck/Tobler, pp.192, 193.

공격을 일부러 빗나가게 하면서 페인트를 거는 기술입니다(Tobler의 해석으로부터).

1

두 사람이 대치하고 있습니다.

2

스승이 내리치기를 합니다. 이때 스승은 일부러 공격을 빗맞혀 검을 끝까지 휘두르고 『변이』 자세로 전환합니다. 제자는 스승의 공격을 방어하기 위해 검과 버클러를 높이 든 상태입니다.

3

스승은 곧바로 제자의 검을 옆으로 쳐냅니다.

4

그리고 스승은 왼발을 내디디며 검을 감아 제자의 머리 왼쪽을 공격합니다. 제자는 검과 버클러를 포갠「하프실드」자세로 받아넘깁니다.

5

스승은 검을 감아 다시 칼끝으로 제자를 겨냥합니다. 이때 스승은 제자의 검과 자신의 검을 항상 접촉시켜 제자의 움직임을 견제합니다.

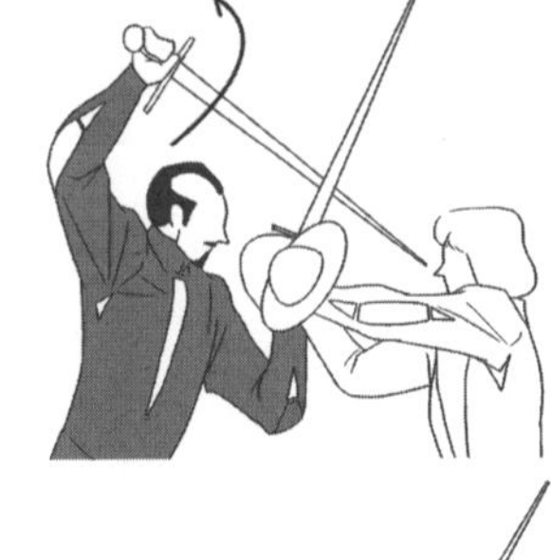

6

제자는 검과 버클러를 들어올려 스승의 공격을 받아넘깁니다.

7

스승은 자신의 버클러를 밀어올려 제자의 양손을 봉쇄하고, 그 사이 검으로 제자의 다리를 공격합니다.

한손검과 버클러 기술 4

다섯 번째 기법

The Fifth Technique of the Buckler

출전 : Ringeck/Tobler, pp.196, 197.

상대의 방어를 뚫고 찌르는 기술을「슈트루츠하우(뛰어들어치기)」라고 하는데, 여기에서는 롱소드 기술 44와 마찬가지로「위에서 뒷날로 내리치는」 기술이라고 해석합니다.「슈트루츠하우」는「포개진 상대의 검과 버클러 사이를 비집어 열고 검을 때려넣다.」라고 해석되기도 합니다.

1

두 사람이 대치하고 있습니다.

2

스승은 오른발을 내디디며 검을 비틀어 뒷날로 내리치는「슈트루츠하우」로 제자를 공격합니다. 제자는 하프실드로 막아냅니다.

3

제자가 스승의 검을 충분히 위로 밀어내지 않으면 스승은 그대로 제자를 찌를 수 있습니다. 만약 제자가 스승의 검을 충분히 위로 밀어냈다면, 스승은 칼끝을 최대한 아래로 내려 검을 제자의 양팔 사이에 집어넣습니다.

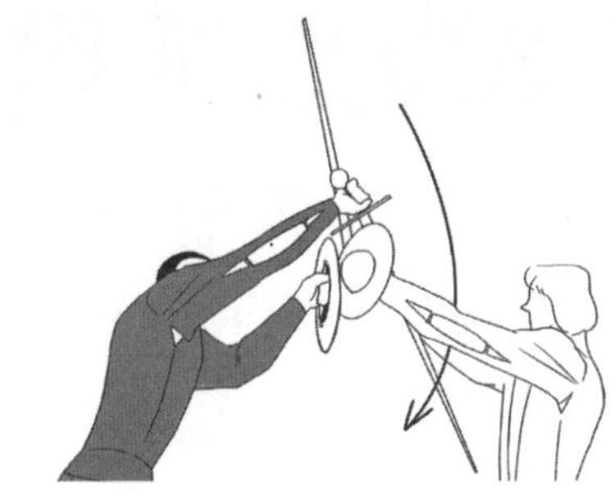

4

집어넣은 검을 시계방향으로 감아 제자의 검과 버클러 사이를 비집어 열고 칼끝으로 제자를 찌릅니다.

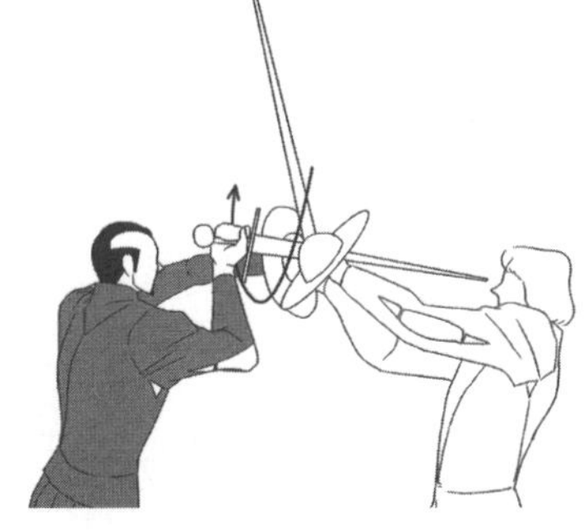

5

제자는 검과 버클러를 들어올려 스승의 찌르기를 받아넘깁니다.

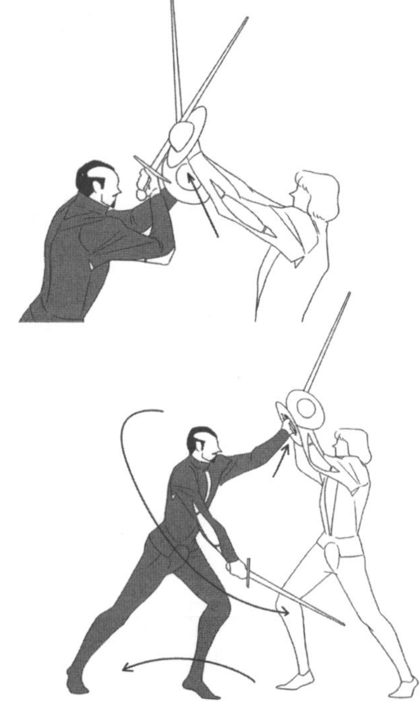

6

스승은 자신의 버클러로 제자의 팔을 밀어 올려 봉쇄하고, 그 틈에 검으로 제자의 다리를 공격합니다.

한손검과 버클러 기술 5

여섯 번째 기법

The Sixth Technique of the Buckler

출전 : Ringeck/Tobler, pp.198, 199.

버클러를 가진 상태에서 하프 소드로 검을 잡는 기법과 그립에서 손을 놓고 상대의 버클러를 빼앗는 무척 특수한 기술을 소개합니다.

1

스승은 하프 소드 자세로 제자와 대치하고 있습니다.

2

오른발을 내디디며 버클러로 제자의 공격을 막습니다.

3

검에서 오른손을 떼고, 왼손에 든 검과 버클러로 제자의 검을 왼쪽으로 밀어냅니다.

4

오른손으로 제자가 든 버클러의 한쪽 가장자리를 붙잡습니다.

5

제자의 버클러를 시계방향으로 회전시켜 빼앗습니다.

한손검과 버클러 기술 6

덮어베기
Uberschneiden

출전 : Talhoffer(1467), pl.238. Knight/Buckler, p.50.

앞에서도 설명한 것처럼 한손검과 버클러 검술의 가장 기본적인 용법은 공격하는 오른팔을 버클러로 항상 커버하는 것인데, 이 기술은 그러한 요령을 모르는(상식이 없는) 상대와 싸울 때 사용합니다.

1

두 사람이 대치하고 있습니다.

2

제자가 부주의하게 찌르기를 합니다. 스승은 왼발을 당겨 제자의 공격을 피하면서 제자의 오른팔을 내리칩니다. 동시에 만약의 경우에 대비해 버클러로 몸을 커버합니다.

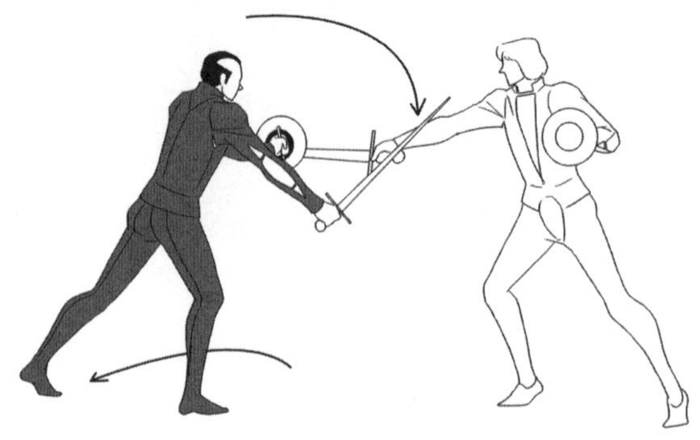

한손검과 버클러 기술 7

팔꿈치 누르기

Elbow Push

출전 : Talhoffer(1467), pl.234, 235.

팔꿈치를 눌러 상대의 몸을 회전시키거나 움직임을 봉쇄하는 기술은 옆구리에 팔 끼우기 기술에 필적하는 탈호퍼의 특기 중 하나입니다. 여기에서는 버클러로 상대의 팔꿈치를 밀어내는데, 상황에 따라 버클러로 팔꿈치를 가격할 수도 있습니다(버클러에 스파이크가 달려 있는 경우 특히 효과적입니다).

1

제자가 다가오며 내리치기를 합니다.

2

스승은 검을 잡은 손목을 앞으로 빼내 제자의 공격을 막습니다. 동시에 버클러로 제자의 오른쪽 팔꿈치를 누릅니다.

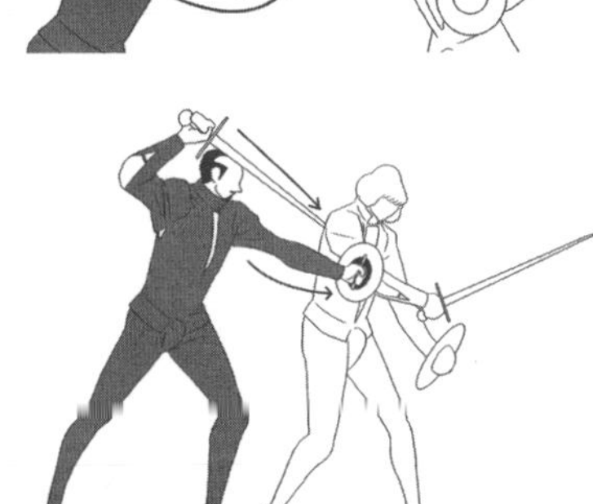

3

제자의 팔꿈치를 밀어내 몸을 회전시킨 다음 무방비로 노출된 등을 공격합니다.

한손검과 버클러 기술 8

찌르기에 대한 방어

Of the Defence of High Warde at Sword & Buckler

출전 : Di Grassi, K3, p.46.

16세기 후반의 이탈리아식 무술가 자코모 디 그라시의 기술을 소개합니다. 원문에는 상단자세에서의 카운터 기술이라고 되어 있으나, 실제로는 상단자세가 전혀 등장하지 않습니다. 또한 보법이 특이하다는 점에도 주의할 필요가 있습니다. 아마도 전통적인 이탈리아식 보법이 기술의 발전과 더불어 변화한 것으로 보입니다. 이 보법은 다시 후대의 레이피어 검술 등에 계승됩니다.

1

스승이 「하단」 자세(검을 내린 자세), 제자가 「측면」 자세(검을 옆으로 뻗고 칼끝으로 상대를 겨냥하는 자세)를 취하고 있습니다.

2

제자가 찌르기 공격을 합니다. 스승은 왼발을 오른쪽 대각선 앞으로 내디디면서 버클러로 제자의 검을 받아 넘깁니다. 디 그라시의 말에 따르면 상대가 「측면」 자세를 취하고 있을 때는 상대를 자신의 몸 바깥쪽에 두고 자신의 버클러와 검을 가능한 한 상대의 검 가까이에 위치시켜야 한다고 합니다.

3

가능하면 버클러로 제자의 얼굴을 가격하고 검으로 공격합니다.

한손검 기술 1

『진 십자』 자세

Posta di Vera Croce Play 1

출전 : Fiore(Getty), 20r, 20v, 21r.

여기서 소개하는 것은 한 손에 검을 들고 다른 한 손에는 아무것도 들지 않았을 때의 전투법입니다. 롱소드를 한 손으로 든 상황에서의 전투법이라고 말하는 편이 좋을지도 모릅니다.

『진 십자』 자세는 하프 소드 자세로서, 롱소드 자세에는 수록되어 있지 않습니다. 하지만 피오레가 저서에 자신의 기술 전부를 남긴 것은 아니므로, 롱소드 자세 중에도 『진 십자』 자세가 존재할 가능성이 있습니다. 하프 소드든 한손검이든 실제 사용법은 다르지 않습니다.

1

제자가 『진 십자』 자세를 취하고 있습니다.

2

스승이 찌르기를 하자 제자는 오른발을 스승의 공격선에서 살짝 벗어나도록 딛고, 검으로 스승의 공격을 쳐내면서 왼발을 왼쪽 대각선 앞으로 내딛습니다.

3 다른 버전

다른 버전에서 제자는 스승의 공격을 밑에서 위로 쳐올려 받아넘깁니다. 그리고 동시에 왼손으로 스승의 오른팔을 붙잡아 봉쇄하거나 검을 때려 떨어뜨립니다.

4

제자는 검을 받아넘긴 다음, 스승의 오른쪽 손목을 왼손으로 붙잡거나 왼팔로 껴안아 봉쇄하고 그 틈에 스승을 공격합니다.

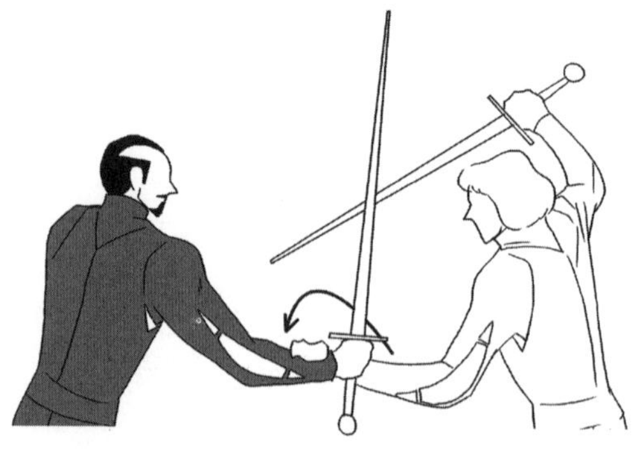

5 검 빼앗기

여기에서는 제자가 스승의 검 손잡이를 붙잡고 있습니다. 이때 제자는 손을 거꾸로 돌려 역수로 붙잡습니다.

6

스승의 검을 반시계방향으로 회전시켜 빼앗습니다.

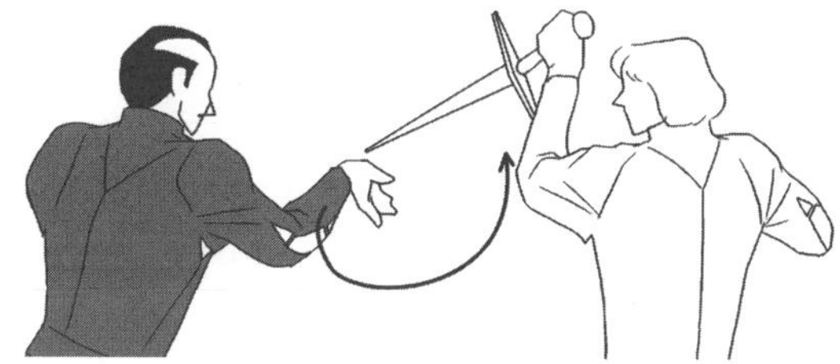

한손검 기술 2

길로틴컷
Guillotine Cut

출전 : Fiore(Getty), 21r.

팔꿈치 누르기로 상대를 회전시킨 다음 등 뒤에서 목을 베는 기술입니다.

1

제자가 스승의 공격을 막아내고 팔꿈치를 붙잡습니다.

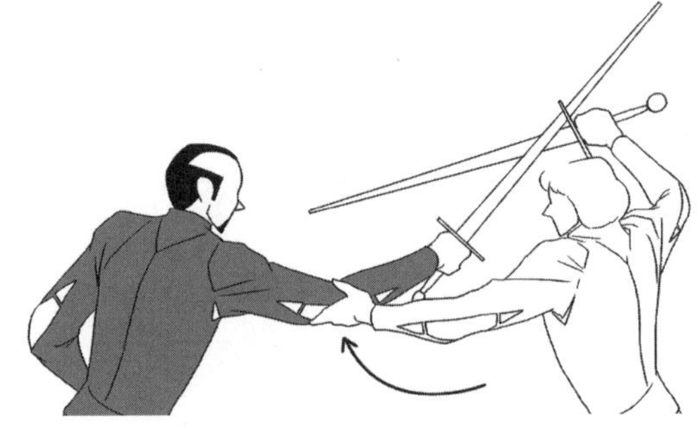

2

스승의 팔꿈치를 밀어내 몸을 회전시킨 다음, 재빨리 등 뒤로 돌아가 스승의 목에 검을 대고 자릅니다.

제11장
기승전투

기승전투 개설

「승마술이 뛰어나지만 검술은 서툰 자」가 「검술이 뛰어나지만 승마술은 평범한 자」보다 우월하다고 말할 수 있다.

(Alessandri, A. & André, E.)

 기승전투의 역사

기승(騎乘)전투는 기사(騎士)가 기사로 존재하는 까닭이며, 승마술은 당시 기사들이 가장 철저하게 교육받았던 기술이라고 할 수 있습니다. 하지만 페히트부흐가 보편화된 15세기에 이미 중장기병의 돌격전법은 파이크 병사와 총기의 발전에 밀려 과거의 것이 되어가고 있었습니다. 그 때문인지 대부분의 페히트부흐는 기승전투에 대해 짧은 기록밖에 남기고 있지 않습니다. 게다가 그것조차 16세기에 들어서면 기본적으로 마상창시합에 관한 내용만 다루게 됩니다.

현대인들은 보통 기사의 싸움이라는 말을 들으면 기다란 마상창을 들고 적을 향해 일직선으로 돌진하는 장면을 떠올리지만, 초기의 페히트부흐에 소개된 기승전투 기술은 결투나 마상창시합을 위한 것이 아니라 조우전과 같은 전장용 기술이 많았습니다.

 마술과 무술

과거 일본에서는 무사의 가장 중요한 소양인 무예를 「궁마(弓馬)의 도」라고 불렀습니다. 첫머리의 인용문에 나와 있는 것처럼 당시의 무사와 기사들은 경험을 통해 「검술과 격투술이 아무리 적에게 뒤처져도 마술(馬術)만 뛰어나면 얼마든지 상황을 역전시킬 수 있다.」는 사실을 깨달았던 것 같습니다.

마술이 뛰어나면 말을 능숙히 컨트롤하여 자신에게 유리한 위치로 끌고 갈 수 있습니다. 마상전투의 경우 상대의 왼쪽 후방에 위치하면 압도적으로 유리한 상황에서 싸울 수 있었습니다. 다만 상대 역시 이쪽의 배후를 노릴 것이 분명하므로 당시의 기승전은 2차

원에서 이루어지는 전투기의 도그파이트 같았을 것입니다. 또한 마상에서 안정된 자세를 유지할 수 있으면 보다 강하고 빠르며 자신감 있게 공격할 수 있다는 이점도 있습니다. 아무리 힘세고 뛰어난 영웅호걸이라도 안장 위에서 똑바로 버티지 못한다면 적의 공격에 끌려다니다 간단히 말에서 떨어지게 됩니다.

한편 질주하는 말의 운동에너지를 잘 이용하여 공격하는 것도 중요한 기술 중 하나였습니다.

 스포츠로서의 마상창시합

마상창시합은 토너먼트(기사들이 기량을 겨루는 경기)의 중심을 이루는 이벤트로 중세 · 르네상스 최대의 스포츠였습니다. 규칙과 형식은 다양했으나 기본적으로 양자가 정면에서 돌격하여 규정된 횟수 안에 상대를 낙마시키는 것이 목적이었습니다(창이 명중한 부위에 따라 점수를 매겨 그 합계로 경쟁하는 방식도 있습니다).

이러한 타입의 창시합에는 「평화」 주스트와 「전쟁」 주스트의 2종류가 있는데, 전자에서는 공격이 갑옷을 스치고 빗나가거나 상대를 관통하지 않도록 왕관 모양 촉이 달린 창을 사용하고, 후자에서는 날카로운 전장용 창끝을 사용하였습니다. 다만 어느 경우든 상대의 말을 공격하는 것은 중대한 규칙위반으로 취급받았습니다. 전쟁에서 상대의 말을 노리는 전법이 권장되었던 것과는 반대였다고 할 수 있습니다.

그 밖에 멜레(또는 토니)라는 경기가 있습니다. 주스트보다 오랜 기원을 가진 경기로, 기사들이 적과 아군 두 진영으로 나뉘어 곤봉이나 검을 들고 집단전을 벌입니다. 멜레는 본래 군사훈련으로서 폭이 수 km나 되는 광대한 구역에서 이루어졌습니다. 그것도 가능한 한 진짜 전장에 가까운 환경을 조성하기 위해 사용하는 무기 · 방어구는 실제 전쟁에서 장비하는 것과 같았습니다(즉 진검이라는 말입니다). 상대를 살상하는 것이 아니라 붙잡아서 몸값을 받아내는 것이 주된 목적이었지만(포로의 구속은 통상적으로 기사의 종사가 행했습니다. 포로가 저항하면 곤봉으로 머리를 때려 기절시킨 다음 묶어서 안전한 장소에 끌고 가는 것이 주된 역할입니다), 상황에 따라서는 실제 전쟁보다 많은 사상자가 발생할 가능성도 배제할 수 없었습니다.

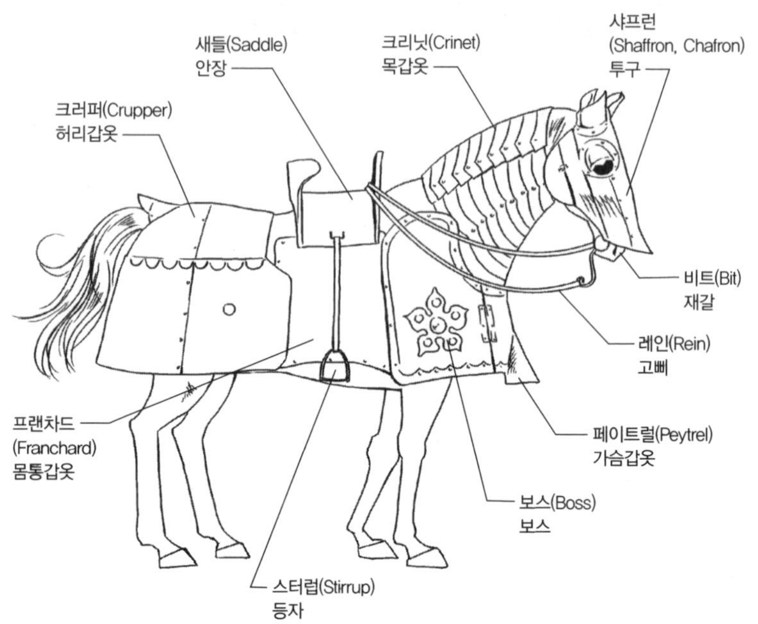

 말의 갑옷

중세 시대 대다수의 말들은 방어구를 거의 착용하지 않고 전장에 나갔습니다. 그러다가 일부 유복한 기사들이 자신의 말을 지키기 위해 방어구를 개발하기 시작합니다. 방어구 중 가장 일반적인 것은 샤프런이라 불리는 투구(얼굴덮개)로 철제 외에도 가죽제와 사슬제가 있었습니다. 또한 초기에는 천으로 몸통을 감쌌으나, 이후 가슴에 철제 플레이트를 부착하였고 그것이 점차 발전하여 전신을 뒤덮을 정도가 됩니다.

 마상에서의 검술에 대해서

15세기 포르투갈 국왕 두아르트 1세(세계사에 관심이 있는 사람이라면 항해왕자 엔리케의 형이라고 말하는 편이 알기 쉬울 것입니다)는 가장 초기 형태의 마술교본을 집필하면서 마상검술에 대해서도 설명하였습니다.

그의 말에 따르면 마상검술에는 수평베기 · 역수베기 · 내리치기 · 찌르기의 네 가지 공격법이 있는데, 정면에서 돌진해오는 상대를 맞아 싸우기 위해서는 그중에서도 수평베기와 역수베기가 가장 좋다고 합니다.

내리치기는 보병이나 동물을 상대할 경우 효과적이지만 기병을 상대로는 거의 사용하지 않는다고 하며, 덧붙여 검을 내리칠 때에는 일본도처럼 당겨베지 말라고 충고합니다. 검을 당기면서 베면 자신의 발이나 말까지 함께 베어버리는 경우가 많기 때문입니다. 그가 주장하는 올바른 기승전투법은 검을 단단히 쥐고 자신의 모든 체중을 실어 공격하는 것입니다.

또한 그는 멜레(집단기마전)에서 급히 방향을 바꾸거나 한곳에 멈춰 서서 싸우는 전법을 부정하고 있습니다. 일단 임기응변으로 상대를 쓰러뜨렸다면 그 상대는 내버려두고 서둘러 다음 상대에게 향하고, 그것을 반복하여 최종적으로는 시합장의 반대쪽에 나가야 한다고 말합니다. 간단히 말해 뒤로 돌거나 멈추지 말고 계속 전진하며, 그 과정에서 다가오는 상대는 닥치는 대로 공격하라는 뜻입니다. 이 방법으로 싸우면 관객의 눈에 띄기 쉽고, 강한 공격을 날릴 수 있으며, 불필요한 선회나 돌진으로 말을 지치게 하지 않고, 자신의 피로 또한 최소한으로 억제할 수 있다고 합니다.

마상에서의 무기

조우전을 상정하고 있기 때문인지 페히트부흐에는 창 · 투창 · 검 · 레슬링 · 크로스보우 등 다양한 무기가 등장합니다. 또한 기마대 기마용 기술뿐만 아니라 기마대 보병용 기술, 보병대 기마용 기술 같은 것도 수록하고 있습니다. 시대에 따라 차이는 있으나 실제 기사들은 창(랜스), 방패, 한손검 외에 메이스(전투용 곤봉), 도끼, 양손검(롱소드) 등을 안장 전륜에 매달아 장비하는 것이 일반적이었습니다.

주의사항

필자는 말을 그리는 것이 서툴러 그림 속 말의 균형이 맞지 않는 등 이상한 경우가 있을 것입니다. 또한 당시의 마구(특히 안장)에 대한 자료가 부족한 탓에 이 책에 실려 있는 마구의 대부분은 잘못되었을 가능성이 있음을 밝혀둡니다.

기승전투 자세

『첫 번째』 자세

『첫 번째』 자세는 독일식 마상검술의 기본적인 공격용 자세입니다. 오른손에 검을 쥐고 왼팔에 검신을 얹은 자세로, 이 자세에서 「타센하우(주머니베기)」라고 불리는 강력한 공격을 할 수 있습니다.

『두 번째』 자세

검을 얼굴 옆에 들고 칼끝으로 상대를 겨냥한 자세로, 롱소드의 『황소』 자세에 해당합니다.

『세 번째』 자세

검을 오른쪽 다리 옆에 내려 들고 칼끝으로 상대를 겨냥한 자세로, 롱소드의『쟁기』자세에 해당합니다.

『네 번째』 자세

손잡이 머리를 안장머리(안장 앞쪽의 활 모양 부분)에 얹고 칼끝으로 상대를 겨냥한 자세입니다. 이 자세는 특수한 자세로서, 몇 가지 검 빼앗기 기술을 끝냈을 때 이러한 자세를 취하게 됩니다.

『다섯 번째』 자세

『다섯 번째』 자세는 하프 소드 자세입니다. 검을 몸 앞에 비스듬히 듭니다.

⑥『멧돼지 어금니』 자세(Posta Dente di Cenghiaro)

마상창술의 가장 기본적인 자세로, 피오레의 말에 따르면 두 가지 종류가 있다고 합니다. 하나는 창끝으로 상대를 겨냥하는 자세이고 다른 하나는 창끝을 아래로 내리는 자세인데, 자세의 이름 등을 통해 짐작하기로는 후자가 일반적이었던 것으로 보입니다. 창끝을 아래로 내리고 있으면 상대가 이쪽의 창을 쳐내지 못하게 됩니다. 또한 이 자세에는 상대의 말 머리와 가슴을 찌르거나, 상대의 창을 쳐올리고 그대로 찌르는 등의 용법이 있습니다. 독일식 무술에서는 창끝을 아래로 내린 자세를 『첫 번째』 자세라고 부릅니다.

『방호』 자세(Cover)

이 자세에는 정식 이름이 없습니다. 창을 머리 위로 들고 왼팔로 떠받치며, 창끝은 상대 또는 지면을 겨냥합니다. 이 자세를 소개한 것은 탈호퍼로, 크로스보우를 가진 상대와 싸울 때 자신의 창 뒤에 몸을 숨기는 용도로 사용한다고 합니다.

기승전투 기술 1

『첫 번째』 자세에서 찌르기

Thrust from the First Guard

출전 : Ringeck/Tobler, p.362.

이 기술은 상대의 창을 쳐내면서 자신의 창을 명중시키는 기술입니다. 언뜻 보면 그렇게 보이지 않지만 롱소드의 「받아찌르기」와 같은 원리를 이용합니다.

1

두 사람이 정면에서 돌진합니다. 이때 스승은 지친 척하며 창을 왼쪽 밑으로 내립니다(이 자세를 독일식 무술에서는 『두 번째』 자세라고 부릅니다).

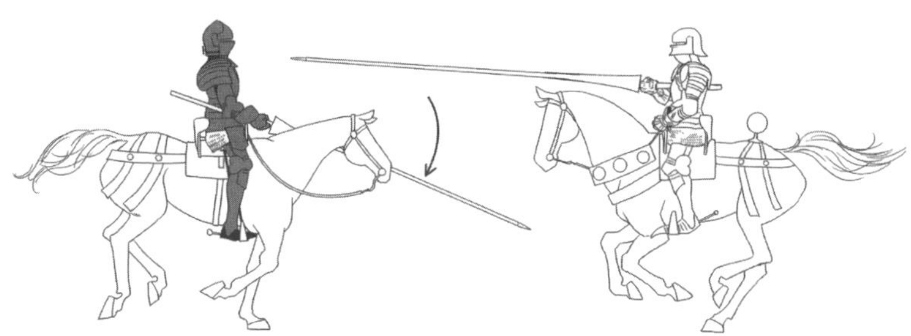

2

스승은 내리고 있던 창을 들어올려 제자의 창을 오른쪽 위로 쳐냅니다. 그리고 창을 접촉시킨 상태에서 자신의 창으로 제자의 창을 타고 올라갑니다. 제자의 창이 가이드 역할을 하여 공격이 자연스럽게 제자에게 명중합니다.

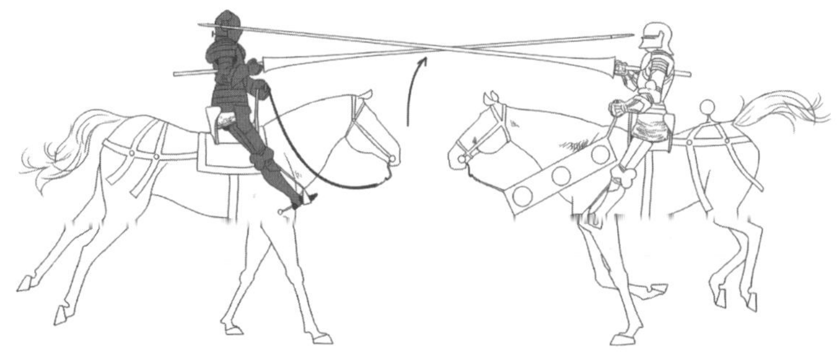

기승전투 기술 2

『꼬리』 자세

Coda Lunga Play

출전 : Fiore(Getty), 44r.

『꼬리』 자세는 피오레의 마상검술 자세 중 하나로, 검을 왼쪽 옆구리에 가져다 댑니다. 기본적으로 롱소드의 「받아찌르기」와 같은 원리를 이용합니다.

1

스승이 『꼬리』 자세를 취하고 있습니다. 검을 왼쪽 옆구리에 대고 있다가 상대의 공격을 옆으로 쳐냅니다.

2

제자의 공격을 쳐내고 있습니다. 이때 칼끝으로 제자의 얼굴을 찌릅니다.

기승전투 기술 3

『꼬리』 자세에 대한 카운터

Counter against Coda Lunga

출전 : Fiore(Getty), 44v.

1

제자가 『꼬리』 자세로 스승의 공격을 받아넘기려 합니다.

2

스승은 자신의 검을 뒤로 기울여 제자가 휘두르는 검의 궤적을 피하고, 그 상태에서 손잡이 머리로 제자의 얼굴을 가격합니다.

3

그런 다음 뒤에서 제자의 후두부를 벱니다.

기승전투 기술 4

후방에서 붙잡기

Grab from behind

출전 : Fiore(Getty), 45r. Fiore(Pisani), 33r.

이 기술은 도망치는 상대를 쫓아가 말에서 떨어뜨리는 기술입니다.

1

스승은 제자의 왼쪽 후방에서 접근하여 투구의 오른쪽 뺨 부분을 붙잡고 뒤로 넘어뜨립니다. 만약 상대가 투구를 쓰고 있지 않다면 머리카락이나 오른팔을 붙잡고 끌어내립니다.

2 카운터

제자는 오른손에 고삐를 옮겨 잡고, 뒤에서 뻗은 스승의 오른팔을 왼팔로 감아 봉쇄합니다. 이후 어떻게 해야 하는지 피오레는 설명하지 않았으나, 아마도 스승의 오른팔 관절을 꺾을 것으로 예상됩니다.

기승전투 기술 5

고삐 잡기

Pulling the rein

출전 : Fiore(Getty), 45v. Fiore(Pisani), 33v.

상대의 고삐를 잡아당겨 말을 급선회시킨 다음 자신의 말을 부딪쳐 상대의 말을 쓰러뜨리는 기술입니다. 고삐를 잡을 때 말 머리 너머로 팔을 뻗어 잡는 것은 몸통박치기의 충격 방향과 말의 선회방향을 일치시켜 보다 확실하게 쓰러뜨리기 위한 것으로 추측됩니다.

1

스승은 스쳐 지나가는 제자의 말 머리 너머로 손을 뻗어, 재갈(말의 입에 물리는 마구)에 가까운 쪽 고삐를 붙잡습니다.

2

제자의 고삐를 힘껏 잡아당기는 동시에 자신의 말로 제자의 말을 들이받습니다.

3  **카운터**

스승이 고삐를 잡으려 할 때 제자는 오른손으로 스승의 목을 감싸 안습니다. 이렇게 되면 제자가 쓰러질 때 자신도 함께 말에서 떨어지게 되므로 스승은 고삐를 놓을 수밖에 없습니다.

기승전투 기술 6

타센하우(주머니베기)

Taschenhaw

출전 : Ringeck/Tobler, p.366. Talhoffer(1467), pl.258-260.

「타센하우」는 상대의 공격을 밑에서 쳐올리는 기술로, 허리에 매단 파우치에서 물건을 꺼내는 움직임과 닮았다는 데서 유래한 이름이라고 합니다. 여기에서 매우 많은 기술이 파생되었으며, 독일식 마상검술에서 중요한 위치를 차지하는 기술이라고 할 수 있습니다.

1

스승이 『첫 번째』 자세를 취하고 있습니다.

2

스승은 제자의 공격을 밑에서 쳐올리고, 그대로 머리를 베거나 얼굴을 찌릅니다. 만약 제자가 공격을 막는다면 재빨리 앞날로 고삐나 오른발을 벱니다.

3 **「타센하우」에서의 메치기**

제자의 공격을 쳐올린 다음, 오른팔을 제자의 목에 감아 손잡이 머리를 목 뒤로 가져갑니다.

4

왼손으로 손잡이 머리를 잡고 끌어당겨 제자를 안장에서 떨어뜨립니다.

기승전투 기술 7

대 기병 기술

Spear on Foot against a Chavalryman

출전 : Fiore(Getty), 46r. Fiore(Pisani), 34r.

이론적으로 충분한 길이의 창을 가진 보병은 기병에 대해 압도적인 우위에 선다고 합니다. 하지만 그러한 우위는 보병이 용기를 가지고 말 앞에서 굳건히 버텨낼 수 있어야 성립되는 것입니다. 인생의 태반을 혹독한 훈련에 바친 거대한 인마의 집단이 살기등등하게 돌격해오는데 침착하게 대응할 수 있는 인간은 아마 거의 없을 것입니다. 여기에서는 정신적인 면은 배제한 채 보병이 기병을 상대하는 방법을 소개합니다.

1

스승이 창을 들고 돌진해옵니다. 제자는 『멧돼지 어금니』 자세로 기다립니다.

2

제자는 오른발을 왼쪽으로 디딘 다음, 왼발을 오른쪽 대각선 앞으로 내딛습니다. 동시에 스승의 창을 왼쪽으로 쳐냅니다. 그리고 서로의 창을 접촉시킨 상태에서 스승의 창을 타고 올라가 가슴이나 얼굴을 찌릅니다. 이것이 피오레의 버릇인지도 모르지만 그의 보법은 따라하다 보면 꼭 발이 얽힐 것만 같습니다.

랜스 레스트

많은 중세 갑옷의 가슴 부분에는 랜스 레스트라고 불리는 금속 도구가 달려 있습니다. 이 랜스 레스트는 창을 떠받치는 용도였다고 보는 시각이 일반적이지만, 이는 Lance Rest(직역하면 「창 받침」)라는 이름 때문에 생긴 오해로, 창의 무게를 지탱하는 것이 주된 기능은 아니었습니다.

사실 실제 용도는 창이 앞뒤로 움직이지 않도록 고정하는 것이었습니다. 랜스 손잡이 바로 뒤에는 그래퍼라는 원반 모양의 금속 도구가 설치되어 있는데, 이 그래퍼를 랜스 레스트에 끼우면 창이 움직이지 않아 컨트롤하기 쉬워집니다.

하지만 그것도 랜스 레스트의 가장 중요한 기능은 아니었습니다.

랜스 레스트가 등장하기 전에는 랜스가 목표물에 명중했을 때의 충격이 손목과 어깨에 실렸습니다. 수백 kg에 달하는 사람과 말의 조합이 시속 수십 km의 속도로 충돌하는 충격이 고스란히 이 부분에 실리면서, 창이 뒤로 튕겨나가거나 손목과 어깨에 큰 타격을 받고 관절이 탈구되는 것은 흔한 일이었습니다.

랜스 레스트는 그 충격을 받아내 퀴래스(몸통 갑옷)로 전달하는 역할을 하였습니다. 랜스 레스트에서 전해진 충격은 플레이트제 퀴래스 전체로 확산되었고, 충격이 상반신에 균등하게 분배됨으로써 사용자의 팔과 어깨를 부상으로부터 보호할 뿐만 아니라 상대에게는 최대한의 대미지를 줄 수 있게 된 것입니다.

참고로 랜스 레스트에는 나무를 나사식으로 만들어 그래퍼를 박는 것, 핀으로 꽂아 탈착 가능하게 한 것(이탈리아식 갑옷에 많았습니다) 등 다양한 종류가 있었습니다.

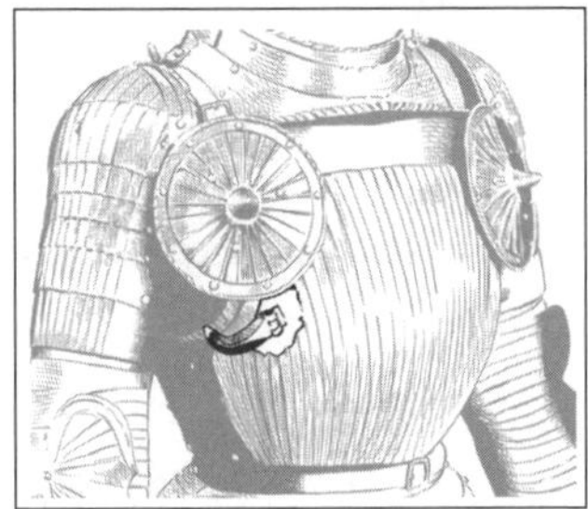

막시밀리안식 갑옷에 달린 랜스 레스트. 독일. 1515~1525년.

15세기 후반 『보샹 패전트』에 그려진 랜스. 손잡이 뒷부분에 그래퍼가 달려 있는데, 화가는 그래퍼의 앞뒤를 거꾸로 그려놓았다.

기승전투 기술 8

검 빼앗기

Pommel Hook Disarm

출전 : Talhoffer(1467), pl.255.

독일식 한손검 검술에서는 손목을 비틀어 공격을 막는 기법을 많이 찾아볼 수 있는데, 이 기법은 상대의 공격을 받아넘길 때 매우 유용하였습니다. 특히 마상에서 효과적이었던 모양으로 몇 번이나 등장합니다. 그림에서는 한손검을 사용하고 있지만 한손용 롱소드 등 손잡이가 긴 무기의 성공률이 더 높았습니다.

1

스승은 손목을 비틀어 제자의 공격을 막습니다.

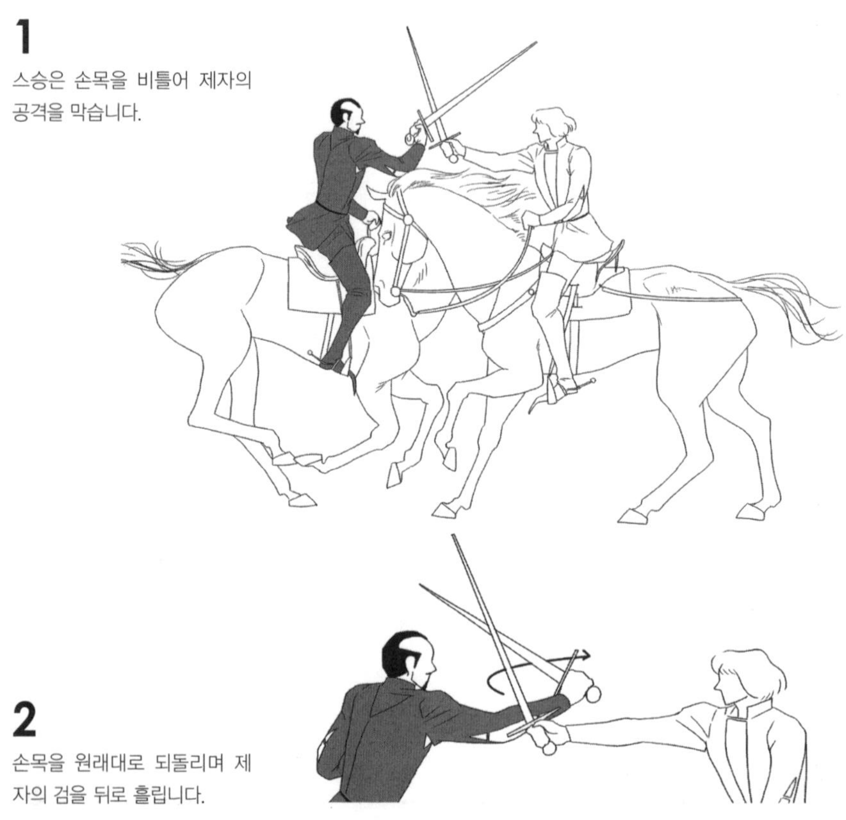

2

손목을 원래대로 되돌리며 제자의 검을 뒤로 흘립니다.

3

손잡이 머리를 제자의 손목에 겁니다.

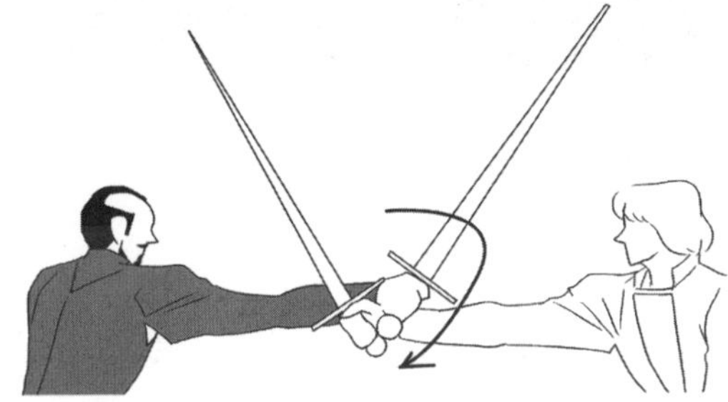

4

스승은 검을 끌어당겨 제자의 검을 빼앗습니다. 이때의 자세가 『네 번째』 자세입니다.

기승전투 기술 9

다리 베기
Leg Cut

출전 : Talhoffer(1459), 124v, 125r. Talhoffer(1467), pl.252, 253.

손목을 비틀어 공격을 받아넘긴 다음 다리를 베는 기술입니다. 이 기술은 매우 단순하면서도 고속으로 이루어지므로, 순간적으로 스쳐 지나가는 마상전투에서 특히 효과적이었을 것입니다. 그림에서는 알아보기 쉽게 말을 간략화하였습니다.

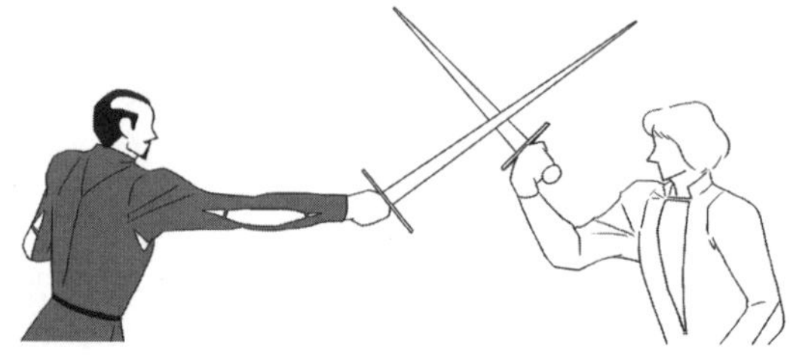

1

제자는 손목을 비틀어 스승의 공격을 막습니다.

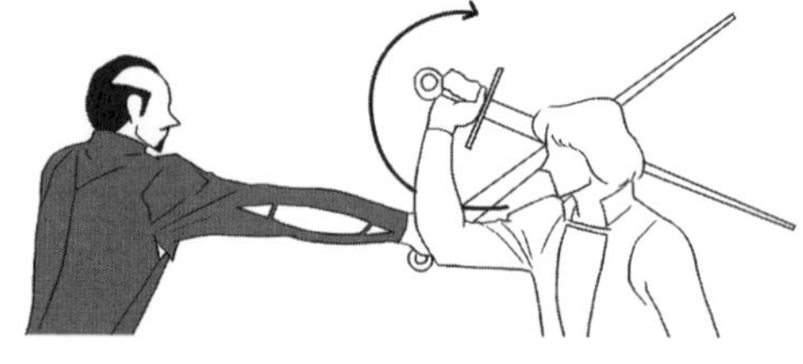

2

손목을 원래대로 되돌립니다.

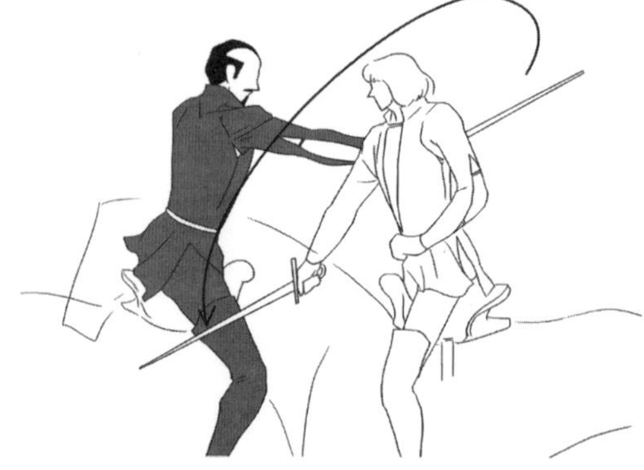

3

다리나 기타 부위를 공격합니다.

제12장
쇼트스태프

쇼트스태프 개설

> 쇼트스태프는 모든 긴 손잡이 무기의 기초가 되는 무기이다.
>
> (Joachim Meyer)

 쇼트스태프의 역사

쇼트스태프는 특히 독일에서 인기 있던 무기입니다. 일반시민이 호신용으로 애용한 것은 물론 상위계급 사람들도 사용하였고, 자칭 「최후의 기사」인 신성 로마 제국 막시밀리안 1세도 스태프 애호가였습니다.

또한 스태프는 창 · 파이크 · 할버드 · 빌 등 긴 손잡이 무기의 「기초를 배우기 위한 무기」이기도 했습니다. 마이어가 쇼트스태프를 일관되게 「창」이라고 부르던 것만 보아도 (독일어판에서는 Spiess, 라틴어판에서는 Hasta), 당시 쇼트스태프를 연습용 창으로 생각했다는 사실을 알 수 있습니다.

메이어는 쇼트스태프를 Halbstang(하프 스태프)이라고 불렀는데, 그로부터 쇼트스태프는 긴 롱스태프를 절반 길이로 줄인 무기를 뜻하게 되었습니다.

 쇼트스태프의 스펙

일반적인 쇼트스태프의 길이는 150~210cm 정도로, 180cm 전후가 표준이라고 할 수 있습니다. 재질은 창과 마찬가지로 물푸레나무가 가장 많이 쓰였습니다.

쇼트스태프의 부위별 명칭은 기본적으로 창과 같습니다. 봉의 선단을 「창끝」, 후단을 「물미」, 가운데 부분을 「손잡이」라고 부릅니다. 다만 메이어는 조금 다르게 분류하여, 창끝에 가까운 「약한」 부분 · 앞쪽 손에 가까운 부위 · 양손 사이 · 뒤쪽 손의 후방, 이렇게 넷으로 나누었습니다. 이것은 상대의 공격을 받아넘기는 방법을 기준으로 한 분류법입니다.

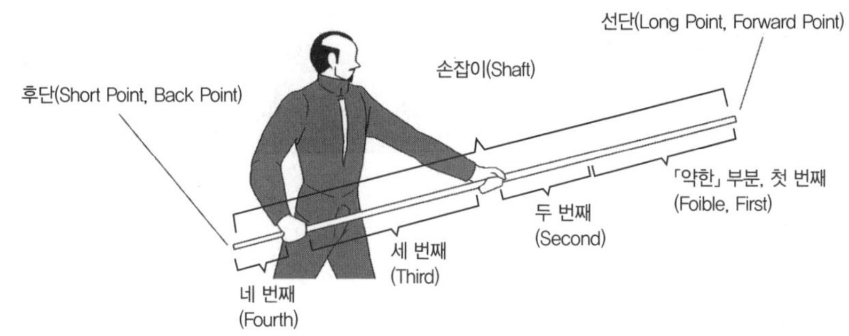

잡는 법

쇼트스태프(와 긴 손잡이 무기)를 잡는 법에는 2종류가 있습니다. 통상적인 방식은 양손의 손등이 서로 다른 방향을 향하도록 잡는 것으로, 오래된 페히트부흐에서 많이 찾아볼 수 있습니다. 한편 양손의 손등이 같은 방향을 향하도록 잡는 방식은 비교적 새로운 것으로, 마이어가 특히 선호하여 즐겨 사용하였습니다. 이 방식은 무기의 양 끝을 재빨리 돌리는 데 적합하며, 기본적으로 무기의 중앙부를 잡을 때 사용합니다(스태프 기술에서는 이러한 그립법을 하프 스태프라고 부릅니다).

17세기 보나벤투라 피스토필로의 말에 따르면 첫 번째 방식(그는 자연스러운 그립법이라고 불렀습니다)은 무기를 잡은 느낌이 자연스럽고 찌르거나 베기가 수월하지만 사용자가 용법에 숙련될 필요가 있다고 합니다. 그리고 하프 스태프는 베기와 역수 찌르기에 적합한 반면 손의 전환이 어려워 적과의 거리가 가까울 때는 사용하지 않는 것이 좋다고 합니다. 어떤 방식을 선택할지는 사용자가 받아온 훈련과 싸우는 상황에 따라 달라집니다.

찌르기 공격에는 양손으로 밀어내 찌르는 방법과 뒤쪽 손으로 밀어낸 무기를 앞쪽 손 사이로 통과시켜 찌르는 방법의 두 가지가 있습니다.

■스태프 잡는 법

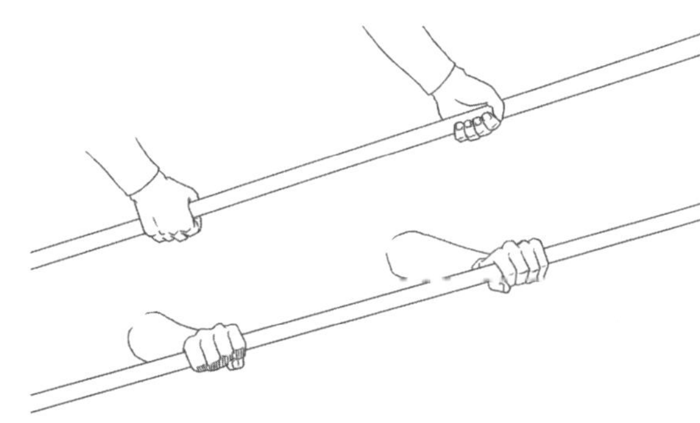

위가 통상적인 방식,
아래가 하프 스태프 방식.

쇼트스태프 자세

『상단』 자세(High Guard, Oberhut)

쇼트스태프 자세는 뒤에 등장하는 긴 손잡이 무기에도 적용되므로 자세히 다루도록 하겠습니다. 이 자세는 봉으로 되받아치는 자세입니다. 메이어의 말에 따르면 봉은 좌우 어느 쪽으로 들어도 상관없지만 항상 왼발을 앞으로 내밀어야 한다고 합니다. 또한 앞발(왼발)을 한층 더 내디딜 수 있도록 발의 간격을 조금 좁혀서 섭니다.

『중단』 자세(Middle Guard, Mittelhut)

봉을 허리 높이로 들고 창끝으로 상대를 겨냥하는 자세로, 메이어의 말에 따르면 가장 많이 사용되는 자세라고 합니다. 검술 등의 『찌르기』 자세에 해당하는데, 마이어는 『강한』 자세, 메이어는 『찌르기』 자세라고 불렀습니다.

 『하단』 자세(Low Guard, Underhut)

『중단』 자세에서 창끝을 아래로 내린 자세입니다. 겨냥하는 방향은 상황에 따라 오른쪽 · 왼쪽 · 가운데로 달라집니다.

 『측면』 자세(Side Guard, Nebenhut)

봉의 가운데 부분을 잡고 창끝을 뒤, 물미를 앞으로 향합니다.

 『사다리』 자세(Rudder Guard, Steürhut)

공격용과 방어용 두 가지 버전이 있습니다. 방어용은 물미를 머리 위로 들고 창끝을 앞쪽 지면으로 늘어뜨립니다. 공격용은 방어용 자세에서 창끝을 뒤로 돌린 자세입니다.

쇼트스태프 기술 1

『하단』 자세
Low Guard Combat

출전 : Meyer, 3.19v, p.251.

봉을 비틀어 회전시켜서 상대의 찌르기를 받아넘기고 바로 되찌르는 기술입니다. 봉을 비틀어 회전시키는 이 방법은 다양한 무기 · 지역 · 연대의 페히트부흐에 등장하는 가장 기본적인 기술이라고 할 수 있습니다.

1

스승은 「하단」 자세를 취하고 있습니다. 메이어의 말에 따르면 이때 무릎을 충분히 구부려 몸을 앞으로 낮게 기울이는 것이 좋다고 합니다.

2

봉을 비틀어 제자의 찌르기를 오른쪽에서 왼쪽으로 받아넘깁니다. 이때 스승의 봉은 「중단」 자세의 위치(즉 창끝이 상대를 겨누고 있는 위치)에서 멈춥니다.

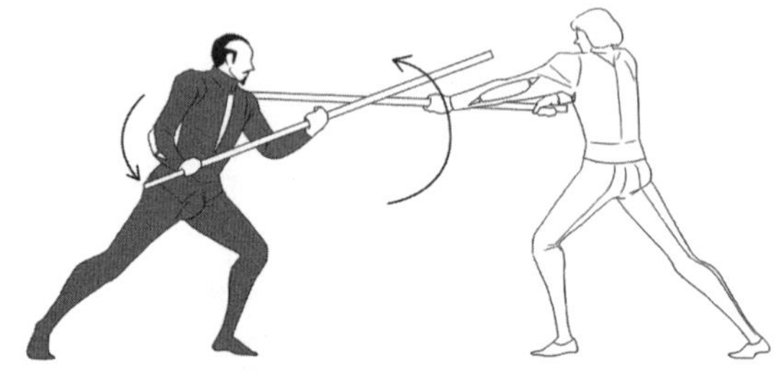

3

제자가 태세를 바로잡기 전에 앞발을 한층 더 내디디며 얼굴을 찌릅니다.

쇼트스태프 기술 2

『측면』 자세에서의 공격
Fight from the Middle Guard

출전 : Meyer, 3.21r.

큰 수레바퀴처럼 봉을 회전시켜 상대를 견제하고 공격하는 기술입니다.

1

스승은 『측면』 자세를 취하고 있습니다.

2

제자가 간격에 들어오면 봉에서 왼손을 놓고 제자의 얼굴을 향해 봉을 옆으로 한 바퀴 휘두릅니다. 메이어의 말에 따르면 한 손으로 공격하는 이유는 스피드가 한층 더 빨라지기 때문이라고 합니다. 이때 스승은 왼발을 내딛고 있습니다.

3

머리 위로 한 바퀴 돌린 봉을 왼손으로 붙잡아 제자의 머리나 봉을 향해 내리치고 『하단』 자세로 이행합니다.

4

만약 제자가 『하단』 자세를 취한 스승의 얼굴을 찌르려 한다면, 재빨리 오른발을 오른쪽 대각선 앞으로 뻗으면서 봉을 반회전시켜 물미 부분으로 제자의 공격을 쳐내고 물미로 제자의 얼굴을 찌릅니다.

쇼트스태프 기술 3

머리치기 · 정수리치기
Hirnschlag, Schöfferschlag

출전 : Meyer, 3.23v, 3.24r, 3.24v, pp.254, 255.

여기에서는 한 손으로 봉을 잡고 상대의 머리를 내리치는 기습용 기술을 소개합니다. 메이어는 상대가 이쪽의 의도를 눈치채지 못하게 하는 동시에 상대의 봉을 당장 반응하지 못하는 상태로 끌고 갈 필요가 있다고 설명하였습니다.

1

두 사람은 창끝 부분으로 바인딩하고 있습니다. 이때 스승은 제자의 얼굴을 찌를 것처럼 페인트를 합니다.

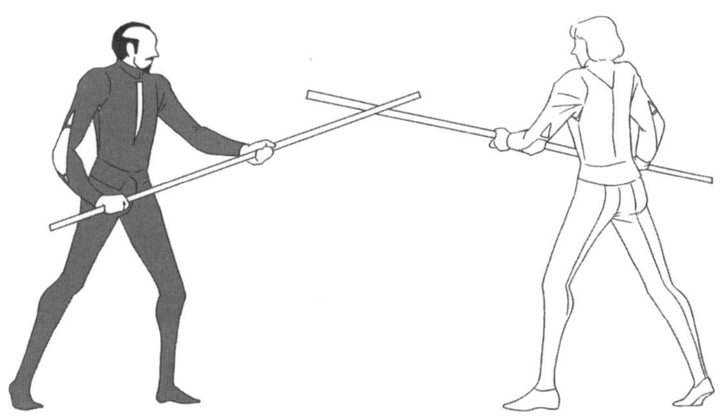

2

제자가 페인트에 걸려들면, 오른손을 들고 봉을 힘껏 휘두르며 왼손을 놓습니다.

3

오른손만으로 봉을 잡은 상태에서 오른발을 내디디며 제자의 머리를 타격합니다.

4 정수리치기

정수리치기에서는 오른손을 역수로 잡고 타격합니다. 다만 메이어의 설명은 조금 애매한 감이 있어, 이 해석이 잘못되었을 가능성도 있습니다.

쇼트스태프 기술 4

상단 바인드 상태에서의 공방
The First Upper Bind from the Right Side

출전 : Mair, pp.10–11.

여기에서는 마이어의 쇼트스태프 기술을 소개합니다. 마이어의 기술은 두 사람이 서로 공수를 교대해가며 비교적 긴 공방을 벌이는 것이 특징입니다.

1

상단 바인드 상태입니다. 스승은 제자가 「강하게」 바인딩하고 있는지 확인합니다.

2

만약 제자가 「강하게」 바인딩하고 있다면, 왼발을 내디디며 봉을 회전시켜 제자의 눈을 찌릅니다.

3 카운터 1

스승이 왼발을 내딛고 있습니다.

4

제자는 왼발을 왼쪽으로 내디디며 봉으로 스승의 공격을 내리칩니다.

5

재빨리 물미로 스승의 얼굴을 찌릅니다.

6

만약 스승이 이 공격을 막아낸다면…….

7

오른발을 내디디며 봉을 회전시켜 스승의 머리를 가격합니다.

8 카운터 2

왼발을 뒤로 당기며 제자의 공격을 쳐냅니다.

9

그리고 재빨리 제자의 얼굴을 찌릅니다.

쇼트스태프 기술 5

상단 가슴 찌르기

Two Thrusts to the Chest from Above, both on the Left Side

출전 : Mair, pp.42, 43.

하프 소드와 대거에서도 설명한 바와 같이 유럽에서 상대의 무기를 붙잡는 행위는 매우 빈번하게 이루어졌으며, 그것은 창과 스태프에서도 마찬가지였습니다. 여기서 소개하는 것은 상대의 무기를 붙잡아 꽤 복잡한 바인드 상태로 가져가는 기술과 그에 대한 카운터입니다.

1

두 사람은 『사다리』 자세로 찌르기를 준비하고 있습니다.

2

제자는 왼발을 내디디며 자신의 봉을 스승의 팔 사이로 집어넣어 스승의 왼쪽 가슴을 찌릅니다.

3 **카운터 1**

제자가 찌르기를 하면 스승은 자신의 봉에서 왼손을 떼고 제자의 창끝 근처를 붙잡습니다.

4

그리고 제자의 왼쪽 팔꿈치 위에서 겨드랑이 밑으로 봉을 찔러 넣습니다.

5

오른발을 내디디며 오른쪽으로 몸을 돌려 제자의 움직임을 봉쇄합니다. 아마도 겨드랑이 밑에 찔러 넣은 봉으로 제자의 왼팔을 비틀어 올리는 것이 아닐까 생각합니다.

6 **카운터 2**

움직임이 봉쇄된 상태입니다.

7

제자는 재빨리 자신의 봉을 버리고, 왼발을 스승의 오른발 뒤에 디딘 다음 오른손으로 스승이 오른쪽 무릎을 붙잡습니다. 그리고 스승의 오른쪽 다리를 들어올리며 왼손을 스승의 몸에 감아 메칩니다.

쇼트스태프 기술 6

메치고 누르기

A Throw from which He is Restrained

출전 : Mair, pp.44, 45.

이 기술은 봉으로 공방을 벌이는 전반부와 접근하여 레슬링을 하는 후반부로 나누어집니다.

1

두 사람이 자세를 잡고 있습니다.

2

스승은 왼발을 내디디며 제자의 얼굴을 찌릅니다. 원문에서는 어째서인지 이 공격을 「슈트루츠하우(뛰어들어치기)」라고 부르고 있습니다.

3 카운터 1

제자는 봉을 감아 스승의 공격을 쳐내고, 그대로 오른발을 내디디며 스승의 가슴에 찌르기를 합니다.

4 카운터 2

스승은 오른발을 내디디며 양손 사이로 제자의 찌르기를 받아넘깁니다.

5

봉을 버리고 양손으로 제자의 고간을 붙잡아 뒤로 넘어뜨립니다. 여기에서는 제자의 넓적다리를 붙잡고 넘어뜨리는 것으로 해석하였습니다.

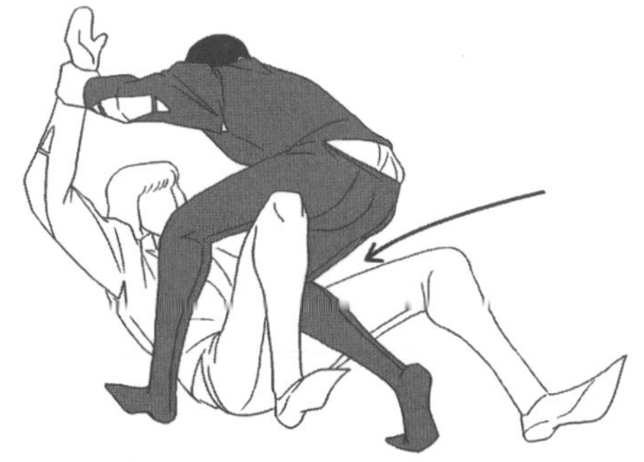

6

넘어진 제자의 다리 사이에 오른발을 딛고 오른쪽 무릎으로 제자의 고간을 가격합니다.

7

스승은 왼쪽 다리를 제자의 오른쪽 다리에 감아 움직임을 봉쇄합니다. 동시에 제자의 양팔을 잡거나 목을 조르면서, 모든 체중을 실어 제자를 누릅니다.

8 카운터

스승이 무릎으로 고간을 가격하려 하고 있습니다. 제자는 서둘러 어떻게든 양손의 자유를 확보합니다.

9

스승이 위에서 누르려고 할 때 한쪽 손(이 경우 왼손)으로 스승의 얼굴을 붙잡습니다. 그냥 붙잡는 것이 아니라 엄지손가락을 턱에 걸고 다른 손가락으로 눈을 찔러 도려냅니다. 동시에 다른 한쪽 손으로 스승의 고간을 가격합니다. 그리고 스승의 다리 사이에 낀 다리(이 경우 오른쪽 다리)를 일자로 뻗은 다음 단숨에 들어올려 스승의 고간에 무릎치기를 합니다.

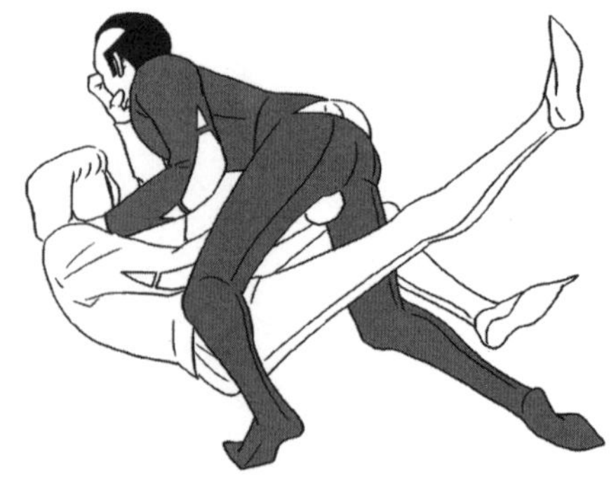

제13장
롱스태프

롱스태프 개설

> 롱스태프, 모리스 파이크, 재블린 또는 이것과 같은 종류의 「완전한 길이」보다 긴 무기는 기타 모든 무기(즉 쇼트스태프, 웰시 훅, 파르티잔, 글레이브 등)의 장점을 사용자가 제대로 살리지 못하는 경우, 이들 무기보다 우위에 설 수 있다.
>
> (George Silver)

 롱스태프의 역사

마이어는 자신의 저서에서 롱스태프를 라틴어로 Lancea, 독일어로 Langenspiess(장창)라고 불렀습니다. 마찬가지로 실버도 항상 롱스태프를 모리스 파이크(「모아즈 파이크(무어인의 장창)」를 달리 발음한 것으로 파이크와 같은 뜻)나 재블린(당시 재블린이라는 단어는 파이크와 같은 뜻으로 쓰였습니다)과 세트로 언급하였습니다. 즉 롱스태프는 독립된 무기라기보다 연습용 파이크(장창) 또는 그것과 비슷한 존재로서의 의미가 강한 무기라고 할 수 있습니다.

이러한 매우 긴 무기는 진형이 잘 짜인 집단전에서 진가를 발휘하지만(실버도 그 사실은 부정하지 않았습니다), 반대로 개인전에서는 들기가 불편하고 다루기도 어렵습니다. 그 때문인지 대부분의 페히트부흐에는 롱스태프(파이크)의 용법이 수록되어 있지 않습니다. 설사 나와 있다고 해도 그림까지 붙어 있는 경우는 아주 적습니다. 메이어의 말에 따르면 무기가 너무 길어 책의 레이아웃상 자세한 삽화를 싣기가 곤란하다고 합니다.

 롱스태프의 스펙

롱스태프의 길이는 일반적인 쇼트스태프 길이의 2~3배로 알려져 있습니다. 페히트부흐에 등장하는 롱스태프의 예로는 마이어의 약 3m, 메이어의 3.6~5.5m 정도가 있습니다. 실버는 롱스태프(또는 파이크)를 12피트(365.7cm)에서 18피트(548.6cm)까지 2

피트 단위로 분류하였습니다. 재질은 기본적으로 물푸레나무가 사용되며 무게는 대략 3~5kg 정도입니다.

 디 그라시의 롱스태프 잡는 법

디 그라시는 당시 흔히 사용되던 두 가지 그립법의 결점을 지적하고 있습니다. 스태프의 가운데 부분을 잡는 방법은 취급의 용이성을 중시하던 사람들이 피로를 경감시키려는 목적으로 사용하였으나, 상대와의 간격이 가까워 위험하다고 하였습니다. 또한 스태프의 끝 부분을 잡는 방법은 「근육은 강하지만 소심한 사람」이 선호하였는데, 간격을 확보할 수 있는 반면 다루기가 너무 어려워 체력을 낭비하게 된다고 하였습니다.

그가 추천하는 그립법을 보면, 오른손으로 물미에서 팔 길이만큼 떨어진 곳을 잡고, 왼손으로 오른손 앞쪽을 느슨하게 잡습니다. 그리고 공격할 때는 왼손 사이로 창을 통과시켜 찌릅니다. 일본의 창술과 용법이 완전히 똑같습니다.

■디 그라시의 롱스태프 잡는 법

디 그라시는 「전장에서의 사용법을 설명하는 것이 아니다.」라고 본인이 직접 단서를 달아놓았습니다.

 롱스태프의 용법

롱스태프처럼 길이가 긴 무기는 그 길이 탓에 섬세한 동작과 재빠른 반격이 불가능하므로, 페인트는 기본적으로 권장하는 바가 아닙니다.

디 그라시는 「어떤 경우에든」 상대의 스태프를 때려서 떨어뜨릴 것을 추천하고 있습니다. 롱스태프를 장비한 상태로는 상대의 공격을 피하기가 어렵고, 일단 떨어뜨리고 나면 빨리 주워 들고 다시 자세를 잡기도 힘들어 상대에게 큰 허점이 생기기 때문입니다.

스위스의 파이크 병사는 창의 후단 부분을 잡고 높이 든 다음 위에서 찔러 내리는 기술을 사용하였고, 독일의 란츠크네히트 파이크 병사는 창의 가운데 부분을 잡고 밑에서 찔러 올려 사용했다는 기록이 남아 있습니다. 독일과 프랑스 국경 부근에 위치한 도시 스트라스부르그의 주민이었던 메이어는 롱스태프의 중앙을 잡는 자세를 「선상」 자세(선상에서 방어하는 자세)라고 불렀는데, 이것이 란츠크네히트 파이크 병사가 창의 가운데 부분을 잡고 싸웠다는 간접적인 증거가 될 수도 있습니다.

롱스태프 자세

 『상단』 자세(High Guard, Oberhut)

파이크의 창끝을 높이 들어 올린 자세로 위에서 내리칠 때 사용합니다. 얼마나 들어올려야 하는지는 적혀 있지 않지만 극단적으로 높을 필요는 없다고 봅니다. 이유는 알 수 없으나, 디 그라시는 이 자세를 『하단』 자세라고 불렀습니다.

 『열린』 자세(Open Guard, Offenhut, Custodia Aperta)

『열린』 자세란 스태프 기술이나 폴암 기술에서 일반적으로 『상단』 자세를 가리키는 말로, 드물게 『자유』 자세라고도 부릅니다. 롱스태프 기술의 경우 크게 다른 좌우 두 가지 버전이 있습니다.

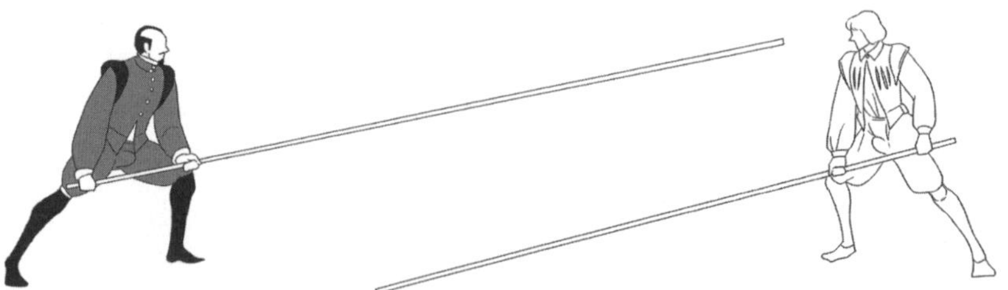

왼쪽 『열린』 자세는 왼발을 앞으로 크게 내민 상태에서 오른손으로 물미를 잡고 왼손을 왼쪽 무릎 근처에 둔 자세입니다. 가장 큰 차이점은 창끝으로, 이 자세에서는 창끝을 위로 들어올리고 있습니다.

오른쪽 『열린』 자세는 오른발을 앞으로 내민 상태에서 창끝을 지면으로 내리고 몸을 낮게 숙인 자세입니다. 왼손으로 물미 부근을 잡고 오른손은 오른쪽 무릎에 오도록 합니다.

 찌르기용 『상단』 자세(Oberhut zum Stoß)

스태프를 가슴 높이로 들어 올린 채 왼손을 가슴 앞에 두고 오른손을 뒤로 당긴 자세로, 이름 그대로 찌르기를 위한 자세입니다. 이 자세는 파이크 전투를 묘사한 당시의 회화와 삽화에 때때로 등장합니다. 앞에서 2열째 이후의 병사가 이 자세를 취하고 앞 열 병사의 어깨 너머로 파이크를 찌르는 전법이 있었으며, 르네상스 당시 유럽 최강이라 칭송받았던 스위스 장창병이 선호하였습니다.

 『누르기』 자세(Dempffhut)

다리를 크게 벌리고 서서 물미를 오른쪽 허벅지에 고정시킨 다음, 왼손을 가능한 한 길게 뻗어 손잡이를 잡고 창끝을 높이 들어올린 자세입니다. 상대의 파이크 또는 다른 긴 손잡이 무기를 위에서 내리쳐 제압하거나 상대가 간격 안에 들어오지 못하도록 견제하기 위해 사용합니다.

 『방벽』·『교차』 자세(Schrankhut, Custodia Cancella)

피오레의 폴액스 기술에도 이것과 비슷한 자세가 있는데, 다만 좌우가 반대입니다. 이 자세에 어떤 의미가 담겨 있는지는 알 수 없지만, 아마도 왼발과 왼손이 앞으로 가는 통상적인 자세를 취하고 있다가 순간적으로 오른발을 오른쪽 대각선 앞으로 뻗은 상태를 표현한 것이 아닌가 합니다.

롱스태프 기술 1

감아넣기
Durchwinden

출전 : Meyer, 3.43v, p.271.

상대의 찌르기를 감아서 받아넘긴 다음 반격하는 기술입니다.

1

제자가 『중단』 자세(본서 미게재) 또는 스태프를 몸 앞으로 든 자세를 취하고 있을 때, 스승은 왼쪽에서 제자의 스태프를 바인딩합니다. 그리고 마치 찌르기를 할 것처럼 페인트를 합니다.

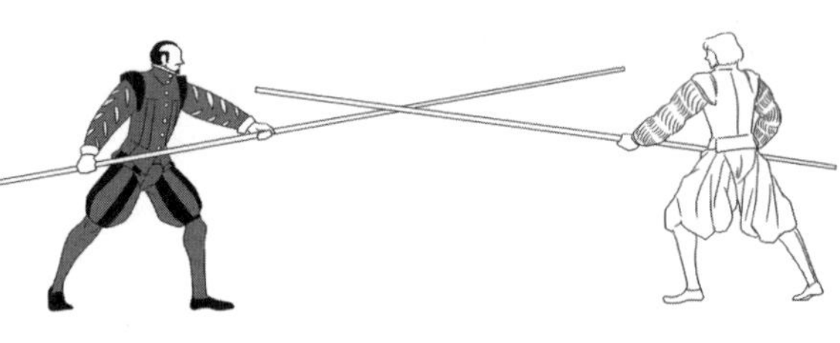

2

제자가 선수를 치기 위해 먼저 찌르면 스승은 오른손을 반시계방향으로 감습니다. 이렇게 하면 왼손을 지지대 삼아 스태프가 회전하면서 제자의 공격을 왼쪽으로 받아넘길 수 있게 됩니다(원문에는 적혀 있지 않지만 삽화를 보면 스승이 오른쪽으로 발을 내딛고 있습니다).

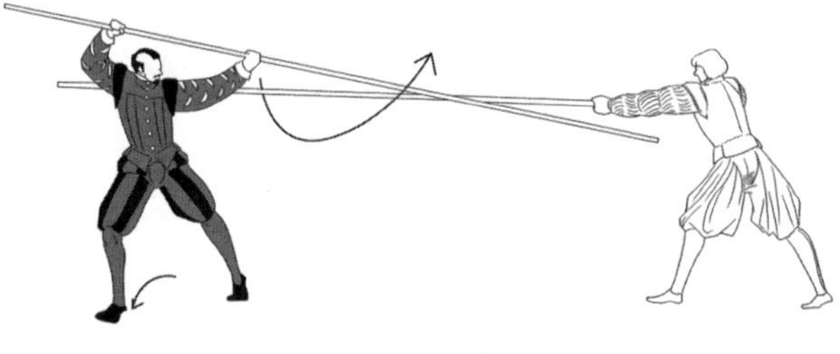

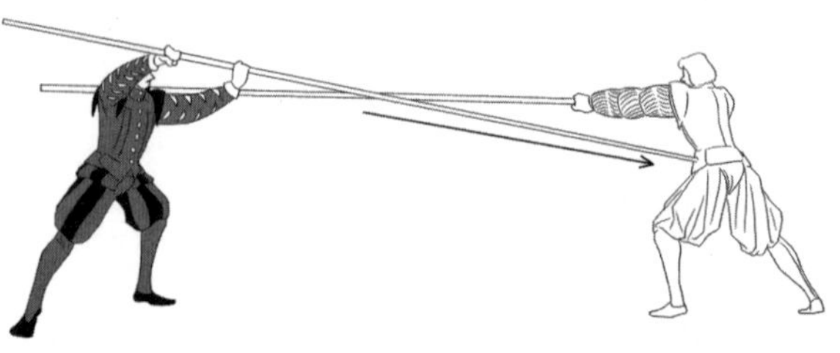

3

제자를 찌르고 간격 밖으로 후퇴합니다.

롱스태프 기술 2

「약한」 부분과 「강한」 부분으로 왼쪽에서 두 가지 바인드 · 첫 번째
The First Two Binds from the Left Side with the Weak and Strong

출전 : Mair, pp.56, 57.

1

두 사람이 대치하고 있습니다.

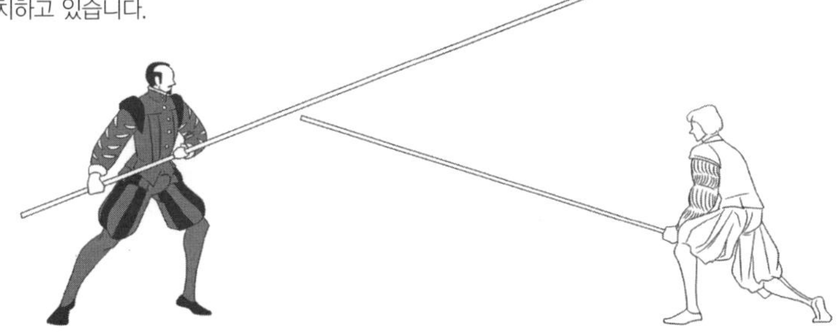

2

스승은 오른발을 오른쪽 대각선 앞으로 내디디며 제자에게 찌르기를 합니다.

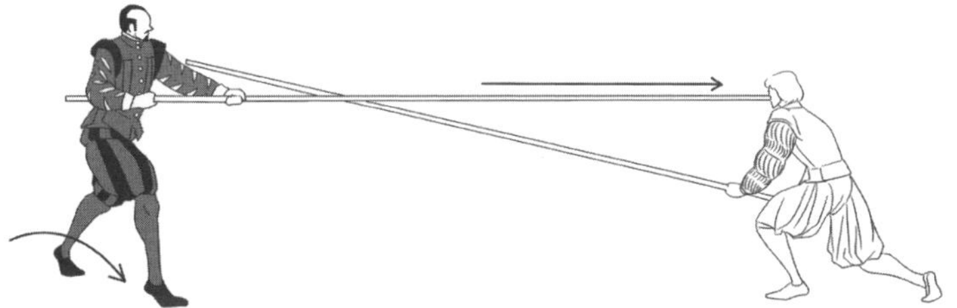

3 카운터

스승의 공격을 받아넘깁니다.

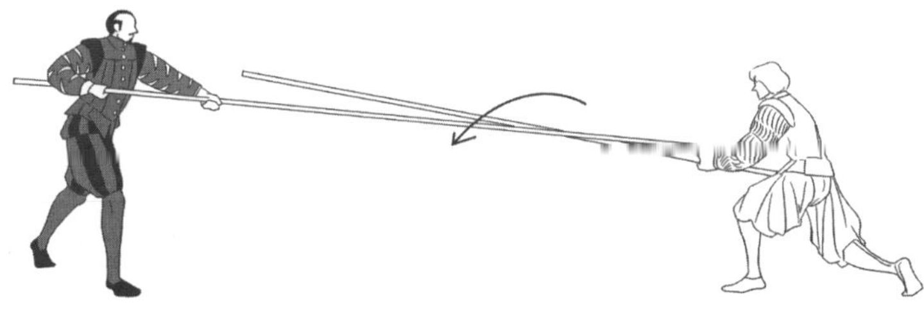

4

오른발을 내디디며 스승의 가슴에 찌르기를 합니다.

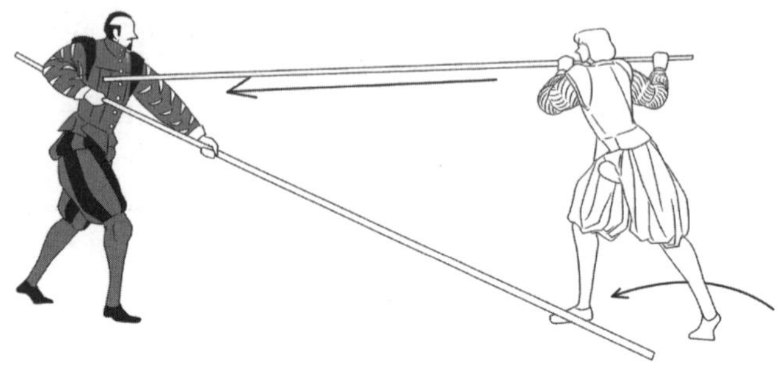

5

만약 스승이 받아넘긴다면 오른발을 뒤로 당기며 스태프를 지면에 내리고 오른손을 머리 위로 들어올립니다.

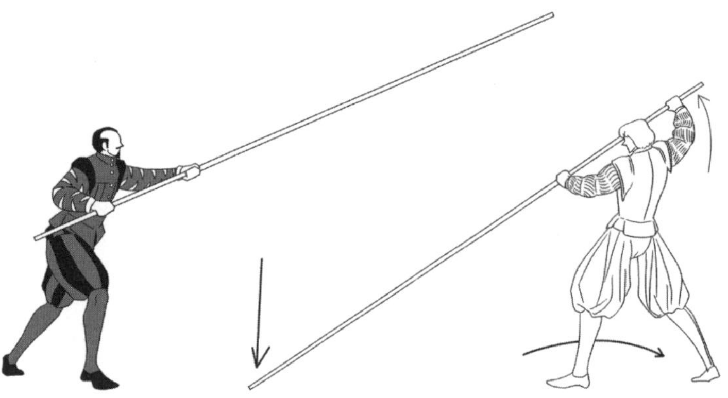

6

오른발을 내디디며 들어올렸던 오른손을 내림으로써, 창끝이 바닥에 튕겨 올라오면서 스승의 가슴을 찌르도록 합니다. 이런 식으로 창끝을 바닥에 튕기는 것은 다루기 어려운 스태프를 빠르게 조작하는 동시에, 오른손의 움직임을 통해 스태프를 선회시켜 스승의 스태프를 쳐내기 위해서입니다.

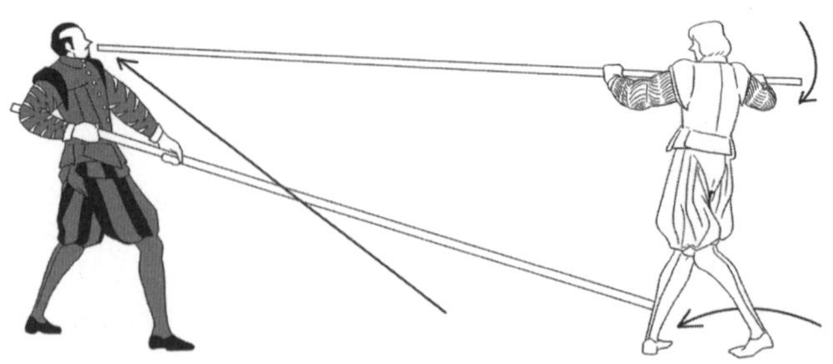

7 카운터

제자의 공격을 받아넘깁니다.

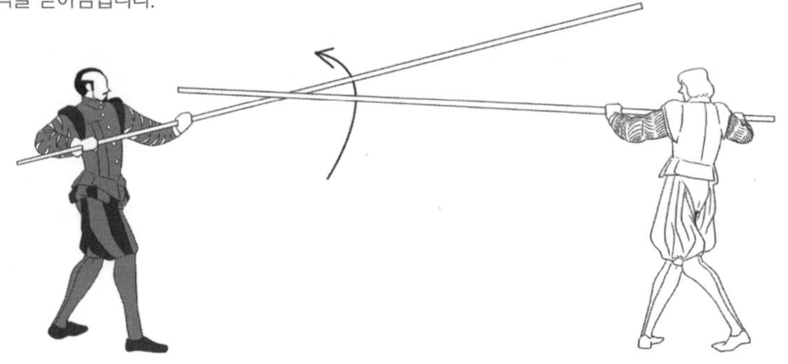

8

오른발을 뒤로 당기며 스태프를 머리 위로 들어올립니다.

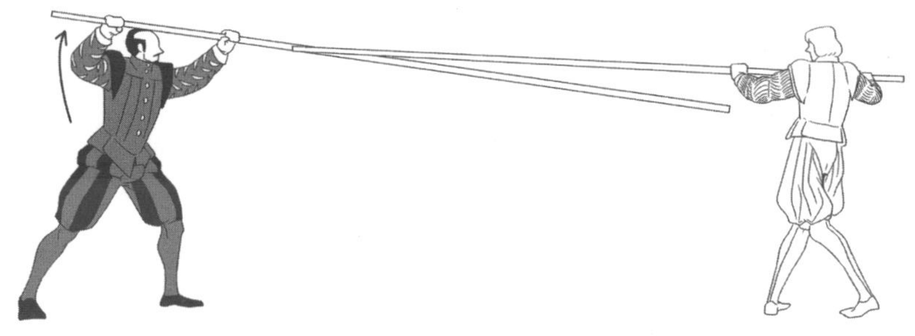

9

제자에게 찌르기를 합니다. 만약 제자가 방어하면 오른발을 당겨 간격 밖으로 벗어납니다.

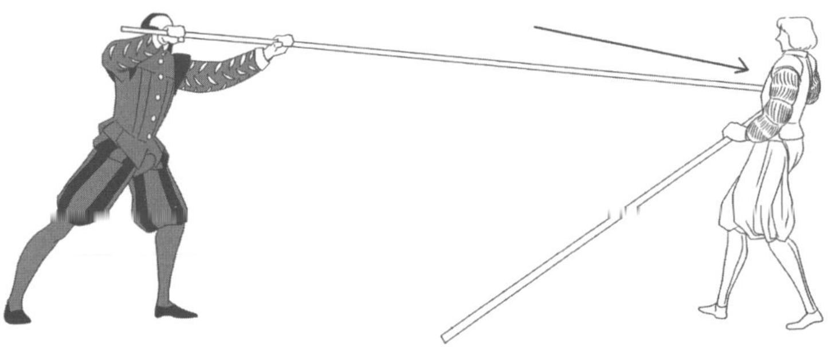

롱스태프 기술 3

바인드 상태에서의 반박자공격과 메치기

A Bind Followed by a Charge-in and a Throw

출전 : Mair, pp.78, 79.

1

스승은 스태프 오른쪽의 「강한」 부분으로 바인딩하고 있습니다.

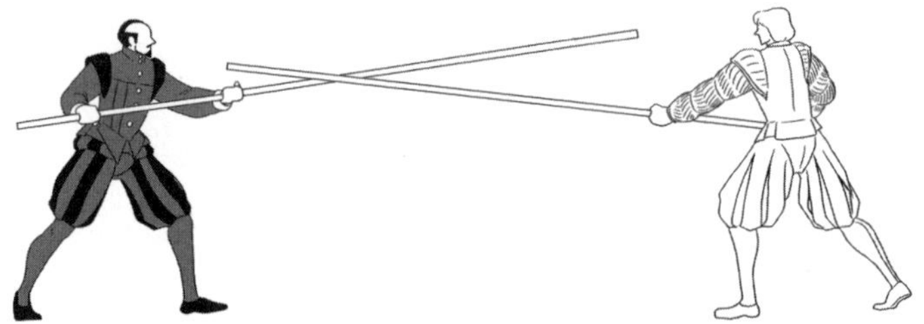

2

재빨리 제자의 스태프 아래로 파고들어 제자의 좌측면을 찌릅니다.

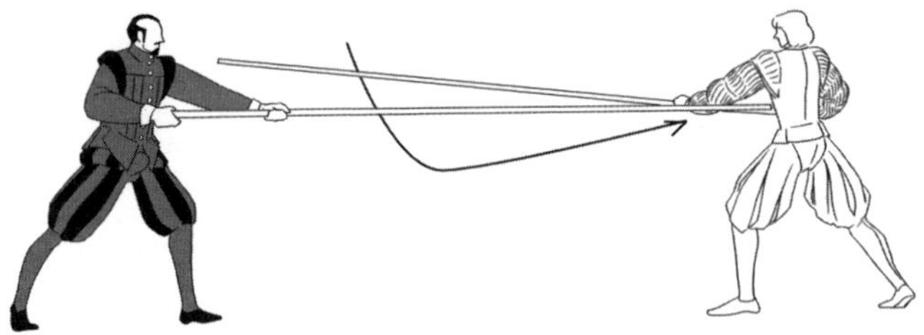

3 카운터

제자는 양손 사이로 스승의 공격을 받아넘깁니다.

4

두 사람의 스태프가 접촉한 상태에서 스태프를 머리 위로 들어올려 스승의 스태프를 치우고 스승의 눈이나 가슴을 힘껏 찌릅니다. 어색한 자세지만 마이어의 책에서는 자주 찾아볼 수 있습니다. 하지만 독일어판 원문에는 Halben Spieß「하프 스피어(하프 스태프)」라는 단어가 등장하는데, 만약 이것을 채용한다면 팔을 교차시키지 않은 상태에서 스태프를 거꾸로 돌려 찌르는 기술이 됩니다.

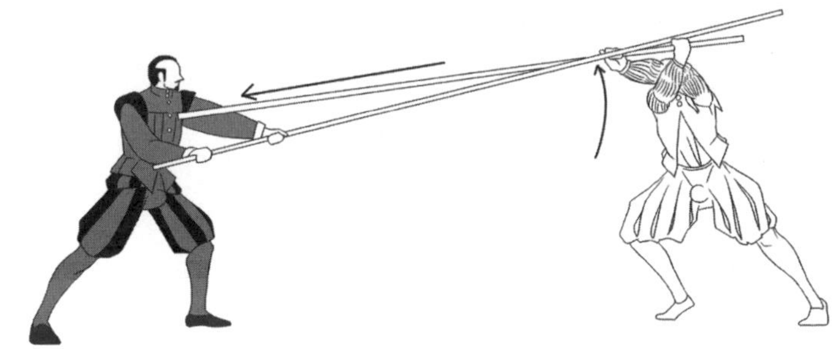

5 카운터

스승은 자신의 스태프를 버리고 오른발을 오른쪽 앞으로 내디디며 왼손으로 제자의 스태프를 쳐냅니다.

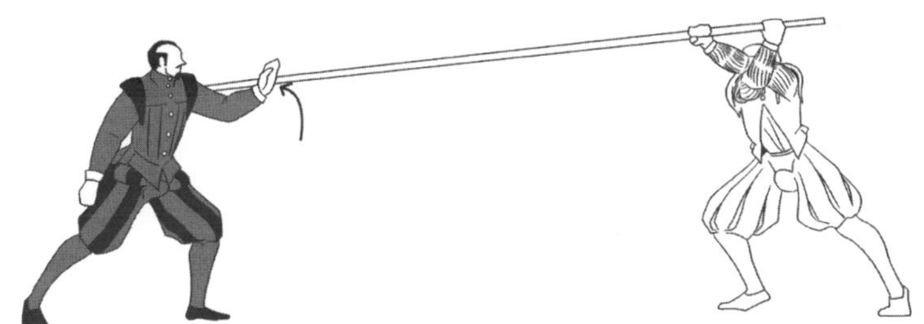

6

그리고 오른손으로 제자의 스태프 가운데 부분을 붙잡습니다.

7 카운터

상대가 자신의 스태프를 붙잡으면 스태프를 놓고 상대에게 달려듭니다. 원문에는 없지만 이후의 전개에서 추측하건대 제자는 스태프를 높이 들어올리고 그 아래로 빠져나왔을 것입니다. 그런 다음 스승의 오른쪽 팔꿈치 바로 윗부분을 붙잡습니다.

8

한층 더 접근해서 왼팔 밑으로 오른손을 내밀어 스승의 왼쪽 팔꿈치 언저리를 붙잡습니다.

9

양손으로 힘껏 스승을 들어올리며 자신의 머리를 왼팔 밑으로 빼내 몸을 반전시킵니다.

10

그대로 등에 짊어지듯 들어올립니다. 원문은 여기까지인데, 아마도 유도 등의 무술을 연습할 때 낙법을 하기 쉽도록 메치기 직전에 움직임을 멈춘 상태를 나타낸 것이 아닌가 싶습니다.

제14장 쿼터스태프

쿼터스태프 개설

> 쿼터스태프라 불리는, 내 조국의 무기라면……. 여섯 명 정도는 동시에.
>
> (Richard Peeke)

쿼터스태프에 대한 일화

1625년, 잉글랜드의 선원 리처드 피크는 스페인군의 포로가 되어 재판을 받게 됩니다. 그런데 스페인 사람들은 잉글랜드인의 격투능력을 시험해보고 싶었던 모양인지, 그에게 레이피어와 대거를 주면서 「디아고」라는 이름의 스페인인과 겨루어볼 것을 명령합니다.

피크는 디아고와 맞붙어 결국 쓰러뜨렸고, 그런 피크에게 스페인 사람들이 더 싸울 수 있겠느냐고 묻자, 그는 「조국의 무기인」 쿼터스태프만 준비해 준다면 흔쾌히 싸울 수 있다고 대답합니다. 두 명의 스페인 검사가 나서는 것을 본 피크는 「여섯 명까지라면」 동시에 상대할 수 있다고 호언했고, 최종적으로 3대 1 결투가 시작되었습니다.

피크가 건네받은 스태프는 할버드의 머리 부분을 떼어낸 것으로 통상적인 것보다 짧았지만, 결국 피크는 싸움에서 승리하고(상대 세 명은 사망, 중상, 레이피어를 떨어뜨려 전투불능) 스페인 정부는 그를 잉글랜드로 돌려보내줍니다. 스태프가 아무리 레이피어보다 강력한 무기라고는 해도, 당시 유럽 최강으로 칭송받던 스페인식 무술의 검사 세 명을 동시에 상대해 승리한 것을 보면 피크는 상당한 실력의 소유자였던 모양입니다.

위의 내용은 피크가 송환된 이듬해인 1626년에 피크 자신이 직접 집필한 책에서 인용한 것이므로 조금 미심쩍은 부분도 있으나, 당시 잉글랜드인이 쿼터스태프에 절대적인 신뢰를 가지고 있었다는 사실을 뒷받침해 주는 자료라고 할 수 있습니다.

쿼터스태프의 역사

쿼터스태프는 롱보우와 더불어 잉글랜드를 대표하는 무기입니다. 가격이 매우 저렴하고(1527년의 재판기록을 보면 흉기로 쓰인 쿼터스태프의 가격이 1펜스라고 나와 있습니다) 효과적이었기 때문에 여행자의 호신용, 스포츠 등 오락용으로 폭넓게 사용되었습니다. 그리고 검과 비교하여 살상력이 낮아(낮다고 해도 정도의 차이일 뿐 전력으로 때리면 일격에 사람을 죽일 수 있었습니다) 일반적인 다툼에서 사용하는 경우도 많았습니다.

실버는 쿼터스태프를 웰시 훅의 뒤를 잇는 개인전 최강의 무기로 평가하면서, 검과 버클러를 장비한 적 정도는 동시에 두 사람도 상대할 수 있다고 하였습니다(다만 공격력이 부족해 전장에서 사용하기에는 바람직하지 않다고도 하였습니다). 그리고 그에 대한 근거로서 파이크처럼 쿼터스태프보다 길이가 긴 무기는 스피드로 제압하고, 그보다 길이가 짧은 무기는 리치로 제압할 수 있다는 점을 들었습니다.

또한 쿼터스태프 기술은 봉 모양의 물체라면 무엇이든 무기 대용으로 사용할 수 있다는 장점이 있습니다. 앞의 일화에서 할버드의 머리 부분을 떼어내 즉석 스태프로 바꿨다는 이야기가 좋은 예이며, 노를 스태프 대신 사용했다는 기록도 남아 있습니다.

쿼터스태프라는 이름

사실 쿼터스태프라는 무기의 이름은 비교적 최근까지 일정하지 않았습니다. 당시 문헌에서는 Quarter-Staff, Club, Cudgel, Stave, Staff, Short Staff, Balstaff, Balkstaff, Tipstaff 등으로 불리고 있습니다. 그렇다면 쿼터스태프라는 이름이 등장한 배경은 무엇이었을까요. 바그너는 다음과 같은 네 가지 가설을 소개하였습니다.

1. 1589년의 기록을 통해 추측

당시 목재는 일정한 길이(24피트, 7.32m)로 제재되었는데, 그것을 4등분하여 쿼터스태프를 만들었다는 설입니다. 하지만 이 방법으로 만들어진 봉의 길이는 약 180cm로 통상적인 쿼터스태프보다 짧았기 때문에 반론의 여지가 있습니다.

2. 길이의 기준으로부터

사용자의 신장에, 신장의 4분의 1만큼을 더한 길이의 봉이기 때문이라는 설입니다.

3. 잡는 법으로부터

바그너가 가장 설득력 있다고 여기는 것으로 스태프를 4등분하여 오른손으로 중앙을, 왼손으로 물미에서 전체 길이의 4분의 1 위치를 잡기 때문이라는 설입니다.

4. 공격법으로부터

「쿼터」란 중세 · 르네상스 시대 잉글랜드 무술의 기법 중 하나로, 머리 위에서 무기를 옆으로 회전시켜 세차게 가격하는 최강의 공격법을 가리킵니다. 이 공격법으로부터 이름이 유래했다는 설입니다.

 쿼터스태프의 스펙

실버는 쿼터스태프의 길이를 「이상적인 길이」라고 보았습니다. 이 길이는 「똑바로 선 상태에서 수직으로 세운 봉을 왼손으로 잡고 오른손을 최대한 뻗어 그 윗부분을 잡았을 때의 두 손 사이의 너비를 원래의 봉에 더한 것」으로, 대략 7피트(213.3cm)에서 9피트(274.3cm) 사이가 됩니다. 두께는 의외로 굵어 지름이 약 2.5~3.8cm였고, 무게는 약 2~2.5kg였습니다.

또한 찌르는 힘이 강해지도록 양 끝을 날카롭게 깎은 것을 많이 찾아볼 수 있습니다.

 쿼터스태프의 용법

쿼터스태프는 다른 스태프나 창 종류와는 반대로 오른손이 앞에 오도록 잡습니다. 오른손으로 스태프 중앙을 잡고 왼손으로 후단 근처를 잡는데, 쿼터스태프의 부위 · 명칭은 이 방식으로 잡았을 때의 손의 위치에 따라 분류됩니다. 선단은 통상공격용, 후단은 상대가 다가왔을 때의 접근전용으로 앞뒤의 역할이 확실하게 구분되어 있으며, 찌르기 중심인 다른 스태프 기술과 달리 쿼터스태프 기술에서는 타격이 기본입니다. 그 타격력은 어마어마하여, 실버는 가장 기본적인 방어기술은 상대의 공격에 기

양 끝이 뾰족한 스태프. 후단(아래)에만 철제 캡이 달려 있다.

■쿼터스태프 잡는 법과 부위별 명칭

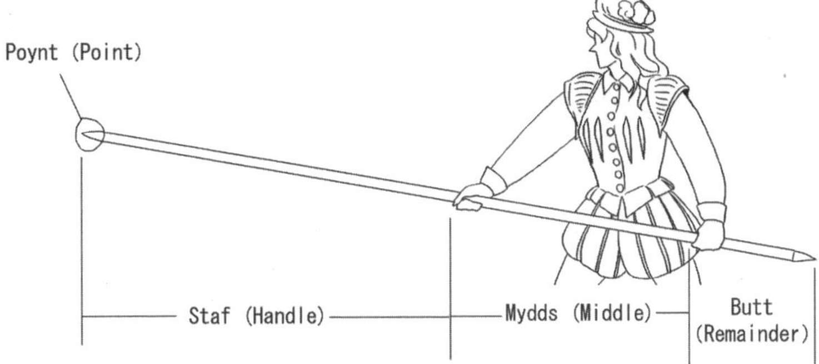

실버가 명명한 것. 괄호 안의 명칭은 와일드(18세기)의 것을 따름.

세가 붙기 전에 미리 때려 떨어뜨리는 것이라고 하였습니다. 또한 페인트 기술을 권장하는 것도 큰 특징이라고 할 수 있습니다.

한편 「양손검은 쿼터스태프와 똑같이 사용한다.」라는 실버의 기록을 보면 쿼터스태프 기술에 양손검 검술의 조작법이 도입되어 있다는 사실을 알 수 있습니다. 오른손을 앞에 두는 쿼터스태프만의 독특한 그립법도 양손검의 영향을 받은 것으로 추측됩니다.

쿼터스태프 자세

 『상단』 자세(High Ward)

실버는 쿼터스태프 자세에는「선단이 위를 향하는 것 두 가지, 아래를 향하는 것 두 가지」의 총 네 가지 자세가 있다고 규정하였습니다. 이 자세는『상단』이라는 이름이 붙어 있지만 사실 독일식 무술의『사다리』자세와 같습니다. 그리고 우리가 흔히 생각하는 상단자세는『열린』자세라고 불립니다. 머리 위에서 내려오는 공격을 방어하기 위한 자세이며, 스웻맨의 말에 따르면 야간 전투에 가장 적합하다고 합니다. 참고로 Ward라는 단어는「피하다, 막다」라는 의미로 현재의 Guard에 해당합니다.

② 『하단』 자세(Low Ward)

가장 기본적인 자세입니다. 위의『상단』자세와 마찬가지로 이 자세도 통상적인『하단』자세와는 달리 독일식 무술의『중단』자세에 해당합니다.

③『성 게오르기우스』 자세(St. George Guard)

잉글랜드의 수호성인이자 무술의 수호성인이기도 한 성 게오르기우스가 악룡을 퇴치할 때 사용했다고 전해지는 자세입니다. 독일식『분노』자세의 일종에서 발전한 것이라 추측되며, 수평으로 잡은 무기를 머리 위로 들어올려 상단공격을 막아냅니다. 머리를 방어하는 데 효과적이지만 다른 부위는 그대로 상대의 공격에 노출하게 된다는 단점이 있습니다. 그 때문인지 실버는 자신의 저서에서 이 자세를 소개하지 않았습니다.

쿼터스태프 기술 1

적의 힘이 강할 경우

If Your Opponent is too Strong

출전 : Silver/Instruction, p.304.

1

스승이 위에서 내리쳐 공격합니다.

2

스승은 여제자보다 힘이 훨씬 강하므로, 여제자가 섣불리 스승의 공격을 막으려 하다가는 오히려 자신의 스태프를 떨어뜨릴 수 있습니다. 그래서 여제자는 앞발을 당겨 뒤로 물러나면서 스승의 공격을 피합니다. 또한 이때 여제자는 자신의 스태프를 아래로 내림으로써 서로의 스태프가 부딪치지 않도록 합니다.

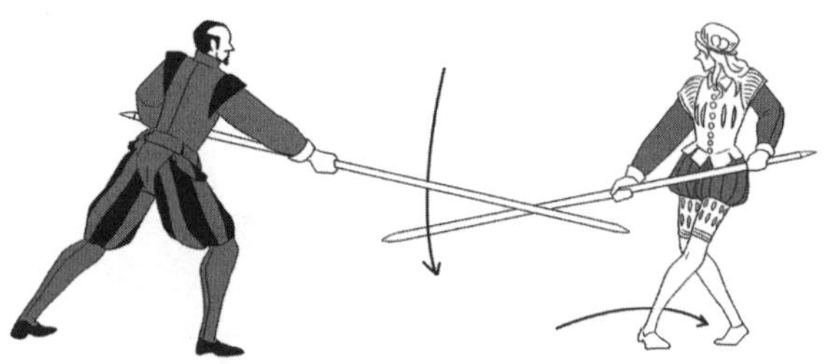

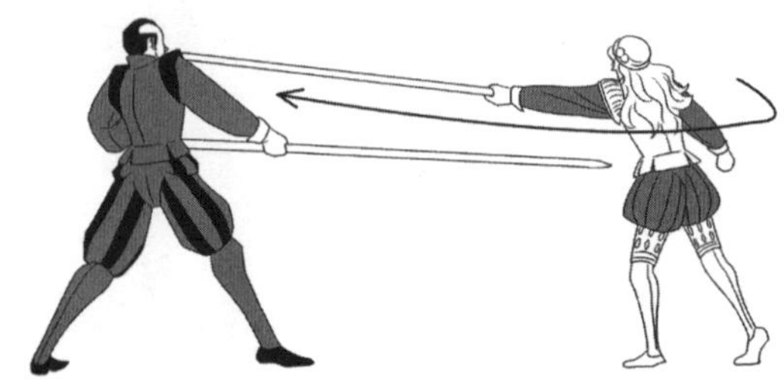

3

스승이 태세를 바로잡기 전에 한손찌르기를 하고, 바로 간격에서 벗어납니다.

쿼터스태프 기술 2

상대가 위에서 내리칠 경우

If He lye a Loft with His Staff

출전 : Silver/Instruction, p.304.

상황은 기술 1과 같지만, 이번에는 이쪽의 힘도 상대에게 뒤지지 않을 경우입니다.

1

스승이 위에서 내리쳐 공격합니다. 제자는 『하단』 자세를 취한 채 스승의 스태프와 자신의 스태프 사이의 거리를 가능한 한 좁혀(혹은 스승의 공격선에 아주 가깝게 접근하여) 스승의 공격에 대비합니다.

2

스승의 공격에 충분한 기세가 붙기 전에 스승의 스태프를 옆으로 쳐냅니다.

3

스승이 태세를 바로잡고 뒤로 물러나기 전에 한손찌르기로 공격하고, 재빨리 간격에서 벗어납니다. 만약 스승이 빠르게 태세를 바로잡는다면 무리하게 공격하지 말고 간격에서 벗어납니다.

쿼터스태프 기술 3

역수잡기

Reversed Grip

출전 : Silver/Instruction, pp.305, 306.

역수잡기는 왼손을 앞, 오른손을 뒤에 잡는 방식으로 정식 그립법은 아니지만, 실버는 「이 방법이 편하다는 사람도 있다.」라고 언급하며 이 기술을 소개하였습니다. 여기에서 설명하는 것은 기본적으로 상대의 무기를 붙잡아 근접전을 유도하는 기술로, 상대와 거리를 두는 경향이 있는 영국식 무술에서는 이색적인 기술이라 할 수 있습니다. 통상적인 그립법으로 이 기술을 사용하고 싶을 때는 단순히 왼손으로 상대의 스태프를 붙잡으면 된다고 합니다.

1

두 사람은 바인드 상태입니다.

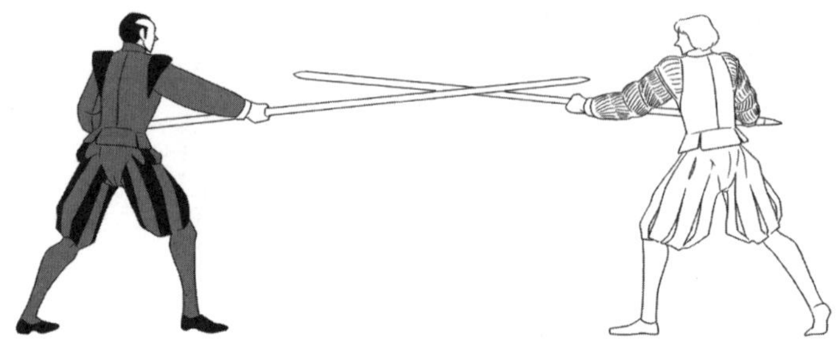

2

제자는 오른손을 재빨리 왼손 옆에 가져다 대고, 왼손으로 스승의 스태프를 붙잡습니다. 실버는 「엄지손가락이 아래로 오도록」 붙잡으라고 하였으므로, 아마도 그림처럼 역수로 잡았을 것입니다. 또한 왼손으로 스승의 스태프를 붙잡기 전에 오른손을 왼손 가까이 가져다 대는 것은 스태프의 균형을 유지하여 언제든 사용할 수 있게 하기 위해서입니다.

3

스승의 스태프를 봉쇄했으면 자신의 스태프를 거꾸로 돌립니다. 원문에는 나와 있지 않지만 상황으로 보아 제자가 스승의 스태프를 세게 잡아당기고 있는 것으로 추측됩니다.

4

후단으로 스승을 찌르고 간격 밖으로 후퇴합니다.

5 상대가 약할 때

만약 상대의 힘이 자신보다 훨씬 약할 경우에는 스태프를 잡아당겼을 때 상대가 이쪽으로 끌려옵니다. 스태프를 회전시킬 시간적 여유는 없으므로 재빨리 상대를 메칩니다.

6 상대가 강할 때

만약 상대가 자신보다 강할 경우에는 상대 쪽으로 끌려가기 전에 손을 놓고 간격에서 벗어납니다.

쿼터스태프 기술 4

『하단』 자세에서의 카운터

Defence from the Low Guard

출전 : Swetman, p.135.

스웻맨의 삽화에 등장하는 쿼터스태프는 약 180cm 정도로 통상적인 쿼터스태프보다 짧은데, 이것이 실제 길이인지 아니면 책의 공간에 맞추기 위해 변경한(당시에는 흔히 있는 일이었습니다) 것인지는 알 수 없습니다.

1

제자가 스승의 얼굴을 찔렀으나, 스승은 양손 사이로 받아넘깁니다.

2

재빨리 한손찌르기로 공격한 다음 스태프를 거둬들이고 서둘러 간격에서 벗어납니다.

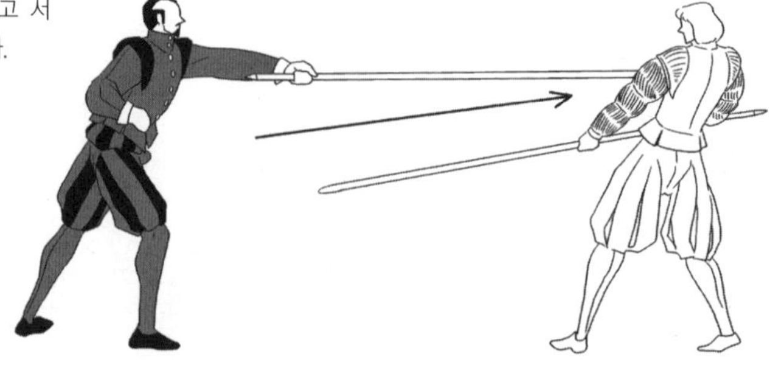

쿼터스태프 기술 5

하단공격에 대한 방어
Defence against a Low Attack

출전 : Swetman, p.136.

허리보다 낮은 곳에 대한 공격을 방어하는 방법입니다.

1 찌르기

스승은 스태프를 감아 제자의 찌르기를 옆으로 뿌리칩니다. 이때 스태프가 지면에 부딪쳐 움직임을 방해하지 않도록 주의해야 합니다.

2 타격

제자가 스승의 다리를 공격합니다. 스승은 찌르기 때와 마찬가지로 방어하거나…….

3

스태프 선단을 몸에서 대략 60~90cm 정도 떨어뜨린 다음 공격이 오는 쪽 지면(이 경우 왼쪽)에 짚습니다. 그리고 나서 오른손을 놓고 왼손만으로 스태프를 세웁니다. 이렇게 함으로써 스승은 자신의 몸을 완전히 방어할 수 있습니다.

쿼터스태프 기술 6

야간전투
Fight at Night

출전 : Swetman, p.139.

스웻맨은 자신의 저서에서 쿼터스태프를 사용한 야간전투에 대해 매우 흥미로운 기록을 남겼습니다. 그의 말에 따르면 만약 밤중에 누군가에게 습격을 받는 경우 대처법은 세 가지가 있다고 합니다. 첫 번째는『상단』자세를 취하는 것, 두 번째는 만약 상대를 견제할 수 있을 만한 길이의 스태프를 가지고 있다면 선단으로 상대를 겨냥하여 다가오지 못하게 하는 것, 그리고 마지막으로는 무조건 도망치는 것(원문에는「Trust the heel(그대의 발뒤꿈치를 믿어라)」이라고 되어 있습니다)입니다. 여기에서는 그중 첫 번째 대처법에 대해 설명합니다.

1

「상단」 자세를 취해 머리를 보호합니다. 스웻맨은 어두운 밤에는 대부분의 인간이 본능적으로 머리를 노리고 공격한다고 설명하였습니다. 그러므로 밤중에 습격을 받았을 때 가장 중요한 것은 머리에 대한 방어입니다.

2

스승은 머리에 대한 제자의 공격을 양손 사이로 막아냅니다.

3

스웻맨의 말에 따르면 야간전투에서 상대와 거리를 두는 것은 금물이며, 가능한 한 상대에게 바싹 다가가야 한다고 합니다. 또한 기본적으로 찌르기 공격을 하는데, 상황이 허락하면 스태프를 반대로 돌려 후단으로 찌릅니다.

쿼터스태프 기술 7

페인트

Falsifie

출전 : Swetman, pp.152, 153.

1

스승이 위에서 내리쳐 공격합니다. 제자는 그것을 방어하기 위해 머리 위로 스태프를 들어 올립니다.

2

스승은 끝까지 내리치지 않고 자기 쪽으로 스태프를 끌어당깁니다.

3

그리고 제자에게 찌르기를 합니다.

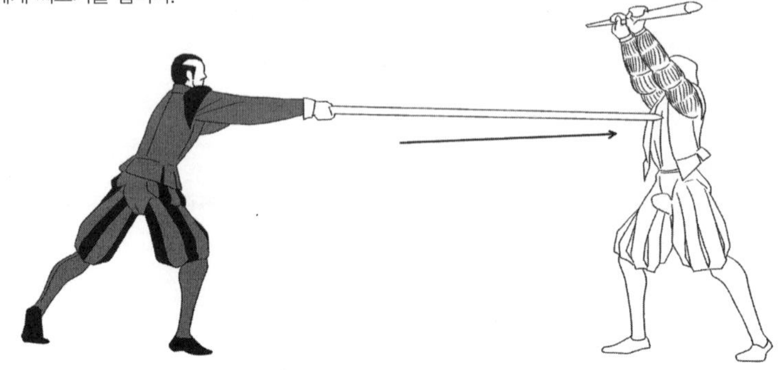

4 카운터

스웻맨은 이 페인트에 대한 반응을 두 가지로 나눌 수 있다고 하였습니다. 우선 기량이 없는 사람은 카운터할 생각을 하지 못하고, 그저 자신의 몸을 지키기에만 급급합니다. 그리고 상대의 행동(내리치기와 찌르기)에 따로따로 반응합니다. 하지만 숙련자는 그림과 같이 처음에 바로(아마도 후퇴하면서) 간격 밖에서 찌르기를 합니다. 스승의 움직임은 「페인트→공격」이라는 2개의 동작으로 이루어지므로, 빠른 단계에 반격하면 손쓸 새도 없이 당하게 됩니다.

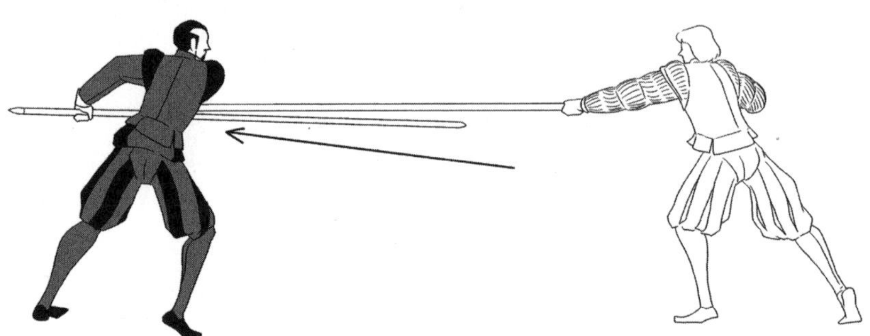

제15장 웰시 훅

웰시 훅 개설

……또한 아마조네스를 채찍질하고 루시퍼의 여자를 빼앗은, 그 오만불손한 웨일스인이 웰시 훅의 십자에 걸고 악마의 진정한 종이 되겠노라 맹세했다. 그 모든 악의 근원을 대체 뭐라고 부르면 좋단 말인가!

(셰익스피어 『헨리 4세 제1부』 제2막 제4장)

웰시 훅의 역사

웰시 훅은「Welsh」라는 이름 그대로 웨일스 지방을 기원으로 하는 무기입니다. 하지만 이 무기가 문헌에 등장할 무렵에는 이미 웨일스를 넘어 잉글랜드에까지 보급된 상태였습니다. 첫머리에 인용한 셰익스피어의 문장을 보면 알 수 있듯이, 웰시 훅은 당시 사람들에게 매우 친숙한 무기인 동시에 쿼터스태프가 잉글랜드의 상징인 것처럼 웨일스 지방의 상징으로서 인식되었습니다.

이 무기의 이름은 아주 다양하여 Welsh Hook 외에도 Forest Hook, Forest Bill, Welsh Bill, Welsh Glaive, Bush Scythe, Wood Bill, Watch-men's Bill, Hedging Bill 등으로 불렸습니다. 그 이름에서 미루어 짐작할 때 삼림지대에서 높은 곳의 가지나 수목 밑의 잡초를 벌채하던 도구로부터 발전한 것이 아닐까 합니다. 실제로 웰시 훅에 대해 언급한 문헌 중 가장 오래된 것은 12세기의 민화를 번역한 1481년의 책인데, 거기서 웰시 훅은 농기구의 일종으로 등장합니다. 또한 이름에 빌, 훅, 글레이브라는 이름이 붙어 있는 것으로 보아 그들 무기와 동일한 기능, 조작법을 가진 무기라고 추측할 수 있습니다. 따라서 이 항목에서는 웰시 훅뿐만 아니라 빌에 대해서도 설명하고자 합니다.

빌이란

빌은 중세 후기에 등장한, 잉글랜드를 대표하는 무기입니다. 나뭇가지를 베는 등의 용도로 사용하던 동명의 농기구에서 발전한 무기로, 농민 징집병이 다루기에 익숙하고 갑옷을 입은 상대에게도 효과적이었기 때문에 잉글랜드 보병의 주력무기로서 자리잡게 됩니다.

동시에 유럽 대륙에도 확산되었는데(잉글랜드 기원인지는 불명입니다), 특히 이탈리아에서는 론코네(또는 론카)라 불리며 널리 사용되었습니다. 그러나 모양은 크게 달라 잉글랜드식 빌은 베기에 적합한 구조, 이탈리아식 빌은 찌르기에 적합한 구조로 되어 있습니다. 또한 잉글랜드에 블랙 빌, 브라운 빌 등의 표기가 남아 있는 것으로 보아 아마도 어떠한 분류가 있던 것으로 추측되지만 현재로서는 자세한 사항을 알 수 없습니다.

유럽 대륙에서 파이크 병사의 밀집진형이 주류가 된 뒤로도 잉글랜드군의 주력은 여전히 빌 병사였습니다. 하지만 잉글랜드 정부는 1596년 파이크 병사를 주요 병과로 삼는 것을 결의하고, 트레인밴드(잉글랜드 시민 징집병 중 정예병으로 구성된 부대)의 장비를 빌에서 파이크로 변경했습니다. 이후 빌은 주력무기의 자리에서 물러나 전장에서 모습을 감추게 됩니다.

빌을 이용한 가지치기. 농민은 날이 반대쪽으로 휘어진 메서를 허리에 차고 있다. Opus Ruralium Commodorum(1495년)으로부터.

■잉글랜드식(왼쪽)과 이탈리아식(오른쪽) 빌

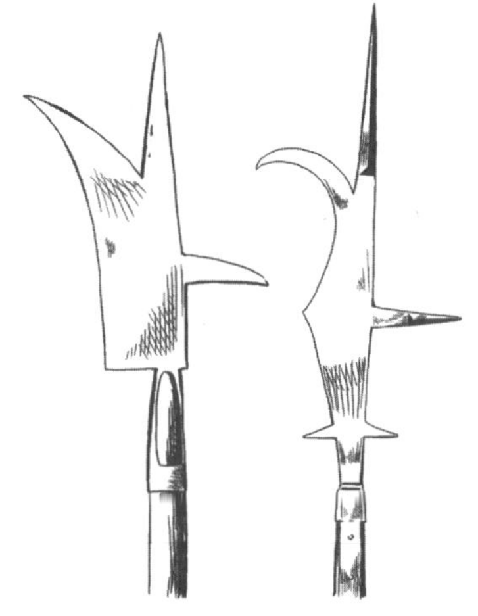

최강의 무기, 웰시 훅

앞에서 설명한 바와 같이 당시 웰시 훅은 상당히 일반적인 무기였습니다. 웰시 훅이 군용 무기로 인식되었다는 증거로서, 리처드 3세가 웰시 훅 2000자루를 발주한 1483년의 기록을 들 수 있습니다. 리처드 3세가 즉위한 이 해에는 그에게 적대하던 귀족들의 반란이 일어났기 때문에, 대규모 반란에 대한 군비확장 계획의 일환이 아니었을까 추측됩니다. 그는 불과 2년 뒤 보즈워스 전투에서 전사하는데, 그때 이끌던 병력이 5000~8000명 정도라고 합니다. 만약 이 전투를 위해 웰시 훅 2000자루를 준비한 것이라면, 각지의 수비병력을 감안해도 꽤 많은 숫자였다고 할 수 있습니다. 이런 사례를 통해 알 수 있듯이 과거 웰시 훅에 대한 평가는 아주 높았습니다.

그러한 사실을 뒷받침해 주는 것이 실버 등 검사들의 평가입니다. 그들은 웰시 훅을 최강 클래스의 무기라고 평하였고, 특히 실버는 모든 무기 중 최고의 위치에 놓을 정도였습니다.

하지만 의외로 이 무기가 잉글랜드 밖으로 전래되는 일은 없었습니다. 영국 국외에 유일하게 현존하는 웰시 훅은 스위스에 있는 1자루뿐입니다. 영국식 무술의 연구자인 바그너는 그 1자루의 소켓이 영국제 무기 특유의 타입인 것을 근거로, 스위스 병사가 사용한 것이라기보다 웨일스 왕의 후예이자 전설의 용병대장인 「붉은 손」 오웨인 즉 오웨인 로고크의 부대가 스위스에서 패했을 때의 전리품으로 보고 있습니다. 그는 합스부르크가의 용병으로서 1375~1376년 사이 스위스에서 활동하였으므로, 바그너의 가설이 옳다면 그 시기에 노획된 무기일 것입니다.

웰시 훅의 스펙

일반적인 무기로 높은 평가를 받았음에도 웰시 훅이 어떠한 무기인가에 대해서는 최근까지 거의 알려지지 않았습니다. 웰시 훅의 형태에 관한 몇 안 되는 언급 중 하나로 1613년 일본을 방문한 영국인 윌 스미스의 글이 있는데, 그는 일본의 치도(薙刀)가 「웰시 훅과 닮았다.」라고 기록하였습니다.

웰시 훅은 봉의 끝에 낫 모양의 날과 직각에 가까운 갈고리를 달아놓은 무기입니다. 낫과 같은 방향으로 뻗은 갈고리 끝 부분은 스파이크로 이루어졌고, 낫 위에 찌르기용 스파이크를 추가한 예도 있습니다.

바그너의 말에 따르면 웰시 훅의 머리 부분은 길이 30cm 정도이며, 무게는 같은 길이의 스태프와 큰 차이가 없다고 합니다. 실버는 웰시 훅을 쿼터스태프와 마찬가지로 「이상적인 길이」(즉 전체 길이 210~270cm 정도)라고 보았으므로, 무기의 전체 무게는 쿼터스태프와 비슷한 약 2kg이 되는 셈입니다. 한편 빌은 그보다 조금 짧은 150~180cm 정도입니다. 다만 이 길이가 손잡이 길이인지, 아니면 머리 부분까지 합한 전체 길이인지는 알 수 없습니다.

■각종 웰시 훅

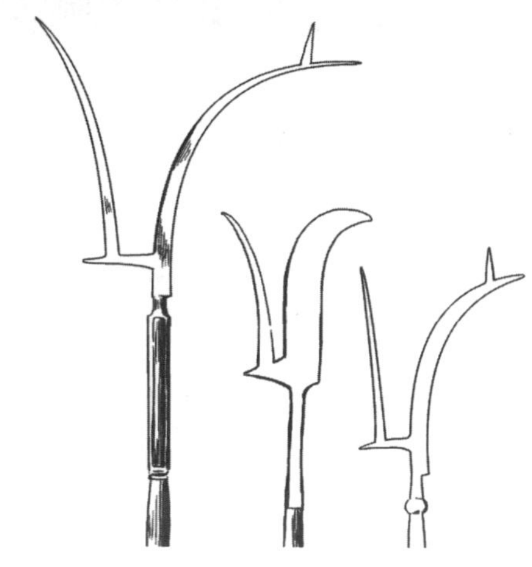

 웰시 훅의 용법

웰시 훅과 빌의 용법은 기본적으로 쿼터스태프와 동일합니다. 하지만 단순한 봉인 쿼터스태프와 달리 웰시 훅과 빌은 복잡한 형태의 머리 부분을 가지고 있습니다.

이 머리 부분은 상대를 베고 끌어당길 뿐만 아니라 아귀 부분으로 상대의 무기를 받아내거나 상대의 무기를 끼워 옆으로 치우는 등 다양하게 사용합니다. 또한 무게가 쿼터스태프와 거의 비슷하여 쿼터스태프와 마찬가지로 다루기가 쉽고 스피드도 빠릅니다. 그야말로 장점 일색의 무기라고 할 수 있습니다.

웰시 훅 기술 1

훅 1
Hooking

출전 : Silver/Instruction, p.309.

상대의 무기를 옆으로 치우고 상대의 몸을 끌어당겨 쓰러뜨리는 기술입니다.

1

아귀 부분으로 제자의 무기를 받아내거나 끼웁니다. 그리고 머리 부분을 그대로 미끄러뜨려 제자의 손을 공격합니다.

2

제자의 손에 공격이 명중하면 제자의 무기를 오른쪽으로 치웁니다.

3

제자의 머리 · 목 · 팔 또는 다리를 걸고 앞으로 끌어당겨 넘어뜨린 다음 바로 떨어져 간격을 둡니다.

웰시 훅 기술 2

훅 2

If You cast His Staff so far out that Your Bill slyde not up to His Hands

출전 : Silver/Instruction, p.309.

기술 1과 같지만 상대의 손을 공격하기에는 거리가 너무 멀 경우입니다.

1

스승은 제자의 무기를 받아냈지만 제자의 손까지 미끄러뜨리기에는 거리가 너무 멉니다.

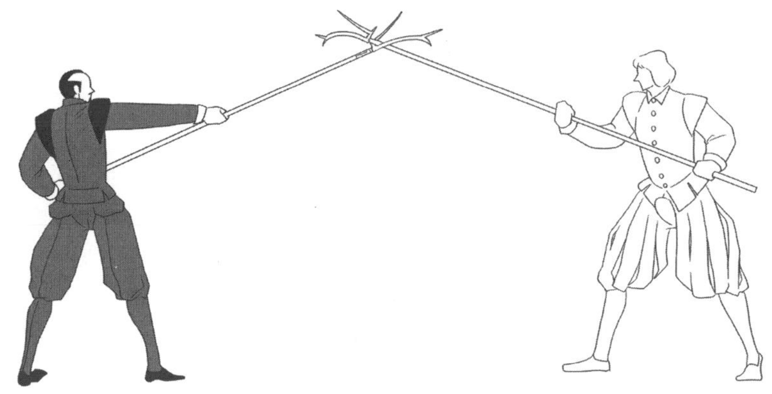

2

스승은 왼손으로 머리 부분에서 1야드(약 90cm) 정도 되는 곳을 잡습니다. 그리고 한 손으로 무기를 움직여 제자의 다리를 걸고 앞으로 끌어당겨 넘어뜨립니다. 이때 오른손은 상대가 덤벼드는 만일의 경우에 대비해 남겨둡니다.

웰시 훅 기술 3

상대의 무기 걸기

If You can reach within the Head of His Byll

출전 : Silver/Instruction, p.309.

이 기술은 서로의 무기가 머리 부분만이 간신히 닿을 만한 거리에서 대치할 때 사용합니다. 그러므로 비교적 떨어진 간격에서 사용하는 기술이라고 할 수 있습니다.

1

스승과 제자가 접근하고 있습니다.

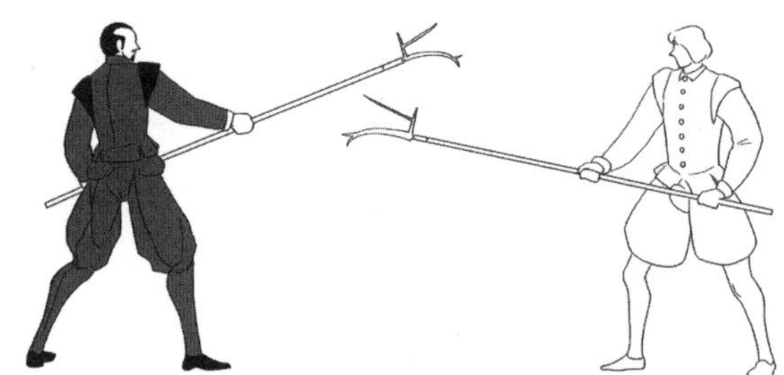

2

스승은 재빨리 자신의 무기의 머리 부분을 제자의 무기의 머리 부분에 걸고 앞으로 끌어당기며 한쪽으로 치웁니다(여기에서는 아래로 밀어붙이고 있습니다).

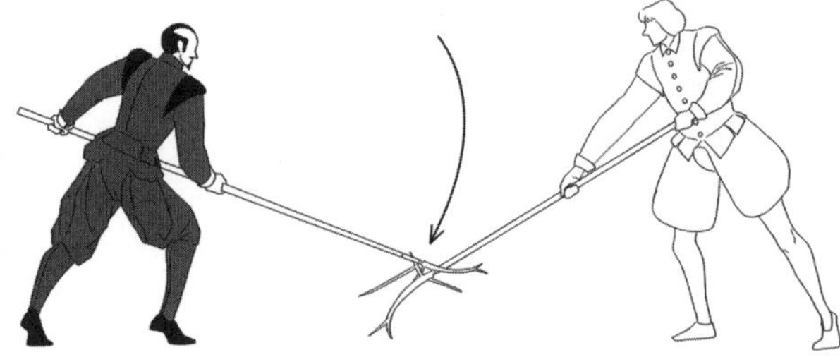

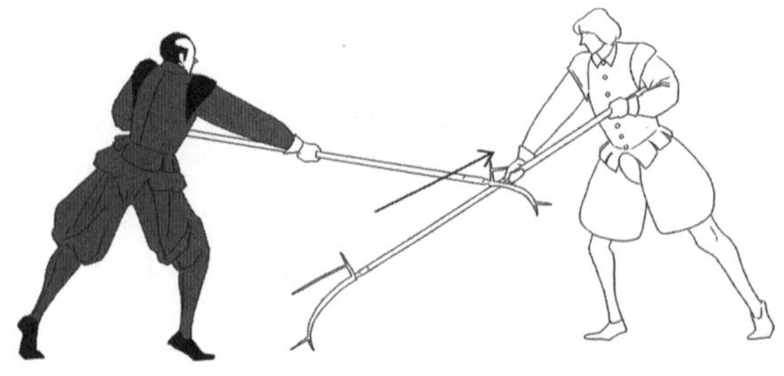

3

그리고 무기를 제자의 손 쪽으로 미끄러뜨립니다.

웰시 훅 기술 4

상대가 무기를 내리고 있을 때

If He lye alow with His Bill

출전 : Silver/Instruction, p.310.

1

제자가 무기를 아래로 내리고 있습니다.

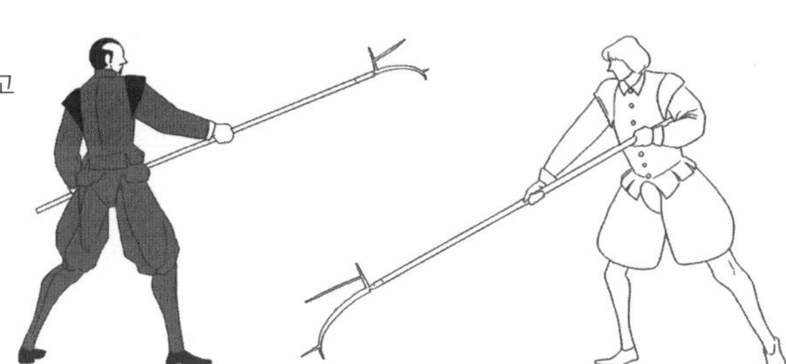

2

스승은 재빨리 자신의 무기를 옆으로 눕혀 위에서 제자의 무기를 누릅니다.

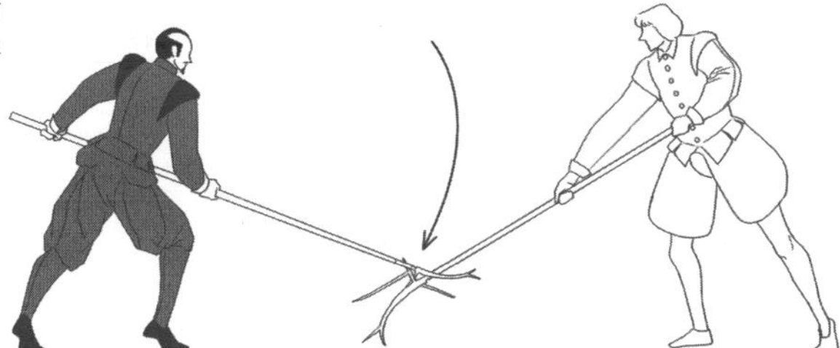

3

한손찌르기로 제자의 손을 공격하고 간격을 둡니다.

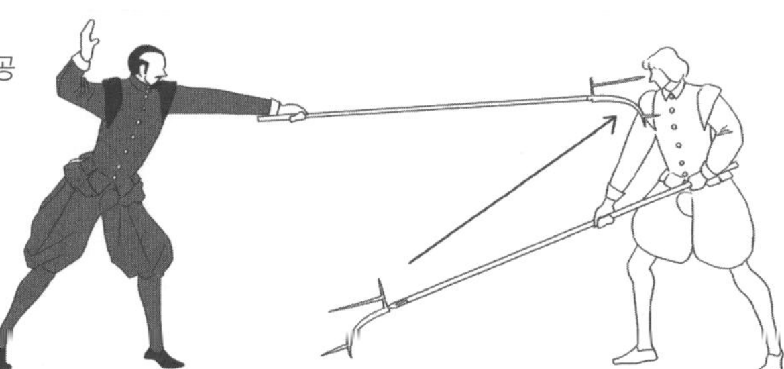

페히트부흐에 나와 있지 않은 무기

페히트부흐에는 결투재판에서부터 호신용, 전장용에 이르기까지 폭넓은 전투술이 수록되어 있으나, 몇 가지 무기(당시 무척 일반적이었던)에 대한 언급은 전혀 없습니다. 여기에서는 그처럼 페히트부흐에 등장하지 않는 무기를 소개합니다.

1. 알슈피스 Ahlspiess

올 파이크(Awl Pike)라고도 불리는 무기로 송곳 모양의 스파이크(올은 송곳이라는 뜻)를 비슷한 길이의 손잡이에 고정시킨 것입니다. 스파이크의 뿌리 부분에는 원반 모양 날밑이 달려 있습니다. 결투용으로 흔히 사용되었으며 많은 삽화 자료에 등장하는데, 외견을 통해 추측할 수 있듯이 갑옷의 틈새(와 그곳을 보호하는 사슬)를 꿰뚫기 위해 고안되었습니다. 하프 소드 검술 · 창술 · 폴액스 기술을 유용하여 조작했던 것으로 보입니다.

2. 에스터크 Estoc, Tack

에스터크는 찌르기 전용 롱소드입니다. 갑옷의 틈새를 정확하게 찌르려는 목적에서 롱소드의 검신을 거대한 바늘 모양으로 만든 무기로, 위에서 소개한 알슈피스의 검 버전이라고 할 수 있습니다. 나름대로 인기가 높아 결투에서 많이 사용되었는데, 그러한 인기에도 불구하고 페히트부흐에서 찾아볼 수 없는 이유는 모양이 검과 다를 바 없어 따로 전용기술을 발전시키지 않고 하프 소드 검술을 응용했기 때문일 것입니다.

3. 메이스 · 도끼 Maces & Axes

갑옷이 중장비화되면서, 강한 충격으로 적을 쓰러뜨리는 무기의 수요가 급격히 늘어났습니다. 그 시점에서 일대 붐을 일으킨 것이 메이스와 도끼였습니다. 메이스는 중세 중기까지 목제 손잡이에 청동제 또는 철제 머리 부분을 캡처럼 씌운 가볍고 단순한 구조였으나, 15세기 들어 금속판을 방사형으로 여러 장 용접한 머리 부분을 가진 전(全)금속제 플랜지드 메이스가 주류를 이룹니다. 이들 무기는 마상에서도 사용 가능하도록 한 손에 들 수 있는 무게와 길이로 만들어졌습니다. 검과 달리 머리 쪽이 더 무거운 무기라서 반응속도는 느리지만, 나름대로 충분한 스피드와 기동력을 가지고 있었습니다. 대부분의 기사들은 도보일 경우 벨트에 꽂고 기마일 경우 안장 전륜에 매달아 장비하였습니다.

제16장
백소드

백소드 개설

가지고 다니기 편하고 칼집에서 쉽게 뺄 수 있으며 재빨리 움직이기도 용이하다. 또한 베기와 찌르기는 강력하고 빠르니, 가볍고 날카로운 쇼트소드는 이 얼마나 용맹한 무기인가. 수많은 병사들이 밀집하여 부대끼는 전장에서 한손검 · 양손검 · 배틀액스 · 할버드 · 블랙 빌 등 무수한 무기가 서로를 해칠 때 머리와 얼굴, 그리고 몸을 지키고자 현란하게 움직이며, 허리보다 낮은 곳을 공격할 수 없을 정도로 사람들이 빼곡히 들어찬 상황에서도 팔을 높이 들어올려 손잡이로 스스로의 손과 팔, 머리, 얼굴, 몸을 보호한다. 강인한 그 손잡이의 수비는 어쩌면 이렇게 견고한가.

(George Silver)

 백소드의 역사

백소드는 르네상스 시대 잉글랜드의 전장용 한손검입니다. 바구니 모양 손잡이를 가진 바스켓 힐트 소드라는 일련의 검의 일종으로, 외날(또는 칼끝에서 4분의 1 부분까지만 양날)이며 다른 검보다 칼등이 두껍다는 데서 백소드 즉 「등을 가진 검」이라고 부릅니다. 이 외에 바구니 모양 손잡이를 가지고 있는 검은 스코틀랜드의 브로드소드(클레이모어 또는 클레이엠 모어), 이탈리아(특히 베네치아)의 스키아보나 등이 있습니다. 여기에서는 그것들을 통틀어 백소드로 분류합니다.

 바스켓 힐트

바스켓 힐트는 바구니 모양 손잡이를 말합니다. 중세 말기부터 복잡해지기 시작한 손잡이의 최종발전형이라고도 할 수 있는 이 타입의 손잡이는 그 복잡한 구조와는 상반되게 어떠한 단일한 기원을 가진 것이 아니라 전 유럽 각지에서 독자적으로 탄생한 것으로 추측됩니다.

바그너의 말에 따르면 잉글랜드에서는 1520년경 나타나 그 후 20년 사이에 완성형에 근접했다고 합니다. 또한 당시 잉글랜드 및 스코틀랜드 저지(잉글랜드와 국경을 접하는 지역입니다)에서는 이 타입의 손잡이를 스코틀랜드 고지(하일랜드라고 불리는 스코틀랜드의 오지) 기원이라고 보았기 때문에 스코틀랜드에서는「힐런드 힐티스」, 잉글랜드에서는「아이리시 힐트」로 불렀다고 합니다. 왜 스코티시가 아니라 아이리시인가 하면 현재의 스코틀랜드인은 5세기경 아일랜드 이민자들의 자손이기 때문입니다.

초기의 바스켓 힐트는 강철봉을 짜맞춘 것이었으나, 후기로 가면서 방어력 향상을 위해 주로 판형을 사용하게 됩니다. 바구니 안쪽에는 가죽을 덧대 틈새로 들어오는 칼끝으로부터 손을 보호하는 동시에 손잡이를 잡히는 위험성을 낮추었습니다. 또한 바스켓 힐트 대부분에는 일자 날밑이 달려 있었으나 시대가 흐르며 일자 날밑이 없는 타입이 늘어납니다.

바스켓 힐트의 기능은 당연하지만 손의 방어인데, 이 타입의 손잡이가 필요해진 요인 자체에 대해서는 아직 명확한 해답을 얻지 못하고 있습니다. 르네상스 시대 들어 검술양식이 변화하면서 이전보다 손을 보호해야 할 필요성이 커졌다는 설도 있으나, 바그너는 갑옷의 건틀릿 대신 바스켓 힐트를 발전시킨 것이라고 보았습니다. 건틀릿이라고 해도 갑옷과 세트인 정식 건틀릿에서 장갑에 사슬을 붙인 것까지 다양한 종류가 있는데, 그때까지 착용하고 싸우던 건틀릿을 사용하지 않게 됨에 따라 손을 방어할 필요성이 나타났다는 것입니다.

하지만 이 타입의 손잡이로는 재빨리 검을 뽑아들기가 힘들다는 단점이 있습니다. 실버의 말에 따르면 이탈리아인이 바스켓 힐트를 싫어하는 이유는 기습당했을 때 당황하여 그립이 아닌 바구니를 붙잡고 검을 뽑는 바람에 그대로 적에게 당하고 마는 상황을 매우 경계했기 때문이라고 합니다.

■초기 바스켓 힐트의 예 1

16세기 후반 스코틀랜드 고지에서 만들어진 바스켓 힐트. 리본 모양을 하고 있다는 데서 리본 힐트라고도 불린다.

■초기 바스켓 힐트의 예 2

독일제로 추측되는 바스켓 힐트.

■중후기 바스켓 힐트의 예

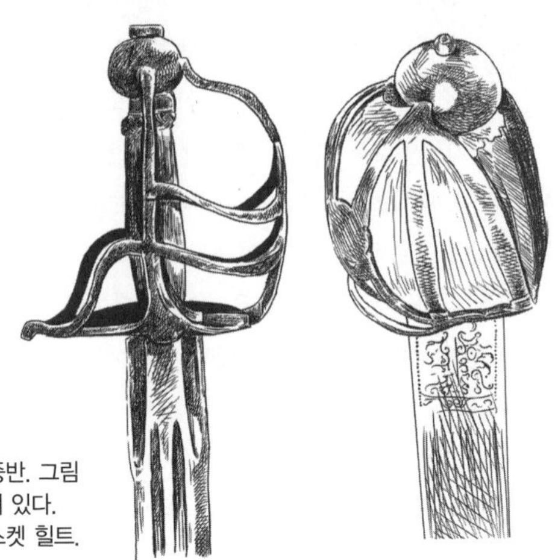

좌 : 모츄어리 힐트, 잉글랜드제 17세기 중반. 그림에는 보이지 않지만 원반 모양 날밑이 달려 있다.
우 : 16세기 후반에서 17세기 전반의 바스켓 힐트. 안쪽에 덧댄 가죽이 남아 있다.

 백소드의 스펙

실버는 백소드(또는 그가 말하는 쇼트소드)의 길이 구하는 법을 다음과 같이 설명하였습니다. 우선 대거를 잡은 왼손을 똑바로 뻗습니다. 그런 다음 검을 든 오른손을 뒤로 당깁니다. 이때 팔꿈치는 불편하지 않을 정도로 자연스럽게 구부립니다. 이런 자세를 취했을 때 검의 칼끝이 대거를 넘지 않을 정도가 그 사람에게 있어 최적의 길이라고 합니다.

바그너의 말에 따르면 이 방법을 통해 도출할 수 있는 검의 스펙은 칼날 길이 90cm 이하, 무게 약 1.2~1.3kg으로 바스켓 힐트의 무게가 더해져도 중세의 한손검보다 특별히 무겁지는 않다고 할 수 있습니다.

필자는 영국제 백소드에 대한 데이터를 별로 가지고 있지 않기 때문에 대신 스키아보나를 소개합니다. 스키아보나는 베네치아에서 발전한 검으로, 당시 베네치아 공화국에 고용된 발칸 반도 출신 용병이 가지고 있던 검이 그 기원이라고 합니다. 스키아보나라는 이름 자체도 「슬라브 여인」

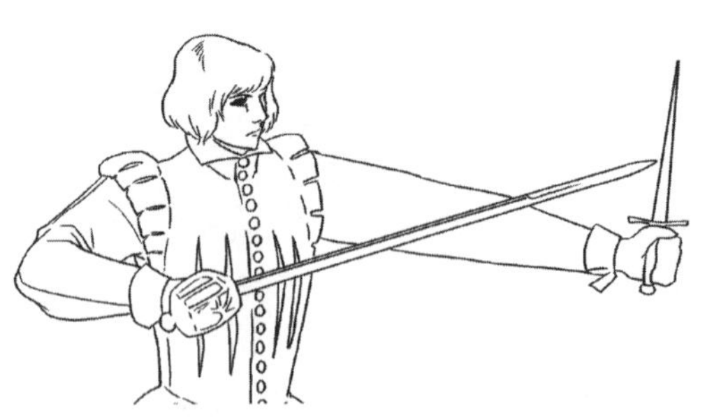

실버가 본 백소드의 이상적인 길이.

이라는 의미이며, 이것은 그들 용병들의 출신 민족을 가리킵니다. 옆의 그림에는 없지만 스키아보나의 가장 큰 특징은 고양이 머리처럼 생긴 손잡이 머리입니다.

■스키아보나의 손잡이

전체 길이 : 109cm / 칼날 길이 : 94cm / 무게 : 1.4kg / 무게중심 : 날밑에서 11cm.

제작 : 이탈리아, 17세기 중반.

 백소드의 용법

백소드 같은 한손검을 다루는 데 특히 중요한 기법은「날을 세우는」것입니다. 흔히 유럽의 검은 곤봉과도 같다는 오해를 받고 있으나, 실제로는 매우 정밀한 조작법을 필요로 합니다. 그래서 날을 정확히 세워 목표에 명중시키는 것이 중요한 것입니다.

하지만 한 손으로 검을 다룰 때는 특히 날을 세우기가 어려운데, 18세기의 검사 존 갓프리는 한 손으로 벨 때는 검이 손 안에서 쉽게 돌아가기 때문에 날이 똑바로 서는 것은 10번 중 1번에 불과하며, 나머지는 검의 옆면으로 때리게 된다고 하였습니다.

르네상스 시대에 일반적으로 사용되었던 집게손가락을 날밑에 거는 그립법은 찌를 때 검을 안정시켜주었을 뿐 아니라, 벨 때 검이 손 안에서 돌아가는 것을 막아주는 역할도 하였습니다.

또 다른 특징으로「당겨베기」라는 기법을 들 수 있습니다. 중세의 페히트부흐에는 이 기법에 대한 언급이 없기 때문에 르네상스 시대에 확립된 것으로 추측됩니다. 일본도에서도 일반적으로 사용하는 조작법으로, 명중한 검을 그대로 밀어 넣지 않고 다시 자기 쪽으로 끌어당김으로써 보다 깊은 상처를 입힙니다.

백소드 자세

 가던트(Gardant)

영국식 검술을 대표하는 자세로 True Gardant, Perfect Gardant라고도 불립니다. 이름 그대로 방어에 매우 뛰어난 자세입니다. 오른손을 머리 위에 들고 똑바로 서서 칼끝은 왼쪽 무릎을 향하게 하는데, 가능한 한 몸에서 검을 떼지 않도록 합니다. 『매달기』 자세의 일종이지만 칼끝이 앞이 아니라 뒤를 향한다는 것이 가장 큰 차이점입니다.

2 가짜 가던트(Bastard Gardant)

가던트 자세에서 손을 가슴 위치까지 내린 자세로, 실버는 상대를 붙잡기 위해 덤벼들 때나 대거와 버클러 같은 보조무기를 가지고 있지 않을 때는 이 자세를 취하면 안 된다고 하였습니다.

백소드 기술 1

상대가 접근하지 않고 공격할 경우

If He do strike and not come in

출전 : Silver/Instruction, p.273.

상대가 접근하지 않고 공격할 때 대처하는 기술입니다. 여기에서는 다른 무기를 사용할 때는 별로 권장되지 않는 리포스트 기술을 사용합니다. 리포스트를 꺼리는 이유는 방어 · 공격이라는 두 가지 동작을 행하는 사이 상대가 태세를 바로잡기 때문인데, 영국식 검술은 기본적으로 다른 무술보다 방어가 확실하기에 리포스트를 채용할 수 있는 것입니다.

1

제자가 가던트 자세로 스승의 공격을 막습니다.

2

스승이 더 이상 들어오지 않는다고 판단한 제자는 바인드 상태에서 벗어납니다.

3

검을 옆으로 휘둘러 스승의 머리를 베고 재빨리 후퇴하여 간격을 둡니다.

백소드 기술 2

상대가 머리 위에서 내리칠 경우

If He lye a Loft and strike··· at your head

출전 : Silver/Instruction, p. 273.

다른 무술에서도 찾아볼 수 있는 공격에 의한 카운터 기술입니다. 안전의 확보를 가장 중시하는 영국식답게 후퇴하면서 카운터함으로써 만약 상대의 의도를 잘못 읽는다 해도 최악의 사태는 피할 수 있습니다.

1

스승이 위에서 내리칩니다. 제자는 칼끝을 올린 스토카타라는 자세를 취하고 있습니다.

3

후퇴하면서 스승의 손이나 팔 또는 손잡이를 찌릅니다.

백소드 기술 3

임브로카타 파훼

If He lye variable upon the Imbrocata

출전 : Silver/Instruction, p.277.

임브로카타란 실버가 『매달기』 자세를 부르는 명칭으로, 손잡이를 머리 위로 들고 칼끝은 아래로 내린 자세입니다. 그 이름에서 알 수 있듯이 이탈리아에서 들어온 자세이며, 당연하다고 할까 역시나 실버는 이 이탈리아식 자세를 파훼하는 기술을 소개하였습니다.

1

스승이 임브로카타 자세를 취하고 있습니다. 제자는 칼끝을 위로 들고 스승의 검과 자신의 검 사이의 간격을 좁혀 바로 반응할 수 있도록 대비합니다.

2

제자는 순간적으로 서로의 검을 교차시켜 스승의 검을 힘껏 뿌리칩니다.

3

곧바로 찌르기나 베기로 공격합니다. 그런 다음 재빨리 뒤로 물러나 간격을 둡니다.

백소드 기술 4

바인드 상태에서 상대가 밀어붙일 경우

If He come to the Close Fight with You

출전 : Silver/Instruction, p.278.

상대가 밀어붙이는 것을 받아넘기면서 상대의 손을 손잡이로 내리쳐 공격하는 기술로, 독일식 롱소드 검술에 비슷한 기술이 몇 가지 존재합니다.

1

두 사람은 바인드 상태입니다. 이때 두 사람의 칼끝은 위를 향하고 있습니다. 이 상태에서 제자가 밀어붙입니다.

2

스승은 제자의 공격을 받아넘기면서 자신의 손잡이를 제자의 손 위로 가져갑니다.

3

손등 쪽으로 제자의 손을 빠르고 강하게 내리칩니다.

4

스승은 다가서며 손잡이로 제자의 얼굴을 가격합니다. 상황에 따라 손잡이로 때리는 대신 머리를 베거나 메칩니다. 그리고 다른 기술과 마찬가지로 재빨리 후퇴하여 간격 밖으로 벗어납니다.

백소드 기술 5

위험한 공격
A Dangerous Blow

출전 : Swetman, p.132.

마지막으로 실버와 동시대를 살았던 스웻맨의 기술을 소개합니다. 롱소드의「듀플리에렌(감아들어가기)」과 같은 기술입니다.

1

스승은 칼끝으로 제자를 겨냥한 채 검을 왼쪽 가슴에 당겨 잡습니다. 실버는 이 자세를 몬타나라고 부르고 있습니다. 이름을 통해 알 수 있듯이 이탈리아에서 들어온 자세로, 본고장 이탈리아에서는「역찌르기(Punta Riversa)」라고 부릅니다.

2

제자의 가슴에 찌르기를 합니다. 제자는 이것을 방어합니다.

3

제자가 방어하자 스승은 검을 감아 제자의 머리 오른쪽을 공격합니다.

리히테나워 18걸

파울루스 칼은 1470년대의 것으로 추정되는 자신의 페히트부흐에서「리히테나워 18걸(정확하게는「리히테나워 그룹」)」이라는 표제로 자신과 자신의 스승(「만인의 스승」 스테트너)을 포함한 18인의 독일식 검사를 소개하였습니다.

이들 18인이 왜 선택되었는지, 이「18걸」이 어떠한 의미를 가지는지에 대한 해석은 다양합니다. 현재 가장 신빙성이 높은 해석은 당시 이미 세상을 떠난 리히테나워와 그 고제자(高弟子)들의 공적을 세상에 널리 알리기 위한 것이라는 설입니다. 필자의 의견으로는 시조 리히테나워로부터 파울루스 칼 자신에게 이어지는 독일식 무술 계승의 정당성을 주장하기 위한 것이 아닐까 합니다.

이 18인 중 몇 명은 페히트부흐를 집필하였으나(링엑 등 이 책의 독자들에게 익숙한 이름도 보입니다), 반수 이상의 검사들은 이름 외에 알려진 것이 없습니다. 하지만 그들 대부분이 독일 중 · 남부나 헝가리, 폴란드 등 동유럽 국가 출신이라는 점에서 독일식 검술은 독일 중 · 남부로부터 동유럽을 중심으로 확산되었다고 추측할 수 있습니다.

「18걸」의 이름은 다음과 같습니다. (괄호 안은 원문 철자입니다. 다만 지명은 알기 쉽도록 현대어로 변경하였습니다)

1. 요하네스 리히테나워(hanns liechtenauer)
2. 피터 빌디간스 폰 글라츠(peter wildigans von glacz)
3. 피터 폰 단치히(peter von tanczk)
4. 한스 스핀들러 폰 즈노이모(hanns spindler võ czuaÿm)
5. 람프레히트 폰 프라하(lanprecht von prag)
6. 한스 자이덴파덴 폰 에르푸르트(hanns seyden faden võ erfürt)
7. 안드레스 리그니처(andre liegniczer)
8. 야콥 리그니처(iacob liegniczer:)
9. 지그문트 쉰잉 아인 링엑(sigmund amring)
10. 하르트만 폰 뉘른베르크(hartman von nurñberg)
11. 마르틴 훈트펠트(martein hunczfeld)
12. 한스 패그니처(hanns pägnuczer)
13. 필립스 페르거(phÿlips perger)
14. 비르길 폰 크라쿠프(vilgily von kracå)
15.「브라운슈바이크의 대거 검술가」 디테리히(dietherich)
16.「오스트리아 황태자의 격투왕」 오토 유트(ott jud)
17.「만인의 스승」 스테트너(stettner)
18. 파울루스 칼(pauls kal)

제17장
할버드

할버드 개설

할버드와 빌은 찌르기든 베기든 미리 정해진 대로 움직일 수밖에 없으나, 애초에 할버드 병사와 빌 병사는 파이크나 다른 무기가 밀집한 전열을 파괴하거나 통제를 흐트러뜨리는 훈련을 받기 때문에, 그러한 목적에 있어서는 오늘날 사용되는 이러한 조작법이 이치에 맞는다고 할 수 있다.

(Giacomo Di Grassi)

 할버드의 역사

할버드는 르네상스 시대에 매우 널리 사용된 무기로 도끼와 창, 갈고리를 조합한 모양을 하고 있습니다. 할버드라는 명칭은 독일어 Halm(스태프)과 Barte(도끼)를 조합한 Hellebarde(Hellen Barten 또는 Hellenparten)를 영어식으로 읽은 것입니다. 이탈리아에서도 Alabarde 등으로 불렸으므로, 단일한 장소에서 발전하여 그 이름과 함께 유럽 각지로 확산된 것이라고 추측할 수 있습니다.

할버드가 처음 나타난 것은 스위스 지방으로 추정됩니다. 할버드에 대한 최초의 기록은 13세기 스위스의 시로 「(할버드는) 너무나 날카롭고 잘 벼려져 있어 직격을 맞으면 누구든 확실히 목숨을 잃는다.」라고 묘사되어 있습니다. 여기에 등장하는 할버드가 현재 우리들이 생각하는 할버드와 동일한 것인지는 알 수 없지만, 적어도 15세기 후반에 이르러 양손검 · 파이크와 함께 스위스의 민족무기로서 유럽 전역에 충격을 주었던 것은 사실입니다.

전장에서 스위스군은 부대를 Vorhut(전위), Gewalthut(중앙), Nachhut(후위)의 세 가지 밀집진형으로 분할합니다(이 분류와 명칭은 배틀이라는 중세의 제도를 그대로 가져온 것뿐 실제 운용과는 관계가 없습니다). 각각의 밀집진형은 중앙에 부대기를 두고 주위를 할버드 병사가 둘러싸며, 그 주위를 다시 파이크 병사가 둘러싸는(그 주위는 총병이 호위) 형태였습니다.

스위스군 밀집진형 중앙에 위치하는 할버드 병사의 역할은 부대기와 군악대, 사관을 호위하는 동시에 파이크 병사의 전열을 뚫고 진형 내부로 쳐들어오는 적을 배제하는 것이었습니다. 이를 통해 당시 스위스인이 할버드를 밀집진형 중앙에서의 혼전에 가장 적합한 무기라고 생각했다는 사실을 알 수 있습니다. 또한 첫머리의 인용문에도 나와 있듯이 이탈리아 등지에서 할버드 병사의 역할은 파이크 병사의 밀집진형을 돌파하는 것이었습니다. 하지만 총기가 발전함에 따라 16세기 후반 무렵이 되면 할버드 병사는 전장에서 모습을 감추게 됩니다.

주력무기로서 가치를 잃은 뒤에도 할버드는 하사관의 상징으로 계속 사용되었으며, 나폴레옹 시대에는 대열을 정비하거나 뒤로 물러나는 병사를 전열에 돌려보내는 데 이용하였습니다.

참고로 할버드는 부르고뉴 공작 용담공 샤를을 낭시 전투에서 격파하여 부르고뉴 전쟁을 종결시킴으로써 당시의 대국 중 하나였던 부르고뉴 공국을 사실상 멸망시킨, 문자 그대로 역사를 바꾼 무기이기도 합니다.

 할버드의 스펙

할버드는 시대에 따라 형태가 크게 달라집니다. 현재 우리가 흔히 떠올리는 할버드는 상당히 후기의 것으로, 초기의 것은 매우 단순한 모양을 하고 있습니다. 시대가 흐르면서 베기에 사용하는 부위의 모양이 도끼에 가까워지고, 찌르기용 스파이크는 가늘고 길어지는 경향이 있습니다. 또한 평균적인 전체 길이는 150~210cm, 무게는 2.2~3.1kg입니다. 실버는 할버드에 특별히 정해진 길이는 없지만 일반적으로 150~180cm 정도라고 보았으며, 17세기의 보나벤투라 피스토필로는 전체 길이 4암(약 244cm)이 적절하다고 하였습니다.

■다양한 할버드

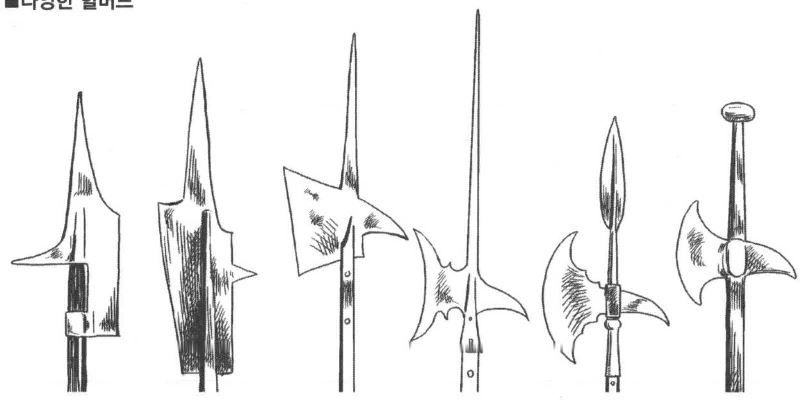

오른쪽 끝의 것은 메이어의 페히트부흐에 등장하는 연습용 할버드.

할버드의 용법

무기의 형태를 통해 연상할 수 있듯이 할버드는 베기 · 찌르기 · 걸기 · 손잡이로 가격하기 등 다양한 공격법을 가지고 있습니다. 특히 날을 이용한 베기가 무척 강력한데, 디 그라시는 할버드의 베기로 파이크 손잡이를 잘라낼 수 있을 뿐 아니라 상대가 공격을 방어하기 위해 가져다 댄 검(과 아마도 인간)까지 함께 절단할 정도의 위력이 있다고 서술하였습니다.

16세기 프랑스의 의사 앙브루아즈 파레는 할버드에 머리를 맞은 병사에 대한 기록을 남겼는데, 그 병사는 일격에 왼쪽 뇌실(뇌의 거의 중앙부)까지 관통당했다고 합니다. 그가 투구를 쓰고 있었는지는 불명이지만, 할버드의 일격이 엄청난 위력을 가지고 있다는 사실을 알 수 있습니다(하지만 더욱 엄청난 것은 이 병사로, 머리와 뇌가 두 동강 날 정도의 상처를 입었으면서도 자력으로 의사를 찾아와 평범하게 대화하고 치료를 받은 뒤 다시 걸어서 숙소에 돌아갔다고 합니다. 또한 그는 결국 3일 후에 죽었지만, 마지막 순간까지 평소와 다름없이 대화를 나누었다고 합니다).

반면에 머리 부분의 모양이 복잡하여 상대를 찌를 때 옷 등 이런저런 곳에 걸리는 탓에 다시 거둬들이기가 힘들고, 무기를 휘두르는 움직임이 커지는 경향이 있습니다.

실버, 마이어, 메이어 등 세 사람은 할버드에 대해 기본적으로 쇼트스태프와 비슷한 방법으로 다룬다고 설명하였습니다. 다만 쇼트스태프 기술과 달리 할버드 기술은 베기에 더욱 비중을 두고 있습니다. 디 그라시는 할버드, 빌, 파르티잔, 그리고 재블린(원문에는 스피에도)은 실질적으로 같은 무기이며 조작법도 같다고 보았습니다.

■파르티잔과 스피에도

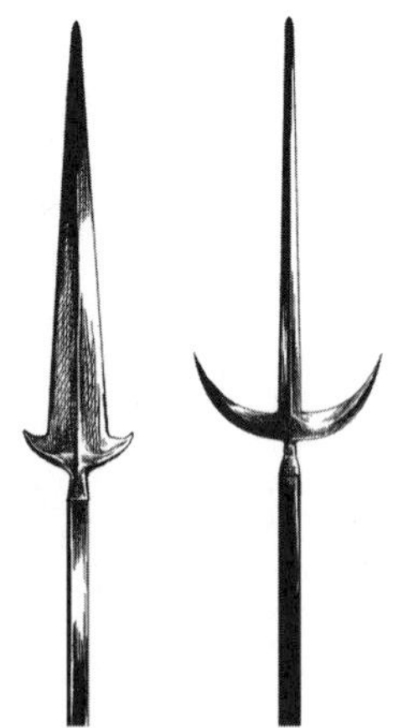

왼쪽이 파르티잔, 오른쪽이 스피에도. 스피에도(Spiedo)는 이탈리아 창의 일종으로 파르티잔과 모양이 닮았다.

할버드 자세

디 그라시의 자세(Di Grassi's Guard)

디 그라시의 말에 따르면 할버드, 빌, 파르티잔 등의 무기에는 자세가 하나밖에 없다고 합니다. 그림을 보면 원본에 충실하게 빌을 잡고 있는데, 여기에서 주목할 것은 손의 위치가 다른 사람들의 자세와 비교해 상당히 앞으로 나와 있다는 점입니다. 그는 이러한 무기를 다룰 때는 가운데 부분을 잡는 것이 좋다고 권장하였으며, 또한 발의 위치는 상대와 반대로 디뎌야 한다고 하였습니다.

교차 『변이』 자세 (Mutatorius Cancellatus, Geschrenkten Wechsel)

왼발을 앞으로 내밀고 왼손을 오른팔 밑에 둔 자세로, 왼쪽 어깨 위에서 비스듬히 내리칠 때 사용합니다.

할버드 기술 1

『상단』 자세 파훼
Against High Guard

출전 : Meyer, 3.38r, p.265.

할버드 기술에는 머리 부분을 이용하여 상대의 무기를 거는 기술이 많은 것이 특징입니다.

1

제자가 『상단』 자세를 취하고 있습니다. 메이어의 말에 따르면 이 자세를 취하고 있는 인간은 찌르기에 과도하게 반응하는 경향이 있다고 합니다. 그래서 스승은 제자의 얼굴을 찌르려는 듯이 페인트를 합니다.

2

제자가 스승의 찌르기를 방어하기 위해 할버드를 내리칩니다. 한편 스승은 발을 옆으로 디디면서 무기를 거둬들입니다.

3

제자의 할버드를 내리쳐 무기를 겁니다.

4

제자의 할버드를 끌어당겨 태세를 무너뜨린 다음 곧바로 찌르기를 합니다.

할버드 기술 2

『하단』 자세에 대한 두 가지 카운터

Two Counters against Low Guard

출전 : Meyer, 3.38r, p.265. Agrippa, p.99.

1 카운터 1

제자가 『하단』 자세를 취하고 있습니다. 스승은 어떤 자세라도 상관없지만, 메이어의 말에 따르면 『찌르기』 자세가 가장 이상적이라고 합니다.

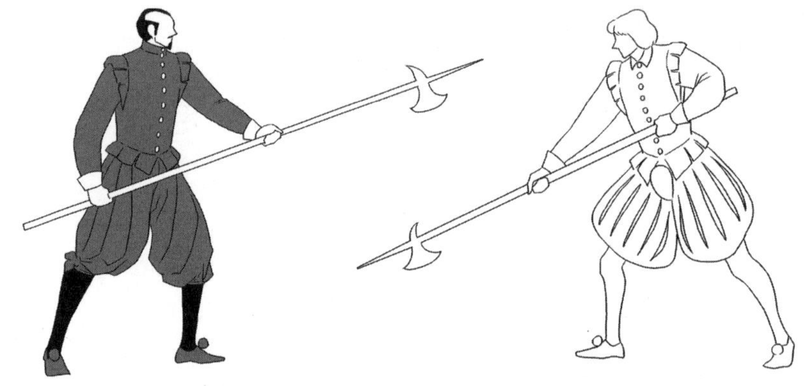

2

제자의 무기를 위에서 힘껏 누르고, 제자가 어떻게 나오는지 반응을 기다립니다.

3 카운터 2

스승은 페인트로 찌르기를 합니다.

4

제자가 페인트에 걸려 할버드를 들어올리면 재빨리 무기를 거둬들여 부딪히지 않도록 합니다.

5

제자의 무기 밑으로 파고들어 옆구리를 찌른 뒤 틈을 두지 말고 목을 찌릅니다.

할버드 기술 3

상단에서의 바인드

A Bind with an Upper Block

출전 : Mair, pp.92, 93.

1

두 사람은 무기의 머리 부분으로 바인딩하고 있습니다.

2

재빨리 무기를 감아 도끼날 부분에 제자의 무기를 겁니다.

3 카운터 1

제자는 스승의 무기를 밀어 올립니다.

4

재빨리 자신의 무기를 스승의 무기에서 떼어낸 다음 그대로 내리면서 스승의 가슴이나 얼굴을 찌릅니다.

5

만약 스승이 방어한다면 할버드를 스승의 얼굴 쪽으로 가져가 허점이 있는 부분을 공격합니다.

6 **카운터 2**

스승은 무기의 앞부분으로 제자의 찌르기를 쳐냅니다.

7

오른발을 내디디면서 무기를 거꾸로 돌려 물미 부분으로 제자의 무기를 한층 더 밀어냅니다.

8

무기를 다시 회전시켜 제자를 찌릅니다. 만약 제자가 뒤로 물러나 공격을 피한다면 무기를 더욱 밀어 넣어 제자를 압박합니다.

9 카운터 3

제자는 스승의 공격을 무기 앞뒤로 받아넘기고 재빨리 간격에서 벗어납니다.

할버드 기술 4

바인드 상태에서 상단감기와 하단방어

A High Wind from the Bind, with a Low Block

출전 : Mair, pp.96, 97.

1

스승은 할버드를 가슴보다 높이 들고 제자의 눈을 겨냥하고 있습니다.

2

오른발을 오른쪽 대각선 앞으로 내디디면서 제자의 머리를 공격합니다.

3 카운터 1

제자는 스승의 공격을 받아넘겨 바인드 상태로 만듭니다.

4

그리고 스승의 할버드 밑으로 파고들어 스승의 할버드를 내리누릅니다.

5 카운터 2

제자가 내리누르면 스승은 무기를 힘껏 밀어 올리며 왼발을 내디뎌 제자의 얼굴에 찌르기를 합니다.

6

만약 제자가 스승의 할버드를 되밀어 방어한다면, 오른발을 제자의 왼발 앞에 딛고 물미 부분을 제자의 양손 사이에 집어 넣습니다.

7

그 상태로 할버드를 들어올리면 제자의 오른팔은 내려가고 왼팔은 올라가면서 제자가 쓰러지게 됩니다. 그와 동시에 제자의 머리를 가격합니다.

8 카운터 3

스승이 밀어붙이면 왼손을 역수로 고쳐잡습니다. 그리고 왼발을 뒤로 당기며 물미로 스승을 공격합니다.

할버드 기술 5

바인드 상태에서 끌어당겨 쓰러뜨리기

Two Upper Pulls from the Bind

출전 : Mair, pp.104, 105.

할버드 걸기와 그에 대한 카운터, 근접해서 메치기와 그에 대한 카운터 등 다양한 기술이 등장합니다.

1

두 사람은 바인드 상태입니다.

2

스승은 오른발을 내디디며 제자의 목에 할버드를 겁니다.

3 **카운터 1**

스승이 목에 무기를 걸면, 제자는 재빨리 자신의 무기를 스승의 목에 걸고 힘껏 끌어당겨 쓰러뜨립니다.

4 카운터 2

왼발을 왼쪽 대각선 앞으로 내디디며 물미 부분으로 제자의 할버드를 쳐냅니다.

5

그리고 오른발을 제자의 왼발 뒤에 딛고 물미를 제자의 목에 걸어 뒤로 메칩니다.

6 카운터 3

제자는 왼손으로 스승의 오른쪽 팔꿈치를 붙잡고 밀어 올려 메치기를 회피한 다음, 한층 더 앞으로 밀어붙여 스승을 넘어뜨립니다.

7

넘어진 스승의 후두부를 향해 할버드를 내리칩니다.

할버드 기술 6

밀어 올리기에 대한 카운터
Counter against Lift-Up

출전 : Di Grassi, p.68.

마지막으로 이탈리아의 디 그라시의 기법을 소개합니다.

1

두 사람은 할버드의 머리 부분으로 서로를 찌르고 있는 상태로, 제자가 스승의 무기를 밀어 올리려 하고 있습니다.

2

스승은 한 발 내디디며 무기를 회전시켜 물미로 제자의 배 또는 넓적다리를 가격합니다.

3

무기를 바꿔 잡고 제자를 내리칩니다.

제18장
레이피어

레이피어 개설

> (어째서 레이피어가 모든 무술의 근간인가) 그것은 기사 · 대장 그리고 용감한 병사들에게 있어 레이피어야말로 용맹하고 명예로운 진정한 남자의 증거이자, 스스로에게 주어진 부정을 바로잡을 권리를 가진 무기이기 때문이다.
>
> (Vincentio Saviolo)

 레이피어의 역사

레이피어는 르네상스 시대를 대표하는 무기입니다. 전장에서의 사용을 전혀 고려하지 않은 순수한 시민용 무기로서 탄생한 레이피어는 이탈리아 르네상스와 함께 유럽 전역에 널리 전파되었습니다. 그런데 레이피어라는 단어는 매우 폭넓은 의미를 가지고 있어, 당시의 페히트부흐에서는 찌르기 중심의 진짜 레이피어 외에 찌르기와 베기 양쪽에 사용하는 검(스파다 다 라토)도 레이피어라고 부르고 있습니다. 여기에서는 이들 2종류의 검을 통틀어 「레이피어」로 소개합니다.

또한 어떤 책에서는 혼동하여 지칭하기도 하지만, 레이피어와 터크(에스터크)는 전혀 다른 물건입니다. 레이피어가 평시용 검인 반면 터크는 찌르기 전용 롱소드(또는 양손검)로 디자인이 심플한 손잡이를 가지고 있습니다. 그러나 레이피어의 검신이 길어지고 두꺼워짐에 따라 레이피어와 터크의 차이가 애매해져 16세기 후반 무렵에는 혼동하여 사용하게 됩니다(통상보다 커다란 레이피어를 터크라고 부른 것으로 보입니다).

 레이피어란?

일반적으로 레이피어라고 하면 찌르기 전용의 날씬한 검이라는 인상이 강하지만, 사실 레이피어의 디자인은 무척 다양하고 복잡하기 때문에 여러 연구서에서도 혼란스러워하는 실정입니다. 만약 레이피어란 무엇인가에 대해 서술한다고 하면 논문 한 편은 거뜬히 쓸 수 있을 것입니다.

레이피어와 비슷한 무기로 스페인의 「에스파다 로페라」가 있습니다. 에스파다 로페라는 찌르기와 베기 양쪽에 사용하는 검으로, 1468년 처음 기록에 등장하기 시작해 15세기 후반 들어 인기를 얻습니다. 그리고 1474년 프랑스에서는 에스파다 로페라의 프랑스판으로 추정되는 「에페 라피에르」라는 검이 기록에 등장합니다. 라피에르라는 단어에는 「잡아채다」, 「잡아 찢다」라는 의미가 있는데, 이 검의 특성에서 따온 이름으로 추측됩니다. 또한 이탈리아에서는 그러한 평시용 검을 스파다 다 라토라고 불렀습니다.

이 중 레이피어의 기원일 가능성이 가장 높은 것은 스페인의 검입니다. 왜냐하면 1532년 영국에서 프랑스어 「라 라피에르」를 「스페인 검(Spannyshe sworde)」이라고 기록한 예가 있으며, 마이어도 레이피어를 독일어판에서는 「라피르」, 라틴어판에서는 「스페인 검(Ensis Hispanicus)」이라고 불렀기 때문입니다. 당시 사람들이 레이피어를 스페인에서 기원한 무기로 인식했던 증거라고 할 수 있습니다. 한 가지 흥미로운 것은 레이피어라는 무기 자체의 기원은 스페인에서 비롯되었다고 여기면서도, 레이피어를 다루는 기법은 이탈리아에서 나타난 것으로 인식했다는 사실입니다.

참고로 레이피어라는 명칭은 프랑스어 「라피에르」 또는 「할퀴다」라는 의미를 가진 스페인어 「라스파르」에서 왔다는 설이 제일 유력합니다. 셰익스피어도 이 설을 채용한 것인지, 그의 작품 『로미오와 줄리엣』에는 레이피어로 추정되는 무기에 찔린 마큐시오가 「사람을 할퀴어 죽이는 고양이여! 개여!」라고 외치는 장면이 나옵니다. 레이피어라는 무기와 「할퀴다」라는 단어를 엮어 사용한(그리고 관객도 그것을 알고 있는) 것입니다.

한편 유럽 전역에 레이피어 검술의 본고장으로 알려진 이탈리아는 의외로 레이피어의 도입이 다른 지역보다 늦었습니다. 레이피어가 도입되기 전에도 많은 이탈리아 검사들이 찌르기 중심의 검술을 발전시키기는 하였으나, 그때 사용한 무기는 레이피어가 아니라 찌르기와 베기 양쪽에 사용하는 스파다 다 라토였습니다. 바그너의 말에 따르면 이탈리아에 진정한 의미의 레이피어가 등장한 것은 1575년으로, 그것이 사실이라면 다른 지역보다 1세기가량 늦은 셈입니다. 당시의 이탈리아인들은 레이피어를 스파다 다 라토 아스토리스키아라고 부르며 그때까지의 스파다 다 라토와 엄격히 구분하였습니다.

레이피어와 결투

앞에서 말했듯이 레이피어는 군사용 검이 아닙니다. 그렇다면 레이피어라는 특수한 검을 개발하고, 그에 대응하는 특별한 무술을 연구 발전시킨 의의란 무엇이었을까요.

그것은 바로 「결투」입니다. 첫머리의 인용문에도 나와 있는 것처럼 레이피어란 「스스로의 명예와 정의를 체현하고 그것을 실력으로 증명하기 위한」 결투용 무기였던 것입니다.

이러한 레이피어=결투=명예=정의라는 공식은 이탈리아에서 기원한 것으로, 이탈리아 르네상스의 확산과 함께 각지로 퍼져나가 여러 곳에서 심대한 피해를 야기하게 됩니다. 바그너와 핸드의 결론에 따르면 이탈리아인들은 이념이야 어쨌든 결투 자체는 꺼리는 경향이 있던 모양이지만, 원래부터 「결투재판」의 전통이 강했던 영국과 프랑스는 이탈리아식 결투 철학을 액면 그대로 받아들여 진지하게 실천하는 바람에 몇 천이나 되는 사망자가 발생하고 맙니다. 그것도 결투에 참여한 두 사람이 함께 사망하는 경우가 대부분이었습니다.

이러한 「동사(同死)」야말로 실버를 격노시킨 레이피어 최대의 특징이자 결점이었습니다. 그런데 왜 그런 일이 빈번하게 일어났을까요.

 찌르기에 대한 오해

레이피어는 기본적으로 찌르기 위주로 공격하는 검입니다. 또한 그 바탕에는 「찌르기로는 치명상을 입히기 쉬우나, 베기로는 치명상을 입힐 수 없다.」라는 이념이 존재합니다. 이는 4세기 로마 시대의 저술가 베게티우스가 처음 주창한 이래 르네상스 시대의 다양한 사람들이 「정설」로 삼았던 사상입니다.

하지만 이 이론은 실제로는 잘 실현되지 않았습니다. 확실히 찌르기로는 중요 기관을 공략하기 좋고 치명상을 입히기도 쉽지만, 인간의 몸은 관통상을 입거나 심지어 심장을 꿰뚫려도 상당히 오랜 시간 움직일 수 있습니다. 즉 찌르기 공격은 치명상을 입히기 쉬운 반면 상대를 전투불능으로 만드는 능력인 스토핑 파워가 없는 것입니다(반대로 베기 공격은 상대의 전투능력을 빼앗는 데 적합하지만 치명상을 입히기는 어렵습니다).

따라서 레이피어를 장비한 사람끼리 싸우는 경우, 두 사람은 치명상을 입으면서도 전투능력은 상실하지 않기 때문에 오래도록 서로를 찌르다가 최종적으로 함께 사망하게 됩니다.

다만 이러한 현상에는 생각지도 못한 효과가 있었습니다. 실버의 말에 따르면 레이피어에 의한 사망률이 너무나 높아 젊은이들의 난투극이 감소했다는 것입니다. 당시 검과 버클러를 장비한 젊은이들의 난투극은 흔한 일이었습니다. 한손검으로는 적당히 위력을 조절할 수 있기 때문에 상처만 입을 뿐 사망자는 별로 나오지 않았지만, 레이피어가 도입되면서 사망자 수가 단숨에 증가하였고 그에 따라 젊은이들은 무기를 사용한 난투극을 벌이지 않게 되었습니다.

 레이피어의 스펙

지금까지 레이피어의 문제점을 여러 가지 지적하였으나, 「찌르기로 치명상을 입힌다.」라는 기본적인 이념이 결투와 어울리지 않는 것뿐, 그 이념 자체를 달성하기 위한 도구

■레이피어 1

■레이피어 2

■레이피어 3

■레이피어 4

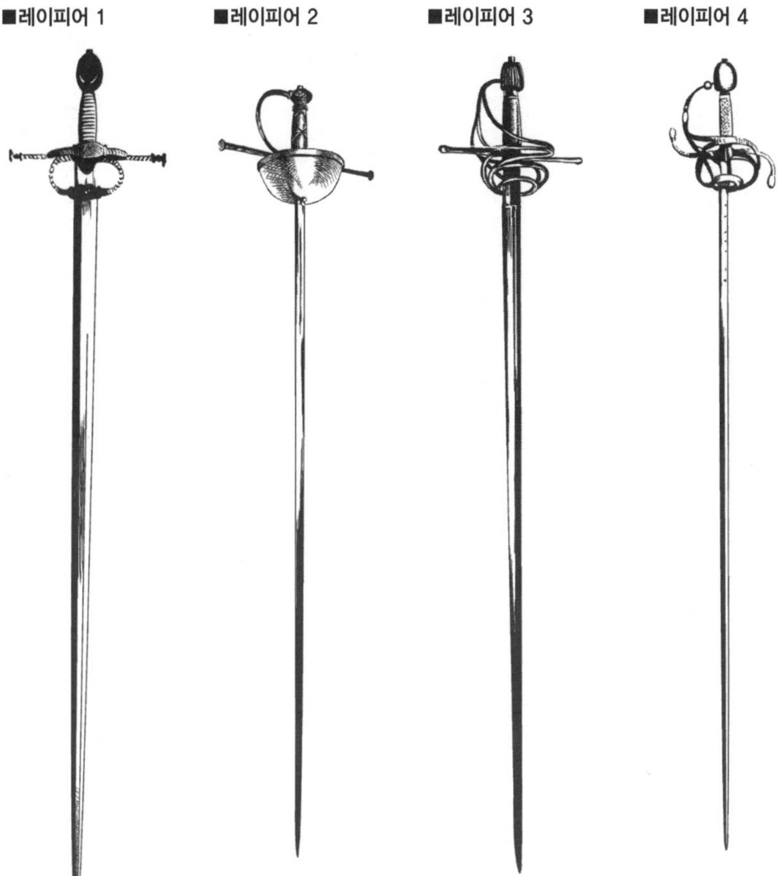

1580년경 제작된 스페인제 레이피어(에스파다 로페라)로 매우 정교한 장식이 되어 있다. 전체 길이 : 122.2cm / 칼날 길이 : 107.3cm / 칼날 폭 : 3.1cm / 칼날 두께 : 0.47cm / 전체 폭 : 23.1cm / 무게 : 1.19kg / 무게중심 : 손잡이 머리 끝에서 35.5cm.

1640년경 제작된 스페인제 레이피어. 전체 길이 : 118cm / 칼날 길이 : 107cm / 무게 : 1.25kg / 무게중심 : 일자 날밑 위치에서 12cm.

1590년경 제작된 독일제 레이피어. 칼끝에서 칼날 길이 3분의 1 되는 곳까지 날카로운 양날로 이루어져 베기 공격이 가능하다. 전체 길이 : 124cm / 칼날 길이 : 109cm / 칼날 두께 : 1cm / 무게 : 1.4kg / 무게중심 : 일자 날밑 위치에서 12cm.

1580~1600년경 제작된 레이피어. 호화롭게 장식되어 있으나 어디서 제작된 것인지는 불명. 몬트샤인의 말에 따르면 이 레이피어는 한 번 손잡이를 교환했을 가능성이 있으며, 그 때문에 손잡이에 비해 머리 쪽이 다소 무거워져 다루기는 힘든 상태라고 한다. 전체 길이 : 130.8cm / 칼날 길이 : 115.5cm / 칼날 폭 : 2.3cm / 칼날 두께 : 0.63cm / 전체 폭 : 18cm / 무게 : 1.27kg / 무게중심 : 손잡이 머리 끝에서 31.7cm.

로서의 레이피어는 다른 어떤 무기보다 뛰어나다고 할 수 있습니다.

레이피어의 길이에 관해서는 많은 검사들이 「칼끝을 지면에 짚었을 때 손잡이 머리가 겨드랑이에 오는 길이」가 이상적이라고 하였습니다. 롱소드의 장을 읽은 독자라면 바로 알겠지만 이 길이는 바디가 제창한 롱소드의 길이와 같습니다. 한편 네덜란드의 검사 티보르는 칼끝을 지면에 짚었을 때 손잡이가 배꼽 높이에 오는 레이피어가 좋다고 하였습니다.

현존하는 실물을 보면 칼날 길이 1m 전후, 전체 길이 1~1.2m가 일반적입니다. 이는 다른 형식의 한손검에 비해 훨씬 긴 것으로, 양손검에 필적합니다. 이처럼 검신이 길기 때문에 검의 조작성을 향상시키기 위해 검신을 가늘게 만들고 무게중심은 손잡이 쪽으로 이동시키는 등 다양한 궁리가 이루어졌습니다. 하지만 그러면서도 일격에 부러져버릴 만큼 연약하지는 않습니다. 레이피어의 칼날 밑동 부근은 충분히 두껍게 제작하므로, 뿌리 부분으로 막으면 설사 상대의 무기가 양손검이라 해도 쉽게 부러지지 않습니다.

일반적인 무게중심의 위치는 날밑에서 대략 10cm 정도로 통상적인 한손검과 다르지 않습니다. 다만 검의 전체 길이가 길기 때문에 빠르게 휘두르거나 바인드 상태에서 탈출하기 힘들다는 결점이 있습니다. 실제로 레이피어에 비판적인 검사 대부분이 레이피어의 결점으로 그 과도한 길이를 들었습니다.

손잡이 형태에는 그야말로 매우 많은 베리에이션이 있습니다. 초기의 레이피어는 단순하게 일자 날밑과 핑거 링만을 가지고 있었지만, 찌르기가 중시되면서 손을 보호하기 위해 손잡이를 복잡하게 만들기 시작합니다. 또한 이러한 손잡이는 지역과 시대에 따라 취향이 달라졌던 것으로 보입니다.

특히 유명하고 독특한 것은 스페인 기원의 컵힐트라고 불리는 타입으로, 현대 펜싱의 에페 등에도 채용되어 있습니다(『삼총사』에서 달타냥이 사용하던 검도 이 타입입니다). 컵힐트란 반구형 컵을 그립 앞쪽에 단 것으로 손을 방어하는 데 매우 뛰어났습니다. 스페인 법률에 의하면 궁정 등 공적인 장소에서 신사가 패용할 수 있는 유일한 타입의 레이피어가 바로 이것이었다고 합니다.

이상의 모든 것들을 종합한 무게가 약 1~1.5kg 정도로, 이는 당시의 한손검이나 롱소드에 필적합니다. 이 무게는 상대의 레이피어를 받아넘기며 찌르기를 하는 데 필요한 관성을 발생시키는 원동력인 동시에, 초기의 레이피어가 롱소드 등 전통무기에 대항하기 위해 강도를 갖추어간 결과이기도 합니다. 한편 바그너는 잉글랜드의 레이피어가 다른 지역의 것보다 가벼운 경향이 있다고 하였습니다.

마지막으로 레이피어의 길이가 어느 정도인지 이 책에 등장하는 몇 가지 무기와 비교한 것이 오른쪽 상단의 그림입니다. 비교를 위해 신장 155cm인 여제자를 나란히 세워놓았습니다. 참고로 중세와 르네상스 시대 성인 남성의 평균 신장은 약 160~170cm였다

■레이피어와 다른 무기의 길이 비교

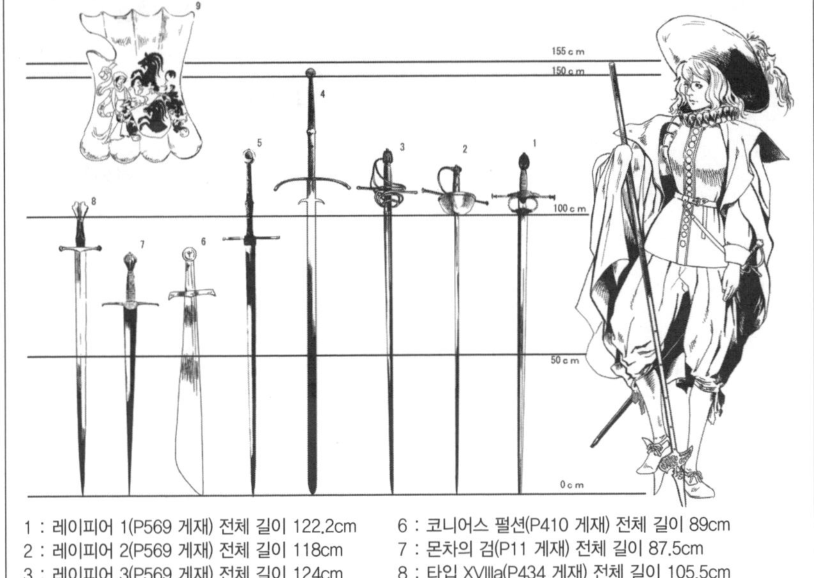

1 : 레이피어 1(P569 게재) 전체 길이 122.2cm
2 : 레이피어 2(P569 게재) 전체 길이 118cm
3 : 레이피어 3(P569 게재) 전체 길이 124cm
4 : 몬탄테(P593 게재) 전체 길이 153cm
5 : 롱소드(P57 게재) 칼날 길이 91.4cm
6 : 코니어스 펄션(P410 게재) 전체 길이 89cm
7 : 몬차의 검(P11 게재) 전체 길이 87.5cm
8 : 타입 XVIIIa(P434 게재) 전체 길이 105.5cm
9 : (참고)타지(P436 게재) 세로 56cm

고 하므로, 대강 어림잡을 수 있을 것입니다.

 레이피어의 용법

레이피어는 무척 공격적인 무기이며, 그 길이를 최대한 활용할 수 있는 용법을 가지고 있습니다. 방어는 기본적으로 발을 대각선 앞이나 옆으로 디디며 피하거나 받아넘기는데, 바인딩은 거의 하지 않습니다. 레이피어를 다룰 때에는 기본적으로 상대 레이피어와의 접촉을 피하면서 상대가 노출한 허점을 즉시 공격할 필요가 있습니다. 그 바탕에 존재하는 것은 기하학과 지레의 원리로, 이 두 가지 원리를 이용하여 스스로를 안전한 곳에 위치시키면서 상대를 쓰러뜨릴 수 있는 최적해를 이끌어내는 것입니다.

한편 레이피어 검술은 그때까지의 다른 무술과는 발의 위치가 다릅니다. 레이피어 검술에서는 오른발(앞발)을 상대에게 향하고 왼발(뒷발)을 앞발과 직각이 되도록 딛습니다. 흔히 레이피어 검술을 현대 펜싱 기술에 비유하는 일이 있으나, 사실 이 두 가지 무기술은 어느 정도의 공통점만 가질 뿐 전혀 다른 것이라고 해도 과언이 아닙니다. 애초에 상대의 공격을 옆으로 이동하여 피하는 레이피어 검술의 기본 중의 기본이 펜싱에서는 불가능하므로, 이 이상 설명하지 않아도 잘 알 수 있을 것입니다.

레이피어 자세

16세기 중반 아그리파는 레이피어 자세를 네 가지 기본자세로 정리하였습니다. 이들 자세는 처음 검을 뽑아든 상태를 첫 번째로 삼고, 그것을 기준으로 검을 90도씩 회전시킨 것입니다. 여기에서는 아그리파의 자세와 레이피어 검술의 대가 살바토르 파브리스의 자세를 중심으로 소개합니다. 그림의 왼쪽 자세가 아그리파, 오른쪽 자세가 파브리스입니다.

■아그리파가 정리한 레이피어 자세의 개념

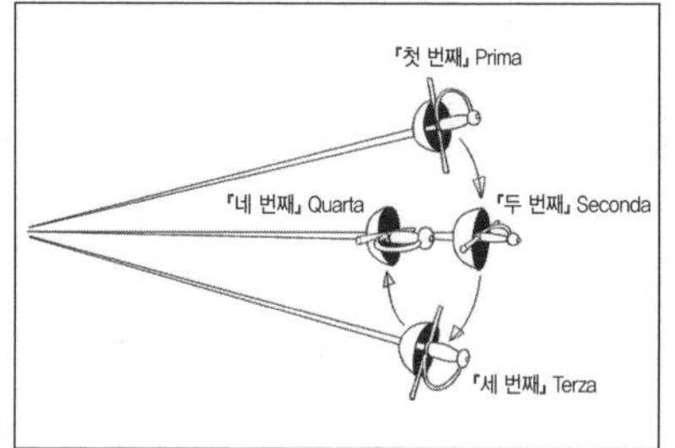

『첫 번째』 자세(Prima)

첫 번째 자세는 앞날이 위로 가게 검을 높이 들고 칼끝으로 상대를 겨냥하는 자세입니다. 예전에는『임브로카타』라고 불리며 매우 강력한 찌르기를 가능하게 해 주는 자세로 알려지기도 하였습니다. 아그리파가 이 자세를『첫 번째』로 삼은 것은 칼집에서 처음 검을 뽑았을 때 검이 이 위치에 오기 때문입니다. 또한 그의 자세 대부분에서 두 발 사이의 거리가 좁은 이유는 재빠른 후퇴를 위해서입니다.

파브리스의 자세는 몸을 활 모양으로 크게 굽히는, 허리에 안 좋을 것 같은 자세가 특징입니다. 이 동작은 상대가 공격할 수 있는 범위를 줄이는 동시에 몸의 중요한 부분을 상대로부터 멀리 떨어뜨려놓는 효과가 있습니다.

 『두 번째』 자세(Seconda)

검의 앞날이 오른쪽을 향한 자세로, 상대의 검을 옆으로 받아넘겼을 때 이 자세가 됩니다.

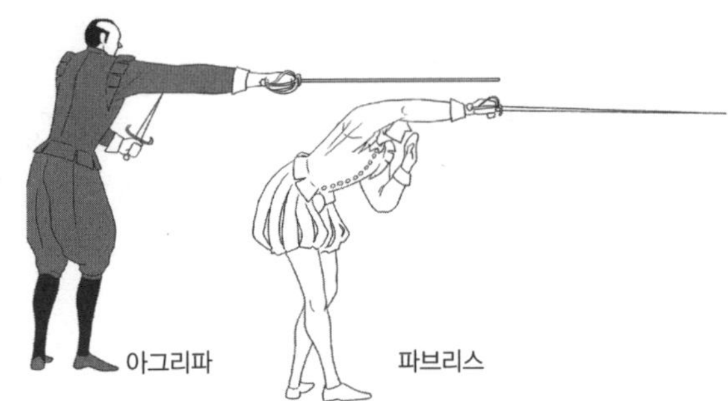

 『세 번째』 자세(Terza)

검의 앞날이 아래를 향합니다. 예전에는 『스토카타』라고 불렸으며, 인간이 자연스럽게 취하는 자세로 가장 많이 사용됩니다. 아그리파는 상대와 거리를 두고 몸을 지키는 데 적합한 자세라고 보았습니다.

 『네 번째』 자세(Quarta)

검의 앞날이 왼쪽 또는 위를 향한 자세로, 상대와 거리를 유지하는 데 유리하다는 평을 받고 있습니다. 그 밖에도 『세 번째』 자세에서 상대의 검을 옆으로 쳐내고 찌를 때의 자세로서 많이 등장합니다(여기에서는 아그리파의 자세만을 채택하였습니다).

스페인식 자세(Spanish Guard)

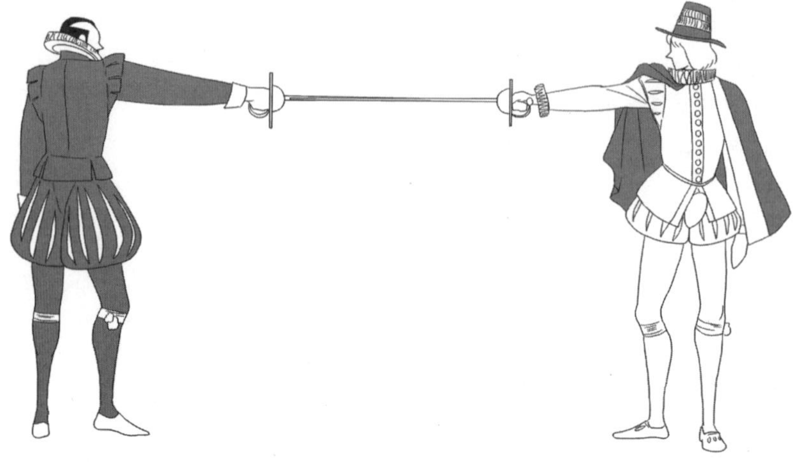

당시 유럽에서 가장 많은 두려움을 샀다는 스페인식 검술「라 베르다데라 데스트레사」의 자세입니다. 매우 인상적이지만 전혀 강해 보이지 않는 특이한 자세로, 앞발의 발끝을 상대에게 향하고 뒷발은 앞발과 직각이 되도록 위치시키는 레이피어 검술의 독특한 보법을 사용합니다. 그리고 똑바로 선 상태에서 왼손은 아무것도 하지 않고 자연스럽게 내립니다.

또한 스페인식 검술은 그 간격도 독특합니다. 통상적으로 레이피어를 취급할 때는 간격을 넓게 두는 경향이 있으나, 그림을 통해 알 수 있듯이 스페인식에서는 자신의 레이피어 칼끝이 상대의 레이피어 날밑에 닿을 정도로 가까이 접근합니다(그래도 레이피어의 날은 상당히 길기 때문에 서로 간의 거리는 꽤 떨어져 있습니다). 위의 그림을 보면 왜 스페인 사람들이「컵힐트」타입의 날밑을 개발하고 세대를 넘어 계속 사용해왔는지 알 수 있을 것입니다.

레이피어 기술 1

접촉회피

Schifar la Spada Contraria

출전 : Agrippa, p.17.

레이피어 검술의 기본기술 중 하나로, 상대가 이쪽의 검을 옆으로 쳐내려 할 때 상대의 검을 피해 단숨에 카운터를 합니다.

1

제자가 『첫 번째』 자세를 취한 스승의 레이피어를 옆으로 쳐내려 하고 있습니다.

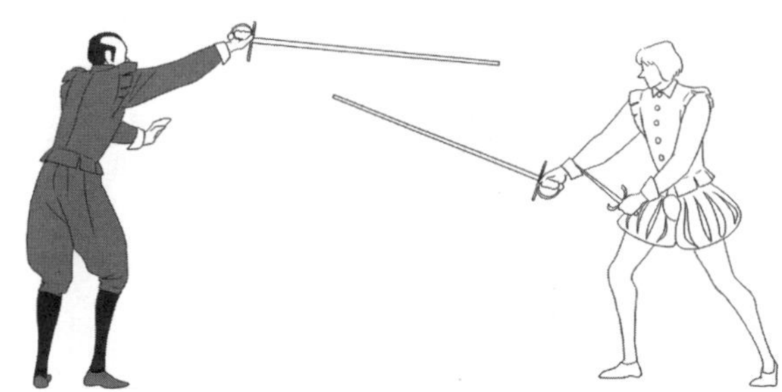

2

스승은 레이피어의 칼끝을 조금 내려 제자의 검을 피하는 동시에 앞으로 전진합니다.

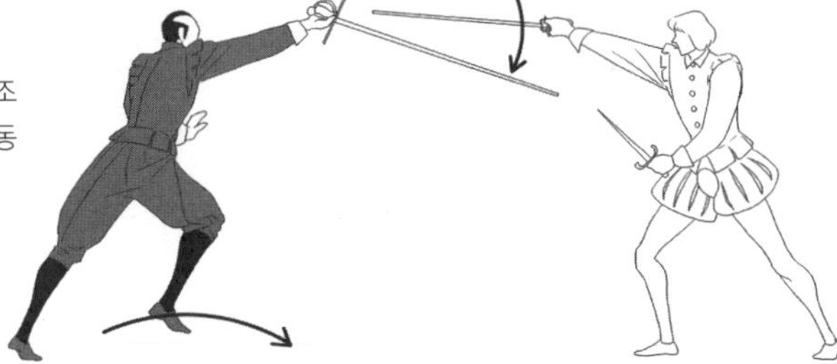

3

스승은 제자의 우측면을 겨냥합니다. 그리고 검을 회전시켜 다른 자세(이 경우에는 『네 번째』 자세)로 이행하면서 제자를 찌릅니다. 아그리파의 말에 따르면 이때 자세를 바꾸는 것은 상대의 대거나 버클러를 견제하기 위해서라고 합니다.

레이피어 기술 2

되찌르기

Counter Thrust – from 2nd to 4th

출전 : Agrippa, p.21.

레이피어 검술의 기본기술 중 하나로, 상대의 찌르기를 옆으로 받아넘기며 카운터를 합니다.

1

제자가 『두 번째』 자세를 취한 스승에게 찌르기를 하고 있습니다.

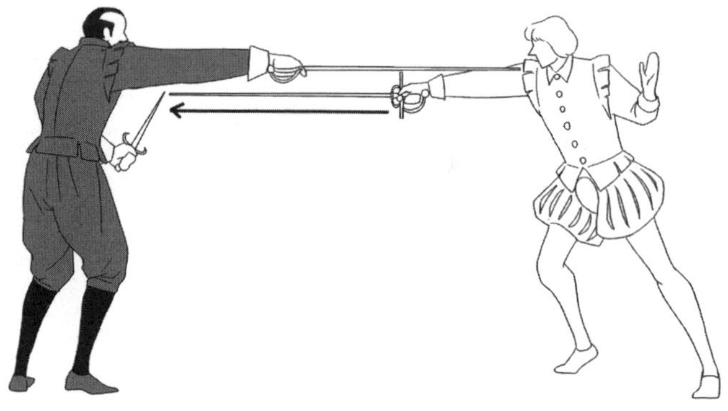

2

스승은 왼발을 뒤로 당기며 『네 번째』 자세로 이행하면서 제자의 검을 왼쪽으로 받아넘깁니다. 이때 제자는 관성 때문에 멈추지 못하고 스승의 검에 꿰뚫리게 됩니다.

레이피어 기술 3

유발
Provocation

출전 : Agrippa, p.47.

이 기술은 앞의 두 가지 기술의 복합형이라고 할 수 있습니다. 상대의「접촉회피」를 유도한 다음「되찌르기」로 반격합니다.

1

두 사람이「두 번째」 자세를 취하고 있습니다.

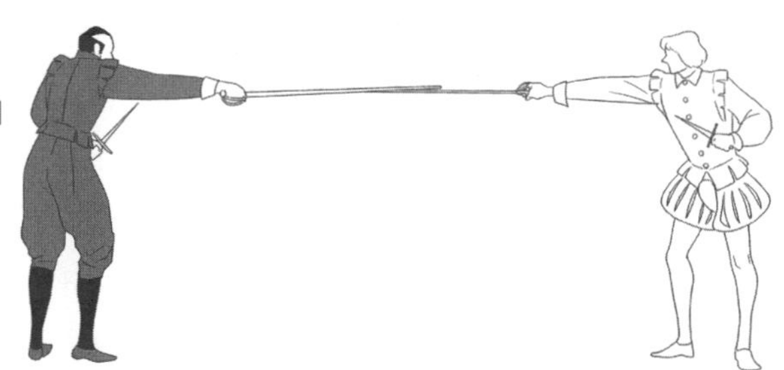

2

스승은 자신의 검을 내려 제자의 검에 접촉하거나, 제자의 검을 내리치려 하고 있습니다. 이는 제자가 검의 접촉을 피해 카운터를 하도록 유도하기 위해서입니다.

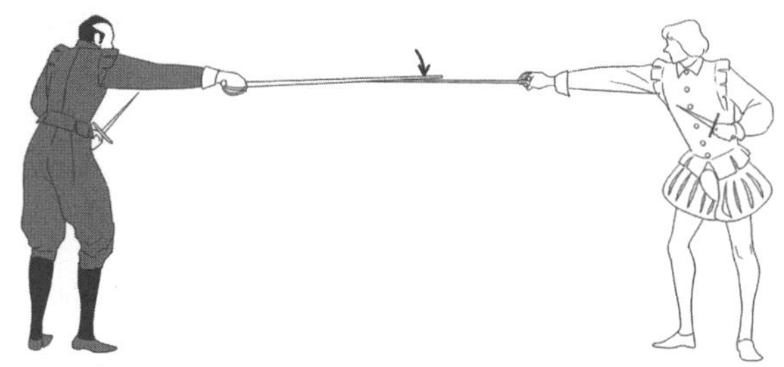

3

제자가 찌르면 스승은『네 번째』 자세로 전환해 제자의 검을 받아넘기며 제자에게 찌르기를 합니다.

레이피어 기술 4

사이드 스텝 카운터

Side Step Counter Thrust : From F to K

출전 : Agrippa, p.70.

대각선으로 발을 내디디며 상대의 공격을 받아넘기는 동시에 카운터를 하는 정교하고 치밀한 기술입니다.

1

스승이 『두 번째』 자세를 취하고 있습니다. 제자는 어떤 자세든 상관없으나 여기에서는 『세 번째』 자세를 취하고 있습니다.

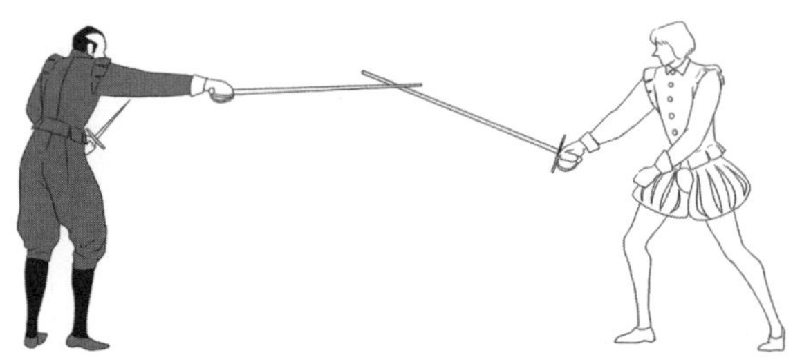

2

스승이 단숨에 찌르기를 합니다. 제자는 왼쪽 대각선 앞으로 발을 내디디며 레이피어를 오른쪽으로 가져갑니다.

3

스승의 공격은 빗나가고, 제자의 공격은 관성에 의해 스승에게 명중합니다.

몬테의 갑옷 1

1509년 피에트로 몬테는 『Collectanea』라는 책을 출판하였습니다. 이 책에는 군사에 관련된 모든 것이 담겨 있는데, 그중에는 토너먼트, 전쟁, 마상창시합, 도보전투에 쓰이는 무기 · 방어구의 계통에 대한 정보도 존재합니다. 여기에서는 현대의 연구가 앵글로가 2000년에 저술한 『The Martial Arts of Renaissance Europe』 중에서 몬테에 관한 기술을 요약하여, 당시 사람들이 갑옷에 대해 어떤 생각을 가지고 있었는지 소개합니다.

1. 기본개념

무게가 가볍고 방어력이 뛰어나며 움직이기 쉬울 것, 이것이 갑옷에서 가장 중요한 세 가지 요소입니다. 하지만 세 가지 전부를 높은 수준으로 만족시키기란 극히 어려운 일이므로, 대부분의 경우 상황에 따라 세 요소의 밸런스를 조정합니다.

2. 아케톤

아케톤은 솜을 누벼 만든 옷으로 갑옷 안에 착용합니다. 몬테의 말에 따르면 비단으로 안감을 대고, 그것으로 고간을 완전히 덮어야 한다고 합니다. 허리뼈 윗부분은 등을 충분히 보호하면서도 움직임을 방해하지 않을 정도로 안감(또는 솜)의 양을 조절합니다. 또한 팔과 겨드랑이 부분에 메일을 착용할 때는 소매를 강하게 만들고, 공간에 여유를 주며, 부드러운 가죽으로 마감함으로써 팔을 편하게 뻗을 수 있게 하는 것이 좋습니다.

3. 장갑 · 건틀릿

장갑과 건틀릿은 손바닥 부분이 가죽 또는 천으로 되어 있는데, 왼손은 상대의 무기를 붙잡기 용이하도록 손바닥에 사슬을 부착합니다. 당연한 얘기지만 장갑은 창을 던지거나, 검을 오랫동안 쥐고 있을 수 있도록 유연하게 제작할 필요가 있습니다. 몬테는 클로즈드 건틀릿이라고 불리는 특수한 타입의 건틀릿에 부정적인 입장이었습니다. 이 타입의 건틀릿은 손을 완전히 뒤덮고 검을 건틀릿에 고정시키는데, 이러한 건틀릿을 착용하면 손이 급격히 피로해지기 때문이라고 합니다.

4. 다리

다리 방어구의 앞면은 백플레이트보다 두껍게 만들어야 한다고 합니다. 왜냐하면 이곳은 적의 공격을 많이 받는 부위이기 때문입니다. 당연히 이쪽도, 가능하면 움직이기 쉽게 제작하는 것이 중요합니다.

(P590에 계속)

레이피어 기술 5

레이피어와 대거

Rapier & Dagger, Fifth Technique

출전 : Meyer, 2.104v, p.222.

레이피어와 대거의 조합은 당시 매우 일반적이었습니다. 이 조합의 포인트는 검과 대거를 함께 들고 상대의 공격선을 차단하는(구체적으로 레이피어와 대거의 칼끝을 가까이 대는) 데 있습니다. 여기에서는 메이어의 기술을 소개하는데, 그는 아그리파의 시스템을 채용하고 있지 않으므로 자세에도 롱소드 등 전통무기의 자세 이름이 붙어 있습니다.

1

제자는 통상적인 자세를 취하고 있고, 스승은 대거를 「상단」 자세, 레이피어를 「하단」 자세의 위치에 들고 있습니다.

2

제자가 찌르기를 합니다. 스승은 레이피어를 「찌르기」 자세의 위치로 가져가며 왼손을 오른손 위에 올려, 레이피어와 대거를 교차시킨 상태로 제자의 찌르기를 위쪽으로 받아넘깁니다.

3

왼발을 내디디며 제자의 레이피어를 오른쪽으로 밀어냅니다.

4

스승은 대거로 제자의 레이피어를 계속 밀어내는 동시에 서로의 레이피어를 접촉시킨 채 제자를 찌릅니다.

5

스승은 대거로 얼굴을 방어하면서, 오른손의 레이피어를 왼쪽 어깨에 가져가 제자의 검을 내리칩니다(여기에서는 포겡의 해석에 의거한 동작을 채용하고 있으나, 검을 내리치지 않고 후퇴하면서 직접 제자를 공격한다는 해석도 가능합니다). 원문에는 발의 움직임에 대해 아무런 언급도 없지만 뒤로 후퇴하고 있을 가능성이 큽니다.

레이피어 기술 6

유인

Inviting

출전 : Agrippa, pp.71, 72.

아그리파는 이 기술을 상대가 압도적으로 강할 경우 또는 막다른 곳에 몰렸을 때 사용하는 일발역전의 기술로서 소개하였습니다. 후에 이 기술은 지라타(GIRATA)라고 불리며, 몸을 젖히는 순간적인 움직임을 통해 상대의 찌르기를 피하면서 공격하는 기술로 정의되고 있습니다.

1

스승이 여제자를 압박하고 있습니다. 여제자는 『세 번째』 자세를 취하고 있는데, 스승이 레이피어를 쳐내는 것을 경계하여 칼끝을 내리고 스승이 『첫 번째』 자세로 찌르기를 기다립니다.

2

스승이 찌르면 여제자는 오른쪽으로 고개를 숙이며 오른발을 오른쪽 대각선 앞으로 내딛습니다.

3

스승의 공격을 피해 찌르기를 합니다. 여제자의 자세가 어색한 것은 「수축–확산」이라는 당시의 미의식에 따른 것으로, 자세라는 「수축」된 상태에서 단숨에 「확산」되는 움직임을 표현한 것입니다.

레이피어 기술 7

몬타노

Montano

출전 : Swetman, p. 114.

몬타노는 산이라는 의미를 가지고 있습니다. 이탈리아식 무술에서는 뒷날을 이용해 밑에서 수직으로 올려베는 기술을「산」, 즉 몬탄테(양손검 몬탄테와 혼동하지 않도록 주의하기 바랍니다)라고 부르므로 아마도 거기서 따온 이름이 아닐까 합니다. 스웻맨의 말에 따르면 이 기술은 스피드가 중요하다고 합니다.

1

스승은 왼쪽 무릎을 지면에 닿을 정도로 굽히고, 레이피어와 몸을 낮춥니다. 이때 왼손을 어떻게 하는지에 대해서는 따로 언급이 없습니다.

2

제자의 레이피어를 대거로 밀어내며 단숨에 일어서서 레이피어를 치켜듭니다. 이때 스승의 왼손은 오른손 아래에 옵니다. 그림에서는 제자의 공격에 대응하여 대거를 사용하고 있으나, 제자가 먼저 공격하지 않을 때에도 이 기술은 유효합니다.

3

레이피어의 손잡이를 가능한 한 높이 들어올려 제자의 가슴이나 어깨를 찌르고 재빨리 후퇴하여 거리를 둡니다.

레이피어 기술 8

케이프

Parry with a Cape

출전 : Meyer, 2.106r, 2.106v, p.223.

케이프(망토)는 레이피어의 보조무기로 사용되었습니다. 디 그라시의 말에 따르면 이 기술은 당초 우연히 발견되어 나중에 정식으로 도입된 것이라고 합니다. 상대의 검을 쳐내거나 누르는 것만이 아니라 공격할 때도 사용합니다. 하지만 당시 모든 검사들은 케이프보다 대거가 뛰어나다는 인식을 가지고 있었습니다.

케이프는 어깻죽지 부분을 붙잡고 팔에 감아 장비합니다(아그리파가 가장 자세한 기록을 남겼습니다). 초기에는 팽팽하게 감았으나, 시간이 흐르면서 비교적 느슨하게 감고 몸 앞에 커튼처럼 늘어뜨려 장벽 대신 사용하게 되었습니다. 한 가지 공통된 사항은 케이프 끝이 상대 쪽에 가도록 반시계방향(또는 안에서 밖으로)으로 감았다는 점입니다.

여기에서 소개하는 것은 케이프로 상대의 공격을 쳐내는 방법입니다. 메이어는 이 방법이 가장 바람직하다고 서술하였습니다.

1

스승이 왼팔에 케이프를 감은 상태로 대기하고 있는데, 제자가 위에서 내리칩니다.

2

우선 제자의 검을 자신의 레이피어로 막아 기세를 꺾습니다.

3

기세를 충분히 꺾었으면 케이프를 감은 왼팔로 제자의 검을 쳐냅니다. 그리고 왼손으로 계속 제자의 검을 단단히 누르면서 오른손에 든 레이피어로 제자를 공격합니다.

레이피어 기술 9

케이프 던지기

Cape Throwing

출전 : Agrippa, pp.85, 86.

여기에서는 케이프를 이용해 공격하는 방법을 소개합니다. 이 기술 자체는 바이킹 시대에도 존재하였으며, 상대를 사로잡거나 싸움을 멈추고자 할 때 사용했다는 기록이 남아 있습니다. 당시의 케이프는 무척 두꺼워, 무게가 레이피어와 비슷하거나 더 무거울 정도였습니다. 이만한 무게가 가늘고 긴 레이피어의 칼날에 가해지는 것이니, 그것을 풀어내기 전까지 레이피어는 실질적으로 사용할 수 없게 됩니다. 또한 케이프를 던지는 방식에 따라서는 케이프가 팔과 검에 단단히 휘감겨 풀어내기가 불가능한 경우도 있었습니다. 그 밖에 상대의 얼굴을 향해 던지는 방법도 있습니다.

아그리파의 케이프 기술은 왼손으로 대거를 잡은 상태에서 사용한다는 점이 다른 검사들의 기술과 다릅니다.

1

스승은 『첫 번째』 자세, 제자는 보폭을 좁힌 『세 번째』 자세를 취하고 있습니다.

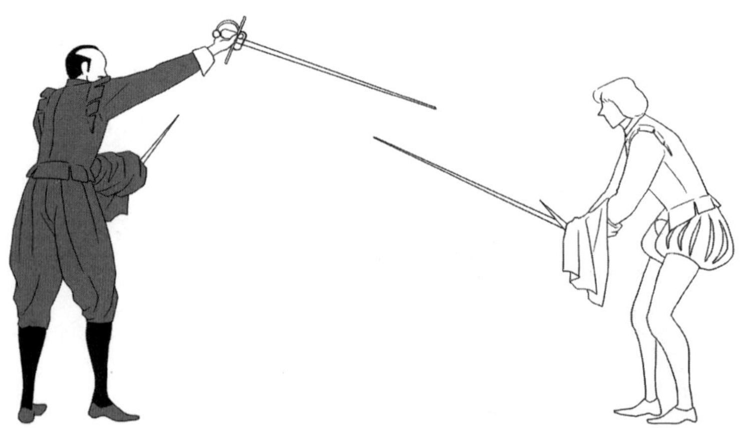

2

제자가 먼저 움직이지 않을 거라고 판단한 스승은 『네 번째』 자세로 이행하면서 왼손의 케이프를 느슨하게 풉니다.

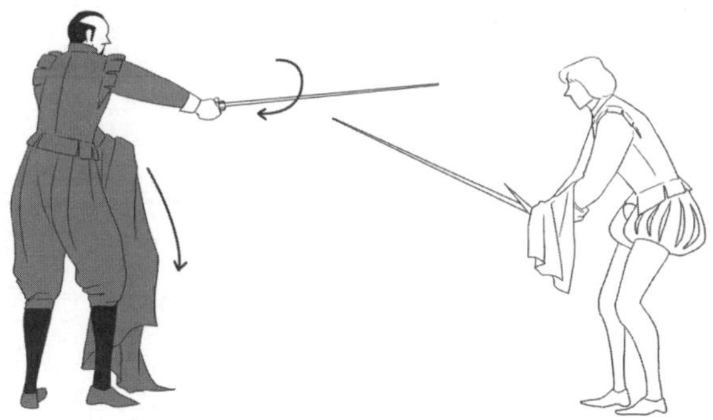

3

스승은 다시 『첫 번째』 자세로 돌아가 제자의 레이피어와 자신의 레이피어를 접촉시킵니다. 동시에 제자의 검을 향해 케이프를 내던집니다.

4

케이프의 무게 때문에 제자가 레이피어를 사용하지 못하는 사이 제자에게 찌르기를 합니다.

레이피어 기술 10

검과 원형 방패

Sword and Round Target

출전 : Di Grassi, p.53(Document pagination).

원형 타지를 사용한 기법을 소개합니다. 타지는 르네상스 시대에도 현역으로 전장에서 활약하였으나, 전장에서만 도움이 될 뿐 결투에는 어울리지 않은 무기로 인식되었던 것 같습니다.

여기에서 소개하는 것은 실드 푸시 또는 실드 배시라고 불리는 기술로, 고대 로마 시대부터 존재하였다고 추측되는 기술입니다. 흔히 말하는 실드 배시와 다른 점은 방패로 직접 상대를 가격하는 것이 아니라, 자신의 방패로 상대의 방패를 회전시키거나 상대의 방패를 상대에게 밀어붙여 행동을 방해한다는 점입니다.

1

스승은 검을 『상단』 자세로 잡고 있습니다.

2

뒤에 있던 오른발을 끌어당깁니다.

3

제자가 간격 안에 들어오면 단숨에 다가가 자신의 방패를 제자의 방패에 부딪칩니다. 원문에는 자세히 적혀 있지 않지만, 이후의 상황을 보면 제자의 방패를 밖에서 안으로 회전시키듯 부딪쳐 제자에게 밀어붙임으로써 오른팔의 움직임을 방해하는 것으로 추측됩니다.

4

스승은 제자의 방패와 왼팔 너머로 찌르기를 합니다.

몬테의 갑옷 2

5. 퀴래스

몬테는 마상창시합의 갑옷과 도보전의 갑옷을 구별하고 있습니다. 그의 말에 따르면 퀴래스는 백플레이트보다 두꺼워야 한다고 합니다. 또한 당시 일반적으로 퀴래스 위에 갑옷을 한 겹 더 껴입었는데, 그는 이 추가장갑을 Supra Pectus라고 불렀고, 앵글로는 그것을 Placate(복갑)라고 번역하였습니다.

백플레이트는 활동성을 중시하여 다른 부위보다 가볍고 얇게 제작하였습니다. 상대가 등을 공격할 가능성이 없는 것은 아니지만, 「적의 배후를 잡는 것은 간단하므로 적에게 배후를 잡힐 걱정은 하지 않아도 된다.」라고 합니다. 한편 몬테는 추가장갑을 제외하는 대신 금속제 방패를 사용하도록 제안하기도 하였습니다.

6. 헬멧

몬테는 여러 장에 걸쳐 다양한 종류의 투구를 고찰하였는데, 기본적으로 앞면을 두껍게 만들고 후두부를 얇게 만들 것과, 귀 부분에 돌출부를 만들고 그곳에 구멍을 뚫어 소리가 잘 들리도록 할 것을 권장하고 있습니다.

7. 뱀브레이스

몬테는 특히 아래팔과 겨드랑이의 방어에 주의해야 한다고 서술하였습니다. 아래팔은 적이 가장 공격하기 쉬운 부위이며, 겨드랑이는 적이 가장 많이 노리는 공격목표이기 때문입니다. 또한 이탈리아식 대형 견갑은 무겁고 움직이기 힘들다고 비판하며, 독일식 소형 견갑을 착용하도록 추천하고 있습니다.

8. 재질

가볍고 강한 갑옷을 제작하는 데는 최고품질의 철과 강철이 필수입니다. 몬테는 독일 인스브루크산 강철이 가장 좋다고 보았습니다. 인스브루크에서는 크로스보우를 이용한 테스트를 행하고 있었는데, 당시 그 중요성이 부각되던 총기에 의한 공격조차 견뎌낼 정도였다고 합니다. 당시 사람들은 이러한 고품질 강철이 인스브루크의 물에서 비롯된 것이라고 생각했던 모양이지만, 몬테는 단순히 「직인의 솜씨가 뛰어난 것」이라고 결론지었습니다.

9. 가벼운 갑옷 vs 무거운 갑옷

몬테의 말에 따르면 가벼운 갑옷이 유리하다고 합니다. 가벼운 쪽이 유연하게 움직이기 편하고 상대의 공격을 피하기도 용이하기 때문입니다. 반면 무거운 갑옷을 입으면 몸을 움직일 때 균형을 잃기 쉬워 결과적으로 동작이 둔해진다고 설명하였습니다.

제19장
몬탄테

몬탄테 개설

몬탄테의 역사

몬탄테는 현재 포르투갈과 스페인이 위치한 이베리아 반도에서 독자적으로 발전한 양손검입니다. 통상적인 검을 크게 만든 것과 독일의 양손검 쯔바이핸더와 모양이 같은 것 2종류가 있는데, 독일의 양손검에 비해 몬탄테는 가늘고 가볍습니다.

전장에서 몬탄테는 기다란 길이로 인해 전열을 짜는 데 적합하지 않았기 때문에, 주로 부대 전위에 배치된 산병(散兵, 병력을 넓게 벌려 배치하거나 해산하는 일을 하는 병사)이 장비하는 경우가 많았습니다. 또한 그 밖에 무술의 훈련이나 시합에서 대전자를 중재할 때, 두 사람 사이에 몬탄테를 찔러 넣어 싸움을 멈추곤 하였습니다. 마이어스와 힉의 말에 따르면 현대 스페인어에서 「싸움에 관여하다.」라는 의미로 쓰이는 「meter el montante」라는 말은 이러한 몬탄테의 용법에서 유래한 것이라고 합니다.

사실 몬탄테가 그 진가를 발휘하는 것은 다수를 동시에 상대할 때입니다. 복수의 적을 상대할 때 양손검이 효과적이라는 생각은 스페인뿐 아니라 유럽 각지에서 공유되었던 모양으로, 디 그라시는 양손검은 여러 명과 동시에 싸울 때 적합하며, 그런 점 때문에 군기를 호위하는 부대에서 많이 사용한다는 서술을 남겼습니다.

이 장에서는 포르투갈의 장군 디에고 고메스 데 피게이레도가 1651년 집필한 저서에서 발췌하여 몬탄테의 연습용 본을 소개합니다. 그는 본을 그대로 사용하지 말고 본에 포함되어 있는 기술을 상황에 맞춰 조합하라고 충고하였습니다.

몬탄테의 스펙

마이어스와 힉은 가르시아 데 파레데스의 소유로 전해지며 스페인 왕립 무기고에 소장되어 있는 몬탄테의 데이터를 기재하였습니다. 이 몬탄테는 쯔바이핸더와 같은 형태로 일자 날밑 위에 날이 없는 리캇소를 가지고 있어 하프 소드 기법을 사용할 수 있게 되어 있습니다.

몬탄테의 용법

몬탄테의 용법에는 스페인식 검술의 용어가 사용됩니다. 공격의 명칭은 다음과 같습니다.

탈루(Talho) :

오른쪽에서 왼쪽으로 베기. 스페인어로는 Tajo.

헤베즈(Revez) :

왼쪽에서 오른쪽으로 베기. 스페인어로는 Reves.

알치바소(Altibaxo) :

위에서 아래로 베기. 스페인어로는 Altibajo.

몬탄테 네그로(Montante negro) :

검의 옆면을 이용한 타격.

■몬탄테

마이어스와 힉이 측정한 몬탄테. 날에 있는 표시는 무게중심의 위치. 전체 길이 : 153cm / 칼날 길이 : 114cm / 칼날 폭 : 3cm / 손잡이 길이 : 39cm / 날밑 폭 : 28cm / 날밑 두께 : 최대 1.5cm / 갈고리(두 번째 날밑) 폭 : 8cm / 칼끝에서 갈고리까지의 거리 : 106cm / 무게중심 : 일자 날밑에서 13cm / 무게 : 2.25kg.

의외일지도 모르지만 몬탄테의 용법은 탈루와 헤베즈에 의한 공격, 즉 옆으로 베기가 가장 일반적입니다. 또한 방어동작이 거의 없고 공격이 패턴화되어 있다는 것도 특징입니다. 몸의 균형을 잃지 않고 거대한 검을 휘두르며, 반격의 기회를 허용하지 않고 상대를 마구 밀어붙이는 전법을 채용하고 있기 때문일 것입니다. 다만 옆으로 벤다고 해도 지면과 평행하게 휘두르는 것이 아니라 아래에서 위로 비스듬히 공격합니다.

몬탄테의 공격법은 아래와 같이 법칙화할 수 있습니다.

1. 공격할 때는 허리를 단단히 고정시켜 균형을 잃지 않도록 한다. 그러지 않으면 몬탄테의 강대한 관성에 이끌려 넘어지게 된다.
2. 탈루를 이용해 오른쪽에서 왼쪽으로 벤 다음 검을 돌려 헤베즈를 이용해 왼쪽에서 오른쪽으로 벤다. 또는 헤베즈로 벤 다음 탈루로 벤다.
3. 탈루를 이용해 오른쪽에서 왼쪽으로 벤 다음 검을 머리 위로 회전시켜 다시 한 번 탈루를 이용해 같은 방향으로 벤다. 또는 헤베즈로 벤 다음 헤베즈로 벤다.
4. 몸의 좌측면에서의 찌르기는
   a. 먼저 오른쪽 어깨 위에서 찌른 다음 행한다.
   b. 왼발을 내디디며 헤베즈(왼쪽에서 오른쪽으로 베기)로 공격한 다음 행한다.
   c. 왼발을 당기며 탈루(오른쪽에서 왼쪽으로 베기)로 공격한 다음 행한다.
5. 몸의 우측면에서의 찌르기는
   a. 먼저 왼쪽에서 찌른 다음 행한다.
   b. 오른발을 내디디며 탈루(오른쪽에서 왼쪽으로 베기)로 공격한 다음 행한다.
   c. 왼발을 당기며 탈루(오른쪽에서 왼쪽으로 베기)로 공격한 다음 행한다.
   d. 왼발을 당기며 위를 향해 헤베즈(왼쪽에서 오른쪽으로 베기)로 공격한 다음 행한다.

몬탄테 기술 1

제3형 · 뒤
Composite Rule 3

출전 : Montante, pp.10, 18.

이 기술은 앞에 있는 상대를 몰아붙일 때 사용하는 본입니다.

1
몬탄테를 오른쪽 옆구리 쪽에 잡습니다.

2
발을 내딛지 말고 탈루를 이용해 오른쪽에서 왼쪽으로 휘두릅니다.

3
그리고 검을 머리 위로 회전시키고, 이번에는 오른발을 내디디며 탈루를 이용해 오른쪽에서 왼쪽으로 휘두릅니다.

4

동작이 끝나면 검을 왼쪽 옆구리 쪽에 당겨 잡습니다.

5

앞으로 찌르기를 한 다음 검을 왼쪽 옆구리 쪽에 당겨 잡습니다.

6

왼발을 내디디며 헤베즈를 이용해 왼쪽에서 오른쪽으로 휘두릅니다.

7

다시 한 번 왼발을 내디디며 탈루를 이용해 오른쪽에서 왼쪽으로 휘두릅니다.

8

검을 머리 위로 회전시키고, 오른발을 내디디며 탈루를 이용해 오른쪽에서 왼쪽으로 휘두릅니다. 이후 다시 처음으로 돌아가 본을 되풀이합니다.

몬탄테 기술 2

제14형 · 앞

Simple Rule 14

출전 : Montante, pp.14, 22.

이 기술은 원거리 무기 또는 양손으로 사용하는 긴 손잡이 무기의 찌르기에 대항하는 본입니다. 여기에서는 상대가 이쪽의 왼쪽 가슴을 노리고 공격할 때 어떻게 해야 하는지 설명합니다. 제14형 · 뒤에서는 상대가 오른쪽 가슴을 공격할 때의 대책을 소개하는데, 그 경우에는 오른발을 앞으로 내밀고 칼끝으로 왼쪽 앞을 겨냥한 다음 헤베즈로 공격합니다.

1

오른발을 앞으로 내밀고 상대를 향해 정면으로 섭니다. 또한 칼끝으로 오른쪽 앞을 겨냥한 다음 오른손이 벨트 앞에 오도록 자세를 잡습니다.

2

창이 날아오면 탈루를 이용해 오른쪽에서 왼쪽으로 쳐냅니다.

3

그리고 몸을 회전시키며 상대에게 덤벼듭니다.

4

그리고 탈루를 이용해 오른쪽에서 왼쪽으로 공격합니다.

갑옷의 두께와 강도 1

여기에서는 실제 갑옷의 두께가 어느 정도였는지 살펴보도록 하겠습니다. 아래 그림은 런던 월레스 컬렉션에 소장되어 있는 소장번호 「A21」의 고딕식 갑옷입니다. 1480년대에 제작된 것으로, 세트를 이루는 마갑과 함께 월레스 컬렉션의 갑옷 중 가장 유명합니다(말에 올라타 검을 하늘 높이 치켜든 자세로 전시되어 있습니다. 미우라 시게토시의 『서양 무기 갑주 사전』의 표지에도 등장합니다). 다만 그림의 갑옷은 수리가 이루어진 1956년 이전의 것으로 현재의 것과는 건틀릿 등이 조금 다릅니다.

안타깝게도 참조 논문에는 부위별 무게가 표기되어 있지 않지만, 컬렉션의 데이터에 의하면 전체 무게 27.161kg으로, 당시의 표준적인 갑옷 무게와 비슷하다고 합니다.

1. 강도

팔과 다리 부분의 비커스 경도(공업재료의 강도를 나타내는 단위)는 아래와 같습니다(흉갑 등 다른 부위에 대한 데이터는 없었습니다).

기본적으로 오른쪽 부위의 강도가 높은 경향이 있는데, 원인은 알 수 없으나 담금질 등 작업을 담당한 직인이 달랐던 것인지도 모릅니다. 또한 강도가 고르지 못한데, 이는 현대와 같은 기계 · 전자제어기기가 없었던 당시로서는 당연한 일이라고 할 수 있습니다. 참고로 연철은 90~120VPH, 중탄소강은 220~250VPH, 담금질한 강철은 300~600VPH 정도입니다.

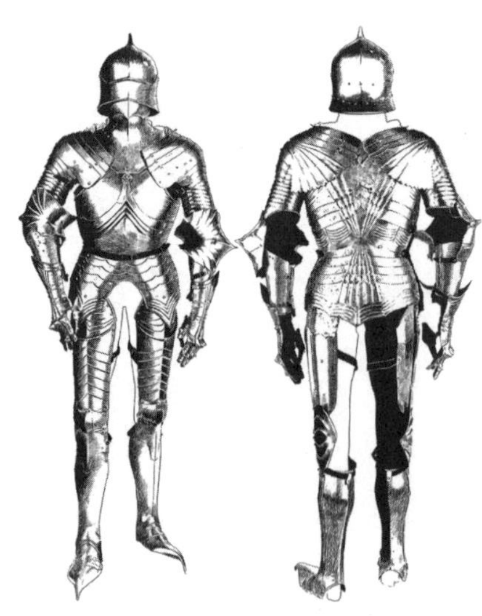

어퍼 캐논 : 좌 160VPH · 우 290VPH
로어 캐논 : 좌 256VPH · 우 327VPH
퀴스 앞면 : 좌 270VPH · 우 380VPH
퀴스 뒷면 : 좌 355VPH · 우 335VPH
그리브 앞면 : 좌 280VPH · 우 385VPH
그리브 뒷면 : 좌 232VPH · 우 320VPH

(P616에 계속)

제20장
낫과 대낫

낫과 대낫 개설

낫과 대낫의 역사

낫(시클)은 손에 들고 풀을 베는 데 사용하는 농기구입니다(뒤에 소개하는 대낫(사이드)과 혼동하지 않도록 주의하기 바랍니다). 마이어가 라틴어로 Falcus Frumentalia(곡물 낫)라고 부르던 것을 통해 알 수 있듯이 밀과 같은 곡물의 이삭을 수확하는 도구로, 모양은 다르지만 기능과 용도는 동양의 낫과 같습니다. 마이어는 낫을 사용한 전투법에 대해 설명하였는데, 이는 순수한 전투용 기술이라기보다 긴급한 상황에서 쓰는 호신용이라고 보는 편이 타당할 것입니다.

한편 사신의 아이템으로 잘 알려진 대낫은 본래 목초 등 풀을 베기 위한 농기구였습니다. 일반적으로 손잡이 끝과 한가운데에 손으로 잡을 수 있는 핸들이 있고, 손잡이 선단에 거대한 날이 달려 있습니다. 마이어의 저서 등에 등장하는 대낫은 농장에서 그대로 꺼내온 듯한 모양을 하고 있으나, 삽화에 따라 핸들의 위치가 바뀌는 것을 보아 현실의 대낫을 충실하게 묘사한 것이 아니라 삽화가가 적당히 짜맞춰 그린 결과물로 추측됩니다.

낫과 대낫의 스펙

유럽의 낫은 동양의 낫과 달리 초승달 모양으로 크게 굽어 있는 것이 특징입니다. 마이어의 삽화에서도 그렇지만 많은 중세의 그림에서 낫의 날 부분은 톱날로 표현되어 있습니다. 이 톱날 달린 낫은 요크에서 발견된 낫처럼 거친 줄로 촘촘하게 톱날을 만든 것으로, 벼과 식물의 단단한 줄기를 절단하는 데 효과적이었습니다.

날의 모양과 길이 등 대낫의 스펙은

■낫

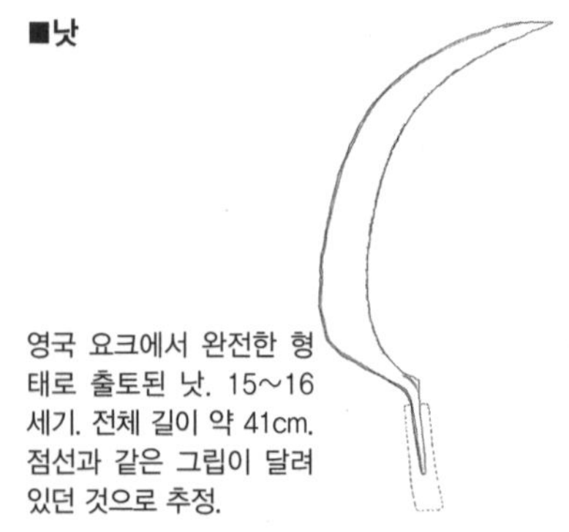

영국 요크에서 완전한 형태로 출토된 낫. 15~16세기. 전체 길이 약 41cm. 점선과 같은 그립이 달려 있던 것으로 추정.

시대에 따라 상당한 차이가 있었습니다. 다만 마이어의 삽화에 따르면 대체로 손잡이 길이 150~180cm, 칼날 길이 60~90cm 정도로 추정됩니다. 마이어의 대낫은 현재의 농경용 대낫과는 핸들의 방향이 90도 다르며, 후단의 핸들은 T자형, 앞의 핸들은 L자형으로 되어 있는 것이 큰 특징입니다. 하지만 핸들의 모양과 방향에는 지역 차가 있기 때문에 마이어의 대낫이 꼭 대강 표현된 것이라고 단정할 수는 없습니다.

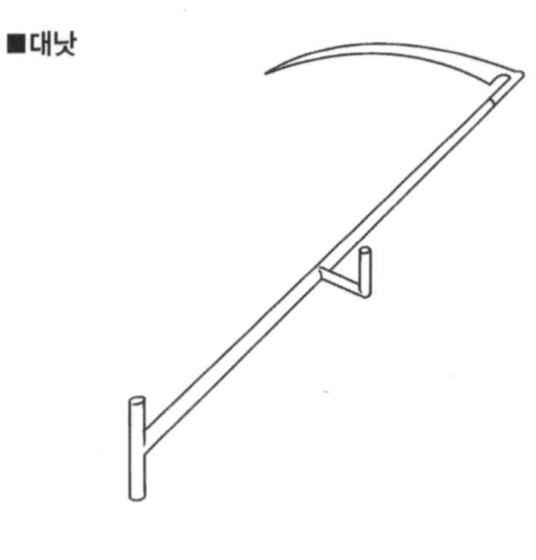
■대낫

낫과 대낫의 용법

낫의 용법은 대거의 용법에 가까웠을 것으로 추측됩니다. 마이어의 삽화를 보면 상대의 공격은 기본적으로 상대의 팔을 붙잡아 방어합니다. 낫 기술의 가장 큰 특징으로는 날을 이용해 상대의 팔 · 다리 · 목을 걸고 끌어당겨 넘어뜨리거나 메치는 기술이 많다는 것을 들 수 있습니다. 이것은 무기의 리치가 터무니없이 짧기 때문으로, 전투는 필연적으로 지근거리에서 이루어졌습니다. 그래서 상대의 팔 등을 붙잡는 전법이 효과적이었던 것입니다. 그 밖에 날로 자르거나 선단으로 찌르는 등의 공격법이 있습니다.

대낫은 오른손으로 앞의 핸들을 잡고 왼손으로 후단의 핸들을 잡는 것이 일반적이지만, 왼손으로 손잡이 부분을 잡기도 하였습니다. 공격법으로는 날을 이용한 베기 및 날을 상대의 몸에 걸고 끌어당겨 쓰러뜨리기 등의 용법이 있습니다. 그러나 애당초 전투용으로 만들어진 것이 아니기 때문에 무거운 데다 밸런스가 나쁘고 재빨리 반응할 수 없다는 단점이 있습니다.

낫과 대낫 자세

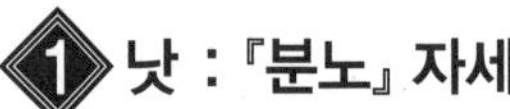

낫 : 『분노』 자세

낫을 왼쪽 어깨 위에 올리고 상대를 공격하는 자세입니다. 이 자세의 베리에이션으로 왼팔을 앞으로 뻗어 상대를 붙잡으려 하는 자세도 있습니다.

❷ 낫 : 『활』 자세

낫을 아래로 비틀어 내린 자세입니다. 밑에서 올려베거나, 안쪽으로 회전시켜 상대의 팔을 거는 등의 용법을 사용했을 것이라 추측됩니다.

 대낫 : 『상단』 자세(High Guard)

위에서 내리치는 자세입니다.

 대낫 : 『사다리』 자세(Rudder Guard)

『하단』 자세일 가능성도 있습니다. 『상단』 자세에서 오른발을 내디디며 밑에서 올려벨 때의 자세로 보입니다.

 대낫 : 『사다리』 자세(Rudder Guard)

왼손을 앞으로 뻗고 오른손은 옆으로 뻗은 자세로, 손잡이로 상대의 공격을 방어하면서 낫을 옆으로 휘둘러 공격합니다.

낫 기술 1

상단 및 하단베기와 그에 대한 방어

Supera et Infera Incisio cum suis Aversionibus

출전 : Mair2, 229r.

1

스승은 위에서 제자를 내리치고, 제자는 낫으로 스승의 발을 걸거나 공격하려 합니다. 두 사람 다 서로의 공격을 무기로 방어하지 않고, 상대의 팔을 붙잡아 방어하고 있습니다.

낫 기술 2

두 가지 베기와 그에 대한 방어

Incisiones Duae, Adhibitus suis Aversionibus

출전 : Mair2, 232r.

1

제자는 위에서 내리치는 스승의 팔꿈치 언저리를 붙잡아 공격을 막고, 즉시 낫으로 스승의 손목을 자르려 하고 있습니다.

대낫 기술 1

교차베기와 동체베기

Habitus Incisionis Cancellatae contra Incisionem Apertam

출전 : Mair2, 206r.

1

팔을 교차시켜 베기와 동체에 대한 베기입니다.

대낫 기술 2

받아넘기기와 카운터

Incisionis Habitus contra Formam Aversionis

출전 : Mair2, 207r.

1

스승이 손잡이 부분으로 제자의 공격을 받아넘긴 다음 제자의 오른팔을 공격하고 있습니다.

제21장
곤봉과 플레일

곤봉과 플레일 개설

곤봉과 플레일의 역사

곤봉은 Club, Cudgel, Keule, Kolben, Peasant's Staff 또는 Peasant's Club 등 다양한 이름으로 불립니다. 마이어의 라틴어판 저서에서는 「기둥」을 의미하는 Fustus라는 단어를 사용하고 있는데, 아마도 무기의 모양에서 따온 이름일 것입니다(실제 라틴어로는 Stipes라고 합니다). 다만 「백성의 곤봉」이라는 말에서 알 수 있듯이 정식 무기로는 취급받지 못했을 가능성이 있습니다. 그러나 바이외 태피스트리에 나타나는 것처럼 권위의 상징으로서 인식되기도 하였습니다.

한편 플레일은 탈곡에 쓰이는 농기구를 전용하여 2개의 봉 사이를 사슬로 연결한 무기입니다. 손잡이와 사슬로 이어진 머리 부분의 타격력은 원심력에 의해 더욱 높아지기 때문에 통상적인 스태프보다 커다란 대미지를 줄 수 있습니다. 또한 유연한 사슬의 효과 덕분에 방패와 같은 방어수단을 피해 상대를 공격할 수 있다거나, 타격 시의 충격이 손으로 직접 전해지지 않아 쉽게 지치지 않는다는 장점이 있습니다. 반면 머리 부분을 컨트롤하기 위해서는 숙련된 기술이 필요하다거나, 목표에 명중한 머리 부분이 튕겨 나오는 방향을 컨트롤하기 어려워 경우에 따라서는 자기 무기에 자기가 맞을 수도 있다는 단점이 있습니다. 일반적으로 플레일이라고 하면 봉으로 된 머리 부분을 가진 무기를 지칭하지만, 당시에는 비교적 긴 사슬 끝에 철구를 연결한 것도(적어도 스페인에서는) 플레일이라고 불렀습니다.

마카이요프스키 성경(13세기 중반)에 등장하는 탈곡작업.

곤봉과 플레일의 스펙

곤봉에는 특별히 스펙이라고 할 만한 것이 없지만, 마이어의 삽화를 통해 대략적으로 판단하자면 전체 길이 90~150cm, 무게 2.5kg 정도로 추정됩니다. 그리고 피오레의 곤봉은 그보다 더욱 작아 전체 길이 60~90cm, 무게 1.5~2kg 정도입니다. 사실 원본 삽화에는 나뭇가지를 가공하지 않고 그대로 사용하는 것처럼 묘사되어 있는데, 이는 아마도 예술적 표현일 것입니다. 실제로는 나무껍질을 벗겨 손잡이를 매끄럽게 만드는 등 손이 아프지 않도록 처리하였습니다.

■플레일의 예

군용 플레일은 농업용 플레일보다 머리 부분이 짧고, 타격력을 높이기 위해 가시 같은 것을 박아놓는 경우가 많았습니다. 개중에는 머리 부분이 금속으로 만들어진 것이나, 여러 개의 철구가 달려 있는 것도 있습니다. 또한 보병용 플레일의 손잡이는 비교적 길어 150cm가 넘었으나, 기병용 플레일은 한 손으로 사용할 수 있는 길이로 제작되었습니다. 한편 손잡이 부분을 스태프 대신 활용할 수 있도록 손잡이 부분에 가시를 박아놓기도 하였습니다.

곤봉과 플레일의 용법

마이어의 삽화를 보면 곤봉은 마치 쇼트스태프와 양손검을 더해서 둘로 나눈 듯한 용법을 가지고 있습니다. 다만 앞뒤의 구별이 있기 때문에 쇼트스태프처럼 반대로 돌려서 공격하지는 않고, 주로 머리 부분을 이용한 타격과 찌르기로 공격합니다. 피오레의 경우는 곤봉 이도류라는 특수한 조작법뿐 아니라 더 나아가 투척무기로서도 사용하였습니다.

플레일의 용법은 기본적으로 스태프 기술의 연장과도 같습니다. 흔히 타격 부위를 항상 회전시켜야 한다는 말을 많이 하지만, 실제로 그럴 필요는 없습니다. 플레일의 머리 부분과 손잡이를 연결하는 사슬은 무척 짧아 손의 조그만 움직임에도 기민하게 반응하기 때문입니다.

곤봉과 플레일 자세

1 곤봉 : 『상단』 자세(High Guard)

위에서 내리치는 자세입니다.

2 곤봉 : 『방벽』 자세(Barrier Guard)

쇼트스태프 자세와 마찬가지로 머리를 보호하는 자세입니다.

 플레일 :『상단』 자세 2(High Guard 2)

상단자세의 일종으로 플레일의 머리 부분을 엄지손가락으로 단단히 누릅니다. 이는 머리 부분이 멋대로 움직여 자신의 머리 등에 명중하는 것을 막기 위한 것으로 보입니다.

④ 플레일 :『상단』 자세 2(High Guard 2)

자세의 모양이 롱소드 등의『변이』자세와 비슷하여 이런 이름이 붙었습니다. 무기의 머리 부분을 지면에 두고 아래로부터 공격하는 자세로 추측됩니다. 하지만 원본 삽화에서 이 자세를 취하고 있는 사람은 플레일의 일격을 맞고 머리가 엄청난 각도로 꺾인 상태이기 때문에 어쩌면 이 동작은 아무런 자세도 아닐 가능성이 있습니다.

곤봉 기술 1

강력한 치명타

Alia Plaga Loetalis

출전 : Mair2, 215v.

원문 기술명의 Loetalis는 잘못된 철자이며, 실제로는 Letalis가 맞습니다.

1

제자의 공격을 위로 쳐올린 다음 얼굴에 찌르기를 합니다. 「치명타」란 상대를 일격에 살상할 수 있을 만한 위력이 있다는 데서 붙여진 이름입니다.

곤봉 기술 2

곤봉 이도류 대 창

Two Clubs against a Spear

출전 : Fiore(Getty), 31v.

곤봉 이도류(와 대거)로 창과 대결하는 매우 특수한 상황에서의 기술을 소개합니다.

1

스승은 오른손의 곤봉을 머리 위로 들어올려 『귀부인』 자세를 취하고, 왼손의 곤봉으로는 『진 강철문』 자세를 취하고 있습니다. 이 자세는 피오레의 롱소드 자세에서 가져온 것입니다.

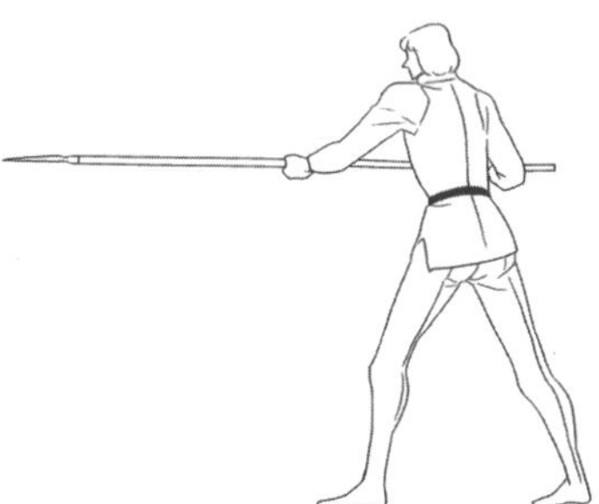

2

오른손의 곤봉을 제자에게 내던진 다음 대거를 빼들고 돌진합니다.

3

왼손의 곤봉으로 제자의 창을 쳐내고 오른손의 대거로 제자를 찌릅니다.

플레일 기술 1

다리 들어올리기

Leg Hook

출전 : Meyer, imageM, p.281.

이 기술은 메이어의 유일한 플레일 기술이지만, 안타깝게도 기술에 대한 설명이 전혀 없습니다. 설명하는 것을 잊어버린 것인지, 시간적 여유가 없었던 것인지는 불명입니다. 다만 삽화에 등장하는 플레일의 머리 부분을 보면 주머니에 무언가를 가득 채운 느낌이므로, 연습용 플레일인지도 모릅니다. 한 가지 재미있는 사실은 메이어의 책에서 유일하게 아이의 삽화가 그려져 있다는 점입니다.

1

바인드로 추측되는 상태에서 제자가 두 사람의 플레일 손잡이를 한꺼번에 왼손으로 붙잡고, 오른손에 든 자신의 플레일 손잡이로 스승의 왼쪽 다리를 들어올리고 있습니다.

플레일 기술 2

첫 번째 바인드에서 다시 바인드

Contactus ex Primo Congressu, Duo per Flagella

출전 : Mair2, 210r.

1

두 사람은 상단에서 내리친 상태로 바인딩하고 있습니다. 삽화를 통해 추측하기로 스승이 플레일 손잡이로 제자의 내리치기를 쳐내 방어한 것으로 보입니다(롱소드 기술 「존하우」를 이용해 방어하는 것과 같은 원리입니다). 여기에서 스승이 플레일의 머리 부분이 아니라 손잡이를 부딪친 것은 고정되어 있지 않은 플레일의 머리 부분으로는 방어 효과를 기대할 수 없기 때문입니다.

갑옷의 두께와 강도 2

2. 두께

갑옷의 두께는 아래의 수치와 같습니다. 가장 두꺼운 것이 이마 부분이며, 투구는 전체적으로 다른 곳보다 두껍게 만들어져 있습니다.

의외인 것은 퀴래스로, 백플레이트가 다소 얇은 경향이 있으나 그렇게까지 극단적이지는 않습니다. 다만 퀴래스는 가슴과 배 부분이 겹치므로 그것을 고려하면 앞면이 뒷면의 2배는 됩니다.

몬테는 백플레이트를 가장 얇게 제작해야 한다고 말했지만, 이 데이터만 보면 백플레이트가 특별히 더 얇다는 생각은 들지 않습니다. 다른 부분도 기본적인 두께는 비슷한데, 당시의 기술력을 감안하면 0.1mm 정도의 두께 차이는 오차범위 안이라고 할 수 있을 것입니다.

참고로 이 갑옷과 세트를 이루는 마갑의 두께는 인간의 갑옷보다 훨씬 얇은 1~1.5mm이며, 목 부분에 이르러서는 0.4~0.6mm로 더욱 얇아져 바람에 팔랑거릴 정도입니다.

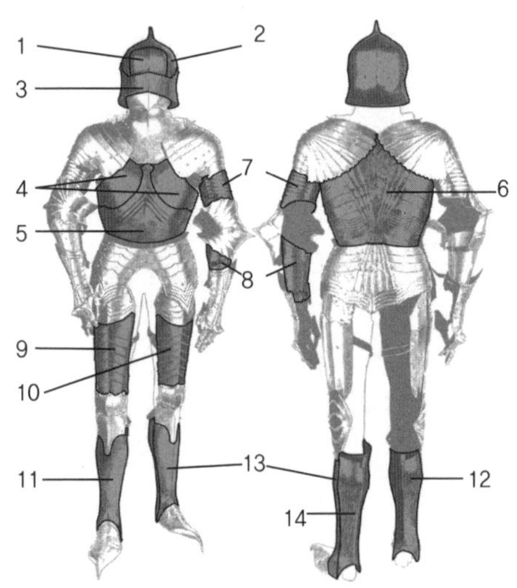

A21 갑옷의 두께. 괄호가 없는 숫자는 평균값 · 괄호 안의 숫자는 실측값.

1 : 헬멧 앞면 4.4mm(4.1~4.6)
2 : 헬멧 스컬 2mm(1.9~2.1)
3 : 바이저 2.5mm(2.1~2.8)
4 : 브레스트플레이트 1.6mm(1.2~2.2)
5 : 플라카트 1.2mm
6 : 백플레이트 1.5mm(1.1~2.3)
7 : 어퍼 캐논 1.4mm
8 : 로어 캐논 1.5mm
9 : 오른쪽 퀴스 1.3mm
10 : 왼쪽 퀴스 1.2mm
11 : 오른쪽 그리브 앞 1.2mm
12 : 오른쪽 그리브 뒤 1.3mm
13 : 왼쪽 그리브 앞 1.1mm
14 : 왼쪽 그리브 뒤 1.2mm

제22장
이종무기전투

이종무기전투 개설

이종무기전투란

페히트부흐에 등장하는 기술은 상대방과 같은 무기를 가지고 싸울 때 사용하는 것이 대부분입니다. 그것은 페히트부흐가 기본적으로 결투를 염두에 두고 있기 때문인데, 사실 다른 무기끼리의 전투를 소개하는 페히트부흐도 많이 있습니다.

당시에는 다양한 무기의 용법을 익히기 위해 각각의 무기에 일정한 기간을 할애하여 훈련하였고, 그러한 과정 속에서 웬만한 무기는 용법과 장단점, 그리고 대처법에 이르기까지 나름대로의 생각을 가질 수 있었습니다. 실제로 실버도 가능한 한 여러 가지 무기를 연습함으로써 각각의 장단점을 이해하고, 나아가 효과적으로 활용해야 한다고 서술하였습니다.

이종무기전투 기술 1

검 대 창 1
The Sword against the Spear 1

출전 : Talhoffer(1459), 75v.

1

제자는 하프 소드의 『세 번째』 자세를 취하고 있습니다.

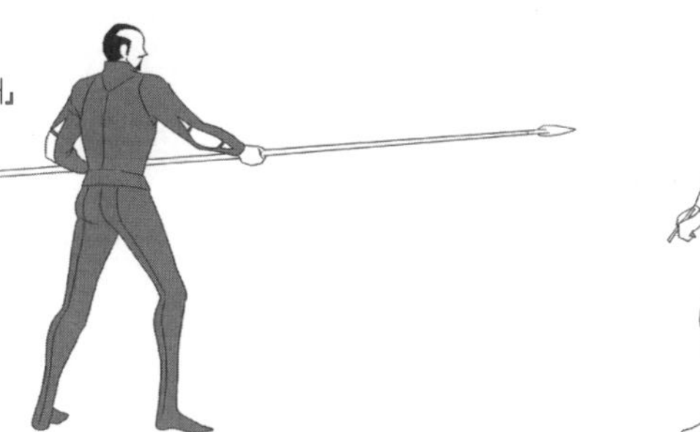

2

『첫 번째』 자세로 이행하며 스승의 찌르기를 막고 전진합니다.

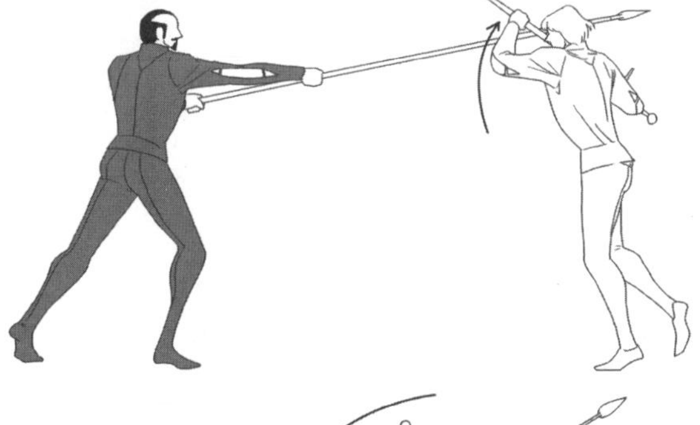

3

그대로 스승에게 찌르기를 합니다.

이종무기전투 기술 2

발도술

A Quick-Draw

출전 : Talhoffer(1459), 79r, 79v.

유럽 검술에서 유일한(이라고 해도 좋을) 발도술입니다. 통상적으로 검은 사전에 뽑아 들고 있거나 긴급할 때는 검보다 대거를 사용하는 일이 많으므로 이러한 기술은 매우 드뭅니다. 참고로 원본에서 스승의 메이스는 못을 쥐고 있는 주먹으로 표현되는데, 이것은 당시 독일어로 워해머(전투망치)를 뜻하던 Fausthammer(주먹망치)라는 단어에 대한 말장난입니다.

1

스승이 해머로 타격하려 하고 있습니다.

2

제자는 왼쪽 대각선 앞으로 발을 내디디며 검을 뽑아듭니다.

3

스승의 손목을 벱니다. 메서 검술에서는, 이와 같은 기술의 경우 손목을 벤 다음 스승의 머리에 결정타를 날립니다.

이종무기전투 기술 3

스태프와 대거 대 창

A Staff and a Dagger against the Spear

출전 : Fiore(Getty), 31v.

스태프를 지면에 세워 창의 찌르기를 피하는 기술입니다. 유럽 각지에서 흔히 사용하던 기술인 듯 발러슈타인 사본(Wallerstein, p.367)에서는 창을, 글라디아토리아(Gladiatoria, 2r)에서는 검을 사용하여 동일한 기술을 소개하고 있습니다.

1

스승은 왼손에 잡은 스태프를 눈앞에 비스듬히 세우고, 오른손에는 대거를 쥐고 있습니다.

2

제자가 찌르기를 하면 스태프로 창을 쳐냅니다.

3

동시에 한 발 내디디며 대거로 제자를 찌릅니다.

검 대 할버드 1

Krumphau against the Halberd

출전 : Talhoffer(1459), 76v.

롱소드의 「크룸프하우(꺾어베기)」를 응용한 기법입니다.

1

제자가 할버드로 공격하려 하고 있습니다.

2

스승은 왼쪽 대각선 앞으로 발을 내디디며 「크룸프하우」로 할버드의 궤도를 바꿉니다.

3

오른발을 왼쪽으로 이동시키며 제자를 공격합니다. 원본에는 일격에 상대의 목을 베는 모습이 그려져 있습니다.

이종무기전투 기술 5

대거 던지기

Dagger Thorwing

출전 : Talhoffer(1459), 77r.

모자 던지기와 대거 던지기가 등장하는 매우 희귀한 기술입니다.

1

스승이 산책하고 있는데 제자가 창을 들고 습격해왔습니다.

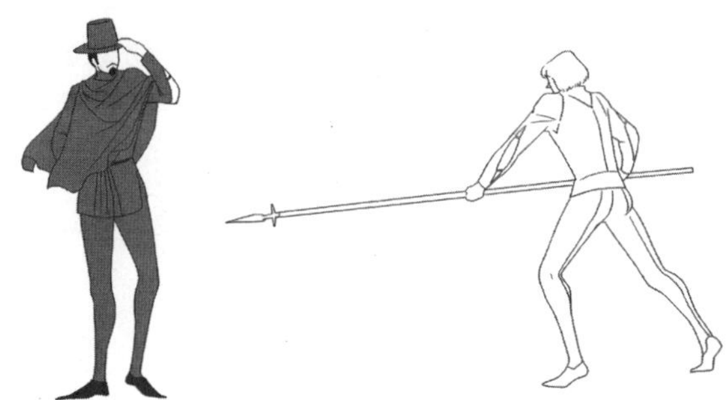

2

스승은 제자의 얼굴을 향해 모자를 던져 제자의 시계를 빼앗습니다. 그리고 동시에 대거를 뽑습니다.

3

제자의 가슴을 향해 대거를 던집니다. 여기에서는 오버스로로 던지고 있지만, 원본 삽화에 그려진 손의 모양을 참조하여 대거를 뽑자마자 언더스로로 던진다고 해석하는 사람도 있습니다.

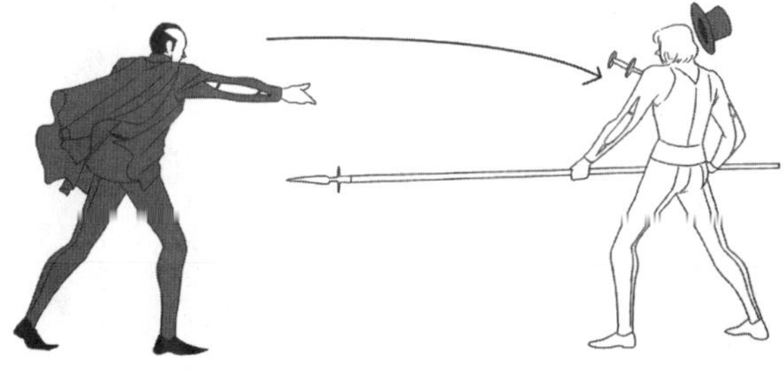

이종무기전투 기술 6

검 대 할버드 2

The Halberd against the Longsword

출전 : Mair, pp.162, 163.

1

스승은 『천장』 자세, 제자는 『분노』 자세의 일종을 취하고 있습니다.

2

스승이 제자의 머리를 향해 할버드를 내리칩니다.

3 카운터 1

제자는 「트라이앵글 스텝」으로 이동하며 방어합니다. 여기에서는 오른발을 오른쪽으로 디디며 「존하우(사선베기)」로 스승의 할버드를 받아넘깁니다. (뒤에 등장하는 기술 10 「레이피어 대 보어 스피어」를 봐도 알 수 있듯이 마이어의 「트라이앵글 스텝」은 다른 검사들의 「트라이앵글 스텝」과는 다릅니다. 원문에는 「검의 앞날로 상대의 공격을 방어한다. 그리고 트라이앵글 스텝으로 이동하여 상대의 머리 왼쪽을 공격한다.」라고 적혀 있습니다)

4

왼발을 뒤로 당기며 검을 감아 스승의 머리 왼쪽을 공격합니다.

5 **카운터 2**

뒤로 물러나 제자의 공격을 피합니다.

6

두 발 앞으로 나와 제자를 찌릅니다.

이종무기전투 기술 7

검 대 할버드 3

Another Halberd against the Longsword

출전 : Mair, pp.166, 167.

1

스승이 제자의 얼굴을 찌릅니다.

2 카운터 1

제자는 오른발을 오른쪽 대각선 앞으로 내디디며 팔을 교차시켜『황소』자세로 스승의 찌르기를 받아넘깁니다.

3

그대로 검을 머리 위로 들어올려 앞날로 스승의 머리를 공격합니다.

4 카운터 2

스승은 머리 위에서 할버드를 회전시켜 제자의 검을 뿌리친 다음 제자의 머리를 향해 할버드를 내리칩니다.

이종무기전투 기술 8

검 대 창 2

The Sword and the Short Spear

출전 : Mair, pp.160, 161.

1

제자가 검을 내리치려고 들어 올린 찰나, 제자의 배를 향해 찌르기를 합니다.

2 카운터 1

스승이 찌르기를 하면 왼발을 당기며 「즈베히하우(상단수평베기)」로 스승의 창을 쳐냅니다.

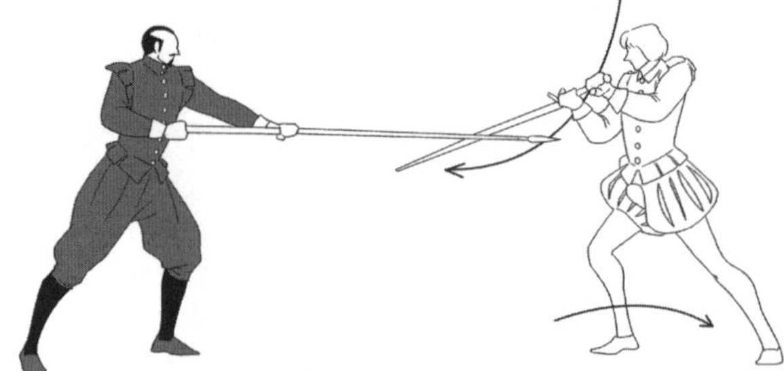

3 카운터 2

제자가 창을 쳐내면 오른쪽으로 이동하여 제자의 검 밑으로 돌아들어가 찌르기를 합니다. 상황을 파악하기 쉽도록 여기에서는 위에서 내려다본 시점으로 그렸습니다.

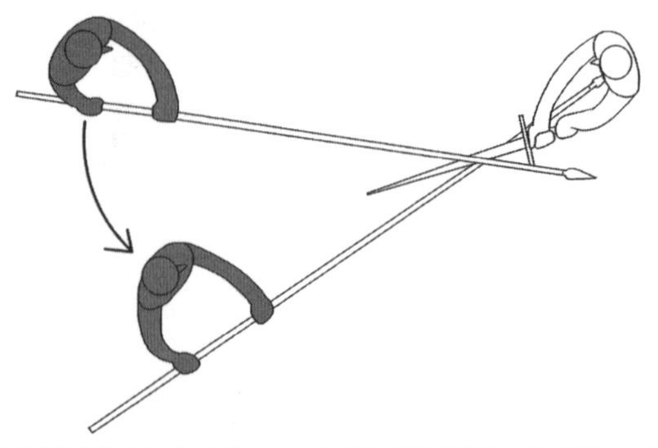

몬테의 조언 1

몬테는 자신의 저서 『Collectanea』를 통해 갑옷에 대한 경험에서 우러나온 몇 가지 조언을 남겼습니다.

조언 1 퀴래스와 아케톤 사이에는 충분한 여유를 둔다

퀴래스가 몸에 지나치게 밀착하면 퀴래스에 가해지는 충격이 몸에 그대로 흡수되어 무척 불쾌한 느낌을 받습니다.

조언 2 완전무장한 상태로 낯선 밤거리를 이동할 때는 갑옷 위에 가죽옷(가죽제 판초 같은 것)을 걸쳐 상반신을 가린다

당시에는 거리에 불빛이 거의 없었기 때문에 달빛을 반사하는 갑옷 상반신을 가리는 것만으로도 어둠 속에 녹아들어 실질적으로 타인의 눈에 띄지 않는 효과가 있었습니다.

조언 3 기승전투 시에는 바이저를 올린다. 그러나 마상창시합에서는 절대 바이저를 올리지 않는다

바이저를 올리면 시계를 확보할 수 있을 뿐 아니라 호흡도 편해집니다. 눈이 무방비하게 노출되기는 하지만 위험에 처하는 일은 거의 없습니다. 그러나 마상창시합에서만큼은 무슨 일이 있어도 바이저를 내려야 합니다. 프랑스 국왕 앙리 2세는 마상창시합을 할 때 바이저를 내린 상태였는데도 창의 파편에 눈을 찔려 사망하였습니다.

조언 4 마상창시합 때는 아케톤을 강화하여 퀴래스의 내부 공간을 완전히 채운다

퀴래스에 창이 명중했을 때 발생하는 엄청난 충격을 완화하기 위한 방법입니다.

조언 5 마상창시합 때는 계란 흰자나 식초에 담근 머리띠를 착용한다

투구와 머리가 직접 접촉하는 것을 막음으로써, 투구에 창이 명중했을 때의 충격을 완화시켜 기절을 방지하는 효과가 있습니다. 계란 흰자와 식초는 약효를 기대하며 사용한 것으로 추측됩니다(식초의 약효는 불명이지만, 당시 계란 흰자는 소염제로 사용되었습니다).

조언 6 투구 앞면에 납을 칠한다

납(蠟, 왁스)을 칠하면 무기가 명중하는 소리를 줄일 수 있습니다. 당시의 투구는 머리 전체를 뒤덮는 것이라 투구에 일격을 맞으면 마치 범종 안에 머리를 집어넣고 종을 치는 것과 같은 느낌을 받았다고 합니다. 어떻게든 소음을 줄이는 것이 매우 중요한 과제였다고 할 수 있습니다.

(P640에 계속)

이종무기전투 기술 9

보어 스피어 대 할버드
The Boar Spear against the Halberd

출전 : Mair, pp.170, 171.

보어 스피어는 「멧돼지 창」이라는 의미로, 멧돼지 등을 사냥할 때 주로 사용하던 창입니다. 창끝 바로 밑에 날개라고 불리는 돌기가 달려 있는 것이 통상적인 창과 다른 점입니다. 이 날개는 창에 찔린 멧돼지가 관통당한 상태로 창을 잡은 손까지 돌진해오는 것을 막아주는 역할을 합니다. 창 중에서도 무척 인기가 있던 모양으로, 탈호퍼의 페히트부흐 등에도 등장합니다. 그런데 원본 삽화에서 이 창은 평범한 보어 스피어로 그려져 있으나, 당시 보어 스피어라는 단어(Schweinspiesz)는 파르티잔을 지칭했다는 점과 칼로 베는 듯한 움직임이 있다는 점을 보면 여기에 등장하는 창이 파르티잔일 가능성도 있습니다.

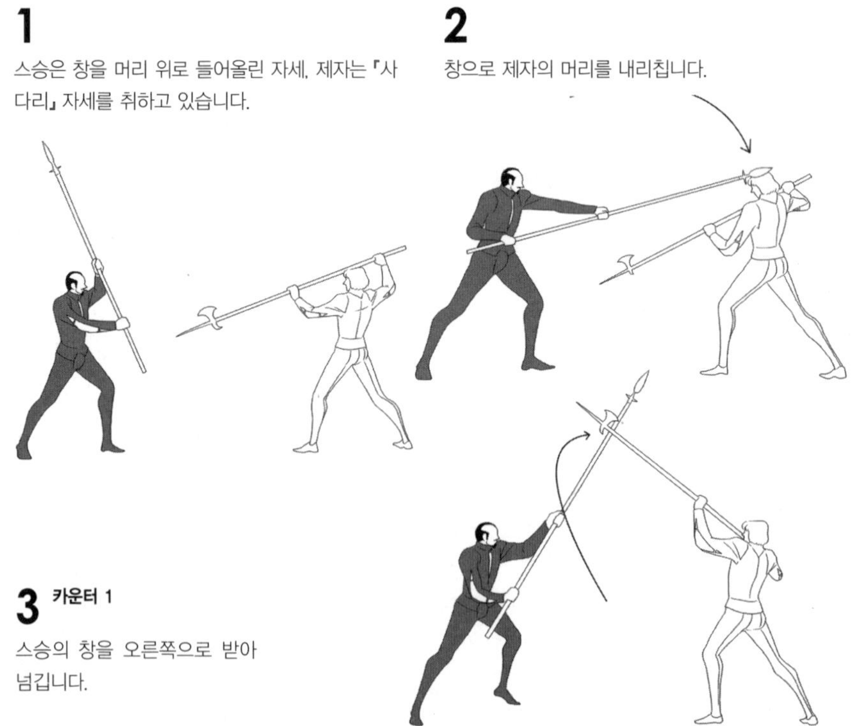

1
스승은 창을 머리 위로 들어올린 자세, 제자는 『사다리』 자세를 취하고 있습니다.

2
창으로 제자의 머리를 내리칩니다.

3 카운터 1
스승의 창을 오른쪽으로 받아 넘깁니다.

4

받아넘긴 다음 재빨리 스승의 가슴을 향해 찌르기를 합니다.

5 카운터 2

제자의 찌르기를 오른쪽으로 받아넘기며 오른발을 오른쪽 대각선 앞으로 내딛습니다(이때 스승의 발동작은 「상대의 공격선 밖으로 벗어난다.」라는 유럽 무술의 대원칙에 위배되므로 원문을 기록한 서기가 좌우를 잘못 표기했을 가능성이 있습니다).

6

무기를 버리고 왼손으로 제자의 오른쪽 어깨를 붙잡습니다. 동시에 오른손을 제자의 왼팔 위로 뻗어 뒤에서 제자의 왼쪽 다리를 붙잡습니다.

7

제자를 들어올려 머리부터 지면에 내리꽂습니다. 그 후 서둘러 창을 주워 들고 제자에게 결정타를 날립니다.

이종무기전투 기술 10

레이피어 대 보어 스피어

The Rapier against the Boar Spear

출전 : Mair, pp.176, 177.

1

스승은 왼발을 내디디며 제자의 얼굴을 찌릅니다.

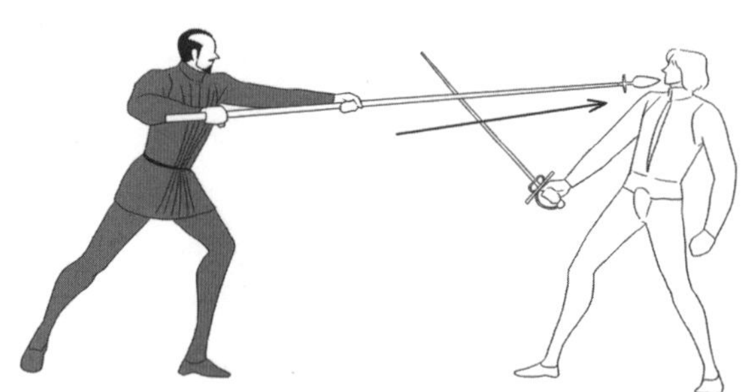

2 **카운터 1**

스승이 찌르기를 하면 제자는 레이피어로 창의 머리 부분 근처를 쳐서 왼쪽으로 밀어내고 손잡이를 붙잡아 창을 봉쇄합니다.

3 **카운터 2**

제자가 붙잡으려 하면 재빨리 창을 뒤로 당겨 제자의 손아귀에서 벗어난 다음 제자의 얼굴이나 가슴을 찌릅니다.

4 **카운터 3**

왼발을 왼쪽 대각선 앞으로 내디디며 스승의 찌르기를 오른쪽으로 쳐냅니다.

5

창의 손잡이 가운데를 붙잡는 동시에 스승의 눈을 찌릅니다.

6

만약 스승이 손잡이를 들어올려 찌르기를 방어하면 「트라이앵글 스텝」으로 이동하여 스승의 창 아래를 지나 반대편으로 나옵니다.

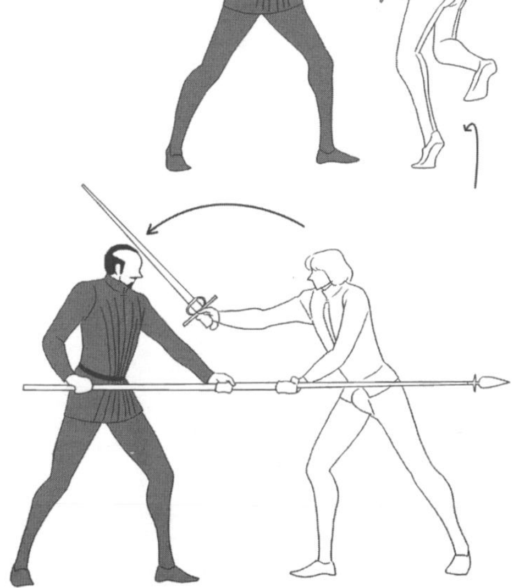

7

반대편으로 나왔으면 바로 스승의 머리를 내리칩니다.

이종무기전투 기술 11

대거 대 검 1

The Dagger against the Sword 1

출전 : Fiore(Getty), 19r. Vail, p.193.

1

제자는 검을 『짧은』 자세 또는 찌르기에 적합한 자세로 잡고 있습니다. 한편 스승은 『멧돼지 어금니』 자세를 취하고 있습니다(이 『멧돼지 어금니』 자세는 여기에서만 등장하는 자세입니다).

2

제자가 찌르기를 하면 스승은 왼쪽으로 「전회전」(오른발을 뒤로 디디며 몸을 시계방향으로 반회전시키는 보법)하면서 제자의 검을 받아넘깁니다.

3

스승은 왼손으로 제자의 팔을 붙잡아 봉쇄하고, 오른손에 든 대거로 제자를 찌릅니다.

4 카운터

왼손으로 스승의 왼쪽 팔꿈치 언저리를 붙잡고 밀어냅니다.

이종무기전투 기술 12

대거 대 검 2

The Dagger against the Sword 2

출전 : Fiore(Getty), 19r. Vail, pp.188, 189.

1

제자의 공격을 대거로 막아냅니다.

2

왼손으로 제자의 오른쪽 팔꿈치 언저리를 붙잡고 움직이지 못하게 누른 다음, 대거로 제자의 팔이나 목을 찌릅니다.

이종무기전투 기술 13

칼집에서 검을 뽑지 못했을 때의 대처법
The Sword in Sheath against the Dagger

출전 : Fiore(Getty), 19r.

이 기술은 순간적으로 사용하는 긴급회피기입니다.

1

제자가 스승의 옷깃을 붙잡고 대거로 찌르려 하고 있습니다. 스승은 칼집에서 검을 뽑을 시간이 없습니다.

2

스승은 칼집으로 제자의 오른쪽 팔꿈치 언저리를 세게 눌러 제자의 공격을 방해합니다.

3

칼집으로 제자를 누른 채 검을 뽑아 공격합니다. 피오레는 이 밖에도 칼집으로 〔대거 기술 8 대응법 1 · 응용법 1〕이나 〔대거 기술 9 대응법 1 · 응용법 2〕를 응용하여 상대의 대거를 빼앗을 수 있다고 하였습니다.

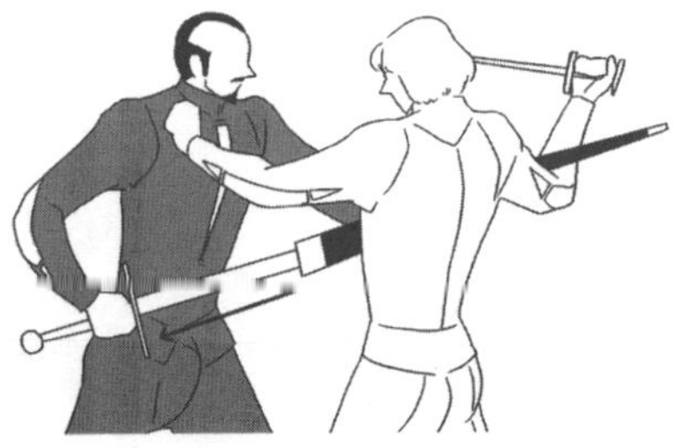

이종무기전투 기술 14

손목 봉쇄

Wrist-Hook

출전 : Dürer/Messer, No.39.

1

스승은 왼손에 대거, 오른손에 메서를 들고 있습니다.

2

왼손의 대거로 제자의 공격을 막습니다. 이때 제자의 메서가 아니라 손목에 대거를 가져다 댑니다.

3

대거를 감아 제자의 손목에 걸고 움직이지 못하게 누릅니다.

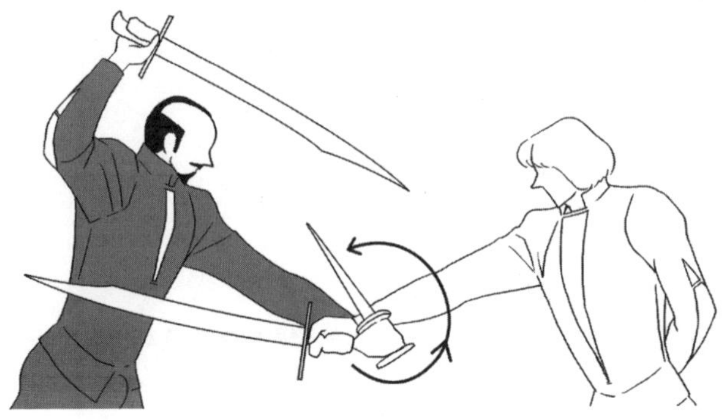

4

메서로 제자의 얼굴이나 팔을 찌릅니다.

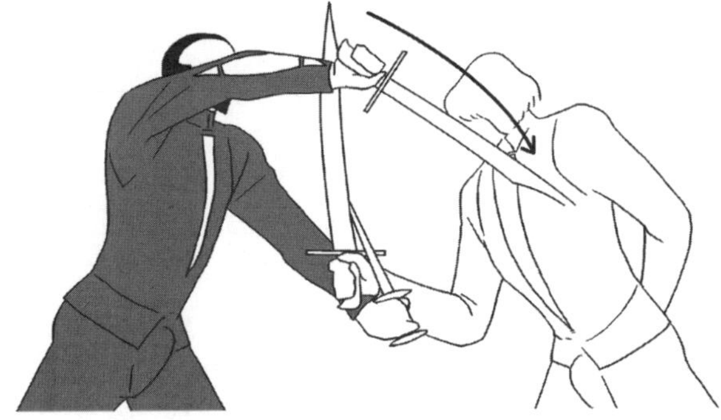

몬테의 조언 2

조언 7 **전장에서는 우선 말을 노린다**

전장에서 기병은 충분한 방어구를 갖추고 있으므로, 공격하기 쉽고 방어가 취약한 말을 노리는 것이 가장 좋습니다. 하지만 마상창시합에서 말을 노리는 것은 반칙입니다.

조언 8 **가볍고 움직이기 편한 갑옷이 좋다**

몬테는 가볍고 움직이기 편한 갑옷이 좋다고 하였습니다. 그래야 상대의 공격을 민첩하게 피할 수 있기 때문입니다.

조언 9 **신중하게 판단하고, 일단 결단했으면 즉시 행동에 옮긴다**

몬테는 성급한 판단을 강하게 경계하며, 판단은 언제나 신중하고 주도면밀해야 한다고 말했습니다. 하지만 일단 결단했으면 주저하지 말고 즉시 행동에 옮겨야 한다고도 말했습니다.「서두르지 않으며 확고한 의사를 가지고」당당히 행동해야 한다는 것입니다.

조언 10 **안장에 자신의 몸을 묶지 않는다**

당시 사람들은 창에 찔려도 말에서 떨어지지 않도록 안장에 자신의 몸을 묶곤 하였습니다. 그러한 행동에 대해 몬테는 말이 쓰러질 때 매우 위험하다고 경고하고 있습니다.

조언 11 **무기는 자신의 체격과 체력에 맞는 것을 선택한다**

몬테는 무기를 고를 때는 상대 무기의 길이 같은 것도 고려해야 하지만, 무엇보다 자신의 체격과 체력에 맞는 것을 선택해야 한다고 하였습니다. 또한 그는 긴 무기가 유리하며, 짧고 무거운 무기는 기술이 없는 사람이 흔히 사용한다고 말했습니다. 이것은 어느 정도 짧은 무기가 유리하다고 한 실버나 피오레의 주장과는 대조적인 의견입니다.

조언 12 **안장은 뒤로 기울어져 있어야 하며, 충분한 공간이 있을 것**

앞으로 기울어진 안장은 창에 찔렸을 때 몸이 뒤로 넘어가는 것을 막아주는 역할을 합니다. 하지만 무기와 방어구의 무게 때문에 몸이 앞으로 쏠리거나, 무거운 창을 똑바로 지탱할 수 없다는 단점이 있습니다.

조언 13 **등자는 짧게**

당시의 그림을 보면 말을 탄 사람의 다리가 말의 배 밑까지 똑바로 뻗어 있는 모습이 그려져 있습니다. 당시에는 일반적으로 등자의 위치를 길게 잡았는데, 그 이유는 다리를 똑바로 뻗어 마치 일어선 듯한 자세로 안장 위에 앉는 것이 가장 안정적이라고 생각했기 때문입니다. 몬테는 이것을 부정하며, 현대의 것처럼 등자를 짧게 만드는 편이 보다 안정적이라고 주장하였습니다.

부록

Appendix

부록 1

페히트부흐의 저자

페히트부흐의 저자에 대해 간단히 소개합니다. 일본의 검호들과 달리 대부분의 유럽 검사들은 그 생애가 전혀 알려져 있지 않습니다. 순서는 성을 가나다순으로 정리하였습니다.

자코모 디 그라시
(Giacomo Di Grassi) (16세기)

이탈리아의 검사. 1570년에 무술서를 집필하였고, 1594년에는 그 무술서가 영어판으로 출판되었습니다.

필리포 바르톨로메오 다르디
(Filippo di Bartolomeo Dardi) (?~1464경)

1413년경부터 무술을 가르치기 시작하였고, 이후 볼로냐 대학의 산술 · 기하학 교수로 취임하였습니다. 기하학적 사고를 중시하는 이탈리아식 볼로냐파 무술의 창시자로 알려진 인물입니다.

한코 되브링어
(Hanko Döbringer) (14세기경~15세기?)

Nürnberger Handschrift GNM 3227a(Cod.HS.3227a)의 저자로 전해지는 인물. 한스「프리스트」되브링어라고도 불립니다. 그러한 이름을 통해 검사이자 성직자였다고 추측할 수 있습니다.

알브레히트 뒤러
(Albrecht Dürer) (1471~1528)

독일 르네상스를 대표하는 뉘른베르크 출신의 화가. 또한 마르크스 형제단에 소속된 검사이기도 하였습니다.

피오레 데이 리베리
(Fiore dei Liberi) (1350경~1410 이후)

현재 이탈리아와 슬로베니아 국경 부근에 위치한 도시 치비달레 델 프리울리(당시는 치비달레 다우스트리아)의 귀족 계급 출신 검사. 각지에서 수행하다가 독일인 요하네스 수에노(또는「슈바벤의 요하네스」) 밑에서 무술을 배웁니다. 1383년 고향 근처 우디네 시의 시민전쟁에 시 측 부대 지휘관으로 등장하는 것이 그에 대한 최초의 기록입니다. 그 후 많은 기사들의 무술 지도를 맡았습니다.

현재 확인되는 것 중 가장 오래된 이탈리아식 무술의 페히트부흐 네 권을 집필한, 유럽 무술에서 가장 중요한 인물 중 한 사람입니다. 참고로 그의 스승 요하네스 수에노와 독일식 무술의 창시자 요하네스 리히테나워를 동일시하는 사람도 있으나(연대와 장소는 일치합니다) 확실한 증거는 없습니다.

요하네스 리히테나워
(Johannes Liechtenauer) (14세기)

프랑코니아 지방 리히테나우 시(현 바이에른 주 미텔프랑켄, 안스바흐 군) 출신으로 추측되는 검

사. 독일 남부 · 동유럽 각지에서 수행하고, 그때 배운 기술을 취사선택하여「독일식 무술」을 창시하였습니다. 한코 되브링어가 페히트부흐를 집필하던 당시(1389년으로 추정)에는 아직 생존하고 있던 것으로 보입니다. 후세 검사들에게「하이 마스터」,「그랜드 마스터」등으로 불리며, 저서는 없지만 독일식 무술의 진수를 암호처럼 정리한 운문의 작자로 전해지고 있습니다.

지그문트 링엑

(Sigmund Schining ein Ringeck) (14세기 혹은 15세기)

독일의 검사. 1420~1440년대에 완성되었다는 페히트부흐(MS Dresden C 487)의 저자로 추측되며,「리히테나워 18걸」의 한 사람입니다.

요아힘 메이어

(Joachim Meyer) (1537?~1571)

스위스 바젤 시 출신의 자유검사 겸 나이프 직인. 각지를 떠돌아다니다 스트라스부르에 정착하여 결혼하였습니다. 마르크스 형제단의 라이벌 조직인「깃털 전사단(Federfechter)」소속이었다고 하며, 스트라스부르 시의 기록에 의하면 1560년대에 무술대회의 개최 허가를 여러 차례 요청했다고 합니다. 1570년에는, 현재 확인되는 것 중 가장 자세하고 방대한 독일식 무술의 페히트부흐를 출판하였습니다. 그리고 몇 년 뒤 마그데부르크 공작의 초빙을 받아 마그데부르크로 향하지만, 도착한 지 2주 만에 세상을 떠납니다.

파울루스 헥터 마이어

(Paulus Hector Mair) (1517~1579)

아우구스부르크의 유복한 가정 출신으로 시의 재정검사관이었던 인물입니다. 아직 20대이던 1540년경 4년이라는 시간과 재산 대부분을 들여 페히트부흐를 집필합니다. 돈을 아낌없이 투자하여 프로 무술가 두 사람을 포즈 모델로, 화가 예르크 브로이(子)를 삽화가로 고용한 호화로운 책이었습니다. 그때까지의 모든 페히트부흐를 질적으로나 양적으로나 크게 뛰어넘는 업적이었지만, 사치스러운 생활과 페히트부흐 컬렉션의 지출을 감당하기 위해 시의 예산을 착복하여 1579년 공금횡령죄로 교수형에 처해졌습니다. 향년 62세.

빈센티오 사비올로

(Vincentio Saviolo) (?~1599까지)

이탈리아 파도바의 명문 출신 검술가. 1590년 이전에 런던으로 이주하여 그곳에서 검술을 가르쳤습니다. 검술 스타일은 스페인식 검술의 영향을 받은 이탈리아식 레이피어 검술입니다. 1595년 저서를 출판한 뒤, 1599년 실버의 책이 출판되기 전에 사망하였습니다.

조지 실버

(George Silver) (1559?~1622 이후)

영국 신사 계급 출신. 사비올로에게 결투를 신청한 뒤, 1599년『방어의 역설』을 출판하였습니다. 이탈리아식 레이피어 검술을 비판하고 영국의 전통무술을 옹호했다고 전해지며,「최후의 중세인」이라 불리고 있습니다.

카밀로 아그리파

(Camillo Agrippa) (?~1595경)

건축가 · 기술자 · 수학자 · 검사 등 다양한 얼굴을 가진 자칭 밀라노인. 이름은 본명이 아닌 것으로 추측되며, 생년도 불명입니다. 몇 권의 저서를 남겼는데, 그 안에서 미켈란젤로와 면식이 있다는 사실을 언급하였습니다. 1553년에는 검술에 관한 책을 집필하여 후세에 커다란 영향을 주었습니다.

파비안 폰 아우어스발트

(Fabian von Auerswald) (1462~1537)

작센 선제후 요한 프리드리히 1세의 격투술을 지도. 77세가 되던 1539년 『격투술』이라는 제목의 페히트부흐(삽화는 루카스 크라나흐(子))를 출판하였습니다.

오토 유트

(Ott Jud) (15세기)

「유대의 오토」라는 이름에서 알 수 있듯이 개종 유대인으로 전해지는 격투술의 제일인자입니다. 훗날의 독일식 격투술에 커다란 영향을 주었습니다. 또한 파울루스 칼의 「리히테나워 18걸」 중 한 사람이기도 합니다.

헤로니모 산체스 데 카란사

(Jerónimo Sanchez de Carranza, don) (?~1600)

스페인의 귀족. 아그리파의 기술을 바탕으로 스페인식 검술을 창시했다고 전해집니다.

한스 탈호퍼

(Hans Talhoffer) (1420경~1482 이후)

슈바벤 지방의 하층계급 출신이라 여겨지는 검사로, 뷔르템베르크 백작(훗날의 초대 뷔르템베르크 공작이자 탈호퍼의 후원자 중 하나) 수염공 에버하르트 휘하의 기사인 로이트홀트 폰 쾨니히제크와 그 군세의 무술을 지도. 1435년 신성 로마 제국의 황제 지기스문트가 관여한 재판의 증인으로 기록에 등장합니다. 그 후 1454년 스위스 취리히의 시청사 근처에 도장 개설 허가를 받는 동시에 해당 시에서 주관하는 결투재판의 심판을 맡았습니다. 적어도 여섯 권 이상의 삽화가 풍부한 페히트부흐를 남겼으며, 현재 가장 중요한 검사 중 한 사람으로 평가받고 있습니다.

디에고 고메스 데 피게이레도

(Diego Gomez de Figueyredo, dom) (17세기~1685)

리스본 출신 장군으로 25년간 계속된 포르투갈 독립전쟁 내내 활약하여 포르투갈 왕국을 독립으로 이끈 포르투갈의 국민적 영웅입니다. 당시 포르투갈 황태자의 무술을 지도하기도 하였으며, 1651년에는 몬탄테의 훈련법에 대한 책을 저술하였습니다.

문헌 약칭 일람

이 책 제2부의 기술 소개 파트에서 사용한 문헌의 약어를 기재합니다.

Agrippa

카밀로 아그리파 저, 켄 몬트샤인 편역 『펜싱』 (2009년)

Agrippa, Camillo. Mondschein, Ken (Trans. Ed.) Fencing: A Renaissance Treatise. Italica Press, NY. (2009)

Anglo

시드니 앵글로 저 『르네상스 유럽의 무술』 (2000년)

Anglo, Sydney. The Martial Arts of Renaissance Europe. Yale University Press. New Haven and London (2000)

Auerswald

파비안 폰 아우어스발트 저 『격투술』 (1539년) 레이먼드 J 로드 컬렉션과 매사추세츠 르네상스 연구센터

Auerswald, Fabian von. Ringer kunst: funf und achtzig stücke zu ehren Kurfürstlichen gnaden zu Sachssen. (1539). http://www.umass.edu/renaissance/lord/pdfs/VonAuerswald_1539.pdf

Di Grassi

자코모 디 그라시 저, I.G 역 『자코모 디 그라시의 진정한 무술』 레이먼드 J 로드 컬렉션과 매사추세츠 르네상스 연구센터 (1594년)

Di Grassi, Giacomo. I.G. gentleman (Trans.). Giacomo Di Grassi his true Arte of Defence, plainlie teaching by infallable Demonstrations, apt Figures and Perfect Rules the manner and forme how a man without other Teacher or Master may safelie handle all sortes of Weapons aswell offenciue as deffenciue; VVith a Treatise Of Disceit or Falsinge: And with a waie or meane by priuate Industrie to obtaine Strangth, Judgment and Actiuude. (1594) http://www.umass.edu/renaissance/lord/pdfs/DiGrassi_1594.pdf

Döbringer

한코 되브링어 저, 데이비드 린드홀름 외 역 『Cod.HS.3227a 또는 한코 되브링어의 페히트부흐, 1389년』 (불명)

Döbringer, Hanko. David Lindholm, and friends (Trans.) Cod.HS.3227a or Hanko Döbringer's fechtbuch from 1389. http://www.thearma.org/Manuals/Dobringer_A5_sidebyside.pdf

Duelling

제프리 헐 편역 『기사의 결투』 (2007년)

Hull, Jeffrey. with Maziarz, Monika, Zabinski, Grzegorz. Knightly Duelling – the Fighting Arts of German Chivalry. Paladin Press (US), (2007)

Dürer

알브레히트 뒤러 저, 프리드리히 되른회퍼 편『알브레히트 뒤러 페히트부흐』미시간 주립대학 도서관 (1910년)

Dürer, Albrecht (original). Friedrich Dörnhöffer (edit) Albrechit Dürers Fechitbuch. F. Tempski (Wien), G. Freytag (Leipzig) (1910), Michigan State University Libraries. http://archive.lib.msu.edu/DMC/fencing/albrecht.pdf

Fick

스티븐 픽 저『초심자의 롱소드』(2009년)

Fick, Steaphen. The Beginner's Guide to the Long Sword – European Martial Arts Weaponry Techniques. Black Belt Press (US) (2009)

Fiore(Getty)

피오레 데이 리베리 저, 톰 레오니 역『피오레 데이 리베리의 전장의 꽃, M.S.Getty Ludwig XV 13』(2009년)

Liberi, Fiore dei (original). Tom Leoni (Trans.) Fiore de' Liberi's Fior di Battaglia M.S.Getty Ludwig XV 13 – Italian Swordmanship Treatise. www.Lulu.com (2009)

Fiore(Pisani)

피오레 데이 리베리 저, 프란체스코 노바티 편『결투의 꽃』(1409년 · 1902년)

Liberi, Fiore dei (original). Francesco Novati (publish). Flos Duellatorum. (1409, 1902) http://mac9.ucc.nau.edu/novati/novati.pdf

Gladiatoria

휴 T 나이트 Jr 편역『글라디아토리아 페히트부흐』(2008년)

Knight, Jr. Hugh T. Gladiatoria Fechitbuch – A Fifteenth-Century German Fight Book. www.lulu.com (2008)

Knight/Armoured

휴 T 나이트 Jr 저『창과 검의 싸움』(2007년)

Knight, Jr. Hugh T. Fencing with Spear and Sword: Medieval Armored Combat. www.lulu.com (2007)

Knight/Buckler

휴 T 나이트 Jr 저『중세의 소드 앤 버클러 컴뱃』(2008년)

Knight, Jr. Hugh T. Medieval Sword and Buckler Combat. www.lulu.com (2008)

Knight/Longsword

휴 T 나이트 Jr 저 『나이틀리 아트 오브 롱소드』 (2009년)

Knight, Jr. Hugh T. The Knightly Art of Longsword. www.lulu.com (2009)

Knight/Ringen-Dagger

휴 T 나이트 Jr 저 『최후의 보루』 (2008년)

Knight, Jr. Hugh T. The Last Resort: Unarmed Grappling and Dagger Combat. www.lulu.com (2008)

Mair

데이비드 제임스 나이트, 브라이언 헌트 저 『파울루스 헥터 마이어의 긴 손잡이 무기술』 (2008년)

Knight, David James. Hunt, Brian. Polearms of Paulus Hector Mair. Paladin Press, US (2008)

Mair2

파울루스 헥터 마이어 저 『체술 대전 · 제1권 (Cod.Icon.393)』 바이에른 국립도서관 소장 (1542년)

Mair, Paulus Hector. Opus Amplissimum de Arte Athletica (Cod.Icon.393). Bayerische Staatsbibliothek (1542)

Meyer

요아힘 메이어 저, 제프리 L 포겡 역 『디 아트 오브 컴뱃 – 1570년의 독일 무술교본』 (2006년)

Meyer, Joachim. Jeffrey L. Forgeng (Trans.). The Art of Combat – A German Martial Arts Treatise of 1570. Greenhill Books, London, UK (2006)

Montante

디에고 고메스 데 피게이레도 저, 에릭 마이어스 역, 스티브 힉 공저 『몬탄테 훈련에 대한 회상』 오크셧 인스티튜트 (2009년)

Figueyredo, Diego Gomez de. Memorial of the Practice of the Montante. http://www.oakeshott.org/Figueiredo_Montante_Translation_Myers_and_Hick.pdf (2009)

Paradox

조지 실버 저 『방어의 역설』 (1599년), 파울 바그너 저 『마스터 오브 디펜스』 (2003년) 수록

Silver, George. Paradoxes of Defence, wherein is proved the true ground of Fight to be in the short auncient weapons, and that the short Sword hath advantage of the long Sword or long Rapier. And the weakness and imperfection of the Rapier-fights displayed. Together with an Admonition to the noble, auncient, victorious, valiant, and most brave nation of Englishmen, to beware of false teachers of Defence, and how they forsake their owne naturall fights : with a briefe commendation of the noble science or exercising of Armes. London, 1599

(페이지 수는 『마스터 오브 디펜스』의 것을 사용)

Ringeck/Tobler
요하네스 리히테나워 원본 / 지그문트 링엑 주해, 크리스찬 헨리 토블러 편역『중세 독일 검술의 비밀』(2001년)
Liechtenauer, Johannes (original), Ringeck, Sigmund (Commentary), Tobler, Christian Henry (Trans. Interpret.) Secret of German Medieval Swordmanship: Sigmund Ringeck's Commentaries on Johannes Liechtenauer's Verse. Chivalry Bookshelf, US. (2001)

Silver/Instruction
조지 실버 저『방어의 역설에 대한 간략한 안내』(1605년경), 파울 바그너 저『마스터 오브 디펜스』(2003년) 수록
Silver, George. Brief Instructions upon my Paradoxes of Defence. c.1605
(페이지 수는『마스터 오브 디펜스』의 것을 사용)

Spada2
스티븐 핸드 편『스파다2』(2002~2005년)
Hand, Stephen (Ed.), Mele, Gregory. Hick, Steven (Assistant ed.) Spada 2 Anthology of Swordmanship. Chivalry Bookshelf, US. (2002-2005)

Swetman
조셉 스웻맨 저『고귀하고 가치 있는 무술교본』레이먼드 J 로드 컬렉션과 매사추세츠 르네상스 연구센터 (1617년)
Swetman, Joseph. The Schoole of the Noble and Worthy Science of Defence. http://www.umass.edu/renaissance/lord/pdfs/Swetnam_1617.pdf

Talhoffer(1459)
한스 탈호퍼 저, 제프리 헐 편역『목숨을 건 싸움』(2007년)
Talhoffer, Hans (original). Hull, Jeffrey (trans. Edit.). Fight Earnestly – the Fight-Book from 1459 AD by Hans Talhoffer. http://www.thehaca.com/pdf/Fight-Earnestly.pdf

Talhoffer(1467)
한스 탈호퍼 저, 마크 렉터 편역『중세의 싸움』(2006년)
Talhoffer, Hans (original). Rector, Mark (Trans. Ed.). Medieval Combat – A Fifteenth-Century Manual of Swordfighting and Close-Quarter Combat. Greenhill Books, London. (2006)

Vail
제이슨 베일 저『중세 · 르네상스의 대거 컴뱃』(2006년)
Vail, Jason. Medieval and Renaissance Dagger Combat. Paladin Press, US. (2006)

Wallerstein

그르제고르슈 자빈스키, 바르톨로메이 바르작 편역 『발러슈타인 사본』 (2002년)

Zabinski, Grzegorz, Walczak, Bartlomiej (Trans. Ed.). Codex Wallerstein: A Medieval Fighting Book from the Fifteenth Century on the Longsword, Falchion, Dagger, and Wrestling. Paladin Press, US. (2002)

부록 3

페히트부흐 서평

여기까지 따라온 독자들 중에는 당시의 페히트부흐를 직접 읽어보고 싶다고 생각하는 사람이 분명 있을 것으로 생각됩니다. 하지만 현재 출판시장에서 이 분야에 대해서는 존재하지 않는 것이나 다름없을 만큼 마이너한 실정이라 만약 읽는다면 어떤 책이 좋을지, 어떤 책에서 어떤 페히트부흐에 대해 해설하고 있는지 전혀 알 수 없을 것입니다. 그래서 이 항목에서는 참고문헌에 대한 서평과 본래의 페히트부흐 내용을 간단히 소개하여, 각자에게 알맞은 책을 고르는 데 도움을 주고자 합니다.

Agrippa, Camillo. Mondschein, Ken (Trans. Ed.) *Fencing: A Renaissance Treatise.* Italica Press, NY. (2009)

카밀로 아그리파의 검술에 관한 책입니다. 본편은 둘로 나뉘어져 있는데, 제1부는 주로 레이피어(스파다 다 라토)의 조작법을, 제2부는 그의 후원자와 함께 기하학 강의를 소개하고 있습니다. 켄 몬트샤인은 당시 사회정세와 사상철학 등에 대해 상세한 해설을 덧붙여놓았으며, 번역문도 매끄러워 무척 읽기 쉽습니다. 또한 책의 사이즈가 이 분야의 책에 흔한 대형본이 아니라서 편하게 볼 수 있습니다. 해외의 페이퍼백치고 종이질이 좋은 것도 장점 중 하나입니다. 다만 이 책은 원본을 그대로 번역한 것이며, 따로 기술의 움직임을 설명하지는 않으므로 주의하기 바랍니다.

Anglo, Sydney. *The Martial Arts of Renaissance Europe.* Yale University Press. New Haven and London (2000)

이 책은 페히트부흐가 아니라 페히트부흐에 관한 연구서입니다. 하지만 그림이 풍부하며 인용문과 고찰도 질적으로나 양적으로나 다른 것들을 압도할 정도입니다. 유일한 문제가 있다면 그림 설명 곳곳에 멋진(별로 재미없는) 브리티시 조크가 살아 숨 쉬고 있다는 점일까요. 만약 페히트부흐와 그 당시 무술에 대한 학술적인 해설을 읽고 싶다면 이 책은 상당히 좋은 선택이 될 수 있습니다. 반대로 실용적인 기술에 대해 알고 싶은 사람은 그다지 구입할 필요가 없는 책입니다.

Auerswald, Fabian von. *Ringer kunst: funf und achtzig stücke zu ehren Kurfürstlichen gnaden zu Sachssen.* (1539). http://www.umass.edu/renaissance/lord/pdfs/VonAuerswald_1539.pdf

이 책(이라기보다 파일)은 원본을 스캔한 것이므로 당시의 독일어 지식이 필수입니다. 다만 목판 삽화가 중심이며 해설은 비교적 간결하기 때문에, 필자처럼 독일어는 단어 몇 개밖에 모르는 사람도 그림만으로 어느 정도 유추는 가능합니다(물론 오해하지 않도록 주의할 필요가 있습니다). 참고로 삽화는 독일 르네상스를 대표하는 화가 루카스 크라나흐의 아들 루카스 크라나흐(子)가 그린 것으로, 의복 종류가 섬세하게 표현되어 있어 당시의 패션 자료로도 활용할 수 있습니다.

Brown, Terry. *English Martial Arts.* Anglo-Saxon Books, UK. (1997)

현재 유럽 무술의 대부분을 독일식과 이탈리아식이 차지하고 있는 가운데 보기 드문 영국식 무술 전문서적입니다. 영국에 있어서 무술(정확하게는 무술조합과 훗날의 프라이즈 파이트)의 역사와 조직에 관한 해설부터 시작하여, 후반부에 가면 브로드소드(백소드) · 쿼터스태프 · 검과 대거 · 검과 대거 대 검과 버클러 · 빌 · 맨손격투(레슬링이라기보다 타격기가 많습니다) · 자세 등을 사진과 함께 자세히 소개하고 있습니다. 단점으로는 영국식 무술 그 자체의 역사가 그다지 상세하지 않은 점(자료 자체가 적은 탓도 있습니다)과 기술의 출전이 기입되어 있지 않아 검증할 방법이 없다는 점을 들 수 있습니다. 영국식 무술의 기술을 현대인의 시각에 맞춰 자세히 설명해 주는 몇 안 되는 책 중 하나이므로, 영국식 무술에 흥미가 있는 사람이라면 구입해도 손해는 보지 않을 것입니다.

Di Grassi, Giacomo. I.G. gentleman (Trans.). *Giacomo Di Grassi his true Arte of Defence, plainlie teaching by infallable Demonstrations, apt Figures and Perfect Rules the manner and forme how a man without other Teacher or Master may safelie handle all sortes of Weapons aswell offenciue as deffenciue; VVith a Treatise Of Disceit or Falsinge: And with a waie or meane by priuate Industrie to obtaine Strength, Judgment and Actiuude.* (1594) http://www.umass.edu/renaissance/lord/pdfs/DiGrassi_1594.pdf

당시 영국의 책은 믿을 수 없을 만큼 제목이 긴 것이 특징인데, 이 책도 예외는 아닙니다. 1570년 이탈리아에서 출판된 책의 영어판 원본을 스캔한 것으로, 제목을 보면 알 수 있듯이 그때의 영어는 현재의 것과는 조금 달랐기 때문에(s와 f의 차이가 거의 없는 점 등) 처음 보면 당황스러울 수도 있습니다. 이 책의 본문에서는 기본이론 · 레이피어(스파다 다 라토) · 레이피어와 대거 · 레이피어와 케이프 · 검과 버클러 · 검과 타지 · 레이피어 이도류 · 양손검 · 긴 손잡이 무기 등에 대해 설명하고 있습니다. 이 책을 다운로드할 수 있는 사이트에서는 이탈리아판도 제공하고 있는데, 양자를 비교해보면 영국판에서는 버클러가 영국풍으로 바뀌어 있다거나 케이프를 감는 법이 대충 그려져 있다는 등의 차이를 느낄 수 있을 것입니다.

Döbringer, Hanko. David Lindholm, and friends (Trans.) *Cod.HS.3227a or Hanko Döbringer's fechtbuch from 1389.* http://www.thearma.org/Manuals/Dobringer_A5_sidebyside.pdf

한코 되브링어의 페히트부흐를 대역한 책입니다. 원문 옆에 번역문이 위치한 친절한 레이아웃과 공들인 번역 덕분에 무척 읽기 쉽습니다. 내용은 실전에서의 실천적 기술보다는 기술의 이론에 대한 해설 중심이므로, 실천적 기술을 알고 싶은 사람에게는 적합하지 않습니다.

Hull, Jeffrey. with Maziarz, Monika, Zabinski, Grzegorz. *Knightly Duelling – the Fighting Arts of German Chivalry.* Paladin Press (US), (2007)

독일식 무술에 관한 페히트부흐 여러 권을 발췌하여 엮어놓은 책입니다. 마이너한 페히트부흐에서 저명한 것에 이르기까지 다양한 주제를 폭넓게 소개하고 있습니다. 특히 기승전투에 대한 부분은 크게 다루는 책이 드물다는 점도 있어 귀중한 정보원이라고 할 수 있습니다. 다만 레이아웃이 잡다한 데다 어떤 페히트부흐에서 인용한 것인지 알기 힘들다는 단점이 있습니다. 또한 본문에는 기본적으로 번역문만을 싣고 있으므로, 기술의 실제 움직임에 대해서는 스스로 해석할 필요가 있습니다.

Dürer, Albrecht (original). Friedrich Dörnhöffer (edit) *Albrechit Dürers Fechitbuch.* F. Tempski (Wien), G. Freytag (Leipzig) (1910), Michigan State University Libraries. http://archive.lib.msu.edu/DMC/fencing/albrecht.pdf

1910년 출판된 『알브레히트 뒤러 페히트부흐』의 연구서입니다. 전반부에는 페히트부흐에 대한 해설을 싣는 동시에 알아보기 힘든 손글씨를 깔끔하게 정리했고, 발러슈타인 사본과 비교도 가능하도록 구성하였습니다. 그리고 후반부에는 뒤러의 원본이 게재되어 있습니다. 독일을 대표하는 화가인 그의 삽화는 스케치에 가까운 그림이지만, 단순한 선으로 인체의 움직임을 정확하게 포착하고 있습니다. 또한 등장인물이 매우 다양하기 때문에 당시 사람들의 머리모양과 복장을 알기 위한 자료로도 활용할 수 있습니다. 본문에서 다루는 무기는 롱소드 · 대거 · 메서 · 레슬링 등입니다. 뒤러의 책에는 발러슈타인 사본과 공통된 기술이 존재하며, 동일한 기술은 그림의 구도까지 같다는 특징이 있습니다. 따라서 일부 기술의 삽화를 그릴 때 발러슈타인 사본을 참고한 것이 아닐까 추측됩니다. 더구나 이 책은 독일어로 쓰여 있습니다.

Fick, Steaphen. *The Beginner's Guide to the Long Sword – European Martial Arts Weaponry Techniques.* Black Belt Press (US) (2009)

피오레의 기술을 바탕으로 롱소드 검술의 기본에 대해 서술한 책입니다. 분량이 많지 않아 가볍게 읽을 수 있습니다. 다만 이 책은 말 그대로 정말 기본에 대한 책이므로, 개별적인 기술 등에 관해서는 특별한 설명이 없습니다.

Liberi, Fiore dei (original). Tom Leoni (Trans.) *Fiore de' Liberi's Fior di Battaglia M.S.Getty Ludwig XV 13 – Italian Swordmanship Treatise.* www.Lulu.com (2009)

피오레의 페히트부흐 가운데서도 가장 충실하다고 평가받는 게티판의 번역본입니다. 책 자체는 무척 얇아 간단히 읽을 수 있고, 다루는 분야도 롱소드 · 레슬링 · 대거 · 한손검 · 폴액스 · 창 · 봉 · 마상전투 등으로 다방면에 걸쳐 있습니다. 다만 이 책에는 유일하면서도 치명적인 단점이 있는데, 바로 삽화가 없다는 점입니다. 저작권 문제로 삽화를 게재할 수 없었다고 하며, 그러므로 이 책을 읽을 때는 게티 박물관의 컬렉션에 실려 있는 페히트부흐의 페이지를 한 장 한 장 복사할 필요가 있습니다. 하지만 다행히 2011년 10월 켄 몬트샤인이 박물관 공인 삽화를 추가한 번역본을 출판하였으므로, 그것을 구입하는 편이 좋을 것입니다.

Liberi, Fiore dei (original). Francesco Novati (publish). *Flos Duellatorum.* (1409, 1902) http://mac9.ucc.nau.edu/novati/novati.pdf

이 책은 노바티판(또는 피사누 도시판) 페히트부흐입니다. 1902년 출판된 이래 원본은 최근까지 행방불명이었습니다. 현대어로 정리한 버전 없이 원본만 존재하는 책이므로, 중세 이탈리아어 손글씨 해독에 대한 지식이 필요합니다.

Knight, Jr. Hugh T. *Gladiatoria Fechtbuch – A Fifteenth-Century German Fight Book.* www.lulu.com (2008)

15세기 중반에 쓰여진 『글라디아토리아 페히트부흐』(크라쿠프 야기에오 도서관에 소장되어 있는 MS German Quarto 16)의 번역본입니다. 해설 부분에는 당시의 무술 · 결투 등에 대한 간결한 설명이 포함되어 있습니다. 또한 본문은 각 페이지마다 삽화 · 원문 정리 · 영문 번역으로 구성되어 읽기가 무척 편리합니다. 원본은 리히테나워가 창시한 독일식 무술과는 다른 계통의 독일식 무술로, 갑옷전투에 특화되어 있는 매우 희귀한 책이기도 합니다. 하프 소드 · 살격 · 창 · 대거와 레슬링 중심이며, 그 밖에 결투용 방패와 메서와 버클러, 검과 버클러, 쇼트스태프에 대한 설명도 짤막하게 실려 있습니다.

Knight, Jr. Hugh T. *Fencing with Spear and Sword:* Medieval Armored Combat. www.lulu.com (2007)

Lulu라는 사이트는 자가출판본의 제작 · 판매를 위한 사이트입니다. 이 책도 자가출판본으로 갑옷전투(하프 소드 · 살격 · 창)에 관한 기술이 실려 있습니다. 그는 기본적으로 독일식 무술을 중심으로 연구하고 있으나, 이 책에서는『글라디아토리아 페히트부흐』의 기술도 많이 다루고 있습니다. 현대의 책으로 사진이 풍부하여 기술의 동작을 이해하기 쉽고, 해설도 현대인 입장에서 편하게 읽을 수 있도록 쓰여 있습니다. 또한 대부분의 기술에는 각각의 출전이 달려 있기 때문에 기술을 검증하기도 편리합니다. 유일한 단점은 자가출판이라 사진과 제본의 질이 그리 좋지는 않다는 점입니다.

Knight, Jr. Hugh T. *Medieval Sword and Buckler Combat.* www.lulu.com (2008)

검과 버클러에 관한 책입니다. 사진과 문장을 통해 독일식 무술의 페히트부흐에 등장하는 기술을 해설하고 있습니다. 당연한 얘기지만, 독일식 무술 연구자의 책이므로 그 밖의 이탈리아식 무술 등에 흥미가 있는 사람에게는 별로 도움이 되지 않을 것입니다.

Knight, Jr. Hugh T. *The Knightly Art of Longsword.* www.lulu.com (2009)

상당히 두꺼운 책으로, 독일식 롱소드 기술을 기본부터 응용까지 매우 많은 사진과 함께 설명합니다.

Knight, Jr. Hugh T. *The Last Resort: Unarmed Grappling and Dagger Combat.* www.lulu.com (2008)

독일식 레슬링 기술과 대거 기술을 사진과 함께 설명하는 책입니다.

Knight, David James. Hunt, Brian. *Polearms of Paulus Hector Mair.* Paladin Press, US (2008)

마이어의 페히트부흐에서 긴 손잡이 무기(폴액스 · 할버드 · 쇼트스태프 · 롱스태프 · 이종무기)에 관한 기술을 발췌하여 번역 · 해설하는 책입니다. 기술 하나당 본문 두 페이지를 할애하여 왼쪽 페이지에 독일어 · 라틴어 원문, 오른쪽 페이지에 삽화와 독일어 · 라틴어 번역을 취합한 해석을 싣고 있습니다. 본문 뒤에는 라틴어 · 독일어의 축어역(逐語譯, 외국어 원문의 한 구절 한 구절을 본래의 뜻에 충실하게 번역한 것) 및 단어집까지 수록되어 있는 등 알찬 내용을 자랑합니다.

Mair, Paulus Hector. Opus Amplissimum de Arte Athletica (Cod.Icon.393). Bayerische Staatsbibliothek

이 책은 제2부(Cod.Icon.393)와 함께 가장 볼륨감 있는 마이어의 페히트부흐입니다. 바이에른 공작 알브레히트 5세가 800피오리노의 고액(메이어의 경우는 합계 30피오리노였습니다)을 들여 구입한 이 책은 제1부 309장, 제2부 303장이라는 엄청난 분량을 가지고 있습니다. 본문은 유려한 인문서체 라틴어로 적혀 있으며, 삽화는 정밀한 채색화로 이루어져 있습니다. 전편에 걸쳐 400인 이상의 등장인물이 나오는데, 중복되는 인물이 없으며 의복이 같은 인물도 없다는 어마어마한 완성도를 자랑하는 책입니다.

Meyer, Joachim. Jeffrey L. Forgeng (Trans.). *The Art of Combat – A German Martial Arts Treatise of 1570.* Greenhill Books, London, UK (2006)

1570년 출판된 페히트부흐의 번역본입니다. 이 책에서는 롱소드 · 두사크 · 레이피어 · 레슬링 · 대거 · 쇼트스태프(본문에는 쿼터스태프) · 파이크(롱스태프) · 할버드 기술을 다루고 있습니다. 메이어의 책은 당시로서는 무척 특이하게도 휘두르기 등의 훈련용 본과 보법 등의 기본기술에 대해 자세히 서술하고 있는 것이 특징입니다. 또한 각 장은 기본원리 · 자세 · 기본기술 · 응용이라는 식으로 순서에 따라 구성됩니다. 무엇보다 큰 특징은 기술의 풍부함으로, 수백을 넘는 전무후무한 수의 기술이 수록되어 있습니다. 마지막 부분에는 본문에 등장한 기술 등에 대해 상당히 자세한 해설을 추가하였으며, 독일어 · 영어 대조표도 실려 있어 아주 편리합니다.

유일한 단점은 어째서인지 삽화를 각 장의 끝 부분에 합쳐서 배치했다는 점입니다. 때문에 일일이 앞뒤를 왔다 갔다 해야 하므로 몹시 귀찮습니다. 또한 그가 책을 집필하던 당시는 독일식 무술이 실용성을 잃어가던 시기이기도 합니다. 특히 롱소드는 완전히 스포츠화되어 있었으므로, 가장 전통적인 타입의 전장용 기술이 궁금한 사람에게는 실망스러운 책이 될 수도 있습니다(다만 대거 · 레이피어 · 스태프 등의 기술 대부분은 실전에서도 사용할 수 있습니다).

Figueyredo, Diego Gomez de. *Memorial of the Practice of the Montante.* http://www.oakeshott.org/Figueiredo_Montante_Translation_Myers_and_Hick.pdf (2009)

몬탄테의 번역본입니다. 몬탄테와 저자, 그리고 스페인 전통무술에 관한 짧지만 상세한 해설이 담겨 있습니다. 본문은 번역문에서 원문 순으로 게재됩니다.

Liechtenauer, Johannes (original), Ringeck, Sigmund (Commentary), Tobler, Christian Henry (Trans. Interpret.) *Secret of German Medieval Swordmanship: Sigmund Ringeck's Commentaries on Johannes Liechtenauer's Verse.* Chivalry Bookshelf, US. (2001)

리히테나워의 운문에 대한 링엑의 주해서(15세기 중반)를 번역 · 해설한 책입니다. 링엑의 레이아웃을 따라 번역하였으며, 롱소드 · 레슬링 · 하프 소드 · 살격 · 무장격투 · 마상전투에 대해 설명하고 있습니다. 본문은 리히테나워의 운문 · 링엑의 주해 · 토블러의 해설과 사진으로 구성되어 있습니다. 특히 사진에 대해서는, 어떤 사진이 주해의 어느 부분에 해당하는지까지 적혀 있고, 레이아웃도 알아보기 쉽습니다. 단점으로 마상전투는 자세 외의 사진이 없고 문장만으로 이루어진다는 점, 곳곳에 편집 오류가 눈에 띈다는 점, 이상한 냄새가 나는 종이를 사용했다는 점, 책이 쓸데없이 무겁다는 점, 출판사가 여러 곳이라 책이 현재 절판상태이며 재판될 전망이 없다는 점 등이 있습니다.

Hand, Stephen (Ed.), Mele, Gregory. Hick, Steven (Assistant ed.) *Spada 2 Anthology of Swordmanship.* Chivalry Bookshelf, US. (2002-2005)

유럽 전통무술에 관한 잡지로 창간되었으나, 두 권째인 이 책을 출간한 뒤 출판사 사정으로 현재 휴간 중입니다. 여기에는 부상에 관한 기사, 방패의 사용법에 관한 기사, 파르티잔의 조작법에 관한 기사 등이 실려 있습니다. 양적으로 많은 기술에 대해 알고 싶다는 사람에게는 적합하지 않지만, 다양한 정보를 깊이 알고 싶다는 사람에게는 괜찮은 책이라고 생각합니다.

Swetman, Joseph. *The Schoole of the Noble and Worthy Science of Defence.* http://www.umass.edu/renaissance/lord/pdfs/Swetnam_1617.pdf

레이피어 · 레이피어와 대거 · 백소드 · 검과 대거 · 스태프 등을 다루는 책입니다. 그의 레이피어 검술은 이탈리아식을 바탕으로 하고 있으나, 기본원리는 영국식의 영향을 강하게 받았습니다. 당시의 책을 스캔한 이미지이므로, 읽기에 어려운 점이 많습니다.

Talhoffer, Hans (original). Hull, Jeffrey (trans. Edit.). *Fight Earnestly – the Fight-Book from 1459 AD by Hans Talhoffer.* http://www.thehaca.com/pdf/Fight-Earnestly.pdf

1459년판 탈호퍼의 페히트부흐를 번역한 책입니다. 탈호퍼의 페히트부흐는 문장이 짧은 대신 삽화가 충실한 것이 특징입니다. 이 책은 탈호퍼 본인이 소장했다고 전해지는 것으로, 롱소드 · 메서 · 레슬링 · 검과 버클러 · 갑옷전투(검 · 창 등) · 마상전투 · 결투용 큰 방패 등 다종다양한 무기술뿐만 아니라 공성용 병기 · 군용 기계 · 특수 무기에 대해서도 소개하고 있습니다. 그중에서도 잠수복은 다빈치를 수십 년이나 앞선 것입니다. 해설과 해석은 매우 상세하며 명쾌합니다. 단점으로는 페이지 수를 참조하기 어렵다는 점과 자세가 특별한 설명 없이 이니셜만으로 생략되어 있다는 점을 들 수 있습니다.

Talhoffer, Hans (original). Rector, Mark (Trans. Ed.). *Medieval Combat – A Fifteenth-Century Manual of Swordfighting and Close-Quarter Combat. Greenhill Books, London.* (2006)

이 책은 탈호퍼의 1467년판 페히트부흐를 편역한 것입니다. 첫머리에는 독일식 무술에 대한 간단한 해설 · 본편 뒤에는 새롭게 정리한 원본 텍스트가 게재되어 있습니다. 소개하는 무기는 롱소드 · 하프 소드 · 살격 · 갑옷전투(창 · 롱소드) · 레슬링 · 대거 · 폴액스 · 결투용 방패 · 메서 · 검과 버클러 · 남녀 간의 결투 · 마상전투 등입니다. 단점으로 기술에 대한 기술적 해설이 없다는 점과 삽화 해설에 원문의 번역문과 저자의 해석이 뒤섞여 있어 혼란스럽다는 점이 있습니다.

Vail, Jason. *Medieval and Renaissance Dagger Combat.* Paladin Press, US. (2006)

이탈리아식 및 독일식 무술 가운데 대거를 사용한 전투법을 수록한 책입니다. 대거의 종류 · 기본적인 공격법과 보법을 해설한 다음 본편에 들어가고, 마지막에는 훈련의 안전성 확보 등에 대해 논하고 있습니다. 본편은 맨손으로 대거에 대항하는 방법 · 대거 대 대거 · 대거 대 검의 세 부분으로 나뉘어져 있으며, 사진이 풍부하여 이해하기 쉽습니다. 단점으로는 어떤 사진이 해설의 어느 부분에 해당하는지 알아보기 어려워 때때로 혼란스럽다는 점과 출전에 이름만 있고 페이지 수 등 상세한 사항이 없어 검증에 시간이 걸린다는 점을 꼽을 수 있습니다. 이 책은 갑옷을 입지 않은 상태의 대거 검술에 대해 알고 싶어 하는 사람에게는 많은 도움이 되지만, 대거 검술에 흥미가 없는 사람에게는 아무런 가치도 없습니다.

Wagner, Paul. *Master of Defence: the Works of George Silver.* Paladin Press, US. (2003)

조지 실버의 이론과 당시의 무기, 그리고 그가 왜 레이피어 검술을 싫어했는가에 대해 상세히 설명 · 고찰한 책입니다. 해설 파트 각각의 장은 세 저자의 에세이 형식을 취하고 있어 매우 흥미롭게 읽을 수 있습니다. 각 장에서는 실버 작품의 시대배경 · 실버 시대의 무기 · 실버의 전투이론과 실천 · 레이피어 검술의 결함 · 셰익스피어 연극에 등장하는 무술과 영국식 및 이탈리아식 무술의 관계 · 실버의 저작과 『오륜서(五輪書)』의 공통점 · 어휘에 대해 해설하고 있습니다. 또한 제2부에는 실버의 저작 세 작품을 게재하였습니다. 『방어의 역설』(1599년)은 당시 출판된 유일한 작품으로 이론적 고찰을 통해 영국의 전통무술이 이탈리아식 레이피어 검술보다 우위에 있다는 사실을 증명하고 있습니다. 『방어의 역설에 대한 간략한 안내』(1605년경)는 전작의 이론 파트에 대한 실천 파트라고 할 수 있는 책으로, 다양한 무기의 실제 용법이 적혀 있습니다. 마지막 Sandry kinds of play or fight.는 책이 아닌 집필 준비용 메모입니다. 이 책은 영국식 무술에 관심이 있는 사람이라면 구입해도 후회는 하지 않을 것입니다. 또한 각종 무기와 무술 이론에 대해서도 다른 책보다 상세히 설명하고 있으므로, 그것들에 관심이 있는 사람에게 매우 적합한 책이라고 할 수 있습니다.

Zabinski, Grzegorz, Walczak, Bartlomiej (Trans. Ed.). *Codex Wallerstein: A Medieval Fighting Book from the Fifteenth Century on the Longsword, Falchion, Dagger, and Wrestling.* Paladin Press, US. (2002)

15세기 페히트부흐의 번역본입니다. 일찍이 마이어가 소장하고 있던 책으로, 여백에 그의 자필 주석이 달려 있습니다. 원본은 2개의 페히트부흐를 연결한 것입니다(이처럼 복수의 문서를 하나로 엮는 일은 당시 흔했던 모양입니다). 전반부에는 롱소드 · 메서 · 대거 · 레슬링을 삽화 · 해설과 함께 소개하고 있습니다. 후반부는 전반부와 다른 페히트부흐(아마도 그것보다 오래된)로 롱소드 · 갑옷 전투(하프 소드 · 대거 · 레슬링) · 결투용 방패에 대한 내용이 실려 있습니다. 원본에서 다루는 유파는 전반부가 독일식, 후반부는 『글라디아토리아 페히트부흐』 그룹이라고 추측됩니다. 해설 부분은 각각의 무기에 대한 설명은 물론, 원본에서 소개한 기술과 다른 페히트부흐에 등장하는 기술의 비교 등 짧지만 흥미로운 내용으로 구성되어 있습니다.

참고문헌

이 책을 집필하는 데 참고한 주요 서적의 목록을 게재합니다. 이 외에도 많은 자료를 참조하였으나, 분량 문제로 생략하였습니다. 또한 인터넷상의 기술도 참고하였습니다. 웹사이트 중에는 페히트부흐의 번역과 해설, 더 나아가 소논문을 다운로드할 수 있게 해놓은 곳도 있습니다.

Agrippa, Camillo. Mondschein, Ken (Trans. Ed.) *Fencing: A Renaissance Treatise.* Italica Press, NY. (2009)

Anglo, Sydney. *The Martial Arts of Renaissance Europe.* Yale University Press. New Haven and London (2000)

Auersward, Fabian von. *Ringer kunst: funf und achtzig stücke zu ehren Kurfürstlichen gnaden zu Sachssen. (1539).* http://www.umass.edu/renaissance/lord/pdfs/VonAuerswald_1539.pdf

Ayton, Andrew Charles. '*The Warhorse and Military* Service under Edward III'. The University of Hull. (1990)

Biborski, Marcin. Stępiński, Janusz. Grzegorz, Żabiński. 'A Renaissance Sword from Racibórz' *Gladius XXIV.* (2004)

Brown, Terry. English Martial Arts. Anglo-Saxon Books, UK. (1997)

Di Grassi, Giacomo. I.G. gentleman (Trans.). *Giacomo Di Grassi his true Arte of Defence, plainlie teaching by infallable Demonstrations, apt Figures and Perfect Rules the manner and forme how a man without other Teacher or Master may safelie handle all sortes of Weapons aswell offenciue as deffenciue; VVith a Treatise Of Disceit or Falsinge: And with a waie or meane by priuate Industrie to obtaine Strangth, Judgment and Actiuude.* (1594) http://www.umass.edu/renaissance/lord/pdfs/DiGrassi_1594.pdf

Döbringer, Hanko. David Lindholm, and friends (Trans.) *Cod.HS.3227a or Hanko Döbringer's fechtbuch from 1389.* http://www.thearma.org/Manuals/Dobringer_A5_sidebyside.pdf

Hull, Jeffrey. with Maziarz, Monika, Zabinski, Grzegorz. *Knightly Duelling – the Fighting Arts of German Chivalry.* Paladin Press (US), (2007)

Dürer, Albrecht (original). Friedrich Dörnhöffer (edit) *Albrechit Dürers Fechtbuch.* F. Tempski (Wien), G. Freytag (Leipzig) (1910), Michigan State University Libraries. http://archive.lib.msu.edu/DMC/fencing/albrecht.pdf

Edge, David. Williams, Alan. 'A Study of the German "Gothic" 15th-Century Equestrian Armour (A21) in the Wallace Correction, London.' *Gladius XXI.* (2001)

Edge, David. Williams, Alan. 'Some Early Medieval Swords in the Wallace Collection and Elsewhere.' *Gladius XXIII.* (2003)

Edge, David. Williams, Alan. 'Great Helms and their Development into Helmets.' *Gladius XXIV.* (2004)

Fick, Steaphen. *The Beginner's Guide to the Long Sword – European Martial Arts Weaponry Techniques.* Black Belt Press (US)(2009)

Figueyredo, Diego Gomez de (original). Myers, Eric (Trans). Hick Steve. *Memorial of the Practice of the Montante.* http://www.oakeshott.org/Figueiredo_Montante_Translation_Myers_and_Hick.pdf.(2009)

Godfrey, John. *Treatise upon the Useful Science of Defence, Connecting the Small and Back-Sword, and Shewing the Affinity between them. Likewise Endeavouring to weed the Art of those Superfuluous, unmeaning Practices which over-run it, and choke the True Principles, by reducing it to a narrow compass, and supporting it with Mathematical Proofs. Also an Examination into the performances of the most noted Masters of the Back-Sword, who have fought upon the Stage, pointing out their Faults, and allowing their abilities. With some Observations upon Boxing, and the Characters of the Most able Boxers in the Author's Time.* (1747) http://www.umass.edu/renaissance/lord/pdfs/Godfrey_1747.pdf

ホイス・グレーシー、シャールズ・グレーシー著、黒田由美訳、中井祐樹監修『ブラジリアン柔術セルフディフェンステクニック』新紀元社（2003）

Gravett, Christopher. Turner, Graham (illustration). *English Medieval Knight 1400-1500.* Osprey Publishing. UK (2001)

Gravett, Christopher. Turner, Graham (illustration). *English Medieval Knight 1300-1400.* Osprey Publishing. UK (2002)

Gravett, Christopher. Turner, Graham (illustration). *English Medieval Knight 1200-1300.* Osprey Publishing. UK (2002)

Hand, Stephen (Ed.), Mele, Gregory. Hick, Steven (Assistant ed.) *Spada 2 Anthology of Swordmanship.* Chivalry Bookshelf, US. (2002-2005)

Lang, Janet. 'The Rise and Fall of Pattern Welding: an investigation into the construction of pre-medieval sword blades.' University of Reading (2007)

Liberi, Fiore dei (original). Tom Leoni (Trans.) *Fiore de' Liberi's Fior di Battaglia M.S. Getty Ludwig XV 13 – Italian Swordmanship Treatise.* www.Lulu.com (2009)

Liberi, Fiore dei (original). Francesco Novati (publish). *Flor Duellatorum.* (1409, 1902) http://mac9.ucc.nau.edu/novati/novati.pdf

Liechtenauer, Johannes (original), Ringeck, Sigmund (Commentary), Tobler, Christian Henry (Trans. Interpret.) *Secret of German Medieval Swordmanship: Sigmund Ringeck's Commentaries on Johannes Liechtenauer's Verse.* Chivalry Bookshelf, US. (2001)

Knight, Jr. Hugh T. *Gladiatoria Fechitbuch – A Fifteenth-Century German Fight Book.* www.lulu.com (2008)

Knight, Jr, Hugh T. *Fencing with Spear and Sword: Medieval Armored Combat.* www.lulu.com (2007)

Knight, Jr, Hugh T. *Medieval Sword and Buckler Combat.* www.lulu.com (2008)

Knight, Jr, Hugh T. *The Knightly Art of Longsword.* www.lulu.com (2009)

Knight, Jr, Hugh T. *The Last Resort: Unarmed Grappling and Dagger Combat.* www.lulu.com (2008)

Knight, David James. Hunt, Brian. *Polearms of Paulus Hector Mair.* Paladin Press, US (2008)

Mair, Paulus Hector.*Opus Amplissimum de Arte Athletica (Cod.Icon.393).* Bayerische Staatsbibliothek

牧秀彦『図説剣技・剣術』新紀元社（1999）

Meyer, Joachim (original). Jeffrey L. Forgeng (Trans.). *The Art of Combat – A German Martial Arts Treatise of 1570.* Greenhill Books, London, UK (2006)

Mapelli, Carlo. Niodemi, Walter. Riva, Riccardo F. 'Microstructural Investigation on a Medieval Sword Produced in 12th Century A.D.' *ISIJ International, Vol. 47.* (2007) http://www.jstage.jst.go.jp/article/isijinternational/47/7/1050/_pdf

三浦權利『図説西洋甲冑武器事典』柏書房（2000）

Murphy, David. Turner, Graham (Illustration). *Condottiere 1300-1500.* Osprey, UK (2007)

Nickel, Helmut. 'A Kightly Sword with Presentation Inscription.' *Metropolitan Museum Journal, Vol. 2.* (1969)

Nickel, Helmut. 'Some Heraldic Fragments Found at Castle Montfort/Starkenberg in 1926, and the Arms of Grand Master of Teutonic Knights.'*Metropolitan Museum Journal, Vol. 24.* (1989)

Nickel, Helmut. 'The Seven Shields of Behaim: New Evidence.' *Metropolitan Museum Journal, Vol. 30.* (1995)

Nicolle, David. 'Two Swords from the Foundation of Gibraltar.' *Gladius XXII.* (2002)

Oakeshott, Ewart. *The Sword in the Age of Chivalry.* Boydell Press, UK (1997)

Oakeshott, Ewart. *Records of the Medieval Sword.* Boydell Press, UK (1991)

Oakeshott, Ewart. *A Kight and his Weapon.* Dufour Editions Inc. US (1997)

Ottaway, Patrick. Rogers, Nicola. Craft, Industry and Everyday Life: Finds from Medieval York. for the York Archaeological Trust by the Council for British Archaeology. (2002)

Swetman, Joseph. *The Schoole of the Noble and Worthy Science of Defence.* http://www.umass.edu/renaissance/lord/pdfs/Swetnam_1617.pdf

Talhoffer, Hans (original). Hull, Jeffrey (trans. Edit.). *Fight Earnestly – the Fight-Book from 1459 AD by Hans Talfhoffer.* http://www.thehaca.com/pdf/Fight-Earnestly.pdf

Talhoffer, Hans (original). Rector, Mark (Trans. Ed.). *Medieval Combat – A Fifteenth-Century Manual of Swordfighting and Close-Quarter Combat.* Greenhill Books, London. (2006)

Tarassuk, Leonid. 'Some Notes on Parrying Daggers and Poniards.' *Metropolitan Museum Journal, Vol. 12.* (1978)

Vail, Jason. *Medieval and Renaissance Dagger Combat.* Paladin Press ,US. (2006)

Wagner, Paul. *Master of Defence: the Works of George Silver.* Paladin Press, US. (2003)

Williams, A. R. 'On the Manufacture of Armour in Fifteenth-Century Italy, Illustrated by Six Helmets in the Metropolitan Museum of Art.' *Metropolitan Museum Journal. Vol. 13.* (1979)

Williams, Alan. R. 'The Steel of the Negroli' *Metropolitan Museum Journal. Vol. 34.* (1999)

Zabinski, Grzegorz, Walczak,Bartlomiej (Trans. Ed.). *Codex Wallerstein: A Medieval Fighting Book from the Fifteenth Century on the Longsword, Falchion, Dagger, and Wrestling.* Paladin Press, US. (2002)

부록 5

어구 해설

외국어

■ **Abrazare (이)**
레슬링.

■ **Ahlspiess (독 · 영)**
알슈피스. Awl Pike라고도 한다. 거대한 송곳 모양 머리 부분을 가진 긴 손잡이 무기.

■ **Arming sword (영)**
직역하면 「무장 검」으로 중세에 전장에서 사용하던 검을 가리키는 말. 평시용 검은 라이딩소드라고 한다.

■ **Art (영)**
기술, 기예. 「과학」(Science)의 반대말로 「주관적으로 얻은 사상에서 감각적으로 이끌어낸, 반드시 재현 가능하지는 않은 법칙」을 뜻한다. 「감」이라고도 한다.

■ **Art of Science (영)**
「방어술」. 영국 잉글랜드 지방의 전통무술. 공격 · 방어 시의 안전 확보를 가장 중시하는 무술로 Science of Defence라고도 한다.

■ **Back Sword (영)**
백소드. 르네상스 시대 영국의 외날 한손검.

■ **Ballock Dagger (영)**
발럭 대거. 직역하면 「고환 대거」. 손잡이의 날밑 부근에 음낭을 본떠 만든 돌출부가 있다.

■ **Baselard (영)**
바젤라드. 스위스 발상으로 알려진 대거의 일종. 「H」를 옆으로 눕혀놓은 듯한 모양의 손잡이가 가장 큰 특징이다. Basilard, Basslar라고도 한다.

■ **Basket Hilt (영)**
바스켓 힐트. 르네상스 시대에 발전한 날밑의 일종으로, 주먹을 바구니 모양으로 감싸 보호한다.

■ **Bec de Faucon (프)**
베크 드 포콩. 직역하면 「매의 부리」. 완만한 커브를 이루는 스파이크, 또는 그러한 스파이크가 달린 긴 손잡이 무기.

■ **Bill (영)**
영국에서 특히 인기 있던 일반병사용 무기. 본래 나무의 가지치기 등에 사용하던 농기구를 무기로 전용한 것. 이탈리아에서는 찌르기를 중시하는 모양으로 발전하고, 잉글랜드에서는 베기에 중점을 두는 형태로 발전했다. 일반적으로 전체 길이 1.5~2m, 무게 2~3kg 정도.

■ **Bloßfechten (독)**
갑옷을 입지 않은 상태에서의 전투. 독일식 무술의 전투형태 중 하나. 영어로는 Unarmoured Combat.

■ **Boar Spear (영)**
보어 스피어. 수렵용 창.

■ **Bolognese swordmanship (영)**
이탈리아식 볼로냐파. 이탈리아식 검술 일파로, 이탈리아의 도시 볼로냐를 중심으로 번성했다. Italian style of fencing을 참조.

■ **Boss (영)**
보스. 방패의 그립을 잡는 손을 보호하기 위한 금속제 반구형 돌출부.

■ **Buckler (영)**
버클러. 그립을 잡는 타입의 소형 방패. 다양한 형태가 있다. 일반적으로 하층계급의 장비라고 인식되었다.

■ **Chappe (영)**
레인 가드. 날밑 상부에 덮어씌우듯 설치하는 가죽제 또는 금속제 부속물. 칼집 입구를 가려 비나 먼지가 칼집 안에 들어가는 것을 막아주는 역할을 한다.

■ **Club (영)**
곤봉. 굵은 나뭇가지를 적당한 길이로 자른 것. 권위의 상징으로도 사용되었다.

■ **Codpiece (영)**
코드피스. 본래 호즈(타이츠)의 이음매를 가리기 위해 고간 부분에 대던 천. 점차 과장되다가 최종적으로는 패드 등을 채워 발기한 남성기의 모양을 나타내게 된다.

■ **Cote of Plate (영)**
코트 오브 플레이트. 14세기 전반에 사용되던 타입의 갑옷. 초기 플레이트 갑옷 중 하나로 튼튼한 천 안쪽에 여러 장의 강철판을 리벳으로 고정시킨 것.

■ **Creutz (독)**
Cross를 참조.

■ **Cross (영)**
일자 날밑. 대략 16세기경까지 사용되던 명칭. 현재는 Cross guard라고도 한다.

■ **Cup Hilt (영)**
완형 날밑. 스페인식 레이피어 검술 자세에 대응하여 스페인에서 발달한 손잡이 타입. 완형 날밑이 손을 보호한다.

■ **Dardi school (이)**
다르디류. 이탈리아식 무술 볼로냐파의 별칭. Italian style of fencing을 참조.

■ **Duelling Shield (영)**
결투용 큰 방패. 현대의 용어. 파비스라고도 불린다.

■ **Dussack (독)**
두사크. 연습용 펄션에서 발전한 연습·스포츠용 무기.

■ **Edge, Edge of blade (영)**
검과 같은 무기의 「날」. 적을 절단하는 부위. 독일어로는 Ecke.

■ **English Style of fencing (영)**
Art of Defence를 참조.

■ **Espada Ropera (에스)**
로브 소드. 직역하면 「평상복의 검」으로, 전장에서의 사용을 고려하지 않은 순수한 평시용 한손검(또는 「시민 검」). 레이피어(Rapier)의 원형이라고 한다. 이탈리아의 스파다(Spada) 또는 스파다 다 필로(Spada da filo)에 가깝다고 볼 수 있다.

■ **Estoc (영)**
에스터크. Tack라고도 한다. 찌르기 전용 롱소드. Tack는 후대에 대형 레이피어와 혼동되지만, 원래는 다른 무기.

■ **Falchion (영)**
펄션. 외날검의 일종. 독일에서는 메서 또는 그로스메서라고 불렀다.

■ **Fechtbuch (독)**
직역하면 「싸움의 책」. 전투기술의 해설·참조를 목적으로 쓰여진 서적.

■ **Fencing (영)**
펜싱. 현대어의 의미와는 달리 무술 전반(특히 무기, 검을 사용하는 것)을 지칭한다. 「받아넘기다」, 「막다」라는 의미의 영어 동사 「Fence」에서 유래하여 「자신의 몸을 위험으로부터 지킨다」, 「호신」 등의 뉘앙스를 갖는 단어.

■ **Finger Ring (영)**
핑거 링. 날밑 앞에 다는 금속 고리로, 손가락을 보호한다.

■ **Flail (영)**
플레일. 손잡이와 머리 부분을 사슬 등으로 연결한 탈곡용 농기구 및 거기에서 파생된 무기.

■ **Flat, Flat of Blade (영)**
검의 「면」. 날의 측면 부분. 당시 독일어로는 Fläche.

■ **Fuller (영)**
풀러. 당시 독일어로는 Valz. 칼날에 파놓은 좁고 긴 홈으로, 검의 무게를 줄이고 절단력과 유연성을 높여 내구력 향상에 기여한다.

■ **German school of fencing (영)**
독일식 무술. Kunst des Fechtens를 참조.

■ **Gladius (라)**
글라디우스. 고대 로마군의 군용 검이자 로마군의 상징이라고도 할 수 있는 검. 평균적으로 전체 길이 60~80cm, 무게 0.8~1kg 정도.

■ **Grip (영)**
손잡이, 그립. Haft 또는 Handle이라고도 한다. 검과 대거를 잡기 위한 부위로 목제 심에 가죽이나 강철선을 감은 것이 일반적이나 상어 가죽 등 물고기의 가죽을 사용한 것도 있다. 당시 독일어로는 Heft, Bindt, Pindt, Gepint라고 불렀다.

■ **Gross Messer (독)**
그로스메서. 펄션의 독일어 명칭. 간단히 메서라고 부르기도 한다.

■ Harnischfechten (독)
갑옷을 입은 상태에서의 전투. 독일식 무술의 전투형태 중 하나. 영어로는 Armoured Combat.

■ Hilt (영)
손잡이. 검의 날(검신) 이외의 부분. 손잡이 머리(Pommel), 그립(Grip, Haft), 날밑(Cross, Quillon) 등으로 구성된다. 당시 독일어로는 Gefeß, Gehiltz, Gehileze라고 불렀다.

■ Heater Shield (영)
하단이 뾰족한 방패의 일종. 현대의 조어.

■ Imbracciatura (이)
르네상스 시대에 사용되던 방패의 일종. 물방울 모양이다.

■ Italian style of fencing (이)
Italian school이라고도 한다. 이탈리아 반도에 기원을 둔 무술의 총칭. 볼로냐의 무술가이자 수학자인 필리포 다르디가 1413년 창시했다고 전해지는 볼로냐파가 유명하다. 시간(템포 : Tempo)의 개념, 과학, 특히 기하학을 중심으로 하는 과학적 접근이 특징이다. 레이피어가 유행함에 따라 폭발적으로 번성한다.

■ Judicial Combat (영)
결투재판. Trial by Combat이라고도 한다. 중세 재판의 일종.

■ Kampfringen (독)
전장에서의 격투기술.

■ Knuckle Guard (영)
너클 가드. 날밑에서 손잡이 머리까지 이어지는 봉으로, 손을 보호한다.

■ Kreutz (독)
Cross를 참조.

■ Kunst des Fechtens, der (독)
전투술. 영어로 직역하면 The Art of Combat. 14세기 중반 요하네스 리히테나워가 창시한 무술을 현대에 일컫는 말이다. 주도권의 쟁취와 유지를 극의로 삼는 무술. 이탈리아식 무술이 융성함에 따라 쇠퇴하다가 17세기경 맥이 끊긴다.

■ Langen Schwert (독)
롱소드. 현재 일반적으로 바스타드 소드, 또는 핸드 앤드 하프 소드라고 불리는 검. 전체 길이 1~1.3m, 무게 1~1.5kg 정도 되는 검으로, 양손으로도 한 손으로도 사용 가능하다. 독일식 무술의 근간을 이루는 무기.

■ Langet (영)
랑겟. 긴 손잡이 무기의 손잡이가 잘리는 것을 방지하기 위해 손잡이에 부착하는 금속판.

■ La Verdadera Destreza (에스)
지고의 기술. 영어로는 The True Skill. 스페인식 무술의 스페인어 명칭. 16세기 중반 스페인의 검사 헤로니모 산체스 데 카란사가 창시했다. 「과학 검법」이라고도 할 수 있는 검술로, 당시 유럽 최강으로 평가받았다.

■ Liechtenauer School (영)
리히테나워류. 독일식 무술의 별칭. Kunst des Fechtens를 참조.

■ Longbow (영)
잉글랜드를 대표하는 무기. 본래는 웨일스와 그 주변 지역의 토착무기로, 주목을 깎아 제작한다. 단일궁(한 가지 나무를 그대로 다듬어 활로 만든 것)이라 불리는 가장 원시적인 구조의 활. 전체 길이는 1.8m 전후, 활을 당기는 데 필요한 힘(Draw weight)은 약 50kg 정도.

■ Long Staff (영)
롱스태프. 길이 3~5.4m의 봉.

■ Long sword (영)
Langen Schwert를 참조.

■ Mail, Maille (영 · 프)
사슬 갑옷. 금속 링 여러 개를 엮어 만든 갑옷의 일종으로, 현재 일반적으로 체인 메일이라 불린다. 중세에는 방어 성능에 따라 다양한 타입이 존재했다고 기록되어 있으나, 현재로서는 그 차이를 알 수 없다.

■ Messer (독)
Gross Messer의 별칭.

■ Montante (에스 · 포)
몬탄테. 이베리아 반도 기원의 양손검. 독일의 양손검과 비교해 다소 가볍다. 전체 길이 150cm, 무게 2.5kg 정도.

■ Oakeshott Typology (영)
오크셧 분류법. 에와트 오크셧(Ewart Oakeshott)이 확립한 검의 분류법으로, 현재 가장 일반적으로 사용된다. 중세 시대의 검을 검신 · 그립 · 손잡이 머리의 모양에 따라 분류하는데, 보통 검신 분류법을 많이 이용한다.

■ **Partisan (영 · 이)**
검을 닮은 거대한 머리 부분을 가진 창의 일종.

■ **Pavise (영)**
파비스. 일반적으로 중세 노궁병의 방패를 뜻하지만, 결투용 방패나 사각형 버클러 등을 가리키기도 한다.

■ **Pike (영)**
장창. 길이 3m 이상의 창. 중세 후기 이후 보병의 주무기.

■ **Poleaxe (영)**
Pollaxe의 다른 철자. 원래 잘못된 표기였으나, 현재는 일반적으로 허용된다.

■ **Pollaxe (영)**
폴액스. 독일어로는 Mortagst(모트악스트, 살인도끼). 이탈리아어(Azza)와 프랑스어(Hache)는 단순히 「도끼」라는 의미. 양손용 도끼에서 발전했으며, 중세 후기의 기사들에게 매우 인기 있던 무기로 형태와 크기가 다양하다.

■ **Pommel (영)**
손잡이 머리. 검과 대거 손잡이 가장 끝에 위치한 부품으로, 무게균형을 조정하고 검이 손에서 빠져나가는 것을 막으며 슴베를 고정시키는 역할을 한다. 로마 시대에는 구형, 바이킹 시대에는 찌그러진 주먹밥 모양이 일반적. 중세에는 원반 · 타원형의 인기가 가장 많았다. 당시 독일어로 Knopf, Klôß, Schlachent Ort라고 불렀다.

■ **Poniard (영)**
파냐드. 르네상스 시대의 보조용 대거. Parrying Dagger라고도 한다. 프랑스어로는 Poignard.

■ **Prize (영)**
잉글랜드 무술조합의 승단시험이 오락 목적의 흥행시합으로 바뀐 것. 흥행화하고 나서는 특정한 상대와 맨손 · 봉 · 검 중 하나를 골라 싸웠다.

■ **Quarterstaff (영)**
쿼터스태프. 롱보우(Longbow)와 함께 잉글랜드의 대명사로 꼽히는 무기. 전투용 중에는 양쪽 끝을 날카롭게 깎거나 손잡이 끝 부분에 철제 캡을 씌워 위력을 높인 것도 있다. 전체 길이 2.1~2.7m, 지름 2.5~3.8cm, 무게 약 2kg.

■ **Quillon (영 · 프)**
일자 날밑. 칼날과 그립 사이의 옆으로 튀어나온 부분을 가리킨다. 16세기경에 등장한 단어. 그 이전에는 Cross라고 불렀다.

■ **Quillon Dagger (영)**
일자 날밑을 가진 대거의 총칭. 세트를 이루는 검을 그대로 소형화한 디자인이 많다.

■ **Rapier (영)**
레이피어. 르네상스를 대표하는 무기. 스페인의 에스파다 로페라(Espada Ropera)에서 발전한 것으로 추측된다. 다양한 모양이 있으나 일반적인 형태는 찌르기 위주의 긴 검신을 갖는 한손검. 일반적인 인식과 달리 전장에서의 사용은 전혀 고려되지 않았다. 평균적으로 전체 길이 1~1.2m, 무게 1~1.5kg 정도. 당시 유행의 최첨단을 달리는 패션 아이템으로 압도적인 인기를 누렸다.

■ **Riding sword (영)**
승마용 검. 중세 시대 평시에 가지고 다니던 검. 모양 자체는 전장용 검과 그다지 차이가 없다.

■ **Ringen (독)**
레슬링. 당시의 레슬링은 격투술에 가까웠다.

■ **Roßfechten (독)**
말을 타고 하는 전투. 독일식 무술의 전투형태 중 하나. 영어로는 Horseback Combat.

■ **Rottella (이)**
로텔라. 팔에 동여매는 타입의 원형 또는 타원형 방패.

■ **Roundel Dagger (영)**
라운들 대거. 중세에 인기 있던 대거의 일종. 그립을 사이에 두고 원반 모양 날밑이 달려 있다.

■ **Saex (영)**
색스. 외날 나이프의 일종으로 게르만 민족의 색슨족이라는 명칭은 여기서 유래한 것. 잉글랜드에서는 15세기까지 사용되었다.

■ **Schiavona (이)**
스키아보나. 이탈리아 한손검의 일종. 전체 길이 1m, 무게 1~1.5kg 정도.

■ **Schweinspiesz (독)**
보어 스피어, 또는 파르티잔.

■ **Science (영)**
과학. 당시의 정의로는 「객관적으로 관찰한 사상에서 논리적이며 재현 가능한 법칙을 이끌어내는」 것. 필리포 바디는 「예술」의 반대말이라고 보았다. 무술에서는 「기하학」이 가장 중요시된다.

■ **Science of Defence (영)**
Art of Science를 참조.

■ **Scythe (영)**
대낫. 목초 등 풀을 벨 때 사용하는 양손용 낫.

■ **Short Staff (영)**
쇼트스태프. 전체 길이 약 180cm 정도가 일반적.

■ **Sickle (영)**
낫. 밀 등 곡식을 수확할 때 사용하는 한손용 낫.

■ **Side Ring (영)**
검과 대거의 날밑 부분에 달린 금속 고리. 손등을 보호하는 역할을 한다.

■ **Side sword (영)**
주로 르네상스 시대의 평시용 검을 가리키는 현대의 총칭. 레이피어가 나타나기 이전 형태의 검을 뜻한다.

■ **Single-handed sword (영)**
한손검. 고대에서 근대에 이르기까지 가장 일반적으로 사용되던 검이다. 다양한 종류와 타입이 있으나 전체 길이 90cm, 무게 1kg 정도가 평균적인 사이즈.

■ **Small Sword (영)**
스몰소드. 레이피어를 작고 가볍게 만든 검. 현재의 펜싱 기술은 스몰소드 기법에 기반을 두고 있다. 전체 길이 약 80cm, 무게 0.5~1kg 정도.

■ **Spada (이)**
「검」을 의미하는 단어. 스파다 다 필로의 별칭. 로마군의 검 스파타에서 유래했다.

■ **Spada da filo (이)**
날이 있는 검. 스페인의 에스파다 로페라에 대응하는 평시용 검이다. 찌르기와 베기 양쪽에 사용되며, Spada da lato라고도 한다.

■ **Spada da lato (이)**
직역하면 사이드 소드. Spada da filo의 별칭.

■ **Spadona (이)**
양손검. Langen schwert를 참조.

■ **Spanish style of fencing (영)**
스페인식 검술. La Verdadera Destreza를 참조.

■ **Spatha (라)**
로마군의 검. 글라디우스보다 가늘고 긴 검신을 가지고 있다. 전체 길이는 대략 80~90cm 정도이며, 무게는 약 1kg. 본래 보조부대 및 기병의 검이었으나, 2세기경 군단병에게도 지급되었다. 라틴어 계열 언어에서 「검」을 뜻하는 단어(프랑스어 : Épée, 이탈리아어 : Spada, 스페인어 : Espada)의 어원이다.

■ **Swashbuckler (영)**
스워시버클러. 「난폭한 사람」이란 뜻으로, 마을을 누비며 난투를 벌이고 난폭한 짓을 일삼는 젊은이를 가리키던 16세기 무렵의 단어. 검 손잡이에 매달아 늘어뜨린 버클러가 걸음을 옮길 때마다 검에 부딪치며 내는 소리에서 유래했다. 현재는 이야기에 등장하는 검사 타입 캐릭터를 가리키는 말로 사용되고 있다.

■ **Targe (영)**
타지. 기사들이 사용하던 방패의 일종.

■ **Two-handed sword (영)**
양손검. 두 손으로 잡고 사용하는 검을 뜻하는 단어. 현재는 양손 전용 검을 가리키는 것이 일반적이지만, 당시에는 롱소드도 포함되었다. Twahandswerd, Grete swerde(Great sword), War sword(또는 Sword of War), Claidheamh mór(Claymore), Espée de Guerre, Grant espées, Grans espées d' Allemagne, Zweihander, Montante 등 다양한 이름으로 불린다. 초기의 것은 단순히 한손검을 크게 만든 형태였으나, 점차 일자 날밑이 길어지고 그립이 연장되며 리캇소(Ricasso)라 불리는 두 번째 손잡이가 발달한다. 평균적으로 전체 길이 1.2~1.8m, 무게 1.5~3kg 정도.

■ **Valz (독)**
풀러. Fuller를 참조.

■ **Verdadera Destreza, la (에스)**
La Verdadera Destreza를 참조.

■ **Welsh hook (영)**
영국의 독자적인 무기로, 이름을 보면 알 수 있듯이 웨일스에서 기원했다. Forest bill, Welsh bill, Welsh glaive, Bush scythe, Wood bill, Hedging bill 등 다양한 이름으로 불린다. 전체 길이 2.1~2.7m, 무게 약 2kg.

한국어

■ **갑옷전투(Harnischfechten)**
갑옷을 입은 상태에서의 전투를 가리키는 독일식 무술 용어.

■ **결투용 큰 방패(Duelling Shield)**
결투재판에서 사용하는 대형 방패.

■ **결투재판(Trial by Combat, Judicial Combat)**
중세에 열리던 재판의 일종.

■ **곤봉 · 클럽(Club)**
굵은 나뭇가지를 적당한 길이로 자른 무기. 권위의 상징으로도 사용되었다.

■ **과학(Science)**
현대 과학과는 달리 「사상을 객관적으로 관찰하고, 논리적인 결론을 이끌어내는 것」을 뜻한다. 예술의 반대말.

■ **그로스메서(Gross Messer)**
검의 일종으로 「커다란 나이프」란 뜻이다. 펄션의 독일어 명칭. 간단히 메서라고 부르기도 한다.

■ **그립(Grip, Haft, Handle)**
검과 대거를 잡기 위한 부분. 목제 심에 가죽이나 강철선을 감는 것이 일반적이다.

■ **글라디우스(Gladius)**
고대 로마군의 검. 이베리아 반도에서 사용되던 검을 바탕으로 제작했다고 전해진다. 로마군의 상징과도 같은 검이지만 2세기 말경 스파타에게 자리를 내준다. 전체 길이 60~80cm, 무게 0.8~1kg 정도가 평균적.

■ **기술 · 기예(Art)**
과학의 반대말. 「감」.

■ **날 · 엣지(Edge, Edge of blade)**
무기에서 상대를 베는 부분. 독일어로는 Ecke.

■ **낫 · 시클(Sickle)**
한 손으로 사용하는 수확용 낫.

■ **너클 가드(Knuckle Guard)**
날밑에서 손잡이 머리까지 이어지는 봉으로, 손을 보호한다.

■ **대낫 · 사이드(Scythe)**
목초 등 풀을 벨 때 사용하는 낫.

■ **두사크(Dussack)**
연습용 메서에서 발전한 무기. 목제나 철제로 만들어지며, 연습용과 스포츠용으로 쓰인다.

■ **라운들 대거(Roundel Dagger)**
중세 시대 대거의 일종. 그립 양쪽 끝에 원반 모양 날밑이 달려 있다.

■ **라이딩소드(Riding sword)**
직역하면 「승마 검」. 중세의 전장용 검인 아밍소드(Arming sword)와 구분하여 평시에 사용하던 검을 말한다.

■ **랑겟(Langet)**
긴 손잡이 무기의 손잡이에 부착하는 금속판. 손잡이가 잘려나가는 것을 방지한다.

■ **레슬링(Wrestling, Ringen, Abrazare)**
무기를 장비하지 않은 상태, 또는 지근거리에서의 격투기술.

■ **레이피어(Rapier)**
르네상스를 대표하는 검. 스페인의 에스파다 로페라(Espada Ropera)에서 발전한 것으로 추측된다. 전장에서의 사용을 전혀 고려하지 않은 순수한 평시용 검. 다양한 크기와 형태가 있으나 평균적으로 전체 길이 1~1.2m, 무게 1~1.5kg 정도.

■ **레인 가드(Chappe)**
챕. 그립 하단에 다는 부속물로, 검을 칼집에 넣었을 때 칼집 안으로 빗물이나 먼지가 들어가는 것을 막아 준다.

■ **로텔라(Rottella)**
팔에 동여매는 타입의 원형 또는 타원형 방패.

■ **롱소드(Long Sword)**
바스타드 소드, 또는 핸드 앤드 하프 소드라고 불리는 검. 대략적으로 전체 길이 1~1.3m, 무게 1~1.5kg 정도 되는 검으로, 양손으로도 한 손으로도 사용 가능하다. 독일식 무술의 근간을 이루는 무기.

■ **롱스태프(Long Staff)**
길이 3~5.4m 정도의 봉.

■ **마상전투(Roßfechten)**
말을 타고 하는 전투를 가리키는 독일식 무술 용어.

■ **맨몸전투(Bloßfechten)**
갑옷을 입지 않은 상태에서의 전투를 가리키는 독일식 무술 용어.

■ **메일(Mail, Maille)**
사슬 갑옷. 금속 링을 연결하여 제작한다.

■ **면 · 플랫(Flat, Flat of blade)**
날의 측면. 독일어로는 Fläche.

■ **몬탄테(Montante)**
이베리아 반도 기원의 양손검. 전체 길이 150cm, 무게 2.5kg 정도.

■ **바스켓 힐트(Basket Hilt)**
르네상스 시대에 발전한 날밑의 일종으로, 주먹을 바구니 모양으로 감싸 보호한다.

■ **바젤라드(Baselard)**
Basilard·Basslar라고도 한다. 스위스 기원으로 알려진 대거. 「H」를 옆으로 눕혀놓은 모양의 손잡이를 가지고 있다.

■ **발럭 대거(Ballock Dagger)**
「고환 대거」. 손잡이의 날밑 부근에 음낭을 본떠 만든 돌출부가 있다.

■ **방어술 · 아트 오브 디펜스(Art of Defence)**
영국의 전통무술. 공격 · 방어 시의 안전 확보를 가장 중시하는 무술. Science of Defence라고도 한다.

■ **백소드(Back Sword)**
르네상스 시대 영국의 외날 한손검.

■ **버클러(Buckler)**
그립을 잡고 지탱하는 소형 방패. 하층계급 사이에서 인기가 높았다.

■ **베크 드 포콩(Bec de Faucon)**
「매의 부리」라는 의미. 완만한 커브를 이루는 스파이크, 또는 그러한 스파이크를 장착한 무기.

■ **보스(Boss)**
방패의 그립을 잡은 손을 보호하는 금속제 반구형 돌출부.

■ **보어 스피어(Boar Spear)**
수렵용 창.

■ **빌(Bill)**
보병용 긴 손잡이 무기. 본래는 가지치기 등에 사용하던 농기구. 잉글랜드에서 특히 인기가 있었다. 전체 길이 1.5~2m, 무게 2~3kg 정도가 일반적.

■ **사이드 링(Side Ring)**
검과 대거의 날밑 부분에 달린 금속 고리.

■ **사이드 소드(Side sword)**
레이피어가 등장하기 이전의 평시용 검을 가리키는 총칭.

■ **색스(Saex)**
외날 나이프. 중세 초기에 널리 사용되었다.

■ **손잡이(Hilt)**
힐트. 검의 부위를 가리키는 단어로, 칼날 이외의 부분을 뜻한다.

■ **손잡이 머리(Pommel)**
퍼멀. 손잡이 가장 끝에 위치한 부품으로, 무게균형을 조정하고 슴베를 고정시키는 역할을 한다.

■ **쇼트스태프(Short Staff)**
길이 약 1.8m 정도의 봉.

■ **스몰소드(Small Sword)**
레이피어를 작고 가볍게 만든 검으로, 현대 펜싱의 기법은 스몰소드 기법을 원형으로 삼고 있다. 전체 길이 약 80cm, 무게 0.5~1kg 정도.

■ **스워시버클러(Swashbuckler)**
「난폭한 사람」이라는 뜻을 가진 단어로, 검과 버클러가 서로 부딪쳐 나는 소리가 어원. 현재는 검사 타입 캐릭터를 가리키는 말로 사용되고 있다.

■ **스키아보나(Schiavona)**
이탈리아 한손검의 일종.

■ **스파다(Spada)**
이탈리아어로 검이라는 뜻. 스파다 다 필로의 별칭이기도 하다. 로마군의 검 스파타에서 유래했다.

■ **스파다 다 라토(Spada da lato)**
직역하면 「사이드 소드」. 스파다 다 필로의 별칭.

■ **스파다 다 필로(Spada da filo)**
「날이 있는 검」. 간단히 Spada(검)라고도 부른다. 15세기 후반에 나타난 평시용 검으로, 찌르기와 베기 양쪽에 사용 가능.

■ **스파도나(Spadona)**
양손검 또는 롱소드.

■ **스파타(Spatha)**
로마군의 군용 검. 글라디우스보다 가늘고 길다. 전체 길이 90cm, 무게 약 1kg이 평균적인 사이즈.

■ **스페인식 검술(Spanish style of fencing)**
정식 명칭은 라 베르다데라 데스트레사, 의역하면 「지고의 기술」. 16세기 중반 헤로니모 데 카란사가 창시하였다.

■ **아밍소드(Arming sword)**
직역하면 「무장 검」. 중세에 전장에서 사용하던 검을 가리키는 말. 평시용 검은 라이딩소드라고 한다.

■ **알슈피스(Ahlspiess)**
거대한 송곳 모양의 머리 부분을 가진 긴 손잡이 무기의 일종.

■ **양손검 · 투핸디드 소드(Two-handed sword)**
일반적으로 양손 전용 검을 뜻하지만, 당시에는 롱소드도 포함하던 단어. 지역 · 시대에 따라 매우 많은 베리에이션이 존재한다. 전체 길이 1.2~1.8m, 무게 1.5~3kg 정도가 평균적인 사이즈.

■ **에스터크(Estoc)**
Tack라고도 한다. 찌르기 전용 롱소드.

■ **에스파다 로페라(Espada Ropera)**
직역하면 「평상복의 검」. 전장에서의 사용을 고려하지 않은 평시용 검으로, 15세기 후반에 처음 나타났다. 찌르기와 베기 양쪽에 사용하는 한손검. 이탈리아에서는 Spada 또는 Spada da filo라고 불렀다.

■ **영국식 무술(English Style of fencing)**
방어술을 참조.

■ **오크셧 분류법(Oakeshott Typology)**
에와트 오크셧이 확립한 검의 분류법으로, 현재 가장 일반적으로 사용된다. 주로 검신의 모양을 기준으로 중세 시대의 검을 분류한다.

■ **웰시 훅(Welsh hook)**
영국의 독자적인 무기 중 하나로 웨일스 지방에서 기원했다. Forest bill, Welsh bill, Welsh glaive, Bush scythe, Wood bill, Hedging bill 등 다양한 이름으로 불린다.

■ **이탈리아식 무술(Italian style of fencing)**
이탈리아 반도에서 유래한 무술의 총칭. 그중에서도 볼로냐의 무술가이자 수학자인 필리포 다르디가 1413년 창시했다고 전해지는 볼로냐파가 유명하다. 레이피어의 보급과 함께 유럽 전역으로 확산되었다.

■ **임브라차투라(Imbracciatura)**
르네상스 시대에 사용되던 방패의 일종.

■ **컵힐트(Cup Hilt)**
완형 날밑. 스페인식 레이피어 검술 자세에 대응하여 스페인에서 발달한 날밑 형태.

■ **코드피스(Codpiece)**
본래는 남성복에서 고간 부분을 덮는 지퍼 역할을 하던 천. 중세 후기에서 르네상스 시대에 걸쳐 점차 과장되어, 발기한 남성기의 모양을 본뜨게 된다.

■ **코트 오브 플레이트(Cote of Plate)**
14세기 전반에 사용되던 초기 플레이트 갑옷. 여러 장의 철판을 천 안쪽에 리벳으로 고정시킨 것.

■ **쿤스트 데스 페히트슨스(Kunst des Fechtens)**
전투술. 14세기 중반 창시된 독일식 무술을 현대에 일컫는 말.

■ **쿼터스태프(Quarterstaff)**
잉글랜드를 대표하는 무기. 전체 길이 2.1~2.7m, 지름 2.5~3.8cm, 무게 약 2kg.

■ **크로스(Cross)**
일자 날밑. 크로스가드라고도 한다. 대략 16세기경까지 사용되던 명칭.

■ **키용(Quillon)**
일자 날밑. 본래 프랑스어로, 16세기경부터 쓰이기 시작한 단어.

■ **키용 대거(Quillon Dagger)**
일자 날밑을 가진 대거의 총칭.

■ **타지(Targe)**
기사들이 사용하던 방패의 일종. 타깃(Target)이라고도 한다.

■ **파냐드(Poniard)**
르네상스 시대의 보조용 대거. 프랑스어로는 Poignard.

■ **파르티잔(Partisan)**
창의 일종.

■ **파비스(Pavise)**
방패의 일종. 일반적으로 노궁병이 장비하던 방패를 가리킨다.

■ **파이크(Pike)**
장창. 중세 후기 이후의 주요한 보병용 무기.

■ **펄션(Falchion)**
외날검의 일종. 전체 길이 약 90cm, 무게 1~1.5kg 정도.

■ **페히트부흐(Fechtbuch)**
전투기술에 대해 상세히 서술한 서적.

■ **펜싱(Fencing)**
무술. 특히 검을 사용하는 무술을 가리키는 말. 「호신」이라는 의미를 가지고 있다.

■ **폴액스(Pollaxe)**
중세 후기에 중무장한 상대를 때려눕히려는 목적으로 보병용 양손도끼에서 개량된 무기. 기사 계급 사이에서 인기가 높았다.

■ **풀러(Fuller)**
검신에 파놓은 홈. 무게 경감 · 절단력 증대 · 유연성 향상에 기여한다.

■ **프라이즈(Prize)**
본래 잉글랜드 무술조합의 승단시험이었으며, 이후 흥행 목적의 무술시합을 뜻하게 된다.

■ **플레일(Flail)**
손잡이와 머리 부분을 사슬 등으로 연결한 탈곡용 농기구.

■ **핑거 링(Finger Ring)**
날밑 앞에 다는 금속 고리로, 손가락을 보호한다.

■ **한손검(Single-handed sword)**
한 손에 들고 사용하는 가장 일반적인 형식의 검.

■ **히터 실드(Heater Shield)**
삼각형 모양 방패를 뜻하는 현대의 조어.

마치며

「타산지석」이라는 말이 있습니다. 타인의 좋지 못한 말과 행동을 보고 반면교사로 삼으면 자신에게 도움이 될 수 있음을 의미하는 말인데, 이 책을 집필하면서 몇 번이고 필자의 머릿속에 떠오른 말이 바로 이것이었습니다. 본문에서도 언급했듯이 중세 유럽의 무술과 무구제작기술은 어느 시점에서 맥이 끊기고 말았습니다.

그로부터 수 세기의 시간이 지나, 서양인들은 선조들의 기술을 부활시키고자 연구하기 시작합니다. 그 과정 속에서 그때까지 「원시적」이라고만 생각하던 중세 사람들의 독창적이고 합리적인 사고를 접한 그들이 얼마나 놀라고 경외심에 사로잡혔을지는 굳이 말할 필요도 없을 것입니다.

단 한 자루의 검을 만들 때조차 칼끝에서 손잡이 머리에 이르기까지 재질 · 디자인 · 제조법 등 모든 사항을 어찌나 철저하게 고찰하였던지, 현대 과학을 통해 1세기 이상 연구가 진행된 지금도 아직 그 제조법이 완전히 밝혀지지 않았습니다.

기술이란 수천 년의 세월 동안 무수히 많은 직인들이 각자의 일생을 걸고 얻어낸 시행착오의 결과입니다. 그러한 기술을 잃어버린다는 것은 수많은 직인들의 피와 땀과 눈물의 역사 또한 잃어버린다는 사실을 의미합니다.

일단 잃어버린 기술을 되찾는 데에는 막대한 노력이 필요하다는 사실, 그리고 아무리 많은 수고를 들여도 그것을 완전히 부활시키는 것은 불가능하다는 냉혹한 현실. 이 책을 집필하면서 이 두 가지가 가장 인상에 남았습니다.

여기서 시점을 돌려 일본에 대해 생각하면, 전통문화라는 관점에서 일본이라는 나라가 얼마나 축복받은 환경 속에 있는지 잘 알 수 있습니다. 서양사를 공부한 필자 입장에서 보면 기적이라 해도 과언이 아닙니다. 비단 무술뿐만이 아니라 지금 일본에 남아 있는 전통문화는 모두 한번 잃어버리면 절대 돌이킬 수 없는, 이른바 선인들의 삶의 증표와도 같은 것입니다.

유럽의 무술과 무구제작기술이 걸어온 역사는 전통문화 계승이 얼마나 중요한 일인지 가르쳐주는 「타산지석」이 아닐까 합니다.

마지막으로, 마음 내키는 대로 써내려간 원고를 책이라는 형태로 이렇게 정리해 주신 신키겐샤 여러분께 감사의 인사를 드립니다.

중세 유럽의 무술

개정판 1쇄 인쇄 2023년 5월 25일
개정판 1쇄 발행 2023년 5월 31일

저자 : 오사다 류타
본문 디자인·DTP : 스페이스 와이
번역 : 남유리

〈한국어판〉
펴낸이 : 이동섭
편집 : 이민규
디자인 : 조세연
영업 · 마케팅 : 송정환, 조정훈
e-BOOK : 홍인표, 최정수, 서찬웅, 김은혜, 정희철
관리 : 이윤미

㈜에이케이커뮤니케이션즈
등록 1996년 7월 9일(제302-1996-00026호)
주소 : 04002 서울 마포구 동교로 17안길 28, 2층
TEL : 02-702-7963~5 FAX : 02-702-7988
http://www.amusementkorea.co.kr

ISBN 979-11-274-6261-1 13690

中世ヨーロッパの武術
"CHUSEI EUROPE NO BUJYUTSU" written by Ryuta Osada

Originally published in Japan by Shinkigensha Co Ltd, Tokyo.

This Korean edition published by arrangement with Shinkigensha Co Ltd, Tokyo
in care of Tuttle-Mori Agency, Inc., Tokyo